중국의 비판적 지식인 첸리췬의 역작

1948
천지현황

일러두기

1. 우리나라가 한자 문화권이다 보니 중국 서적 번역 시 중국어 발음 표기를 놓고 논쟁이 끊이질 않고 있습니다. 그런 혼란을 피하고자 이 책은 '외래어표기법'에 따라 표기했습니다. 다만 향후 개선이 절실한 '-üan'의 발음만은 외래어표기법을 따르지 않고, yuan(위안)은 위엔, juan(쥐안)은 쥐엔, quan(취안)은 취엔, xuan(쉬안)은 쉬엔으로 표기했습니다.

2. 단행본은 『 』, 단편소설·극본·시·단문·노래·조약 등은 「 」, 신문·잡지는 ≪ ≫, 그림·연극·영화 등 예술 작품은 〈 〉, 규정이나 강조한 부분 등은 ' ', 인용한 부분은 " "로 표기했습니다.

3. 고유명사 또는 전문용어가 상당히 많이 나오는 관계로, 가독성을 위해 본문에는 되도록 한자를 병기하지 않고, 대조표를 별도로 만들어 참고할 수 있게 했습니다.

4. 원주는 미주, 옮긴이 주는 각주로 처리했습니다. 미주에 덧붙인 * 는 옮긴이의 부연 설명입니다.

5. 미주에 나오는 인명, 지명, 책 제목, 신문 및 잡지 제목, 작품이나 글의 제목 등은 독자들이 관련 자료를 쉽게 찾을 수 있도록 대조표에 등재하지 않고 원문대로 표기했습니다. 단, 필요에 따라 번역을 한 경우에는 한자를 병기했습니다.

1948: The Darkling Skies and the Red Dawn (1948: 天地玄黃)
by 錢理群

Copyright © 2017 City University of Hong Kong
Korean translation copyright © 2022 HanulMPlus Inc.
All rights reserved.
This edition is published by arrangement with City University of Hong Kong Press.

이 책의 한국어판 저작권은 City University of Hong Kong Press와의 독점 계약으로
한울엠플러스(주)에 있습니다. 저작권법에 의해 보호를 받는 저작물이므로 무단 전재 및 복제를 금합니다.

1948
천지현황

— 첸리췬(錢理群) 지음 | 이복희 옮김 —

중국의 비판적 지식인
첸리췬의 역작

한울
아카데미

차례 ● ● ●

옮긴이 서문: 역사와 함께 뒤돌아본 시간들　　　　　7

한국어판 서문　　　　　13

들어가며　　　　　19

제1장　　전환을 맞이하여　　　　　31

제2장　　남방의 대공격　　　　　57

제3장　　폭풍의 캠퍼스　　　　　83

제4장　　시인의 분화　　　　　131

제5장　　샤오쥔에 대한 비판　　　　　159

제6장　　주쯔칭 서거를 전후하여　　　　　183

제7장　　후펑의 회답　　　　　201

제8장　　새로운 소설의 탄생　　　　　229

제9장　　전장의 노랫소리　　　　　259

제10장   북방 교수의 선택   291

제11장   남하와 북상   317

결말이 아닌 결말   353

연표(1946~1949)   367

어떻게 이 책을 구상하고 썼는가: 후기를 대신하여   372

재판 후기   386

홍콩판 후기   389

미주   391

참고문헌   436

대조표   440

옮긴이 후기   473

역사와 함께 뒤돌아본 시간들

중국에 도착한 바로 다음 날, 장기 체류를 위해 신체검사를 받으러 가던 길이었다. 저만치서 한 남자가 수박을 빼곡히 실은 수레를 힘겹게 끌고 있었다. 조금도 과장 없이 표현하자면, 시커멓게 그을려 더 깡말라 보이는 그의 다리는 상체보다 1미터쯤 뒤에서 겨우겨우 땅바닥을 밀어내고 있었다. 때는 1990년하고도 몇 년이 더 지난 시점인데, 트럭은 고사하고 소나 말도 아닌 사람이 그렇게 수레를 끌고 있었으니 참 이해하기 어려웠다. 그날 집으로 돌아와 한낮의 그 충격을 글로 써서 신문사에 투고해 볼 작정을 했다.

그 후 학교생활이 시작되었고, 동학이 생기고 선배도 생겼다. 드디어 어느 선배한테 그 글을 보이며 발표할 수 있는 신문사를 추천해 달라고 부탁했다. 그 선배가 난감한 표정을 지었다. 당돌한 외국 친구가 자기 나라의 밝은 면도 아닌 가난하고 힘든 모습을 적었으니, 그것도 모자라 사회주의를 표방하는 나라에서 이런 노동자가 잘살 수 있는 세상이 되었으면 좋겠다고 역설하면서 글을 마쳤으니 어디 가당키나 했겠는가. 그날의 그 장면은 지금까지도 내 머릿속에 중국의 역사로 남아 있다.

그리고 1년 뒤, 뤄양에 갔을 때의 일이다. 나는 룽먼 석굴을 둘러보고 세 번 놀랐다. 첫째는 돌산에 섬세하게 조각된 그 많은 불상이 장관을 이룸이요, 둘째는 가슴이 저릴 만큼 그 불상들이 훼손된 것이며, 셋째는

팔이나 다리 심지어 머리까지 훼손된 불상들을 그대로 둔 것인데, 이유를 물으니 역사를 그대로 보존하기 위함이란다. 가슴 아픈 역사를 자손에게 그대로 보여주어 선조의 전철을 밟지 않게 하겠다는 뜻이었다. 옳다, 그래서 우리는 역사 기행을 하고 역사책을 읽는 것이리라.

돌아보면 한 권의 책에 이렇게 빠져본 적도, 하나의 일을 하면서 이렇게 많은 생각을 가져본 적도 몇 번 되지 않은 것 같다. 지식인, 지식분자여서 겪어야 했던 말도 안 되는 그 고통, 그 수모들 ……. 깨어 있는 사람에게 가장 큰 고통이라면 인격의 손상이고, 가장 소중한 것이라면 정신적 자유가 아닐까? 자신의 선택에 책임을 지며 살아가는 것이 우리라고는 하지만, 그 위대한 선택이 권력을 가진 몇몇에 의해 좌지우지되고 인간의 존엄성이 짓밟힐 때의 그 심정을 우리가 만분의 일이라도 헤아릴 수 있을까?

중화인민공화국 수립의 전야와도 같은 1948년은 그해를 살아온 중국인이라면 누구를 막론하고 평생 잊을 수 없는 한 해일 것이다. '신중국'과 '구중국'의 교체라는 사회적 격변은 모든 중국인에게 이쪽이든 저쪽이든 어느 한쪽을 선택하게 했으며, 그 선택 때문에 그들은 그 후의 긴 세월 속에서 그 모든 것을 감수하며 살아야 했다. 『1948: 천지현황』은 중국인 중에서도 특히 교수와 작가를 비롯한 지식인들의 처지와 상황, 미래에 펼쳐질 신중국에 대한 그들의 상상과 기대, 그리고 그들이 결정한 선택 등을 통해 1948년 당시의 중국을 우리에게 펼쳐 보인다. 우선 그 구성부터가 특이한데, 첸 교수는 1948년의 역사를 면면이 다 언급하면서 평범하게 서술하는 것이 아니라, 하나를 통해 전체를 보는 식으로 기술한다. 즉, 몇몇 지식인의 처지, 생각, 선택 등을 통해 1948년 전체를 우리에게 보여준다. 또 월별로 장을 만들어놓고 각 장의 시작 부분에 당시 사람의 일기를 옮겨 적어 당시의 현실을 보여줌으로써 과거 시점을 형성했고, 전지전능한 역사 서술자의 시점에서 과거와 미래 및 현재 사이를 자유롭게 넘나들며 서술한다. 첸 교수의 가족 중에는 국민당원도 있었고 공산당원도 있었는데, "그들은 모두 중국의 가장 우수한 지식분자였다"라고 첸 교수는 말한 적이 있다. 1948년 부친이 타이완으로 떠난 후로 가족 모두가 다시는 한자리에 모이지 못한 슬픈 가족사를 지닌 그는, 자신의 이 특별한 처지에도 불구하고 역사의 상황 속으로 걸어 들어가, 사람들은 왜 그리고 어떻게 그런 선택을 했는지, 선택의 전개와 실현 중에 출현한 냉엄하고 복잡한 사실들을 조금도 회피하지 않고 이 책에서 밝히고 있다.

이 책에 등장하는 지식인들이 신중국 수립과 문화대혁명을 거치면서 온갖 수난을 다 겪지만, 그중에서도 나의 마음을 특히 아프게 했던 인물이 루링(路翎)이다. 이 책에서는 언급하지 않았지만, 그에 관한 이야기를 잠깐 소개해 볼까 한다. 20여 년 만에 뉴한(牛漢)은 옥살이를 마치고 집으로 돌아와 노동 교화를 받고 있던 루링을 다시 만났는데, 그의 눈에 비친 옛 친구 루링은 이러했다.

> 내 앞에 있는 이 사람의 눈은 움푹 들어가고 눈언저리는 시커멓다. 젊었을 때 루링의 눈은 크고도 빛났었는데 ……. 옛날에는 친구 중에서 가장 매력적이었던 큰 눈이 지금은 마치 후베이성 셴닝의 말라버린 샹양호 같다. …… 이미 반백에 엉성한 그의 머리카락은 바싹 말라버린 가을 풀 같다. 20여 년 전에는 검고 숱이 많아, 이야기할 때면 마치 질주하는 준마처럼 머리카락이 출렁거렸었는데 ……. 옛날, 친구들이 한자리에 모이면 …… 그는 이야기 박사였다. 지금 내 눈앞의 루링은 식은 지 이미 오래된 화산 같다.
>
> 뉴한, 「루링을 다시 만나다」 중에서

한때는 대작가였던 사람이 자신의 작품 한 점 남겨놓지 못한 채 문학 관련 일은 고사하고 골목 청소로 노동 교화를 받으면서, 몇 년 동안 고집스럽고도 간절하게 햇빛 속을 걷고 있던 루링의 모습을 뉴한은 시로 또 이렇게 표현했다.

> 삼복의 한낮에
> 루링이 혼자 햇빛 속을 걷고 있다
> 모든 그늘을 마다한 채
> 밀짚모자조차 없이
> 그는 길을 모른다, 길을 잊은 지 오래다
> 기억 속의 햇빛만 알고 있을 뿐
> 그의 딸이
> 멀리서 그의 뒤를 따르고 있다

뉴한, 「루링을 다시 만나다」 중에서

　　굳이 잘못이라고 한다면 시대를 앞서간 것뿐이고 바른말을 한 것뿐이며 글을 잘 쓴 죄뿐인데 10년, 20년의 억울한 옥살이 끝에 정신은 분열되고, 옛 친구와 정상적인 대화가 불가능할 정도로 폐인이 된 사람을 보고 가슴 아파하지 않을 사람이 있을까? 그런 상황까지 갔던 사람이 온갖 어려움을 이겨내고 또다시 작품을 써내는 것을 보며 눈물 흘리지 않을 사람이 있을까? 이럴 땐 참 나약하지만 또 강인한 게 인간이구나 싶다. 그들이 지식인이면서 지식분자였기에 더욱 그랬을까?
　　여기서 하나 짚고 넘어가고 싶은 게 있다. 지식인이란 일정한 수준 이상의 지식과 교양을 갖춘 사람을 일컫는 말이지만, 그들이 모두 지식분자인 것은 아니다. 왜냐하면 지식분자는 지식층에 속하는 사람으로서,

사회에 대한 사명감을 가지고 사회운동 등에 지식인 역할을 하며 참여하는 사람이기 때문이다. 특히 중국의 1948년이라는 특수한 시대 상황에서는 이 두 단어를 구별해 사용하는 것이 옳다고 판단하여 작가가 선택한 단어를 우리 한국인의 정서에 맞게 고치지 않고 오히려 그대로 두었다. 이 점이 지식인이라고 번역한 책에 익숙한 독자에게는 어색할 수도 있겠지만, 나 자신은 지식인도 지식인으로, 지식분자도 지식인으로 한결같이 번역한 책들을 볼 때 개인적으로 약간 아쉬움을 느끼곤 했다.

『1948: 천지현황』은 내가 중국 화둥사범대학에서 공부하고 있던 1998년에 출간되어 많은 사람의 주목을 받고 있었으며, '100년 중국문학총서' 중에서 단연 최고로 정평이 나 있었다. 졸업 당시, 나에게 이 책 번역을 권유하는 친구가 있었지만, 흔히 제2의 창작이라 일컫는 번역이 단순하게 한 언어를 다른 언어로 바꾸는 데 그치지 않고, 어쩌면 순수 창작보다도 더 많이 고민해야 하는 작업인지라 선뜻 마음이 내키지 않았다. 출발어와 도착어 모두에 능통해야 하고, 출발 문화와 도착 문화의 차이까지도 잘 이해하고 있어야 하는데, 나에게 과연 이런 문화적 간극을 메울 수 있는 능력이 있는 걸까?

번역을 떠나서 일단 찬찬히 읽어보기로 했다. 그런데 부끄럽게도, 중국 현대문학을 전공했고 글자를 안다지만 쉽게 읽어 내려갈 수 없었다. 다시 학생의 자세로 돌아가 한 인물, 한 사건, 하나의 상황을 한 수업 과목으로 생각하고 공부하기로 마음먹었다. 그렇게 시간이 흘러 이제는 누구의 권유에서가 아니라 나 스스로 한국에 소개하고 싶은 욕심이 생겼다. 이런 역작을 제대로 소화해 번역하기엔 아직도 부족한 점이 많으나, 23년이라는 오랜 중국 생활과 그동안의 학습을 바탕으로, 중국 문학이나 역사, 정치 등을 전공하지 않은 독자들도 좀 더 쉽게 읽을 수 있도록 내가 할 수 있는 선에서 옮긴이의 주석도 열심히 달았다. 어떤 문장이나 낱말은 하나의 번역에 몇 시간 심지어 며칠이 걸린 것도 있다. 나의 이런 노력이 독자들이 이 책을 이해하는 데 조금이라도 보탬이 되고, 중국의 문화와 역사에 더 가까이 다가갈 수 있는 편안한 다리 역할을 할 수 있으면 좋겠다.

마지막으로, 이 책 전체를 통해 가장 중요한 낱말 하나를 고른다면 단연 '선택'일 것이다. 이 선택이라는 것은 결코 지식인을 비롯한 어느 특수 계층에 한정된 것이 아니다. 1948년에 중국인들이 해야 했던 만큼 어렵고 엄청난 선택은 아닐지라도, 우리는 언제나 선택의 갈림길에 서 있다. 잘한 선택인지 아닌지 고민하면서 때로는 스트레스를 받기도 하고, 때로는 한 번의 선택이 인생을 좌우하기도 한다. 혹은 자신이 미처 깨닫지도 못한 가운데, 좁게는 가족, 넓게는 사회공동체에 영향을 미치기도 한다. 내게 그랬듯, 이 책이 독자들에게 자기 자신을 뒤돌아보면서 성숙한 사람으로 발돋움하는 데 많은 도움을 주리라 믿어 의심치 않는다.

2022년 6월

한국어판 서문

　나의 한국 친구 이복희 선생이 그가 번역한 『1948: 천지현황』이 한국에서 출판될 예정이라며 나에게 서문을 부탁하여 기쁜 마음으로 이 글을 쓰게 되었다. 또 다른 한국 친구 임춘성 선생이 "한국 출판계 중국 연구 부문에서 2012년은 '첸리췬의 해'이다"라며 농담하던 것이 생각나는데, 그해 나의 저서 『망각을 거부하라: '1957년학' 연구』, 『내 정신의 자서전』, 『모택동 시대와 포스트 모택동 시대 1949~2009: 다르게 쓴 역사』가 잇달아 출간됐기 때문이다. 그리고 10년이 지나는 2022년에, 『모택동 시대와 포스트 모택동 시대 1949~2009』(상·하)를 출간한 한울엠플러스(주)에서 또 『1948: 천지현황』을 한국 독자들에게 소개하게 되었으니 매우 의미 있는 일이라 하겠다.

　이 두 책은 분명 내적인 연관이 있을 뿐만 아니라, 나의 '중화인민공화국 역사 연구'와 '현·당대 중국 지식분자 정신사 연구'의 중요한 부분을 차지한다. 중화인민공화국 수립 전야인 1948년의 역사를 쓴 『천지현황』을 '상편'이라고 한다면, 1949~2009년의 공화국 역사를 쓴 『모택동 시대와 포스트 모택동 시대 1949~2009』는 '하편'이라고 할 수 있다.

　흥미롭게도 『1948: 천지현황』은 때마침 내가 1994년부터 1995년까지 한국에서 강의하고 중국으로 돌아온 직후인 1996년(1998년 초판, 2008년 재판)에 썼고, 내 연구의 중심이 중국 현대문학사에서 공화국 사상사와 정신사 연구로 방향이 바뀌었음을 보여주는 책이며, 이런 방향 전환은 한 국에서 강의하는 동안 서서히 이루어지고 준비되었다. 이런 전환이 있게 된 내적 이유는 나의 학술 연구가 처음부터 자기반성과 자기성찰의 성격 을 띠고 있었기 때문이며, 또 나의 개인적인 삶의 성장이 '마오쩌둥 시대 와 포스트 마오쩌둥 시대'와 밀접하게 연결되어 있기 때문이다.

내가 연구한 바로는, 이른바 '마오쩌둥 시대'는 1938년 10월 중국공 산당 제6기 중앙위원회 제6차 전체회의에서 마오쩌둥이 당의 최고 영도 권을 획득하면서 시작되었다. 나는 바로 5개월 후인 1939년 3월에 출생 했고, 1949년 중화인민공화국 수립과 더불어 마오쩌둥이 국가 최고 권력 자가 되었을 때 내 나이 갓 10살이 되었으며, 그 후 70여 년을 마오쩌둥 시대와 포스트 마오쩌둥 시대에 살았기 때문에 나 자신을 '마오쩌둥 시대 마지막 지식분자'라 칭한다. 나는 그래서 내가 이 한평생을 도대체 어떻 게 살았는지를 확실히 알아야 했고, 그동안의 경험과 교훈을 총정리하려 면, 우선 중화인민공화국의 역사와 마오쩌둥 시대·포스트 마오쩌둥 시대 의 역사는 도대체 어찌 된 일인지를, 그 속에서 최종적으로 어떤 경험과 교훈을 얻어낼 수 있을지를 명확히 해야 했다. 그리고 나에게 이런 공화 국 역사나 마오쩌둥 시대 역사 연구가 절실했던 것도 한국 학자와 한국 학생들을 만나면서 받은 느낌과 밀접한 관련이 있다.

한국에서 강의하는 동안 '중국 밖에서 중국을 바라볼 수 있는' 역사 적 기회를 얻으면서, 마오쩌둥과 중국공산당이 이끄는 중화인민공화국 을 어떻게 인식해야 하는가는 중국의 이웃 국가 및 세계 각국의 지식분 자들과 일반 대중도 직면하고 또 관심을 기울이는 문제라는 것과 그들은 자신들의 역사, 문화, 사회와는 확연하게 다르면서도 그들의 발전에 나 름대로 영향을 미치고 있는 공화국에 대해 '풀리지 않는 수수께끼'처럼 이해할 수 없는 부분이 너무나도 많다는 것을 나는 깨닫게 되었다. 그래서 나는 1995년 5월 한국 학자의 초청으로 「세기의 전환기에 중국 지식분자의 역사 성찰과 현실적 난관」이라는 제목으로 학술 발표를 한 적도 있는데[이 강연 원고는 『나를 아는 사람은 내가 걱정이 있다고 말한다: 10년의 관찰과 사고(1999~2008)』라는 책에 수록되었다], 이것은 내가 공화국의 역사와 (중국) 대륙 지식분자의 정신사를 외국 친구들에게 처음으로 강연한 것이었으며, 내가 마땅히 해야 할 책무이기도 했다.

나는 자신에 대하여 그리고 국가, 민족, 세계에 대하여 이런 역사적 책임을 갖고서 『1948: 천지현황』을 다음과 같이 연구하고 집필했다. 공화국의 역사와 마오쩌둥 시대의 역사를 정확히 알기 위해서는 근원에서부터 시작해야 했으며, 내가 연구·토론하고자 한 것은 양대 문제였다. 우선 역사의 큰 변동 때, 이른바 '구중국'과 '신중국'이 사투를 벌일 때, 중국의 여러 유형의 지식분자들은 어떤 반응을 보였고 어떤 선택을 했는지, 그들은 공산당이 이끄는 '새로운 사회'에 어떤 기대와 의심, 불안이 있었는지에 대한 것이었다. 더욱이 나는 서로 다른 유형의 대표적인 지식분자들(농민과 정신적으로 밀접한 관계를 맺은 자오수리 같은 지식분자, 유토피아적 이상을 품은 해방구의 딩링 같은 좌익 지식분자, 돈키호테나 햄릿과 같은 기질을 가진 국민당 통치구의 지식분자 등)을 연구하여, 왜 중국의 지식분자 대부분은 마지막에 대륙에 남아 새 정권의 통치와 개조를 받아들이기로 했는지, 그 내면의 논리는 무엇이었는지, 이런 수용과 선택은 그들 향후의 사상, 감정, 심리, 사고방식, 행위방식, 언어방식 그리고 그들의 운명에 어떤 심각하고 심원한 영향을 미치게 되었는지, 이로 인해 등장한 참으로 '중국적 특색'을 지닌 '당대 중국 지식분자'는 어떤 모습이었는지를 토론하고자 했다.

'중국적 특색'에 대해 말하자면, 공화국 역사에 관한 나의 연구와 판단을 언급하지 않을 수 없다. 내가 보건대, 중화인민공화국은 장장 70여 년 심혈을 기울인 끝에 이미 독립적이고 독자적인 체계를 갖춘 '공화국

문화', 즉 '마오쩌둥 문화', '당 문화'를 이룩해 냈다. 이 문화는 중국 전통
문화와도 연관이 있긴 하지만, 확실히 전통적인 유·불·도·법 문화 범주
밖의 '신문화'일 뿐만 아니라, 계획적이고 주도적이고 조직적인 선전과
교육을 통해 장기적으로 사람들의 머리와 가슴속에 주입되어, (중국) 대
륙에는 이미 민족 집단무의식, 즉 새로운 국민성이 형성되었다. 나는 『1948:
천지현황』에서 이것을 그 시작점에서부터 따져보고자 했다.

1948년 3월 중국공산당 화난국 홍콩 공작위원회와 문화공작위원회
가 직접 주도하고 ≪대중문예총간≫ 등의 간행물에서 시작된 대비판운
동, 그리고 선충원·주광첸·샤오첸 등 자유주의 지식분자와 후펑 등 '소
자산계급 창작 경향'에 대한 '대공격'에서부터 1948년 8월 중국공산당 중
앙위원회 둥베이국이 전개한 '샤오쥔 반동사상 비판' 운동에 이르기까지
이런 것들은 당이 모든 것을 주도하고 있음을 강조했고, 정치·사상·조직
면에서 고도의 집중과 통일을 추구한다는 것을 보여주었다. 계급투쟁의
철학을 견지했고, 대비판운동의 방식으로 독자적 사고와 언론의 자유를
엄금했으며, 이렇게 만들어진 '당 문학'이라는 미학 원칙, 문예 창작 양
식, 문예비평 양식 등은 모두 공화국 문화, 마오쩌둥 문화, 당 문화의 최
초의 형태이자 기본 구조라고 할 수 있다. 그 후 1949년부터 지금까지 근
70년 동안 중화인민공화국에서 일어난 모든 일은 사실상 이미 그 속에
배태되어 있었다.

이것은 또 다른 중요한 문제로 이어진다. 나는 「어떻게 이 책을 구상
하고 썼는가」에서, 역사 연구는 반드시 "'과거'·'현재'·'미래'라는 삼차원
의 시점(視點)"을 찾으려고 노력해야 한다는 의견을 제시한 바 있다. 내가
1995~1996년에 1948년의 역사를 연구하고 기술하여, 2022년에 한국 독
자들에게 이 역사서를 소개한다는 것은 사실상 "'성년'기의 '유년' 시절에
대한 회상"이고, "이미 사라진 생명에 대한 '회고'"이며, 이 '회고'라는 것

은 "이미 돌이킬 수 없는 '과거'와 '현재' 간의 융화와 상생"이어서, "이미 사라진 것과 곧 다가올 '먼 곳'이 함께 몰려오게 된다"는 것이다. 이것은 곧 '과거'의 역사를 쓴 이 책을 지금 토론한다는 것은 '현재'의 중국과 세계의 문제에 직면하지 않을 수 없음을 의미하며, '미래'의 중국의 발전 방향에 대한 예측이기도 하다.

이것은 어느 누구도 피할 수 없는 현실이다. 즉, '현재'(2021년)의 중국은 과거(1948년)의 중국과는 달리 그 자체로 보나 (가까운 이웃인 한국을 포함한) 세계 각국과 중국의 관계로 보나 이미 크게 변했다. 이렇게 이미 세계와 하나가 되어 세계 제2의 경제대국으로 부상한 중국을 어떻게 인식하고 어떻게 대해야 할지, 중국의 미래는 어느 방향으로 전개되고 세계의 발전에 어떤 영향을 미치게 될지는 중국인 자신뿐만 아니라 세계 각국의 정치계·사상계·문화계·학술계가 모두 직면할 수밖에 없는 문제가 되었다. 그리고 오늘날 중국에서 벌어지는 많은 일은 외국 친구들도 당혹스럽고 이해할 수 없겠지만, 나 같은 중국 출신의 지식분자도 이해하기 어렵다. 이같이 '중국에 대한 재인식'은 사실상 오늘날 중국과 세계의 정치, 경제, 사회, 사상, 문화, 학술의 중대한 과제가 되었다.

중화인민공화국 수립 전야의 역사를 연구한 이 책을 지금 출판하고 토론하는 데도 특별한 의의가 있다. 이 책은 근본의 탐구이며, 토론한 양대 문제, 즉 중국 지식분자의 역사적 선택과 '공화국 문화'(마오쩌둥 문화, 당 문화)의 건설은 모두 오늘날의 중국 문제를 가리키고 있다. 그 당시에는 아직 잉태 중이던 사상, 관념, 감정, 심리, 사고방식, 심미방식, 행위방식 등이 이미 모두 보편화되고 제도화되어 중국 국민정신 속에 전반적으로 스며들었으며, 이 역사를 전혀 경험하지 못한 젊은 세대마저도 예외가 아니었음을 쉽게 알 수 있다. (지식분자만이 아닌) 온 국민을 이같이 '개조'했기 때문에, 외국 친구들의 눈에 불가사의하게 비치는 일이 중국에서 일어나고 또 통할 수가 있었다.

　이리하여 지난날의 역사서를 또다시 읽는 우리의 심정은 더없이 무겁지만, 직시 외에는 다른 방법이 없다. 지금의 중국에 대한 올바른 인식과 대우는 중국과 세계의 미래 향방과 확실히 관계가 있어서, (중국인뿐만 아니라) 우리 개개인의 운명에 직접 또는 간접적으로 영향을 미칠 수 있다.

2021년 5월 16~17일

첸리췬

들어가며

　…… 지금은 자정, 역사는 막 1948년으로 접어들었다. 베이징대학 교수이자 시인인 펑즈[1]는 갑자기 꿈에서 깨어났는데, 쥐 죽은 듯이 고요한 밤에 이웃에서 기침 소리가 들려왔다. 그 기침 소리는 거세졌다 잦아들었다 하다가 먼동이 틀 무렵에야 수그러졌다. 하지만 펑즈는 좀처럼 잠을 이루지 못하고 생각에 잠겼다. '이런 기침 소리는 겨울밤 어디에서든 들을 수 있을 거야. 사람들이 자느라고 못 들었을 뿐이지.' 그러나 사람들은 바로 이런 소리에서 "살아 있는 한 인간이 가난한 겨울밤에 얼마나 외롭게 몸부림치고 있는가를 느낄 수 있는 것"이 아닐까? 시인은 오래도록 많은 것을 생각했다. 며칠 후 「새해를 맞이하여」라는 제목의 글이 톈진 ≪대공보≫ '일요문예'에 실렸다. 그날 밤부터 새벽 사이에 느꼈던 생명에 대해 말한 다음, 시인은 이어서 이렇게 썼다.

　지금 또 한 해가 시작되었다. 과거의 교훈 때문에 아마도 무모하게 올해에 큰 희망을 걸 사람은 없을 것이며, 다들 근심 걱정 속에 살아가고 있다.

---

1) 펑즈(馮至, 1905~1993, 본명 馮承植)는 톈진 출신의 시인·문학 연구가·번역가이다. 1927년 베이징대학 독문과를 졸업하고 1930년 독일로 유학 가서 하이델베르크대학에서 철학박사 학위를 취득했다. 1935년 귀국 후 상하이 통지대학, 쿤밍 시난연합대학, 베이징대학 등의 교수를 역임했다.

출판계로 말할 것 같으면 종잇값의 폭등, 독자의 구매력 상실, 작가의 어려운 생활로 말미암아 올해 문예계는 과거보다 더욱 썰렁해질 것 같다. 사람들은 모두 이렇게 이야기하고 이렇게 걱정하는데, 이렇게 이야기하고 걱정한다는 것은 이대로 죽고 싶지도 않거니와 외부 조건을 모두 박탈당한다손 치더라도 계속 버텨나가겠다는 것을 말해주고 있다.

자그마한 문예란을 겨울밤 기침 소리에 비유한다면 당치도 않겠지만, 살아 있는 인간의 몸부림이라는 점에서는 또 비슷한 데가 있다. 지금 몸부림치지 않는 것이 있을까? 하루의 의식주 해결에서부터 가장 숭고한 이상에 이르기까지, 이 선상에 있는 모든 것이 몸부림치고 있다. 뭇사람의 생명을 이용하여 인간의 헛된 욕심을 채우려는 자만은 생명의 몸부림을 모르며, 오히려 생명을 짓밟고 있다.

게다가 지금은 여유가 없어서 자기를 가꾸지 못하는 시대이다. 인류의 고통은 마치 겨울나무처럼 조금의 가림도 없이 꿋꿋하게 바람과 눈 속에서 흔들리고 있다. 죄악만이 아름다운 겉옷을 입고 사람들 앞에서 한때를 현혹하고 있으며, 사기꾼들은 대부분이 입에 발린 소리로 자신의 거짓을 감추고 있다. 그러나 진실하게 살아가는 사람은 그런 꼼수를 모른다. 그의 소리가 한밤중 기침 소리처럼 듣기는 좋지 않을지라도 듣는 이에게 감동을 주고 깨달음을 준다. 왜냐하면 그것은 살아 있는 소리이기 때문이다.

부디 이 간행물이 앞으로도 계속 발간되어, 꾸밈도 부풀림도 없이 살아 있는 모든 사람과 같이 호흡할 수 있기를, 물론 간행물 자신의 생명 속에서도 어여쁜 꽃송이들이 피어나길 기원한다.

시인은 예민해서 그 시대의 진실을 쏟아냈다. 즉, '생존'은 모든 것을 압도하는 욕구이기에, 살아 있는 사람의 몸부림과 선택이 있으면 살아 있는 사람의 문학도 있기 마련임을 이야기했다.

새해 첫날, 전쟁 통에도 사람들은 예나 다름없이 자신의 삶을 살아 가고 있었다. 작가 예성타오는 바쁘게 하루를 보낸 다음, 여러 해 동안 몸에 밴 습관대로 등불 아래서 이날의 일을 다음과 같이 적었다.

1일(목) 신문을 보았다. 10여 면을 교정하고 나니 머리가 또 어지럽고 띵하며 한기가 들어서 누워 있었다. 오후 1시 반, 집을 나서서 청년회관까지 걸어갔다. 1시간 이상 걸었더니 몸이 따뜻해지고 정신도 좀 맑아졌다. 청년회관에 간 것은 주쉐롄과 인(殷)양의 약혼식이 있었기 때문이다. 루즈 학교 동료였던 주 군의 부친 원뤄 선생을 못 본 지가 20여 년이 되어가는데, 지금 상하이에 왔으니 가서 만나는 것은 당연지사였다. 만나보니 늙긴 했으나 쇠약하진 않았고, 백내장을 앓아 두 눈을 4년 동안 실명했다가 최근

예성타오(葉聖陶, 1894~1988, 원명 葉紹鈞, 자 秉臣, 필명 葉陶, 聖陶, 桂山 등). 중국 현대 저명 작가이자 교육자이며, 상무인서관과 카이밍서점 편집인으로 있었다. 5·4 운동 후 최초의 문학 단체였던 문학연구회의 창립자 중 한 명으로, 좌우명은 "인생을 위한 문학"이었다. 출판과 어문 교육에 평생을 바쳤다.

에 백내장 수술을 받고 다행히 한쪽 눈은 아무 탈 없이 광명을 되찾았다고 했다. 3시 반에 다과를 들었고, 보샹과 나, 펑빈푸가 축사를 했다. 참석한 사람은 70명 정도 되었고, 열에 예닐곱은 루즈 사람이었다. 보샹과 내가 루즈를 떠날 때 그 사람들은 갓난아기였거나 태어나지도 않았다. 6시에 집으로 돌아왔다.[1]

소박한 일상생활 속에서 세상사의 변화무쌍함을 드러냈는데, 그 시대 대다수 사람의 심경이기도 했다.

성격이 예성타오보다 훨씬 단호하고 급해서, 1948년에 가장 많이 거론되었던 작가 후펑도 이날을 아주 평온하게 보냈다. 그는 난징에서 온 세 명의 젊은 친구, 루링·화톄·아룽을 자기 집으로 초대하여 3일 동안 흉금을 터놓고 한껏 이야기를 나눈 뒤『부잣집 아들딸』하편의 지형(紙型)상의 오자를 함께 교정했다. 하루 만에 교정을 마쳐놓고 인쇄할 종이를 사기 위해 사방팔방으로 또 바쁘게 뛰어다녔다.[2] 후펑은 "『부잣집 아들딸』의 출간이 중국 신문학사상 중대한 사건임을 세월이 증명해 줄 것이다"[3]라고 예언했다. 이 시각, 후펑의 얼굴은 땀으로 얼룩져 있었고 표정은 아주 엄숙했다. 출판상의 이런 자질구레한 일을 할 때에도 그는 문학에 대한 장엄함 내지 비장함을 품고 있었다.

북방의 옛 도읍 베이핑[2)]에서는, 이날 칭화대학 캠퍼스 안이 한바탕 떠들썩했다. 오전에는 전교의 교수와 학생이 궁쯔팅에 모여 새해 인사를 나눴고, 저녁에는 중문과의 교수·학생 단합대회가 있었다. 이 저녁 모임은 학과장 주쯔칭 선생과 학생들이 함께 양거[3)]를 춤으로써 절정에 달했다. '해방 양거'는 그때 이미 북방의 광대한 농촌을 불같이 확 휩쓸었으

---

2) 베이핑(北平)은 현재의 베이징을 일컫는다.
3) 양거(秧歌)는 중국(특히 북방의 농촌 지역)에 널리 전해 내려오는 민간 가무의 일종으로, 그 기원설을 종합해 보면 농촌의 노동가였다고 할 수 있는데, 이 노동가가 점점 예술적으로 가공되어 오늘날의 완전한 양거 춤에 이르렀다. 2006년 5월 20일 국무원의 승인을 거쳐 제1차 국가무형문화유산으로 등재되었다. 이 양거의 형식을 빌려 연출하는 가극을 양거극(秧歌劇)이라고 하며, 가극 작가 딩이(丁毅)는 "양거극은 초보적이고 비교적 간단하고 평이한 예술 형식으로서 쉬우면서도 제때 현실을 반영할 수 있고 대중이 쉽게 습득할 수 있는 장점이 있지만, 표현력이 취약하고 예술적 수단이 빈약한 단점도 있다"라고 말했다.

며, 지금은 또 학술의 전당인 칭화대학까지 파급되었다. 평소에 묵직하기로 유명한 주쯔칭 선생이었지만, 이날은 학생들이 시키는 대로 분장을 했고, 빨간 옷을 입고 빨간 꽃도 달았다. (이런 것에 익숙지 못한 탓에) 조금 부자연스럽기는 했지만 아주 열심히 군중의 열기 속으로 파고들었다. 단합대회가 끝난 뒤 많은 사람이 이번 일은 대단히 상징적인 의미를 띠고 있다고 생각했다. 그러나 주쯔칭 선생 자신은 일기에다 정중하게 "중문과 신년 단합대회에 참석했는데 감개가 무량했다"[4]라고 적었다.

여성 작가 딩링은 20세기에 두 차례나 주목을 받았다. 1928년, 24세의 그는 『소피아 여사의 일기』에서 대담하고도 억척스럽게 인생[과 성(性)]을 추구함으로써 문단을 뒤흔들었고, 또 20년 뒤에는 농촌 계급투쟁을 반영한 장편소설 『태양이 쌍간허를 비추다』로써 '지식분자와 노동자·농민의 결합'에 성공한 대표적인 인물이 되었다. 그는 허베이 스자좡 근교 쑹좡에서 1948년을 맞이했다. 이보다 더 전에, 그는 남편에게 보내는 편지에서 '쑹좡과 정이 들었음'을 이미 밝혔다.

천밍, 어제부터 몸이 아파 지금도 자리에 누워 있어요, 또 그놈의 감기 때문에. 이제 열은 내렸고, 오후에는 일어나 볼까 해요. 내가 왜 병이 났는지 알아요? 절반은 그저께 날씨가 갑자기 추워졌기 때문이고, 나머지 절반은 정이 날 쓰러지게 했어요. 쑹좡과 정이 든 나머지, 그끄저께 저녁 대표 회의 석상에서는 울기까지 했어요. 가난하고 고생하는 그런 사람들에게 이불이 생기고, 저고리가 생기고, 항아리가 생기는 것이 나의 기쁨이라고 말했어요. 녹색표[4]를 받아 언짢아하는 사람들

---

4) 당시 홍색표(紅票)는 시량(細糧)이라 불리는 쌀과 밀가루 등의 고급 식량을 배급받을 수 있는 표였고, 녹색표(綠票)는 쌀과 밀가루 외의 식량인 보리·옥수수·조·수수·콩 등

에 대한 나의 동정을 말했어요. …… 만취엔에 대한 나의 동정을 말했어요. 내가 그의 방에 들어섰을 때, 방바닥에는 다 낡아빠진 침상 한 개와 다 헤진 이불 하나, 그리고 다 떨어진 상자 안에 아이 옷 몇 벌이 전부였어요. 나는 그제야 알았지요. 빈농단(貧農團)은 몰수해 온 지주의 이불을 덮고 있는데, 그는 왜 그렇게 방구들 위를 추워 헤맸는지를. 그는 종이 한 장도 집으로 가져가지 않았어요! 등급 심사에서 자기 집 차례가 되자, 그는 단호하고도 재빠르게 말했어요. "3급 빈농" …….

지식분자들이 민간이나 농민 속으로 들어가면 대체로 이런 놀람과 기쁨 그리고 감동 내지는 양심의 가책이 있기 마련이라 문인의 과장이 들어 있긴 하겠지만, 이런 감정은 당연히 진심에서 우러나왔다. 만취엔의 형상은 딩링의 뇌리에 깊숙이 자리 잡고 있다가 그가 온갖 풍상을 다 겪은 뒤 만년에『엄한의 나날들』을 쓸 때 소설의 주인공이 되었다. 딩링의 그해 쑹좡에서의 활동도 영웅 전기가 되어 지금까지도 그곳에서는 이렇게 전해지고 있다. 칠흑 같은 어느 날 밤, 빈민단의 권력을 탈취한 나쁜 사람이 군중을 선동하여 마을 사무소를 무장 포위했는데, 장 동지(딩링은 쑹좡에서 '장잉'이라는 이름을 사용했다)는 목에 칼이 들어와도 눈썹 하나 까딱하지 않고 거침없이 말했으며, 끝내는 대다수 사람을 설득하여 총을 내려놓게 했고, 구(區) 무장 부대도 즉시 도착하여 마침내 위험을 모면했다.[5]
딩링과 마찬가지로 옌안 문예계의 유명 인사였던 샤오쥔은 이때 둥베이 해방구[5)]에 있었다. ≪문화보≫의 편집장인 그는 1948년 새해 첫날

의 추량(粗粮)을 배급받을 수 있는 표였다.
5) 해방구(解放區)는 국통구(國統區)와 상대되는 말로, 중국에서 중일전쟁과 제2차 국공 내전 시기에 중국공산당이 통치하던 지역이다.

독자들에게 「신년사」를 바쳤는데, 의외로 "수재(秀才)"6)라고 서명했다. 알고 보니 그는 색다르게 보이고 싶어, 새 정권에 대해 오해한 적이 있는 어느 서생의 어투를 빌려 혁명가와 공산주의자에 대한 일반 대중 및 구식 지식분자의 새로운 인식과 진정한 옹호를 다음과 같이 표현한 것이었다.

> 이제 '정통(正統)'에 대한 꿈과 지주를 동정하는 '자비심'은 산산조각이 났다! 혁명가와 공산주의자가 행한 바를 비로소 알게 되었다. 그들은 성인(聖人) 같은 마음, 성인 같은 가슴, 성인 같은 의지로 천리와 인심에 순응했는데, 이것은 미증유의 일이다.6

샤오췐은 여기서 중요한 시대 정보를 전달했다. 즉, 그해 공산주의자들과 혁명가들은 이런 "성인"과 같은 도덕적 순결로써 인심을 얻었다. 물론 이것은 사실상 주관적인 기대였다고 할 수도 있겠지만(그래서 일방적일 수밖에 없었다), 그 시대 선량한 사람들의 마음속에서 우러나온 말이라는 점은 누구도 부인할 수 없다.

딩링처럼 대변혁이 일어나고 있는 북방 농촌에서 농민과 함께 새해를 맞이한 사람 중에는 자오수리도 있었다. 1947년 7, 8월에 열린 진지루위변구7) 문련8) 문예 좌담회에서 "자오수리의 창작 정신 및 그 성과는 실

---

6) 수재(秀才)는 서생의 통칭이다.
7) 혁명 근거지 중 하나로, 진지루위변구(晉冀魯豫邊區)의 진(晉)은 산시성(山西省), 지(冀)는 허베이성(河北省), 루(魯)는 산둥성(山東省), 위(豫)는 허난성(河南省)을 가리키며, 변구는 중국 변경에 있던 공산당의 자치 군정 지구로, 소비에트 구역이라 부르던 것을 1937년 제2차 국공합작 때부터 바꿔 부르기 시작한 행정상의 명칭이다.
8) 중국문학예술계연합회의 약칭이다.

질적으로 혁명 근거지의 문예 종사자들이 마오쩌둥 문예 사상을 실천하는 구체적인 방향임"을 정식으로 확인했고, 자오수리는 해방구 문예의 기치가 되었다. 그러나 자오수리는 전과 다름없는 자오수리였다. 그는 여전히 일개 편집인으로서 1948년 새해 첫날에 창간하는 ≪신대중보≫ 간행 작업에 매진하고 있었다. 편집부가 허베이 자오촹에 설치되자 그도 그곳으로 이사를 했는데, 어떤 사람은 그의 '사무실'을 이렇게 묘사했다.

> 안방과 바깥방 이렇게 두 칸이 있었고, 바깥방에는 마을 사람들이 잡
> 동사니, 솥, 대야, 난로, 가마니, 농기구 등을 넣어두었으며, 뒤쪽 벽은
> 헐어 한 줄기 빛이 들어왔다. 그리고 안방에는 일인용 탁자가 하나 있
> 었고, 마을 사람들의 항아리와 단지 같은 것들도 놓여 있었다. 그의 주
> 요 공간은 예나 다름없이 구들바닥이었는데, 거기서 책상다리를 하고
> 앉아 글을 썼고, 창가에 놓아둔 것도 여전히 그 몇 가지 물건들이었으
> 며……, 그 주위의 모양새는 타이항산의 작은 산장에 있을 때나 거의
> 다름없었다.[7]

1947년 1월, 자오수리와 미국 기자 벨든[9])이 재미있는 이야기를 나눈 적이 있다.

"당신의 이런 작품들의 판권은 누구의 것입니까? 수입은 얼마나 됩니

---

9) 잭 벨든(Jack Belden, 1910~1989, 중문명 貝爾登)은 미국의 저널리스트이다. 제2차
    세계대전 전후로는 중국에서, 제2차 세계대전 중에는 아프리카와 유럽에서 활동했으
    며, 일생의 마지막 20년을 파리에서 살다가 향년 79세로 생을 마감했다. 저서로는
    Retreat With Stillwell (1943), *Still Time to Die* (1944), *China Shakes the World*
    (1949) 등이 있다.

까? 만약 우리 미국에서 당신이 이렇게 많은 책을 출간했다면 틀림없이 부자가 됐을 겁니다."

"여기는 나의 일터이고, 이것은 내가 마땅히 해야 할 일입니다. 우리는 원고료 따위는 거론하지 않습니다."

"이것은 당신을 착취하는 것이 아닙니까?"

"이걸 어떻게 착취라고 할 수 있습니까? 글을 쓰는 것은 나의 실제 과업입니다. 나는 이것을 무기로 삼아 적과 반동파, 낡은 풍습과 싸우는 문예전사입니다."

자오수리는 이야기하는 중에 자신은 "농민을 위하여 글을 쓴다"라는 점도 강조했다. 이런 창작의 기본 태도는 곧바로 자오수리에게 번거로움을 안겨주었다.[8]

자오수리와 마찬가지로 '문예전사'라고 자칭하던 사람 중에는 전방에서 활약하던 문공단원(文工團員)들도 있었다. 바로 1948년 새해 첫날, 신안여행단의 배우들이 차오청 웨러우툰 화둥야전군 사령부 주둔지의 흙더미 무대에서 공연을 했다. 1947년 명량구 등지 전투에서의 승리로 전국에 위엄을 떨치던 천이 장군과 쑤위 장군도 무대 아래서 부대원들과 함께 구경했다. 먼저 양거극 〈부처식자〉와 〈광영등〉, 가극 〈장더바오의 귀대〉, 활보극[10] 〈미장활보〉를 공연했고, 이어서 장소를 바꿔 무대 앞 광장에서 〈승리요고〉를 공연했다. 수십 개의 횃불이 광장을 환하게 비췄다. 신안여행단 남녀 배우들이 머리에는 흰 두건을 두르고, 허리에는 빨간 비단을 동여매고서, 군악 「해방군 행진곡」이 울려 퍼지는 가운데 요고(腰鼓)를 두드

---

10) 활보극(活報劇)은 시사 문제 따위를 드라마 형식으로 만들어, 대중에게 쉽게 이해시키고자 하는 일종의 계몽 홍보극으로, 극장 또는 거리에서 공연된다.

리면서 두 줄로 나뉘어 양쪽에서 위풍당당하고도 힘차게 광장 안으로 걸어 들어왔다. 만 명에 가까운 관중은 숨을 죽이고, 우렁찬 북소리와 "앞으로, 앞으로"라는 군악 소리에만 귀를 기울였다. 갑자기 구령 소리가 나더니, 하늘을 찌를 듯한 북소리와 나팔 소리가 울려 퍼졌고, 이어서 펼쳐지는 대형(隊形) 변환은 마치 천군만마가 앞으로 치닫고 뒤로 내달리는 듯 정말 장관이었다. 북소리가 그치자 천이와 쑤위가 함께 올라와 찬탄해 마지않았다. 천이는 감격하여 손을 마구 흔들며 이렇게 말했다.

여러분들의 요고 소리는 해방군의 위풍을 자아냈습니다. 이것을 화둥
야전군의 모든 부대에까지 울려 퍼지게 하고, 온 중국에까지 울려 퍼
지게 합시다!⁹

북방의 칭화대학 단합대회에 호응하여, 새해 첫날 멀리 남쪽에서는 홍콩 문협¹¹⁾이 신년 단합대회를 했다. 1947년 말부터 중국공산당의 주선으로 각계 민주 인사들과 문화 인사들이 국통구¹²⁾의 대도시들과 해외로부터 홍콩으로 모여들기 시작했는데, 마오둔의 말에 의하면 사람 수는 1000명 이상이었고, "어떤 모임에 나가든 낯익은 얼굴들을 많이 볼 수 있었으며, 모두가 즐거워했고, '유랑객'의 우수와 처절함은 조금도 찾아볼 수 없었으며", 1941년 완난사변¹³⁾ 이후 공산당 쪽으로 기운 문화인들이

11) 원래는 1938년 3월 27일에 창립된 중화전국문예계항적협회(中華全國文藝界抗敵協
會)의 약칭이었으나, 1945년 중일전쟁이 끝나고 중화전국문예계협회(中華全國文藝界
協會)로 개칭하면서 이것의 약칭이 되었다.
12) 중국 국공 내전 시기에 중국공산당 측에서 중국 국민당 정부가 통치하던 지역을 일컫던
국민당 통치구의 약칭이다.
13) 완난사변(皖南事變)은 중국의 국공 대립으로 빚어진 내전의 하나이다. 1940년 10월 19일

홍콩으로 옮겨 왔을 때와는 상황과 심경이 모두 크게 달랐다고 한다. 이번 신년 단합대회에 참석한 사람은 300여 명으로, 그야말로 '대집결'이었다. 궈모뤄, 류야쯔, 젠보짠, 마오둔, 예이췬, 러우스이, 린린이 연설을 했다. 훗날 마오둔은 자신이 한 연설의 골자가 다음과 같았다고 회고했다.

> 문예비평을 더욱 강화하여, 요전에 주로 상하이에 존재했던 문예비평의 잘못된 경향을 바로잡아야 한다고 홍콩 문예계에 건의했다. 이런 경향은 눈앞의 적에 대해서는 마치 위험이라도 도사리고 있는 듯 비평하지 않고, 자기 진영에 대해서는 무책임한 비평을 늘어놓는 식이었다. 그런 비평의 목소리는 대단히 높고 '불'같아서 청년들은 그것이 가장 혁명적인 줄 알았다. 그러나 사실상 그것은 청년들을 잘못된 방향으로 인도했다.[10]

마오둔이 여기서 가리키는 것은 후평과 교류가 있는 젊은 비평가들의 비평 활동인데, 이것에 대해서는 나중에 더욱 상세히 소개하겠다. 지금은 반격하자는 건의만을 하고 있지만(누구에게 건의하는지는 아주 명백하

국민당 정부 군사위원회 정·부 참모장 허잉친(何應欽)·바이충시(白崇禧)는 장제스(蔣介石)의 뜻을 받들어, 황허(黃河) 이남에서 일본군과 싸우고 있던 신사군(新四軍)과 팔로군(八路軍)에게 한 달 이내로 황허 이북으로 전부 철수하도록 명령했다. 중국공산당은 이런 무리한 요구를 비난하는 한편, 항전 대국 유지 차원에서 완난즉, 안후이성의 양쯔강(揚子江) 이남 지역의 신사군을 양쯔강 이북으로 옮기는 데 동의했다. 1941년 1월 6일, 북으로 이동하던 신사군 9000여 명이 완난 징현(涇縣) 마오린(茂林) 지구에 도달하자 국민당군 8만여 명이 매복해 있다가 기습했다. 신사군은 7일 동안 주야로 분전했으나 2000여 명을 제외하고 대부분이 장렬히 전사했으며, 군단장 예팅(葉挺)은 부상한 채 체포되고, 부군단장 샹잉(項英)은 포위망 돌파 중에 전사했다『簡明社會科學詞典』(上海辭書出版社, 1984), p.1013 참조].

다), 예민한 사람들은 이미 약간의 화약 냄새를 감지할 수 있을 것이다. 이것은 이제 막 세상에 강림한 1948년의 중국 문단이 조용할 리 없음을 예고라도 해주는 것 같다. 이것 또한 '전장(戰場)'이다.

제1장

전환을 맞이하여

1948년 1, 2월

- 마오쩌둥의 「지금의 형세와 우리의 임무」가 준 충격.

- ≪인민일보≫가 전해준 소식.

- 장제스의 새해 연설.

- ≪문예선봉≫이 선포한 정부 당국의 문화정책.

- ≪대공보≫와 중국 자유주의 지식분자의 신념.

『지금의 형세와 우리의 임무(目前形勢和我們的任務)』(解放社 編, 新華書店, 1949.6)의 겉표지와
속표지

1947년 5월부터 1948년 7월까지의 중국공산당 정책에 관한 중요 문건 14편이 수록되었다.

예성타오 1948년 1, 2월 일기(발췌)

1월 8일(목)　　계속해서 교재를 골랐고, 편지를 썼다. 오후 5시 업무회의를 했다. 업무 보고 이외에 한담도 많이 나눴다. 인플레이션은 날로 심해지고 물가상승은 하루하루 속도를 더해가며, 상품을 판매한 대금으로 그 상품을 다시 사들일 수 없는 형편이어서, 영업하는 것이 영업하지 않는 것만 못하다. 그러니 규모가 이미 작지 않은 카이밍[1]을 어떻게 유지하고 지탱해 나가야 할지 정말 보통 일이 아니다.

앞으로의 큰 어려움을 생각하면 국면을 바꾸지 않으면 안 되겠지만, 바꾼다고 하더라도 어수선할 것이다. 보통 사람들의 생활도 항일전쟁[2] 때보다 거의 열 배는 더 어려워질 것 같다. 회의를 마친 후 회식을 하고, 8시에 집으로 돌아왔다.

10일(토)　　오전에 난데없이 스탈린의 사망 소식이 나돌았으나 영미 통신사의 오보였고, 석간이 나오자 유언비어라는 것을 알게 되었다. 요 며칠 전에는 소련의 한 요인이 암에 걸려 스위스의

---

1)　1926년 장시천(章錫琛) 등이 상하이에 창설한 출판사로 '카이밍서점'이라 불렸으며, 1953년 청년출판사와 합병해 중국청년출판사가 되었다.

2)　항일전쟁은 20세기 아시아 최대 규모의 전쟁이었던 중국과 일본 간의 전쟁으로, 우리나라에서는 보통 중일전쟁, 일본에서는 일중전쟁, 서구권에서는 제2차 중일전쟁, 중국에서는 항일전쟁 또는 약칭하여 항전이라 부른다. 중국은 1937년의 '7·7 사변'부터 1945년 일본의 항복까지로 계산하여 '8년 항전'이라 일컫다가, 2017년에 중국 정부가 1931년의 '9·18 사변'을 전쟁의 시작으로 간주하면서 '14년 항전'으로 개칭했다. 참고로 본문에서는 중국에서 사용하는 명칭대로 항일전쟁 또는 항전으로 옮겼으나, 옮긴이 주에서는 중일전쟁으로 통일했다.

어느 전문의가 왕진 갔다는 소문이 나돌았고 오늘은 갑자기 이런 유언비어가 들리니, 영미 사람들이 얼마나 소련을 미워하는지 알 만하다.

16일(금)　　　저녁 7시 독서회 모임에서 모두 고리키의 『어머니』를 읽고 두 시간에 걸쳐 토론했다(이 독서회는 중국공산당의 영향력 아래 있었던 진보 정기간행물 편집인들의 비밀 집회였으며, 독서 외에 유관한 정보도 주고받았다).

23일(금)　　　퇴근 후 보상과 급히 차를 몰고 전둬 집으로 가서 새로 구한 용(俑)3)을 구경했다. 보통 용들은 대부분 바로 서 있고 움직이는 모양을 한 것은 잘 없는데, 이번에 구한 용 아홉 개는 모두 춤추는 모습을 하고 있었다. 그중 하나는 돌에 기대어 비스듬히 서 있었으며, 고운 빛깔의 옷에다 금장식까지 되어 있어서 너무나 진귀해 보였다. 잠시 후 술상이 나왔고, 서른두 접시의 안주는 제각기 다 달랐으며, 모두 집에서 만든 것이었다.
술을 마시면서 20여 년 전 이야기를 나눴고, 웃음소리가 자리를 꽉 메웠다. 전둬는 꽤 오래된 먹을 소장하고 있었는데, 내가 세 개를 달라고 부탁했고, 다른 사람들도 몇 개씩 얻었다. 작별을 고하고 돌아오는 차 안에서 한담을 나누던 중, 위퉁은 전둬가 갑자기 고고학에 몰두하는 까닭도 정력을 쏟을 데가 없기 때문이라고 했다. 9시

---

3)　　옛날 중국에서 순장할 때 사용된 흙이나 나무로 만든 인형이다.

반에 집에 도착했다.

27일(화)　　　…… 술을 마신 후, 건너편 훙광극장에서 〈마음의 행로〉라는 명화를 보았다. 이 영화는 어떤 군인이 전쟁터에서 부상 후 기억상실증에 걸린 것을 소재로 삼았는데 볼만했다.

28일(수)　　　오후에는 닝하이에서 딩(丁) 군이 찾아와 일자리를 부탁했다. 학력을 물어보니 초등학교만 졸업했고, 집에는 전답 서너 마지기가 있는데 부친이 농사를 짓고 형은 닝보에서 공부하고 있다고 했다. 집안 형편이 어려워 일자리를 찾으러 상하이에 왔지만, 아는 사람 하나 없다고 했다. 겁도 없이 어떻게 이런 생각을 했는지 물으니, 고리키도 각처를 떠돌면서 일하고 공부한 끝에 그런 업적을 이루지 않았느냐고 했다. 도와줄 능력이 없음을 밝히자 눈물을 하염없이 흘렸다. 그의 손을 잡고 작별 인사를 하는데 미안하기 짝이 없었다.

31일(토)　　　아침에 신문을 보고 간디가 저격당해 사망한 사실을 알게 되었다. …… 지금 세계는 이미 민중 세력과 반동 세력으로 양분되어 두 세력 간의 투쟁은 피할 길이 없는데도, 간디는 싸우지 않고 평화로써 그들을 인도하려 하여 사람들의 미움을 산 것이 원인인 것 같다.

2월 5일(목)　　　밤에 라디오에서 웨이중러의 거문고 연주를 들었다. 그의 「유수조(流水操)」는 표현력이 대단했다.

6일(금)　　자오훼이선이 카이펑에서 왔는데, 베이핑으로 갈 거라고 했다. 그의 말에 따르면 허난성은 전쟁이 서너 개 현(縣)에만 미치지 않았다고 한다. 민중은 쌍방의 태도가 서로 다름을 잘 알고 있으며, 대부분은 저쪽이 이쪽보다 낫다고 생각하고 있다. 이쪽 군정계(軍政界)의 만행으로 사람들 살길이 막막해졌으니 한숨이 나온다.

9일(월)　　페이셴(주쯔칭을 가리킨다)을 위로하기 위해 지은 핑보[4]의 율시 한 수를 받고는 그것에 화답하는 시를 지었다. 그는 페이셴이 쓴 「잠 못 이루며 이 글을 쓰나니」의 앞 네 구절을 일러주었다. "중년이 되면 쉽사리 감정에 사로잡히니, 늙어가는 이 마당에 장단을 따져서 무엇 하리오. 병들고 쇠약함을 자식들에게 감춰왔으니, 천진난만한 아이들이 내 삶의 분주함을 어찌 알리오." 그 내용이 너무나 쓸쓸하여 슬프기만 하다.

18일(수)　　오후에 사장실 회의가 있었다. 선양 부지사장 리퉁한이 선양은 이미 함락되었고, 인심은 흉흉하며, 철수하려 한다는 편지를 보내왔다. …… 항일전쟁 때 우리 출판사의 각 지사가 여러 번 철수한 적은 있지만, 지금 이 판국을 또다시 보게 되리라고는 생각지도 못했다.

---

4)　위핑보(兪平伯, 1900~1990)를 가리키며, 그는 중국의 현대 시인, 산문작가, 고전문학 연구가이다.

1946년 11월 16일 국공(國共) 회담이 결렬되고, 저우언라이는 난징을 떠나기 전날 밤에 내외신 기자회견을 했는데, 그때 그는 격앙된 목소리로 "우리는 머잖아 곧 돌아올 것이다"라고 말했다. 그때부터 사람들은 매일 밤 라디오 방송을 통해 '북방[5]의 소리'에 귀를 기울였다. 처음에는 친공분자(親共分子)에 국한되었지만, 나중에는 그 범위가 점점 확대되어 국통구의 많은 사람들도 '북방' 소식에 근거해 시국을 판단하기에 이르렀다.

1948년 새해 첫날 이른 아침, 어젯밤 신화사에서 방송했고, 오늘 중국공산당의 ≪인민일보≫(그때까지도 인민일보사는 진차지변구[6]의 소재지인 우안에 있었다)에서 정식 발표할 예정이라는 마오쩌둥의 중국공산당 중앙회의 석상에서의 보고문 「지금의 형세와 우리의 임무」를 몰래 퍼뜨리는 사람이 있었다. 언론이 상대적으로 자유로운 홍콩에서, 찻집·술집 내지는 전차 안에서, 사람들은 마오쩌둥 선생의 이 글을 공개적으로 이야기했고, 또 자신의 흥분과 슬픔과 당혹감까지도 숨기지 않았다.

50년 후, 우리는 이미 누렇게 바래버린 그 신문을 찾아내어 그해 세상을 진동케 한 원인을 찾고 있다. 그 진원(震源)은 아마도 마오쩌둥이 국민당 정부가 애써 부인하려 했으나 결코 은폐할 수 없었던 사실 하나를 선포한 데 있을 것이다. 즉, 17개월의 대치 끝에, 중국공산당이 이끌던 중국 인민해방군이 미국의 지지를 얻은 장제스 수백만 대군의 공격을 물리쳤을 뿐만 아니라 반격에 들어갔다는 사실이다. 그리고 마오쩌둥이 여기에서 끌어낸 다음과 같은 판단(그가 지적한 사실이라고 하는 편이 더 낫겠다)은 경천동지할 만했다.

---

5) 그 당시 일부 사람들은 머잖아 전국적으로 승리를 거둘 중국공산당을 '북방(北方)', '먼 곳(遠方)' 등으로 불렀다.

6) 혁명 근거지 중 하나로, 진차지변구(晋察冀邊區)의 진(晋)은 산시성(山西省), 차(察)는 차하얼(察哈爾), 지(冀)는 허베이성(河北省)을 가리킨다.

이것은 역사의 전환점이다. 이것은 장제스의 20년 반혁명 통치가 발전에서 소멸로 넘어가는 전환점이다. 이것은 100여 년을 이어온 중국에서의 제국주의 통치가 발전에서 소멸로 넘어가는 전환점이다.

마오쩌둥의 이 글은 의심의 여지가 없는 역사의 큰 변화와 전환을, 그리고 이에 따라 일어나게 될 우리가 중점적으로 토론하고자 하는 문학 예술을 포함한 중국 사회생활 전반에 걸친 큰 변화와 전환을 이처럼 중국의 각 계급·당파·집단·가정·개인에게 제시하고서는 그들에게 선택을 강요했으며, 당시로서는 예측하기 어려웠던 그 선택의 후과(後果)까지도 감당케 했다. 이리하여 1948년은 그 시대를 살아온 모든 중국인(당시 그들의 나이가 많고 적음을 막론하고)의 뇌리에 영원토록 깊숙이 자리 잡게 되었으며, 후세 사람들의 주목도 받게 되었다. 오늘날 사람들의 관심사도 그 당시의 각기 다른 집단과 개인(이 책이 중요하게 다루는 부분은 작가를 대표로 하는 지식분자라는 집단과 개인이다)의 선택과 후과이다.

어떤 의미에서 마오쩌둥의 「지금의 형세와 우리의 임무」는 끝내 오고야 말 역사의 큰 변화에 대해 주도자와 승리자 측에서 보인 반응이며 선택이라 할 수 있다. 그 선택은 명백해서 의심의 여지가 없었는데, "중국 인민의 혁명전쟁은 완전히 승리하는 그날까지 힘차게 끊임없이 전개되어야 하며, 적들이 지연작전(회담)을 써서 휴식 시간을 얻은 다음 다시 우리 인민을 공격하는 일은 없도록 해야 한다"[1]라는 것이었다. 새해 첫날 ≪인민일보≫ 제1면에 실린 "경축, 혁명전쟁과 토지개혁의 완전한 승리! 중국 인민 해방 만세! 중국공산당 만세! 마오(毛) 주석 만세!"라는 신년사가 나타내고 있는 것도 같은 의미였다. 말할 것도 없이, 중국공산당과 같은 신념을 가졌거나 그들에게 중국의 희망을 걸고 있는 지식분자들은 이 선택을 흔쾌히 받아들였다. 마오둔은 1948년 1월 1일

≪화성보≫에 글을 발표했다.

반제·반봉건 혁명 사업을 이번에 단숨에 완성하려면 우리들의 굳은 결
심이 필요하다. 결심 부족으로 인해 혁명 사업을 우리 대에서 철저히 완
성하지 못해 다음 세대마저도 많은 대가를 치러야 한다면 우리는 역사
의 죄인이 될 것이고, 우리의 자손들에게 떳떳하지 못할 것이다!

그는 그래서 "혁명을 끝까지 하여, 우리의 아들, 손자들이 더 이상 피
흘리지 않고 땀만으로 신중화민국의 위대한 건설에 종사할 수 있기를!"[2]
축원했다. 여기에는 "신중화민국의 위대한 건설", 다시 말해서 현대 민족
국가의 건설(이것은 최근 100년 동안 중국 지식분자들의 주된 염원이었다)을 위해
수많은 희생까지도 포함한 어떤 대가도 다 치를 수 있다는 생각이 잘 나
타나 있다. 민족국가의 이익을 지상으로 여기는 이런 이상은 많은 지식
분자에게 이 역사의 전환점에서 혁명을 선택하고 받아들이게끔 했다. 또
한편으로는 유혈혁명을 받아들임과 동시에 이것이 최후의 유혈이기를
희망했는데, 이것은 전형적인 지식분자의 이상주의이기도 하다. 그들은
한 번의 유혈을 받아들이게 되면 반드시 두 번, 세 번의 유혈도 받아들여
야 한다는 사실을 모르고 있었다.
　　가장 감격스러운 대목은 아무래도 마오쩌둥 글의 다음과 같은 맺음
말일 것이다.

우리가 마르크스·레닌주의의 과학에 정통하고 민중을 신뢰하고 민중
과 굳게 하나가 되고, 또 그들을 전진하도록 이끌 수 있다면, 우리는
충분히 그 어떠한 장애도 극복할 수 있고, 그 어떠한 역경도 이겨낼 수
있으며, 우리의 역량을 당해낼 자가 없게 된다. 지금 지구상의 자본주

의와 제국주의는 멸망의 길을 걷고 있고, 사회주의와 인민민주주의는 승리의 역사 시대를 향해 나아가고 있다. 서광이 바로 눈앞에 있으니 우리는 노력해야 한다.

이것은 진리가 손안에 있고, 대중 다수의 지지를 얻을 수 있고, 역사의 필연성을 장악할 수 있다고 굳게 믿는 이런 정신력만 있다면 가는 곳마다 승리할 수 있다는 마오쩌둥의 전형적인 역사낙관주의이다. 당시에 적지 않은 지식분자들은 이런 마오쩌둥식의 말과 사고 논리에 익숙지 않았지만, 거기에 내재한 이상주의와 영웅주의(이것들은 본래 지식분자들의 천성이다)에 매료되었다. 더 중요한 것은, 경제가 낙후되고 물질이 부족한 동양 민족국가들은 우세한 정신력으로 모든 어려움을 극복할 수 있으며, 서양 제국주의 국가를 이길 수 있다는 전망을 중국 인민과 지식분자에게 펼쳐 보였다는 점이다. 이것은 최근 100년 동안 열강에 침략과 능욕을 당한 중국 인민, 특히 그들 중 민족의식이 가장 강한 지식분자들에게는 더할 나위 없이 매력적이었다.

더군다나 마오쩌둥의 논단에는 근거가 되는 강력한 사실이 있었다. 즉, 의심의 여지가 없는 전장에서의 승리가 자연히 전쟁 지도 이념의 절대 정확과 절대 무적을 증명했던 것 같다. 그 시대의 대다수 사람이 볼 때 이것은 필연적 논리였으나, 후세 사람들은 그 속에서 승자는 왕이 되고 패자는 역적이 된다는 막연한 역사관을 보았다.[3] 당사자들은 이런 필연적 논리에 도취해 있을 때 그것을 또 쉽게 극단으로 밀어붙여, 필연성을 체현하는 절대 진리와 그것의 실질적인 대표(인민 정당, 군대, 정권)에 대한 숭배를 낳았다. 원래 극단으로 내닫기 쉬운 일부 지식분자들이 특히 이러하기 일쑤였다.

심지어 1948년 1월 1일 출간된 ≪들풀(野草)≫ 총간 제7집에 게재된 귀모뤄의 글은 놀랍게도 "추종주의 만세"라는 구호를 들고 나와, 지식분자들에게 "흡족한 마음으로 인민대중의 추종자 또는 그 추종자 중 영광스러운 추종자가 되어줄 것"을 요구했다. 그는 나중에 또 글을 써서 '인민지상(人民至上)'과 같은 '절대 진리'에 대해 "고분고분 순종"해야 하고, "독자성 따위는 아예 주장하지 말아야 한다"라고 강조하기까지 했다. 이 때문에 지식분자로서 지녀야 할 독자성을 상실하게 되지 않을까 우려하는 사람에게 귀모뤄는 "인민 해방의 운동, 혁명 절차의 필연, 과학 진리의 규범에 대해 '독자성'을 발휘하면 금방 '독재'로 전락하고 만다"[4]라고 대답했다. 이것은 일종의 진리 숭배 논리였고 국민당의 독재에 반대하고 진리 추구를 자신의 소임으로 여기는 지식분자들에게도 매력적이었으며 적어도 일리가 있는 말이었으나, 지식분자들이 독립적으로 사고할 수 있는 그들의 권리를 포기해야 하는 위험도 그 속에 도사리고 있었다.

일부 지식분자들은 진리를 가슴에 새겼다고 자인한 후부터는 알게 모르게 진보적이라 자처하면서, 자기와 관점이나 선택을 달리하는 이색분자를 가볍게는 낙오자 심하게는 진리의 배신자로 간주했고, 한 걸음 더 나아가 진리의 수호자 역을 맡아 이색분자를 공격했다. 이것 역시 지식인의 일반적인 병폐인 것 같다.

1월 3일 오후, 이미 학교를 떠난 중산대학 교수들과 학생들은 해변의 어느 한 양옥 4층에서 단체로 새해 인사를 하면서, 특별히 귀모뤄를 청하여 「한 해 동안의 중국 문예운동 및 그 추세」라는 강연을 들었다. 귀모뤄는 "마오쩌둥 선생의 호소에 발맞춰 인민 문예를 일궈내기 위해 노력"해야 한다고 강조하는 한편, '반인민(反人民) 문예'라고들 하는 네 가지 문예, 즉 그가 말했던 '다색(茶色) 문예', '황색 문예', '관계치 않는 문예', '새빨간 문예와 트로츠키주의 문예'를 단숨에 고발했으며, 또 처음으로 선충원·샤오쳰 등의 이름을 들먹였고, 샤오쳰을 가장 "나쁘다"라고 말했다. 그는 이런 '반인민 문예'는 "반드시 소멸시켜야 하며", 설령 "문예에서 이른바 중간노선"인 "관계치 않는 문예"일지라도, "가능하다면 일깨우고 쟁취해야겠지만, 그렇지 않다면 폭로해야 한다"라며, 역시 '소멸'의 운명에서 벗어날 수 없음을 천명했다.

귀모뤄는 조금도 서슴없이 "그들을 소멸시키는 일이 꼭 문예 방면의 문제만은 아니어서 정치적인 노력도 해야 한다"5라고 말했다. 이것은 처음으로 "홍(紅)이 아니면 백(白)이고, 혁명이 아니면 반혁명이고, 인민을 위하는 것이 아니면 반인민이다"라는 논리에 따라 작가·지식분자를 양립할 수 없는 양대 진영으로 나눠놓았을 뿐만 아니라, 정치적인 힘을 빌려 상대방을 소멸시킬 것을 요구했다. 새로운 시대의 주제어('개조'와 '비판')와 새로운 철학(너 죽고 나 살자는 투쟁 철학), 그리고 이것에 상응하는 언어 방식(참정절철,7) 흑백분명, 고옥건령,8) 기세당당 등등)이 역사의 전환점인 1948년 초에 벌써 승리라는 사실과 여기서 비롯된 광희(狂喜)에 발맞춰 살며시 생겨나고 있었음을 쉽게 알 수 있다. 그 당시에는 중심 논제로서 거론되었고 또 갈수록 많은 사람이 받아들였지만, 내재한 위기의 표면화는 논리와 역사의 전개를 기다리고 있었으며, 이것은 시간이 필요했다.

중국공산당이 주도했던 남방의 홍콩 몇몇 신문·잡지에서 귀모뤄 등 지도자들의 글을 좀 살펴보았으니, 다시 북방의 중국공산당 기관지 ≪인민일보≫로 되돌아가자. 1948년 초 ≪인민일보≫는 신구 해방구의 토지 개혁과 당풍 쇄신 선전에 집중했고, 이 책이 관심을 기울이는 사상·문화와 문학예술에 대한 보도는 아주 적었다.

---

7) 참정절철(斬釘截鐵)은 못을 끊고 쇠를 자른다는 뜻으로, 말하는 것이나 일 처리하는 것이 과단성이 있고 머뭇거리지 않음을 비유하여 이르는 말이다.
8) 고옥건령(高屋建瓴)은 높은 지붕 위에서 동이물을 쏟는다는 뜻으로, 유리한 지위나 위치에 서 있어서 그 기세가 왕성함을 이르는 말이다.

그래서 1월 21일 자 ≪인민일보≫에 중앙국 선전부가 반포한 「진지루위 통일 출판 조례」는 우리의 각별한 흥미를 불러일으킨다. 이 '조례'는 각종 간행물과 서적에 대한 "당 위원회 심사제" 실시, "자산계급의 부패한 제도와 문화를 선전하는" 도서 "단속", "현재 출판업계의 투항주의, 자유주의, 단순 영업관 극복"을 명확하게 규정해 놓았다. 2월 11일 발표된 당 지도자 펑전의 「우리의 당 기관지 개조」라는 연설문은 "신문의 모든 구절, 모든 기사는 당 위원회를 대표하여 말하는 것이므로 반드시 당을 대표할 수 있어야 하며, 자유주의 신문이 아니다"라고 강조했는데, 그 적용 범위가 신문에만 국한되었던 것이 아니라는 점도 주목할 필요가 있다.

사람들은 아마도 저우양이 몇 년 전에 "새로운 사회제도 아래서, 현실의 운동은 이제 맹목적이고 통제할 수 없고 결과를 알 수 없는 운동이 아니라, 의식적이고 의도적이고 계획적인 작업 과정으로 바뀌었다"6라고 했던 말을 연상하게 될 것이다. 보아하니 이념(문학예술도 포함한다)에 대해 엄격히 통제하고 통일적으로 계획·관리하는 체제가 만들어지고 있었다는 것도 빈말이 아니었던 것 같다.

이런 각도에서 볼 때, 1월 23일 자 ≪인민일보≫에 실린 음악가 진쯔광의 「투쟁의 노래를 힘차게 부르며 싱하이를 기리다」라는 글에 대한 자기비판은 특히 흥미롭다. 실은 대단한 일은 아니었다. 셴싱하이9)의 학

---

9) 셴싱하이(洗星海, 1905.6.13~1945.10.30)는 광둥성(廣東省) 판위(番禺) 출신으로 마카오(澳門)에서 출생했으며, 중국의 작곡가이자 피아니스트이다. 1929년 파리로 유학 갔으며, 1935년 귀국 후 왕성하게 작곡 활동을 했고, 1939년에 작곡한 「황허대합창(黃河大合唱)」은 그의 대표곡이다. 1945년 모스크바에서 병사했다. 2009년 9월 '신중국 수립에 크게 공헌한 영웅 100인(100位爲新中國成立作出突出貢獻的英雄模范人物)'에 뽑혔다.

생인 진쯔광이 자기 스승에 대해 논쟁의 여지가 있는 평가를 했을 뿐이다. 예를 들면 센싱하이의 예술적 업적은 이미 니에얼[10]을 능가했으며, 국제적인 수준에 도달했다고 여긴 점이다. 이 일에 대해 후세 사람들이 정말 흥미롭게 생각하는 것은 이로 인해 진쯔광에게 붙여진 '예술적 투항주의'라는 꼬리표와 여기에서 비롯된 다음과 같은 '긍정적인 관점'들일 것이다.

> 자본주의 국가의 예술을 무슨 자격으로 우리의 것과 비교한단 말인가? 우리의 예술은 진보적이며, 신민주주의적이며, 노동자와 농민을 위한 것이며, 반제·반봉건적 예술이다. 우리 무산계급의 세련되지 못하거나 급하게 만들었거나 맹아 상태에 있는 예술품조차도, 제국주의나 자산계급의 상아탑 속의 그런 화려하기만 하고 영혼이 없는 것보다는 훨씬 훌륭하다(≪인민일보≫ 편집인은 이것으로는 아직도 충분하지 않다는 생각에 "어떤 관점에서 그것을 '화려하다'라고 말하는가, 정말 '화려한가'?"라는 비판의 말을 덧붙였다).

> 무산계급의 관점에서 출발하면, 노동자·농민 예술은 기교면에서도 자산계급보다 뛰어나며, 정치를 벗어나고 시공을 초월한 '기술'은 존재하지 않는다.

> 여기에는 관념에서부터 심리·언어에 이르기까지 모두 승리자의 절

---

10) 니에얼(聶耳, 1912.2.14~1935.7.17)은 윈난성(雲南省) 위시(玉溪) 출신으로 쿤밍(昆明)에서 출생했으며, 중국의 작곡가이다. 그는 모두 37곡을 작곡했으며, 그중에서 「의용군행진곡」은 1982년에 정식으로 중화인민공화국의 국가(國歌)가 되었다. 1935년 일본에서 수영하다가 익사했다.

대적인 자신감으로 충만해 있다. 즉, 전장에서의 승리가 모든 방면(문학예술도 포함한다)에서 승리할 수 있다는 절대 우월감으로 이어지고, 전장에서는 나만 있고 적은 없으며 적과의 어떠한 연계도 모두 이적행위로 여기던 것에서 출발하여, 모든 방면(문학예술도 포함한다)에서 '적'과 '나'는 병존할 수 없으며 이질 문화에 대한 어떠한 인정도 모두 '투항'으로 간주하는 등, 전쟁적 사고와 논리에서 문학예술적 사고와 논리로의 이런 전화와 유추도 당시로서는 자연스러웠던 것 같다.

더욱이 이 (무산)계급 우월감과 계급주의 뒤에는 민족문화 우월감과 중화주의가 숨어 있는데, 이것은 중국의 민중과 지식분자의 의식 깊은 곳에 뿌리를 내리고 있었다. 그래서 "동양의 무산계급이 서양의 자산계급보다 우월하다"라는 등의 호언장담은 당시뿐만 아니라 이후의 긴 세월 속에서도 민심을 고무할 수 있었다.

그러나 지금 기술하는 1948년 연초에는 이런 '북방'의 소리의 전파와 영향의 범위가 한정적이었다. 그래서 1948년 새해 아침, 이 거리 저 골목에서 신문팔이 소년들이 외쳐대는 것은 여전히 장 주석(장제스)의 「대국민 방송 연설문」이었다. 이날 아침 10시 장제스는 문무백관을 거느리고 중산(中山) 능묘를 참배했다. 그날의 신문보도에 따르면, 문관은 일률적으로 창파오11)에 마과12) 혹은 중산복13)을 입었고, 무관은 모두 군복을 입었으며, 장제스 본인도 군복 차림으로 일장 연설을 했다고 한다.

장제스의 연설은 현실을 직시할 용기가 없고 공허하며 말이 무미건

---

11) 창파오(長袍)는 두루마기 모양의 중국 고유의 남자 옷이다.
12) 마과(馬掛)는 남자들이 창파오 위에 입는 허리까지 오는 짧은 상의를 말한다.
13) 중산복(中山服, 일명 中山裝)은 쑨원(孫文)이 고안하여 제작된 실용적인 양복저고리로, 그 이름은 쑨원의 호인 중산(中山)에서 유래되었다. 신해혁명 후 중국에 널리 유행했으며, 전형적인 중국의 현대 복장으로 여겨진다.

조해 당시 사람들에게 환영받지 못하고 중시되지 않았는데, 마오쩌둥의 「지금의 형세와 우리의 임무」가 지식분자들과 일반 대중 사이에 순식간에 퍼져 나간 것과는 극명한 대조를 이뤘다. 이것 또한 민심 향배의 반영일 것이다. 그러나 장제스 연설 속의 관념과 사유 방식이 꽤 재미있어서 후세 사람들(예컨대, 오늘날 우리 같은 연구자들)은 오히려 그의 연설에 흥미를 느낄 것이다. 장제스의 당시 연설은 새로운 뜻이 없고, 단지 "공비를 섬멸하여 국가 통일과 사회 안정을 유지"하겠다는 결심을 거듭 표명했을 뿐이며, 강조한 것도 민족국가의 통일과 안정이었고, 자신을 국가이익의 대표라고 생각했다.

그러나 1948년 중국의 대다수 국민과 지식분자의 눈에 국민당 정부의 이런 대표성은 상당히 의심스럽게 비쳤고, 국가 통치라는 합법성은 강한 도전을 받았으며, '국가 통일과 안정 유지'를 또다시 외친다 해도 많은 사람들에게는 기득권에 대한 옹호에 불과했다. 그러나 장제스는 이 목표의 도덕상 정의로움을 여전히 강조했고, "우리가 지금 적을 토벌하는 일은 곧 국민을 구하는 것과 국민을 해치는 것의 전쟁이며, 나라를 구하는 것과 나라를 해치는 것의 전쟁이며, 건설 대 파괴의 전쟁이며, 자유 대 노역(奴役)의 전쟁이며, 광명 대 암흑의 전쟁이다"라는 점을 거듭 피력했다.

보아하니 적어도 장제스 본인은 이 '정의감' 속에서 어떤 힘을 얻었으며, 비록 실패에 직면했지만(그는 전쟁에서의 패배는 시종 회피했으나, 경제적인 '위기'는 인정했다), 연설 전반에 걸쳐 희망찬 미래를 이야기했다. 무슨 근거로 그랬을까? 그의 말에 의하면 근거는 두 가지였다. 그 하나는 "과거의 항전 혁명사에서 성공하지 못한 개국의 공업(功業)은 하나도 없다"라는 것이다. 이것은 역사상의 성공으로써 현실에서의 필연적 승리를 증명하려 한 것이다. 다른 하나는 "일의 어려움과 쉬움은 마음먹기에 달려 있다. 우리가 자신감을 가지고, 결심을 굳히고, 백절불굴의 정신으로써 한층 더 분발할 수 있다면, 어떠한 어려움도 모두 극복할 수 있고, 어떠한 난관도 다 헤쳐나갈 수 있다"라는 것이었다. 그래서 장제스는 연설 중에 "자력갱생"과 "전체 동원"의 역량에 대해 떠들었고, 제아무리 완강한 적일지라도 "민중의 위력 앞에 전멸하지 않을 자가 없다"라며 큰소리쳤는데, 이것은 의지력과 정신력이 기적을 창조할 수 있으므로 가는 곳마다 승리할 수 있다는 확신이었다. 보아하니 장제스 역시 낙관주의자였으며, 그와 마오쩌둥은 둘 다 이상주의·영웅주의 시대의 정치가였던 것 같다.

거창하게 정신적인 것을 이야기한 전체 연설 중에서 유일하게 현실적이었던 것으로는 "투기를 조장하고, 사재기를 조장하고, 또 밀수·탈세와 금융 교란으로 경제적 불균형을 심화해 전체 경제의 기초를 무너뜨리는 …… 상업계의 파렴치한"에 대한 경고였다. 이것은 새해에 경제적으로 다소 움직임이 있으리라는 것을 시사하고 있었다. 실은 일주일 더 전 (1947년 12월 22일)에 국민당 정부가 장징궈를 외교부 둥베이 주재원 자리에서 물러나게 했을 때 이미 신호를 보낸 셈이다. 그 이후의 일은 모두 잘 알고 있는 바와 같이, 장징궈는 그의 감란[14] 건국 대대의 핵심 인물들을 거느리고, '타호대(打虎隊)'라는 깃발을 내걸고 상하이로 가서 화폐제도 개혁을 강행하고, 전횡을 일삼던 부호들에게 타격을 주었다.

이것은 앞서 말한 역사의 전환에 대한 국민당 정부의 반응이고 선택이었다. 정권을 계속 독점하고 나눠 갖지 않는다는 전제하에 부분 개혁을 함으로써 최후의 노력과 발악을 했다. 타호대 대원은 전쟁에 임하기 전에 "설사 작렬하는 화산이 앞에 있다 하더라도 우리는 뜨거운 피로써 그것을 잠재울 수 있고, 설사 크고 깊은 계곡이 앞에 있다 하더라도 우리는 머리로써 그것을 평평하게 메울 수 있다. 승리하지 못하고, 성공하지

---

14) 감란(戡亂)은 난리를 평온하게 진정시키다, 즉 '난을 진압하다'라는 뜻이다.

못한다면, 절대로 멈추지 않겠다!"라는 맹세를 했다고 한다. 비록 애초의 결심은 이렇게 대단했지만, 이 개혁은 목표가 분명하지 않은 데다 안팎의 갈등이 복잡하게 얽혀 결국 실패하고 말았으며, 국민당 정권의 붕괴도 이에 따라 확실시되었다. 이것은 모두 후일담이다.[7]

국민당 정부의 최후 노력과 발악이었던 사상·문화 정책에도 '감란'과 '건국'이라는 두 가지 측면이 있었다. 우선 사상 통제를 강화했는데, 이 방면에서는 조금의 양보도 없었다. 1947년에 '학생자치회 규칙'을 선포하여 학생운동에 대비한 데 이어, 1948년에는 언론·출판 통제를 강화하여 걸핏하면 강제 폐간하고 편집인을 체포했다. 건설적인 것으로서는, 국민당 정부 문화 방면의 최고 지도자 장다오판이 책임편집을 한 ≪문예선봉≫이 1948년 초에 "문학재혁명(文學再革命)"이라는 구호를 내세우고, "나라를 흥하게 하는 문학과 나라를 건설하는 문학을 정립하고, 나라를 망하게 하는 문학에 반대하고, 나라에 화를 입히는 문학을 타도하자"라고 호소했으며, "문학의 자유와 민주는 국가와 민족의 이익을 전제로 해야 함"[8]을 강조했다.

이것은 전형적인 국가 지상, 민족 지상의 문학관이며,[9] 1930년대 민족주의 문학이 늘 하던 소리이며, 이번의 되풀이는 앞서 말한 장제스의 '국가 통일과 사회 안정 유지'라는 국책을 위한 것이었다. 그래서 '재혁명'의 핵심은 자연스레 "모든 사상과 의식상의 혼란"을 "깨끗이 청산하고" "바로잡는" 것으로 변해버렸고, 이 때문에 "문학은 사회생활의 정확한 반영이며", "어두움을 묘사하려면 반드시 빛으로 받쳐줘야 한다"라는 점과, "사회현상을 단편적으로 폭로하고, 패배주의를 선전하고", "현재 상황에 불만이 있고, 현재 상황을 왜곡하고, 치안을 어지럽히는" "반동" 문학에 대해서는 반드시 "철저히 조사하여 엄벌에 처해야 한다"라는 점이 제기되었다.[10]

「삼민주의와 문예의 결합을 반대하는 친구에게」라는 글에서 작가는 "진리는 영원히 존재하며 삼민주의는 진리의 전체를 충분히 대표할 수 있고", "믿음은 절대적이다"라고 서슴없이 천명했는데, 흥미롭게도 이 '진리'와 '믿음'에 대한 절대화는 뜻밖에도 같은 시기의 몇몇 좌파 지식분자들의 관점과 놀라울 만큼 비슷하다. 앞에서 언급한 '문학재혁명'에 관한 주장들이 그 당시에는 모두 좌익 문학을 겨냥한 것이 틀림없지만, 시간이 흐름에 따라 후세 사람들은 좌우의 뚜렷한 대립의 이면에서 이들 양자 간에 사유 내지 언어 방식 면에서 어떤 유사하거나 상통하는 부분이 있음을 발견했는데, 이것은 대단히 주목할 만한 사상·문화 현상이다. 그래서 우리는 ≪문예선봉≫에서 "시가는 정치와 관계를 끊을 수 없고", 시인은 "개인의 생명과 민족의 생명을 다 함께 껴안아야" 하며, "시대로부터 도피하고 시대를 위배하는 것은 모두 시인의 기량이 아니니, 그런 정의롭지 못하고 진리가 아닌 모든 사악한 행위에 대해서는 맹렬한 폭탄을 던지기 바라며", "우리는 첫째로 시인이 문맹이 아닌 사람이 알 수 있는 시를 지어주기 바라고, 둘째로 시인이 문맹인 사람이 알 수 있는 시를 지어주기 바라며",[11] 민간 가요는 "그렇게 시원하고 멋스럽고 정열적이고 예리한데, 미사여구나 군더더기를 좋아하고, 감상적인 것을 좋아하고, 난삽한 것을 좋아하는 시인들은 그들에게 배우기 바란다"[12]라는 시가관(詩歌觀)을 보고도 놀라워해서는 안 된다.

≪중앙일보≫와 ≪인민일보≫ 사이에 끼어 있던 ≪대공보≫도 1948년의 강림에 즈음하여 "새해를 맞이하여 우리는 전 세계, 전 인류를 향해 큰소리로 외치고 싶다. 전쟁은 안 되며, 무력으로 문제를 해결할 수 없다", "우리는 이 1948년이 인류가 크게 각성하는 한 해이길 바라며", "인류의 행복은 이성으로 창조해야 하고, 인류의 문제도 이성으로 해결해야 한다"라는 「신년사(元旦獻詞)」를 발표했다. 이런 말들이 정권의 향방을 판

가름 지을 결사전을 준비하고 있는 국공 양당의 귀에 들어올 리 만무했고, 현실적인 생존 위기를 급히 해결해야 하는 대다수 일반 사람들에게도 자유주의 지식분자들을 대표하는 ≪대공보≫의 이런 이성에 대한 믿음과 호소가 현실에 너무도 맞지 않아 문제를 해결할 수 없어 보였기에, 반응이 냉담할 수밖에 없었다.

그러자 1월 8일 자 ≪대공보≫는 저명 기자이자 저명 작가인 샤오첸이 집필한 「자유주의자의 신념」을 실어 다시 한번 세상 사람들에게 속마음을 밝혔다. 말하는 바에 의하면, 중국의 자유주의자는 "풍향을 잘 살피고, 물살에 따라 배의 키를 잘 다루는" "기회주의자"가 아니며, 그들에게 자유주의는 "일종의 이상이고, 일종의 포부여서, 이 이상과 포부를 신봉하는 사람은 소파에 앉아 있으나 단두대에 서 있으나 신념은 매한가지로 확고하다"라고 했다.

무엇이 중국 자유주의자의 신념이며 추구였을까? 이 글은 다섯 가지를 들었는데, 그중에서 "정치 자유와 경제 평등을 다 같이 중시한다"라는 것이 최대의 관건이었다. 통속적으로 말하자면, 사상과 정치의 '자유'도 있어야 했고, '모두가 먹을 밥'도 있어야 했으며, 정신적 자유에 대한 욕망도 만족시켜야 했고, 생존 문제도 해결해야 했으며, "하나를 위해 둘을 포기"할 수는 없었다. 이것은 중국의 자유주의 지식분자들이 제2차 세계대전 후 미국을 대표로 하는 자본주의와 소련을 대표로 하는 사회주의, 이 양대 진영의 첨예한 대립 속에서 해야 했던 선택, 즉 "절대로 양다리를 걸치는 것이 아니라, 좌우의 장점은 전부 받아들이고, 좌우의 폐단은 모두 제거하는 것"이라 할 수 있다.

이것에 대하여 나중에 주광첸[15]은 "일반적으로 말하자면, 민주와 자

---

15) 주광첸(朱光潛, 1897.9.19~1986.3.6)은 안후이성(安徽省) 퉁청현(桐城縣) 출신으로,

유는 근 400년 동안 문명한 인류가 쟁취하고자 했던 길이고 인성(人性)과 인도(人道)를 유지하기 위해 반드시 가야 했던 길이며", "공산주의는 사회주의의 대성(大成)이고", "그것은 생산과 분배에서 비교적 합리적인 방법이 있고, 세계 대세가 반드시 나아가야 할 방향이며", "민주와 자유는 미국에서 자본주의와 연결되어 있고 공산주의는 소련에서 집권주의(集權主義)와 연결되어 있는데, 모두 대단히 불행하고 혼란스러운 결합이고 지금 세계의 분열과 충돌의 화근이 바로 여기에 있으며", "우리는 헤겔의 역사변증법이 미래 세계의 변천에 응용되어, 각각 일방적으로 서로 분열하고 있는 두 개의 이상이 비교적 수준 높은 하나의 조화 속에서 합쳐지길 희망한다"[13]라며 아주 명료하게 분석하고 설명했다. 샤오첸 자신이 말한 것처럼 중국의 자유주의자는 확실히 전통적인 서양의 자유주의자인 "영국 자유당의 주장과는 거리가 대단히 멀어서" 차라리 그들은 사회민주당원에 더 가깝다고 하는 편이 나을 것이다.

며칠 후(1월 19일) ≪대공보≫는 또 사설을 실어, 영국 노동당과 프랑스 사회당 등 이른바 '국제 제3세력'과 연맹을 결성하자고 주장함으로써, 이런 경향성을 분명하게 드러냈다.[14] 중국 자유주의 지식분자의 사회민

중국의 미학자·문예이론가·교육가·번역가이다. 그는 중국 현대 미학의 창시자 중 한 사람으로 중국 현대 미학의 기초를 다졌다. 1922년 홍콩대학을 졸업하고, 우쑹중국공학(吳淞中國公學)과 저장바이마후춘후이중학(浙江白馬湖春暉中學)에서 교직생활을 했다. 1925년 영국으로 건너가 에든버러대학 등에서 영국 문학, 철학, 심리학, 유럽 고대사와 예술사 등을 공부한 후 1933년 프랑스 스트라스부르대학에서 박사학위를 취득했다. 1933년 귀국 후 베이징대학, 쓰촨대학, 우한대학에서 교수를 지냈다. 저서로는 『청년에게 보내는 12통의 편지(給青年的十二封信)』(1929), 『미에 대하여(談美)』(1932), 『문예심리학』(1936), 『미학비판논집』(1958) 등이 있고, 번역 작품으로는 헤겔의 『미학』(1981), 베네데토 크로체(Benedetto Croce)의 『미학원리』(1947) 등이 있으며, 안후이교육출판사에서 『주광첸전집(光潛全集)』(전 20권)이 출판되었다.

주주의 경향은, 한편으로는 그들에게 소련식 집권공산주의를 엄격하게 비판하는 태도를 취하게 함으로써 중국공산당에 대해 의구심을 품게 했고, 다른 한편으로는 경제 평등에 대한 추구(소농 경제가 우세를 점하는 중국에도 이런 전통이 있었다)가 오히려 그들에게 사회주의에 대해 천성적인 친화력을 가지게 함으로써 중국식 공산주의를 받아들이는 데(다소 일방적인 면이 있긴 했지만) 사상적 기반을 마련해 주었다. 그리고 아무런 폐단도 없고 어떠한 편견도 배제한, 절대적으로 완전무결하고 전면적이고 조화롭고 종합적인 이상사회에 대한 추구는 중국의 자유주의자 모두가 유토피아적 이상주의자였음을 더 잘 말해준다.

그 당시 어떤 사람은 글을 써서, 그들의 이상이 중국의 현실 상황 속에서 실현된다는 것은 대다수 중국인을 등지는 일이어서, 수많은 노동자와 농민을 등지는 일일 뿐만 아니라 "수많은 하층의 소자산계급과 대부분의 중산계급"을 등지는 일임을 지적했다.[15]

기본적인 생존 조건의 결핍이 대학교수를 포함한 절대다수의 중국인을 위협하고 있었던 것이 1948년의 중국의 현실이었다. 2년 전(1946년 9월) 잡지 ≪관찰≫은 쿤밍대학 교수의 평균 급여가 1937년 상반기에는 350위엔,[16] 1946년 하반기에는 같은 시기의 생계비 지수로 환산하면 전쟁 전의 27.3위엔, 즉 전쟁 전 급여의 7.8%에 해당한다는 통계를 공개한 적이 있다.[16] 이 같은 급격한 하락 추세는 1948년(특히 하반기)에 이르러 더욱 악화되었다. 이런 범국민적인 생존 위기 속에서 정신적 자유라는 것은 대다수 사람에게 이미 사치스러운 욕망이 되어버렸으며, 이런 때는 국민의 기본적인 생존 문제를 해결할 수 있는 사람이 민심을 얻기 마련이다.

16) 중국의 화폐 단위인 元은 외래어표기법상 '위안'으로 표기하고 있는데, '위엔'으로 표기해야 한다고 생각한다.

그러나 중국의 자유주의 지식분자들은 이런 민정(民情)과 민심에 대해 충분한 관찰과 인식이 부족했으며, 비록 추상적인 원칙에서는 '인간의 욕망은 짐승과는 다소 달라서 배고프면 그들은 대답하지 않고, 줄로 묶으면 달가워하지 않음'을 인정했지만, 그들이 실제로 더욱 관심을 가졌던 것은 후자였다. 이것은 물론 그들 자신의 지위와 이익이 결정하는 바였지만, 이 때문에 근본적으로 중국 대다수의 일반 대중을 등지게 되었고 고립무원의 궁지에 빠지게 되었다. 이런 상황 속에서, 중국의 자유주의 지식분자들은 다수자의 생존 요구에 따를 것인가, 아니면 소수 지식인 자신의 개인적인 정신적 자유를 견지할 것인가 하는 어려운 선택에 직면했는데, 대다수의 자유주의 교수들은 최종적으로 전자를 위해 후자의 희생을 선택했고, 거기서 자신의 숭고함과 비장함을 맛보았다.

이런 자유주의 지식분자들에 대한 또 다른 비판은, 비록 그들이 이론적으로는 자기들이 말했던 바대로 좌우 양쪽의 폐단을 동시에 피하려고 했다지만, 좌파와 혁명 세력이 이미 우세한 데다 최후의 철저한 승리를 향해 전진하고 있는 1948년에는, 그들의 주장이 "객관적으로는 주로 혁명 세력을 견제하거나 심지어 반대하는 역할을 하게 된다"[17]라는 점이었다. 사실 샤오첸이 기초한 ≪대공보≫의 그 사설은, 만약 "하나를 위해 둘을 포기"한다면(생존 요구, 이 하나를 위해 생존과 자유라는 두 개의 요구를 포기한다면) "혁명은 끝없이 되풀이되기 마련이고, 유혈도 끝없이 되풀이되기 마련"이라면서, "혁명의 포부를 가진 정당이 정권을 장악한 후 10년, 20년이 지나도 부패의 길로 들어서지 않을 자신이 있을까? 그리고 그때 현 상황에 불만을 품은 사람들이 다시 일어나 혁명하지 않을 수 있을까? 그래서 혁명은 끝이 없고, 유혈은 끝이 없다. 이런 되풀이는 언제쯤 끝이 날까?"라고 거듭 피력했다.

이것은 확실히 혁명 후에 대한 중국의 일부 자유주의 지식분자들의 남모를 염려를 반영하고 있다. 그러나 이런 역사순환론에 입각한 비관주의와 회의주의 사고방식은 혁명 숭배와 역사 진화론 내지는 필연론에 도취해 있던 좌익 지식분자로서는 절대로 받아들일 수 없는 것이었기 때문에, 이런 자유주의자들은 두말할 것도 없이 '민족패배주의자'로 간주되었다.[18] (젊은 학생들을 포함한) 대다수 지식분자와 일반 대중에게도 앞서 말한 자유주의자의 장래에 대한 염려는 거리감이 있었다.

그들이 직면한 것은 국민당 정부의 더욱 심각해지는 독재 통치였으며, 더군다나 중국공산당이 주도하는 농촌 민주개혁과 군대의 민주운동 및 중국공산당 간부 대부분의 민주적이고 평등하게 대하는 태도가 중국 사회에 어떤 민주라는 희망을 가져다주었으니 더 말할 나위가 있겠는가.[19] 그래서 앞서 말한 중국 자유주의 지식분자들의 남모를 염려에 대해 후세 사람들이 어떻게 평가하든지 간에, 1948년 당시로서는 그들의 사상과 주장이 받아들여질 수도 이해될 수도 없었다. 좀 부드럽게 말하자면, 그것은 '기우(杞憂)'였고, 급진파는 곧 그들을 대대적으로 공격하게 될 것이었다.

중국의 자유주의 지식분자의 문예관도 시의에 맞지 않았다. 일찍이 1947년 5월 5일, 5·4를 기념하기 위해 샤오쳰이 ≪대공보≫에 「중국의 문예는 어디로 가고 있는가」라는 사설을 기초한 적이 있다. 이 글은 "일부 비평가들이 자기 비위에 맞지 않은 작품에 대하여" "걸핏하면 '독소가 많다'라느니 '반동 낙오'라느니 하는 죄명으로 비난하고 짓밟는" 것을 겨냥하여, "민주" 및 "견해나 태도가 자기와 같지 않은 자의 존재도 용납"하는 관용을 문단에 호소했으며, "문단이 전쟁터에서 꽃밭으로 변하여, 거기서 평민적인 해바라기와 귀족적인 지란이 어깨를 나란히 할 수 있기를" 희망했다. 이 글이 내건 두 번째 기치는 "집단주의"의 "우상숭배"에 대한 반대였는데, "근년 들어 문단에서는 서로를 공(公)이라 부르고 노(老)

라 칭하며", "중년의 나이에 생일잔치를 성대히 치렀다"라는 사실을 들먹였다.

　객관적으로 말하면, 이 글은 1930년대의 신월파와 '자유인(第三種人)'의 관점이 1940년대 말에 재현된 것에 불과하다. 원래 '하늘 아래 새로운 것은 없는 법'이지만, 언어 환경 면에서 1948년은 사람들이 일반적으로 5·4 이래 신문학이 이미 "인민 지상주의 문예"[1949년 중화인민공화국 건국 후에는 '공농병(工農兵)[17] 문예'라 불렀다]로 접어들었다[20]고 생각하는 시대였다. 이런 때에 자유주의 작가가 '귀족적'인 문학을 위해 '민주'와 '관용'을 쟁취하려 했으니, 그 자체가 '용납'될 수 없는 일이었다. 더군다나 이 글은 "공이라 부르고 노라 칭하며" "생일잔치를 크게 베푼" 현상을 비판했으니, 가뜩이나 복잡한 문단의 인간관계라는 소용돌이 속으로 또 뜻하지 않게 휘말려 들고 말았다.[21] 이리하여 샤오첸이 기초한 이 사설은 발표되자마자 주의를 끌었고, 강한 반향을 불러일으켰으며, 조만간 반격도 받게 되었다.

　마침 이때, 또 다른 대표적인 자유주의 작가 주광첸은 자신이 책임 편집을 하여 1948년 1월에 출간한 ≪문학잡지≫ 제2권 제8기에 「현대 중국 문학」이라는 글을 발표하여 "원래 신문학운동의 창도자 대부분은 자유주의자였음"을 역설했고, "좌익작가연맹"이 "'가입'하지 않은 작가"를 배척하고, 그들을 "'우파'의 대열에 편입"시키지만, 그러는 자신들은 "이론만 있고 작품은 없다"라고 질책했다. 이것은 자연히 또 뭇사람의 분노를 사게 되었다.

---

17) 노동자(工)·농민(農)·군인(兵)을 아울러 이르는 말이다.

제2장

남방의 대공격

1948년 3월

- 《대중문예총간》과 중국공산당의 문예 지도.
- 명확하게 제시한 문학의 당성 원칙.
- '우리'체 문장의 새로운 특징.
- 사상투쟁(사상비판)을 문예 발전의 핵심으로.
- 삼면 공격: 선충원·주광첸·샤오첸을 대표로 하는 '반동 문예'에 대한 궈모뤄의 '질책', 루링·야오쉐인·뤄빈지 등 작가들의 소자산계급 창작 경향에 대한 비판, 후평 및 그의 친구들에 대한 비판과 경고.
- 서양 자본주의 문화에 대한 경계와 방비.
- 해방구 문예를 표본으로 삼는 '인민 문예'의 힘찬 창도.
- 형성 중인 새로운 미학 원칙과 새로운 문예 창작·비평 양식.
- 5·4와 루쉰에 대한 재평가: 문화 주도권과 정통 지위를 쟁취하려는 자각적 노력.

1948년 3월 1일 홍콩에서 창간한 ≪대중문예총간≫ 제1집 ≪문예의 새로운 방향≫과
제2집 ≪인민과 문예≫

예성타오 1948년 3월 일기(발췌)

7일(일)   오전에 신문을 보았고, 『장 크리스토프』를 다 읽었다. 이 책은 로맹 롤랑[1]이 저술한 근대 문화사로 볼 수 있으며, 유럽 문명에 대해 많은 비판을 했기 때문에 소설이라고만 할 수 없다. 이것은 롤랑 중년의 작품으로 니체의 색채를 많이 띠고 있으며, 롤랑은 만년에도 자만하지 않았다고 한다.

중국에 번역본이 나온 후 꽤 유행했고 독자들의 사상에도 적지 않은 영향을 주어, 중국의 민주 쟁취에 불리하게 작용했다고 말하는 이도 있다. 나는 그렇게 단언하기는 어렵다고 본다. 무슨 책이든 잘 읽으면 해가 없고, 잘못 읽으면 나쁜 영향을 초래하기 마련이다. 이것 때문에 『장 크리스토프』와 이 책을 번역한 사람을 나무랄 수는 없다.

10일(수)   교재로 삼으려고 온종일 차오위의 「탈바꿈」 제4막을 베껴 썼다.

7시에 독서회를 개최하여, 나의 『니환즈』에 대해 토론했다. 모두 나더러 한마디 하라고 다그쳤지만 실로 말할 게 없어서 대충 말한 뒤, 이 책에 관한 것은 그만하고 문예에 관해 이야기했다. 9시에 헤어졌다.

13일(토)   세 사람이 선택한 글의 목록을 베껴 페이셴과 수상

---

1) 로맹 롤랑(Romain Rolland, 1866~1944, 중문명 羅曼羅蘭)은 프랑스의 소설가, 극작가, 평론가이다. 『장 크리스토프』(전 10권, 1904~1912)로 대하소설의 선구자가 되었고 작가로서의 명성을 세계에 떨쳤을 뿐만 아니라 1915년 노벨문학상도 받았다.

에게 부치면서, 일의 진행 절차에 대해 의논하는 글도 써 보냈다. 나의 예상대로라면, 고등학교 국어 교과서의『백화(白話)』와『문언(文言)』각 6권 중에서 5월 말에 각각 2권을 반드시 완성하여, 다음 학기에 학교에서 사용할 수 있도록 제공할 수 있으리라 생각한다.

27일(토)　　　11시에 샤오모2)와 함께 정거장으로 가서 …… 차가 1시 50분에 출발하여 4시가 지나서 쑤저우에 도착했다. …… 샤오모와 궁샹에 있는 작은 음식점에서 간단히 한잔했다. 나는 청년 시절 술 사 마시던 정경을 다시 음미하고 싶었으나 음식점이 거의 없고 바구니를 들고 반찬을 파는 사람도 드물어서, 그 시절의 경관과는 사뭇 달랐다. 어쩌면 우리가 음식점에 너무 일찍 들어가서 그랬는지도 모르겠다. 그러나 쑤저우 지역의 중산층 몰락으로 유유자적하는 생활을 더 이상 할 수 없는 것도 그 원인 중 하나이다.

28일(일)　　　아침에 일어나니 비가 아직 그치지 않고 있었다. 창문을 열어 화원을 내다보니 없는 꽃나무가 거의 없었다. 도화는 이미 졌고 행화는 떨어지려 했다. 매화와 해당화 몇 그루는 꽃봉오리가 많이 달려 벌써 축 늘어져 있었다. 모란도 꽃봉오리가 생겨 있었다. 나는 나무를 좋아하는 터라 하나하나 감상했다.
　　…… 이위엔에 가보니 그 안이 심하게 퇴락해 있었다. 석가산3)은

---

2)　예성타오의 아내 후모린(胡墨林)을 말한다.
3)　석가산(石假山)은 산을 본떠 정원에 돌을 쌓아서 만든 작은 산으로, 줄여서 가산(假山)이라 부르기도 한다.

여전했는데 정자와 초목은 다 예전만 못했다. 세상이 변했으니 이런 문화도 도태하는 것이 당연하겠지. 마침내 쉬엔차오샹 주루에 도착하여 차를 마셨다. 그곳에는 바둑 대국이 많이 열려 어른들은 성안에 오면 항상 거기에 들러 대국을 관전한다. 나는 샤오모에게 쉬엔차오샹은 내가 출생한 곳이며, 주루 찻집은 내가 어렸을 때부터 있었다고 말해주었다. 2시간쯤 앉아 있다가 돌아왔다. 바로 또 술을 마셨다.

1948년 3월 1일, 홍콩 생활서점에서 총판매를 담당하는, '단행본' 형식으로 출간된 잡지 ≪대중문예총간≫이 홍콩·상하이·난징·베이핑 등 대도시의 서점과 노점에 등장했다. ≪대중문예총간≫ 제1집 ≪문예의 새로운 방향≫이 출간되자마자 홍콩과 국민당 통치구의 문단이 떠들썩했고 각종 반응이 나왔다. "발행 부수는 날로 늘어났고, 영향력도 점점 확대되었다"[1]라고 하는데, 그 영향력이 대단히 심원하여 오늘날에도 1948년의 중국 문학과 그 이후의 발전 추세를 이해하고 연구하려면 반드시 이 ≪대중문예총간≫을 살펴봐야 한다. ≪대중문예총간≫은 총 6기가 출간되었으며(1949년 6월에 편집인과 작가가 잇달아 북상하는 바람에 발행이 저절로 중단되었다), 현재 그 전부를 찾기는 어렵고, 베이징대학 도서관에도 겨우 3기밖에 없다.

사람들이 제일 먼저 관심을 보이는 것은 이 잡지의 형식상 특징이다. 이것은 책 모양으로 된 잡지였을 뿐만 아니라 일련번호도 매기지 않았고, 기마다 중심 내용 또는 글의 제목으로 이름을 붙였다. 이런 편집 방식은 그 당시 꽤 유행했던지, 그때 홍콩에서 출간된 ≪야초문총≫과 ≪자유총간≫, 그리고 앞으로 언급할 ≪시창조≫와 ≪중국신시≫도 그러했다. 정말 특이한 것은 잡지의 판권장에 편집인을 쓰지 않고 작자, 즉 중심이 되는 글의 작가 이름만 썼다는 점인데, 예를 들면 제1집에는 "취엔린·나이차오 등"이라고 서명했다. 발간사 「독자에게」에서도 그 첫머리에 "우리는 여기서 자기소개를 많이 하고 싶은 생각은 없다"라고 명시해 놓고, "이것은 동인들의 잡지가 아니고 민중의 잡지임"을 오히려 강조했다. 저 작자도 눈에 띄게 써놓고, 또 '동인'이 아닌(개인이 아닌, 집단이 아닌) 점을 강조한 것은 무엇 때문이었을까? 그래서 사람들은 자연히 그 저작자들의 배경으로 시선을 돌리게 된다. 사실, 이 잡지가 당시와 그 후 그리고 오늘날에 이르기까지 사람들의 이목을 끌고 심지어 사람들에게 충격을 주는 중요한 원인 중 하나가 분명 여기에 있다.

영향력이 대단했던 이 잡지에 대한 고찰을 우리도 여기서 시작해 보자. 우선 이 잡지 주요 작가들의 그 당시 신분과 1949년 신중국 수립 후의 지위에 대해 살펴보자.

사오취엔린　잡지에 「주관 문제를 논함」 등 중요한 논문 일곱 편을 잇달아 발표했는데, 그중에서 「목전의 문예운동에 대한 의견」과 「주쯔칭 선생을 애도하며」에는 "동인(同人)"이라고 서명했다. 당시는 중국공산당 화난국 홍콩 공작위원회 부서기 겸 문화공작위원회 위원이었고, 1949년 이후에는 작가협회 중공당조(中共黨組)[4] 서기 등을 지냈다.

펑나이차오　「전투시가의 방향」 등 중요한 글 다섯 편을 잇달아 발표했다. 당시는 중국공산당 홍콩 공작위원회 위원과 문화공작위원

---

4)　중국공산당 당 조직으로, 그 부서에 관련된 당의 방침과 정책 등을 실시하는 책임을 진다.

회 서기였고, 1949년 이후에는 중국공산당 중앙 선전부 인사처 처장과 중산대학 당 위원회 서기 등을 지냈다.

후성　　　「루링의 단편소설을 평함」 등 중요한 글 세 편을 발표했다. 당시는 중국공산당 홍콩 문화공작위원회 위원이었고, 1949년 이후에는 중국공산당 중앙 선전부 부부장과 중국 사회과학원 원장 등을 지냈다.

린모한　　　「쌍커자의 『대지의 노래』를 평함」 등 중요한 글 세 편을 발표했다. 당시는 중국공산당 홍콩 신문·잡지공작위원회 서기였고, 1949년 이후에는 중국공산당 중앙 선전부 부부장과 문화부 부부장 등을 지냈다.

차오무(차오관화)「문예 창작과 주관」 등 중요한 글을 발표했다. 당시는 중국공산당 홍콩 문화공작위원회 위원이었고, 1949년 이후에는 외교부 부부장 등을 지냈다.

샤옌　　　「'5·4' 29주년」 등을 발표했다. 당시는 중국공산당 화난국 위원, 홍콩 공작위원회 위원과 서기였고, 1949년 이후에는 문화부 부부장 등을 지냈다.

궈모뤄　　　「반동 문예를 질책함」 등 중요한 글을 발표했다. 당시는 저명한 민주 인사였고, 1949년 이후에는 국무원 부총리와 과학원 원장 등을 지냈다.

마오둔   「'방언문학'을 다시 논함」 등을 발표했다. 당시는 저
명한 민주 인사였고, 1949년 이후에는 문화부 부장 등을 지냈다.

딩링   「나는 자유로운 세계로 어떻게 날아갔는가」를 발표
했다. 당시는 해방구의 저명 작가였고, 1949년 이후에는 중국공산당
중앙 선전부 문예처 처장 등을 지냈다.

결론은 아주 분명하다. ≪대중문예총간≫의 주요 작가 모두가 그 당
시와 1949년 이후에 중국공산당의 문예 사업을 주관한 중견 지도자이거
나 주요 의지 대상('기치')인 문단의 영수였다.

그렇다면 이 역사 전환의 해인 1948년에 창간된 ≪대중문예총간≫
은 대체 어떤 성격의 잡지였을까? 이것에 관한 1990년대의 회고들은 서
로 일치하지 않는다. 당시 홍콩 공작위원회 책임자 중 한 사람이었던 저
우얼푸가 회고하기를, 어느 날 몇 명이 모여 한담을 나누던 중 "모두 문
예 이론 전문지를 창간할 필요가 있다고 생각했는데, 샤옌과 펑나이차오
가 대찬성했고, 사오취엔린은 마치 이 잡지를 어떻게 만들어야 할지 이
미 다 구상해 놓고 있었던 것처럼 가장 적극적이었으며", 의논 끝에 ≪대중
문예총간≫을 창간하게 되었다고 한다.[2] 주요 작가 중 한 사람이었던 린
모한의 말은 비교적 명확했는데 "문예 사업을 지도한 것은 당의 문화공
작위원회였으며, 펑나이차오가 책임을 맡았다. 문화공작위원회 지도
하에 ≪대중문예총간≫을 출간했으며, 사오취엔린이 편집을 주관했다.
때는 인민 해방전쟁이 격렬하게 진행 중이었고, 전국 해방을 눈앞에 둔
시점이었다. 홍콩 문화공작위원회 동지들은 과거의 문예 사업에 대해 검
토할 필요가 있다고 생각했고, 향후 사업에 대한 전망도 제시했다. 의견
을 주고받은 뒤, 사오취엔린이 「목전의 문예운동에 대한 의견」이라는 글

을 써서 《대중문예총간》 제1집에 발표했다"[3]라고 한다.

보아하니 린모한의 말이 대체로 실제에 부합하는 것 같다. 설령 저 우얼푸가 말한 것처럼 처음에는 몇몇이 의논을 했다 하더라도, 끝에 가서는 중국공산당 문화공작위원회의 동의와 지도를 받았다. 그리고 린모한의 말대로 《대중문예총간》의 발간 지도 사상의 강령 격인 「목전의 문예운동에 대한 의견」을 비록 개인이 쓰긴 했으나 문화공작위원회 지도자 집단의 의견을 대표했다는 것은 《대중문예총간》의 발간 방침, 지도 사상, 중요 문장, 중요 주제 선정이 모두 개인 혹은 몇몇 사람의 의견이 아니라 '집단', 즉 적어도 문예를 주관하는 중국공산당의 일급 당 조직의 의지를 대표했다는 중요한 정보를 제공해 주고 있다.[4]

이 논단(論斷)을 위해 다른 각도에서 방증을 제시해 보는 것도 괜찮을 것 같다. 당시에 문단 특히 좌익 문단의 사정을 잘 아는 사람은, 사오취엔린이 후펑을 비판하고, 차오관화가 후펑을 비판하고, 후성이 야오쉐인을 비판하는 것이 놀랍고도 이상했을 것이다. 왜냐하면 사오취엔린은 1944년(즉 4년 전)에 루링의 대표작 『굶주린 귀쑤어』를 높이 평가한 글을 써서 이 책은 "강한 생명력으로 충만해 있으며", "인류 영혼의 외침"이어서, "중국의 신사실주의 문학 속에서" "한 줄기 찬란한 빛을 발한다"[5]라고 했는데, 이런 '생명력' 같은 것이야말로 사오취엔린 그들의 이번 비판의 핵심이었기 때문이다. 1945년까지도 사오취엔린은 작가들에게 "주관적 전투 역량의 향상"과 "인생을 향해 추구하고 분투하는 인격적 역량"[6]을 호소하고 있었고, 용어에서도 후펑과 흡사했다.

차오관화는 충칭에 있을 때 「갓 태어난 것과 아직 죽지 않은 것 사이」 등의 글을 발표한 것 때문에 '당내의 자산계급 유심관' 비판에서 주요 대상이 된 적이 있다. 이제는 그가 후펑의 유심관을 비판해야 했으니 여간 난처한 일이 아니었으며, 후펑도 1970년대에 이 일을 들먹일 때 참지 못하고 약간의 조소를 보내기까지 했다.[7] 그리고 후성은 야오쉐인의 오랜 친구로, 야오쉐인이 『꽃 피는 따스한 봄날에』를 쓸 때 그를 격려한 사람 중 한 명이었고, 자신이 편집을 주관하던 ≪독서월보≫에 이 글이 발표 되기도 했는데, 이제 갑자기 『꽃 피는 따스한 봄날에』를 공격해야 했으 니, 글의 부언에 비판하는 말을 약간 적을 수밖에 없었다.[8]

물론, 앞에 말한 사람들은 당 조직과 동지들의 도움으로 이미 자신의 잘못을 깨달았으니 한 번쯤의 반격은 봐줄 수 있는 일이고, 이후에 비판 운동이 있을 때마다 이런 반격은 있었으며, 이번에도 선례를 남긴 셈이라 고 할 수 있다. 그러나 적어도 그들의 이번 비판은 결코 개인의 행위가 아 니라, 개인의 명의로 집단(당)의 의지를 체현했음을 증명해 주고 있다.

이 점을 분명히 하고 나면, 앞서 말한 ≪대중문예총간≫의 강령 격 인 「목전의 문예운동에 대한 의견」의 취지를 파악하는 것이 어렵지 않아 진다. 이 글은 시작하자마자 혹독하게 자기비판을 했는데, "최근 10년 동 안 우리의 문예운동은 우경 상태에 처해 있었으며", 그 주된 이유는 "우 리가 두 노선에 대한 견지를 등한시했고", "마르크스·레닌주의의 예술관 과 마오쩌둥이 밝힌 문예 관점에 대한 견지가 부족"했기 때문이며, 이리 하여 "자신의 계급적 입장이 확고하지 못하게 되었고", "우리의 문예운동 중에 노동자·농민 계급의식을 지도력으로 삼는 강성한 사상 주류가 결핍 되었으며, 이런 사상적 조직력의 결핍으로" "집단 사상의 인도(引導)를 잃 고 말았다"[9]라고 단정했다. 여기에서 애써 강조한 "견지"·"계급"·"입 장"·"지도"·"주류"·"조직"·"인도" 등의 단어와 개념에 주의를 기울일 필 요가 있다. 이런 단어들은 그 시기에 해방구가 아닌 지역에서 활동하던 작가와 지식분자들에게는 아직 낯설었고 그래서 그들이 열심히 배우고 있는 것이기도 했는데, 빠르게도 '공화국 문화'(우리는 잠시 이 개념을 사용하 자)의 주도적인 단어가 되었다. 그리고 이런 단어와 개념의 중요한 의의

는 노동자·농민 '계급'의 이익과 의지를 집중적으로 체현한 '당'의 '사상'
과 '조직'의 '지도'('인도')를 '견지'하려는 데 있었다. 이것이 바로 문예에
대한 당의 '입장', 즉 '문예의 계급성과 당파성'의 원칙이었으며, '당파성'
또한 이 글이 신경 써서 강조했던 것이고,[10] 나중에는 '당성 원칙(黨性原
則)'으로 약칭했으며, 공화국 문화의 핵심적 개념과 원칙이 되었다.[11]

조금도 과장하지 않고 말하자면, ≪대중문예총간≫의 창간은 중국
공산당이 역사의 전환기에 문예 및 지식분자에 대한 그들의 지도(인도라
칭하기도 한다)를 강화하기 위해 취한 중요한 조치였다고 할 수 있다. 즉,
당시의 지도(인도)는 주로 문예비평이라는 형식을 통해 이뤄졌지만, 집권
의 승리를 바로 눈앞에 둔 중국공산당으로서는 이런 지도를 조만간 권력
의지로 구체화하기 마련이어서 ≪대중문예총간≫의 언론은 처음부터 어
떤 자명한 권위성을 띠고 있었다. 이렇게 하여 특수한 언어 방식이 생겨
났다. 다음 글을 읽어보자.

> 마르크스·레닌주의와 마오쩌둥 문예 사상에 대한 곡해는 우리가 바로
> 잡지 않을 수 없다.
> 마르크스·레닌주의자는 무엇보다도 먼저 객관적인 실제에서 출발했
> 기 때문에, 문예에서 마오쩌둥은 '대중을 위하여'와 '어떻게 대중을 위
> 할 것인가'를 문예의 근본 문제로 삼았다. ……
> 주관주의자는 주관적 요구에서 출발하며 ……
> 이것이 우리와 주관주의자들의 이 문제에 대한 근본적인 차이점이다.
> 우리가 보기에 …… 소자본가의 주관적 정신이 그들 자신의 계급의식
> 의 집약적인 표현이라면, 그들의 인민대중에로의 접근과 개조에도 반
> 드시 방해될 것이다. 이런 주관적 정신에 대하여 우리는 발양(發揚)을
> 요구하지 않을 뿐만 아니라 그것의 타파를 요구한다. 마오쩌둥이 말했

던 것처럼, 마르크스·레닌주의는 "그런 봉건적이고, 자산계급적이고, 소자산계급적이고, 자유주의적이고, 개인주의적이고, 허무주의적이고, 예술지상주의적이고, 귀족적이고, 퇴폐적이고, 비관적이고, 그리고 기타 여러 종류의 인민대중적이지 않고 무산계급적이지 않은 창작 정서를 단호하게 타파하고자 한다".[12]

여기서 주어, 복수인 '우리'가 특히 이목을 끈다. '우리'는 다수를 대표할 뿐만 아니라, 다시 말해서 인민·민중·계급·정당의 대변인일 뿐만 아니라, 진리의 유일한 소유자·해설자·심판자, 즉 진리의 대변인이었다. '우리'와 대립하는 것은 '그들'로, 이 둘은 흑백이 분명하고, 네가 죽고 내가 살고, 이것이 아니면 저것이고, 타협할 수 없고, 절대로 병존할 수 없었다. '우리'가 담당한 것은 진리의 파수꾼과 심판자의 역할이었으며, '너희'는 '우리'와 다르므로 '너희'는 틀렸으며, 따져볼 것도 없이 자연히 패하게 되어 있다는 식으로 군림했다.[13]

이런 '우리'체 언어의 독단성은 이미 온갖 후과를 다 경험한 세기말의 사람은 한눈에 알 수 있지만,[14] 그 당시에 그것은 새로운 사회와 새로운 사상에 익숙해지고 가까워지기를 갈망하던 지식분자 앞에 오히려 새로운 언어 방식으로 나타났다. 그것은 승리자의 강한 세력과 권위를 보여주고 있었을 뿐만 아니라, 이상과 도덕의 찬란한 빛도 번쩍이고 있었기 때문에, 때마침 고독과 절망에 빠져 있던 지식인 개개인에게는 자연히 매력적이었고, '우리' 속으로 들어가기만 해도 보잘것없는 자신이 강대해지고 숭고해질 것만 같았다.

이런 '우리'체 문장의 작가 자신이 실은 현신설법 하는 부처와 다를 바 없었다.[5] 그들 역시 지식분자였지만, '우리'를 대표해 글을 쓸 때는 자부심과 자신감이 절로 생겨났으며, 글도 고옥건령, 파죽지세로 변했다.[15]

여기서 일인칭 '나'와 '우리'의 현대 중국에서의 역사적 변천에 대해 조금 살펴보자. 5·4 시기는 '나'를 고양하던 시대로, 개인을 말살하는 봉건 윤리의 역사적 대립물로서의 '나'는 아주 매력적이었다. 루쉰 소설의 여주인공이 "나는 나 자신의 것이며, 그들은 누구도 나를 간섭할 권리가 없다"라고 한 말은 그 시대 최강의 목소리였다고 할 수 있다. 그러나 거의 동시에, '나' 및 '나'와 연계된 개성주의 사조에 대한 회의(懷疑)가 시작되었고, 절망에 빠져 있던 자아는 사방에서 새로운 힘의 원천을 찾기 시작했다.

이리하여, 1920년대 말 시인 인푸가 "나는 소리의 거센 흐름 속으로 들어간다, 우리는 위대한 영혼이라네"(「1929년 5월 1일」)라고 외칠 때, 그가 전달한 것은 새 시대의 정보였다. '우리'가 대표하는 것은 집단과 다수의 역량일 뿐만 아니라 진리와 믿음이었으며 도덕적인 숭고함을 지니고 있었다. 그 후 항일전쟁의 피와 화염 속에서, 모두가 파괴된 폐허 위에서, '우리'는 의지할 데 없는 개인 생명의 정신적 귀의처가 되었고 신성함까지 보여주었다.

여기서 토론하고자 하는 1948년에 이르러서는 정권의 교체에 따라 '우리'가 권력과 결합한 질서와 체제로 부상하기 시작했다. 그 당시 이것은 완전히 새로운 질서로서 숭고한 이상을 체현하고 있었고 어떤 정신적인 매력도 여전히 지니고 있었지만, 복종이라는 절대적 요구도 수반하고 있어서 개인 생명의 자유를 알게 모르게 억압했다. 그리하여 '나'가 '우리'에게 수용되고 융화되는 가운데 단체 생명의 숭고함도 느끼게 되었고, 안전감도 얻게 되었다. '나'의 '우리'로의 접근과 귀의는 이렇게 해서 그

---

5) 현신설법(現身說法)은 부처가 중생을 제도하기 위하여 갖가지 모습으로 나타나 여러 사람에게 설법하다, 또는 자기의 경험을 예로 들어서 남을 훈계한다는 뜻이다.

시대의 대세가 되었다. '우리'체 언어도 시대적 추구가 되었다.

혁명의 승리로 (당을 가장 대표로 삼는) '우리'와 '우리'체 언어가 머잖아 사상과 문화상의 주도적 지위를 갖게 되었을 때, '비판'이 가장 중요한 위치로 부상했다는 점에 주목해야 한다. 「목전의 문예운동에 대한 의견」에서 말했듯이 "사상투쟁은 문예운동의 가장 중요한 일환"이었다. 그래서 이런 '우리'체 언어는 처음부터 짙은 혁명·비판·계급투쟁의 색채를 띠게 되었다.

≪대중문예총간≫ 제1집을 펼치면 제일 먼저 느낄 수 있는 것이 바로 이런 혁명의 화약 냄새이다. 이것 또한 포화가 끊이지 않는 전장이었다. 제일 먼저 포문을 연 사람은 궈모뤄였고, 그는 「반동 문예를 질책함」에서 분명한 정치적 태도로, "지금 인민의 혁명 세력과 반인민의 반혁명 세력이 공방전을 벌이고 있는데, 시비를 가늠하는 기준은 아주 분명하다. 인민 해방을 위한 혁명전쟁에 유리한 것은 바로 선이며, 옳은 것이며, 바른 행동이며, 이것과 반대되는 것은 바로 악이며, 그릇된 것이며, 혁명에 대한 반동임"을 지적했다. 그는 이것에 따라, 그가 말한 '반동 문예'를 '홍'·'황'·'남'·'백'·'흑'의 다섯 종류로 분류해 놓고, '홍'(분홍)·'남'·'흑'을 주요 표적으로 삼아, 그가 말했던 몇몇 대표적인 인물을 공격했다.

선충원에 대해서는, 항전 시기에 "항전 무관(抗戰無關)"론을 외치고, "작가 종정(作家從政)"을 반대한 것에서부터 해방전쟁을 "'민족 자살 비극'이라고 부르기"까지 "줄곧 의도적으로 반동파로서 활동하고 있다"라고 공박했다.

주광첸에 대해서는, "인생에는 두 가지 유형이 있는데, 하나는 날 때부터 관중이고, 다른 하나는 날 때부터 배우이다"라는 그의 논리가 국민당의 나라를 "날 때부터 배우"로 보고, 백성을 "날 때부터 관중"으로 본 것으로, 국민당의 어용작가와 어용학자임을 충분히 증명하고 있다고 비난했다.

≪대공보≫에 사설을 써서 자유주의를 고취한 샤오쳰에 대해서는 노여움을 참지 못하고, "어용, 어용, 세 번째도 어용, 오늘 너의 공훈은 정학계[6]의 대신! 아편, 아편, 세 번째도 아편, 오늘 너의 공헌은 ≪대공보≫의 샤오쳰!"이라며 그 '노호'로 천지를 뒤흔들었다.

귀모뤄는 이 몇 명의 작가를 '봉건'·'매판'적이고, '반인민혁명'적인 '반동 문예'의 대표라고 확신했기 때문에 "인정사정없이 대반격을 가해야 하고", "경중을 가리지 말고 주종을 막론하고 전면적으로 타격을 주어야 하며", "독자들에게 이런 사람들의 글과는 절연할 것을 호소해야 한다"라고 부르짖었으며, 한 달 뒤에 발표한 글에서는, 따옴표를 한 이런 학자들을 "지구 밖으로 내쫓자!"[16]라고까지 했다. 귀모뤄가 이 격문을 이처럼 격렬하게 썼기 때문에 말이 사실보다 과장되고 뜬구름 잡는 식이고 한없이 정치적일 수밖에 없었지만, 또 이치가 타당하고 신랄하며 목소리도 좋고 감정도 풍부한 데다 낭랑하고 우렁차서 낭송하고 방송하기에 아주 적합했으며, '우리'체의 혁명 언어에 문학적·연극적 색채를 더했을 뿐만 아니라, 점차 이런 문체의 하나의 특징과 지표가 되었다.[17] 이런 글이 대전환의 혼란 속에서는 분명 사람을 일깨우는 역할을 할 수 있었다. 그 내용과 형식은 당시뿐만 아니라 그 이후에도 막대한 영향을 미쳤다.

≪대중문예총간≫ 제1집에 발표된 이론가 후성이 쓴 문학평론 「루링의 단편소설을 평함」은 후펑 및 그의 젊은 친구에 대한 제2차 공개 비판의 서막을 올렸고,[18] 그 후 사오취엔린의 「주관 문제를 논함」과 차오무의 「문예 창작과 주관」 등 대단한 글들이 나왔다. 이번 비판은 처음부터 분명하게 "통일전선의 관점에서 사상투쟁을 전개"[19]한 것이어서, 귀모뤄 글의 성토와는 달리 논리와 변론에 치우쳤지만, "마르크스·레닌주의와 마

---

6)　정학계(政學界)는 중화민국 초년 시절의 국민당 내 우익 정객 집단이다.

오쩌둥 문예 사상에 대한 곡해는 우리가 바로잡지 않을 수 없다"[20]라든지, "자신의 소자산계급 관점으로써 무산계급 문예 사상의 기본 원칙과 방침을 곡해했고, 제멋대로 일련의 사상과 일련의 이론을 내세워, 나와 같거나 나에게 이로운 사람과 단합하여 스스로 작은 집단을 만들었다"[21]라는 등 정치의 핵심에 해당하는 화룡점정 같은 문구도 있었다.

여기서 던지는 경고도 아주 분명했다. 즉, 설령 혁명 언어라 할지라도 그것의 운용 방식과 해석권은 법으로 정해져 있어서, 남다른 주장이나 독자적인 방법은 절대로 용납되지 않았다. 후펑과 그의 친구는 고의인지 아닌지는 몰라도 어쨌든 귀담아듣지 않거나 귀담아들으려고 하지 않고, 한사코 혁명의 권위를 계속 건드렸는데, 이것이 이후의 비극을 낳고 말았다. 이번 논쟁에서 언급한 두 언어의 차이점에 대해서는 나중에 다시 토론하겠다.

≪대중문예총간≫을 비롯하여 이것을 전후해 출간되었으며 마찬가지로 중국공산당 지도 또는 영향 아래에 있었던 몇몇 진보 간행물, 예를 들면 마오둔·바런·저우얼푸·스이 등이 편집을 주관했던 ≪소설월간≫(1948년 7월 창간)과 쓰마원썬이 책임편집을 했던 ≪문예생활≫(1948년 1월 복간) 등은 작가와 작품에 대한 논평도 계획적으로 전개해 나갔는데, 이것도 강력히 추진하고자 했던 사상투쟁의 일면이었다.

의미심장한 것은 이번 논평의 주요 대상 거의 전부가 1940년대 국민당 통치구에서 가장 영향력이 있었던 작가 또는 작품이라는 점인데, 루링 외에도 소설가 야오쉐인·뤼빈지·선충원, 소설 『포위된 성』(첸중수 작)·『인력』(리광톈 작), 시인 짱커자 등이 있었고, 여기에다 몇 년 전에 이미 비판했던 극작가 차오위와 샤옌까지 넣는다면[22] 상당한 분량의 명단이 된다. 국통구의 저명 작가와 작품에 대한 이런 비판적인 재평가를 앞으로 토론하고자 하는 같은 시기 해방구의 작가와 작품에 대한 긍정적인 논평과 연관 지어보면, 이것은 문학사적 평가를 위한 준비 작업이었음을 쉽게 알 수 있다. 논쟁하고 쟁취하고자 한 것도 바로 문학사 및 현실 문단에서의 주도적 지위였다. 그래서 이번의 계획적이고 조직적인 논평이 작가와 작품 예술상의 득실은 아주 조금 언급하고, 그 창작 경향 특히 사상과 정치상의 경향에 쏠려 있음도 이해가 될 것이다. 어떤 글들은 읽을라치면 그야말로 사상·정치 논평처럼 느껴지는데, 이것도 문학비평의 새로운 틀을 마련했다고 할 수 있다. 여기에 몇 대목을 소개해 본다.

'객관주의 경향'에 가장 감염되지 않았다고들 하는 이 작가는 확실히 너무나 강한 지식분자의 주관을 가지고 있으며, 지나치게 강한 그의 주관은 자신이 목격한 노동자를 성실히 묘사해 내는 데 방해가 되었다.

후성, 「루링의 단편소설을 평함」

우리는 확실히 이런 경향, 즉 지식분자 자신의 기분 또는 개인적인 느낌으로 농촌을 예찬하는 경향을 발견했다. 우파의 현실도피에서 출발했든, 극좌파의 공허한 혁명 개념에서 출발했든 간에, 결국 모두 농촌을 신비롭게 만들었다.

모한, 「짱커자의 『대지의 노래』를 평함」

작가가 현실에 부딪혀 보았다 하더라도, 그러나 분명한 것은 인민대중의 각성과 투쟁이라는 거대한 파도로 자신의 소자산계급 지식분자의 편협한 마음을 침몰시킨 것이 아니라, 역사 속 현실의 한 부분을 제재로 삼아 자신을 표현하고 표출했을 따름이다.

후성, 「야오쉐인의 소설 몇 편을 평함」

작가의 지나친 동정으로 인해, 현실 사회의 투쟁과는 동떨어져 있는 소시민 지식분자의 정서·사상·생활 방식에 대하여 그는 해야 할 비판을 거의 할 수 없었으며, 작가의 마음속에서 우러나오는 감상 때문에, 그의 이 몇 편의 작품들은 삶의 의의에 대한 용감한 추구를 거의 표현해 내지 못했다.

후성, 「「북망원의 봄」에 관하여」

의도는 더할 나위 없이 명백했다. 즉, 무산계급 및 그들의 문학과 자산계급·소자산계급 지식분자 및 그들의 문학 사이에 아예 엄격한 선을 그으려고 했다. 그래서 전달하고자 했던 정보 또한 분명했다. 자산계급·소자산계급 출신의 작가와 지식분자가 새로운 무산계급의 시대에 계속 글을 쓰고 '우리' 중 일원이 되고자 한다면 반드시 환골탈태의 개조를 해야 하며, 그렇지 않으면 노동자·농민을 쓰든 지식인 자신을 쓰든 모두 왜곡될 수밖에 없다는 것이었다.

어떤 한 논평은 레닌의 논술을 길게 인용하여 "지식분자는 자본주의 '사상'을 발판으로 삼았고 …… 이 계급은 무산계급과는 상당히 적대적이며", 지식분자는 철저하게 "투항"하여 "지식분자 특유의 심리적 특성을 남김없이 상실하는 것" 외에, 다시 말해서 자신을 소멸시키는 것 외에 다른 출로가 없음을 강조했다.[23] 이제 지식분자의 개조는 새 시대의 주제어 중 하나로서, 그 내면의 심각성을 사실상 상당히 분명하게 드러냈다.

이상 세 방면의 대규모 비판을 이런 권위적인 지위로써 동시에 전개했으니 그 충격은 능히 짐작할 수 있을 것이다. 비판을 당하는 사람들의 반응이야 두말할 필요도 없거니와, 중국공산당 당내의 반향도 만만찮았다.

후펑의 회고에 따르면, 펑쉐펑은 후펑을 비판하는 글이 실린 ≪대중문예총간≫ 제2집을 보고 나서 "창조사(創造社)의 낡은 수법을 또 되풀이

하겠단 말인가? 내지(內地)에 있는 우리는 어떻게 일을 하란 말인가?"라며 분개했고, 상하이 문예 방면을 책임지고 있던 장톈줘도 불만을 표시했으며, 같이 홍콩 공작위원회를 책임지고 있던 판한녠은 후펑에게 개인적으로는 그런 식으로 글을 발표하는 것에 결코 찬성할 수 없다고 말했다고 하는데,[24] 이것은 이후의 당내 투쟁을 암시하고 있다.

문단 밖에서는 파장이 상대적으로 작을 수밖에 없었지만, 당시 문학 청년이었던 사오옌샹의 회고에 따르면 그는 궈모뤄의 글을 보고 "아주 의아하게" 생각했다고 한다. 한편으로는 투고 관계로 선충원에 대해 다소 알고 있었기 때문에 궈모뤄의 선충원에 대한 비판이 좀 과장되고 억지스럽다고 느꼈지만, 또 한편으로 궈모뤄는 자신이 "경모하는 명인"이기에 그의 말을 믿지 않을 수도 없었다고 한다. 그 내막을 잘 모르는 대다수 지식분자 사이에서 이런 당혹감은 비교적 보편적이었을 것이다.[25]

그런데 이번 대규모 비판의 더욱 심층적인 영향은 이후에야 나타났다. 이것은 사실상 일종의 선택, 즉 사상투쟁(사상비판)을 공화국 문화와 문예를 발전시키는 가장 중요한 임무와 근본적인 길로 삼았음을 의미한다. 이 선택과 결책(決策)은 중화인민공화국 건국 후에 상당히 철저하게 관철되었고, 사람들이 생각지도 못한 심각한 결과도 낳았기 때문에 후세 사람들로서는 이해하기가 어렵다.

그러나 당사자들은 오히려 아주 진지하게, "어떤 이상을 위해 투쟁하는 사람은 그 이상의 실현을 방해하는 모든 것을 당연히 가장 적극적으로 비판해야 한다"[26]라고 지적했다. 완전히 새로운 문화와 문학의 창조를 갈망한다면, 한시도 지체하지 말고 모든 낡은 문화, 낡은 문학과는 분명하게 선을 그어 철저히 결별해야 했으며, 적어도 그것과는 절연해야 했다. 궈모뤄는 어느 글에서 "옛말에, '삼밭의 쑥은 버팀대를 대지 않아도 삼처럼 곧게 자라고, 흰 모래는 진흙 속에 있으면 물들이지 않아도 검게 된다'라는 말이 있듯이, 진흙을 흰 모래에 접근하지 못하게 하면 흰 모래는 자연히 잘 검어지지 않는다. 그래서 진흙을 일소하는 것이 바로 흰 모래를 도와주는 것이다"라고 말했다.[27] 물론 이것은 유토피아적인 환상에 불과했다.

≪대중문예총간≫의 작가들이 혁명적 비판의 필요성과 절박성을 논증할 때, "1941년 이후에 19세기 유럽 자산계급의 고전 문예가 중국에 미친 막대한 영향"[28]을 특별히 강조했는데, 이것도 대단히 흥미로운 일이다. 다음 글을 보자.

> 많은 고전 작품들이 이 시기에 번역되어 들어왔으며, 사람들은 톨스토이와 플로베르를 미친 듯이 아무런 비판 없이 숭배했고, 고전 작품을 연구하는 풍조도 한때 성행했으며, 안나 카레니나 같은 성격은 수많은 청년이 꿈속에서도 추구하는 대상이 되었고, 문학 유산을 받아들인다는 명목하에 점점 지난 세기의 의식(意識)에 굴복하는 사람들도 있었다.[29]

이것이 사실일 수도 있겠지만, 여기에 내비친 서양 자본주의 문화와 문학에 대한 고도의 경계심에 대해서는 더욱 주목할 필요가 있다. 여기에는 이중의 의구심이 들어 있다. 즉, 오랫동안 서방세계의 포위 속에 놓여 있었던 낙후한 국가의 민족주의자들이 서방의 침략(문화의 침략도 포함한다)에 대해 가지는 본능에 가까운 경각심이 나타나 있을 뿐만 아니라, 오랫동안 자산계급과 대항해 오던 무산계급이 자산계급의 의식 형태에 대해 느끼는 이질감과 불결감도 드러나 있다.

그래서 ≪대중문예총간≫의 비평가들이 국내의 사상투쟁을 격렬하게 전개함과 동시에 투쟁의 예봉을 "서구 문학의 몰락 추세"[30]에 맞춰놓고, 이른바 몰락 시기의 자본주의 문화 즉 서방의 모더니즘 문화를 유난히 엄격하게 비판한 것은 완전히 이해할 수 있는 일이며,[31] 이것은 근본의 탐구이면서 사전의 방비이기도 했다. 서방 문화와 문학에 대한 이런 불신임은 거의 떨쳐버릴 수 없는 심리적 콤플렉스가 되어 신중국의 문화 지도자 및 그들의 선택과 결책에 오랫동안 영향을 주었는데, ≪대중문예총간≫의 비판은 하나의 시작에 불과했다.

물론 ≪대중문예총간≫은 비판에만 그치지 않고 그들 나름의 건설도 했는데, 그들은 비판으로써 건설의 길을 열었다고 할 수 있다. 이 시기에 나온 문예의 중심 구호는 '인민 문예'의 건설이었으며, "인민 지상주의 문예"[32]라고도 불렀고, "대중 문예"[33]라고도 일컬었다. 이것은 물론 1930년대 좌익 문학의 계승과 발전이었지만 새로운 특징도 있었다. 즉, 마오쩌둥의 「옌안 문예 좌담회 석상의 연설」을 지도 사상으로 삼았으며, 「옌안 문예 좌담회 석상의 연설」이 있은 뒤로는 해방구 문학 창작의 실적을 기초(근거)로 삼았다. 이리하여, 해방구 문예를 정리하고 전파하고 아울러 이론적으로 총정리하는 것이 사람들이 해야 했던 기본 건설 사업이 되었다.

≪대중문예총간≫과 이것의 영향 아래 있었던 ≪소설월간≫ 등은 모두 상당한 지면을 할애하여 해방구 작가의 작품과 민간 문예 작품을 실었다.[34] 이 밖에도 특별히 『북방문총』을 발간하여 총 3집을 출간했으며, 여기에는 자오수리의 『리자좡의 변천』과 「리유차이의 콰이반」, 쑨리의 『연꽃 호수』, 캉줘의 『나의 두 집주인』, 리지의 『왕구이와 리샹샹』, 허징즈·딩이[7]의 「백모녀」 등 25개의 작품이 포함되었는데, 해방구 문학

---

7) 딩이(丁毅, ?~1997)는 산둥성 지난(濟南) 출신으로, 중국 현대 민족 가극의 개척자 중한 사람이며, 가극 작가·가극 이론가·서양 가극 극본 번역가이다. 그의 작품으로는 대표작 「백모녀(白毛女)」 외에 「류얼의 창업(劉二起家)」, 「칠판 신문(黑板報)」, 「강남에 가다(下江南)」, 「청춘의 노래(靑春之歌)」 등이 있으며, 「백모녀」로 1951년도 스탈린

의 정화가 거의 다 모인 셈이었으며 영향력이 대단했다. 1948년 5월, 홍콩의 중원극사·건국극사·신음악사가 〈백모녀〉를 합동 공연했는데 연달아 한 달 넘게 합동 공연을 했으며, 11월에는 또 남방극단이 자오수리의 동명 소설에 근거해 만든 희극 〈샤오얼헤이의 결혼〉을 공연하여 또 홍콩과 동남아시아 일대를 뒤흔들었다. 이런 기초 위에서 ≪대중문예총간≫ 등의 간행물은 중요 지면에 논평을 발표해 이론적으로 평가하고 제창했으며, 이렇게 해서 새로운 미학 원칙과 새로운 비평·창작의 양식이 싹 트는 중이었다.

귀모뤄는 어느 글에서 자신이 해방구 문학을 접했을 때의 첫 반응을 다음과 같이 묘사했다.

> 나는 그 참신하고 건강하고 소박한 내용과 수법에 완전히 매료되고 말았다. 거기에는 새로운 세계, 새로운 인물, 새로운 감정, 새로운 기풍, 새로운 문화가 있어서 누구라도 읽으면 재미가 있으리라 생각한다.[35]

이것은 그 당시 지식분자 독자를 포함한 대다수 독자의 공통된 느낌을 상당히 진실하고 진지하게 전달한 것 같다. 그리고 비평가와 이론가들은 이로부터 더욱 보편성을 띤 다음과 같은 일련의 결론을 도출해 냈다.

'무엇을 쓸 것인가'에 관한 다음 글을 보자.

문학상을 받았다. 참고로 이 책 제9장에 등장하는 제2종대 선전대 대원 첸수룽의 남편이자, 후기 「어떻게 이 책을 구상하고 썼는가」의 일기 속에 등장하는, 이 책의 저자 첸리췬의 둘째 매형 '라오딩'이다. 참고로 딩이의 출생 연도는 1920년인지 1921년인지 고증이 필요하고, 사망 연도는 첸리췬의 저서 『우리 가족 회고록(我的家庭回憶錄)』(濰江出版社, 2014), p.206에서 1997년으로 확인되었다.

문예는 우선 이 새로운 시대의 새로운 인민의 모습과 그 내용의 본질
을 반영해야 하며,
지금, 신중국의 희망적인 면을 표현하고 노동자들의 적극성과 아름다
운 품성을 표현하는 이런 주제들은 반드시 더욱 중요한 위치로 끌어올
려야 하며,
앞으로 문예 속에서 우리는 톄쉬·리융과 같은 인민 영웅의 전형을 더
욱 적극적으로 창조해야 한다.[36]

    혁명이 승리를 거두고 새 정권이 수립된 초기에, 승리에 공헌한 영
웅을 칭송하게 함으로써 새로운 이상과 도덕규범을 확립하고자 하는 것
은 당연한 일로 보이며, 신중국의 문단에서 오랫동안 주도적 지위를 차
지했던 '송가 문학'의 미학 원칙이 여기에서 처음으로 그 모습을 드러내
기 시작했다.[37] "인민의 현실 생활의 상황과 요구 등에 근접하는 제재와
주제일수록 더 효과적이며",[38] "앞으로 작품 주제의 방향은 반드시 정치·
경제적 투쟁 및 건설과의 더욱 유기적이고 더욱 긴밀한 결합이어야 하
며", "우리의 문예가 이런 핵심적 임무를 중심에 두어야 실제적인 요구에
부응할 수 있다"[39]라고 말했다. 신중국 문학에서 한때 성행했던 '현실에
부응하고, 핵심을 쓰는' 창작 양식이 벌써 나올 준비를 하고 있었다.
    '창작 형식'에 관해서는 다음과 같이 주장했다.

형식에서, 그들은 지역민의 말(방언)을 최대한 취했고, 옛 형식과 '민간
형식'을 대담하게 채택함과 동시에 새로운 피를 옛 형식과 '민간 형식'
에 주입했으며, 그들은 인민들이 진보할 수 있도록 가르침과 동시에
인민들에게 배웠으며, 민중을 뛰어넘으려고 하지 않았을뿐더러 민중
의 꼬리가 되려고도 하지 않았다. 이것은 우리가 다 본받을 만하다.[40]

이 경험은 1949년 이후 광범위하게 보급되었으며, 신중국 문학의 면모에 상당한 영향을 미쳤다고 할 수 있다.

다음은 '어떻게 쓸 것인가'에 관한 서술이다.

기본적인 방법은 '민중 속에서 나와 민중 속으로 들어가는' 방법인데, '그는 자기 책 속의 몇몇 주요 인물을 일일이 방문했을 뿐만 아니라 한동안 그들과 같이 생활했으며, 그는 민중의 의견에 따라 한 번 수정하는 데 그치지 않고 수차례나 수정했다. 그는 농민과 간부에게 읽어 보였고, 창작 경험이 있으면서 농촌 사업에도 경험이 있는 사람에게도 갖다 보였다'.[41]

이런 '생활 속으로 깊이 파고드는' 창작 방식은 이후에 더욱 널리 행해졌다.

'누가 쓸 것인가'에 관해서는 두 유형의 새로운 작가상을 제시했다.

(한 유형은 다음과 같은 새로운 작가로,) 그는 인민 중 일원이지 방관자가 아니며,
작가는 전적으로 농민의 생활과 농민의 생활을 실천하는 가운데서 인민의 사상·감정을 자기 것으로 만들어,
(마치) 어느 한 진실한 농민이 직접 우리에게 자기네 마을의 이야기를 들어주는 것 같고, 절대로 어느 한 지식분자가 그를 대신해서 과장하고 꾸며내는 것 같지 않으며,
다른 한 유형은 민주 정권하의 해방된 인민대중으로, 그들의 창의력은 해방되면서 새로운 자극을 받게 되어 영원히 사라지지 않을 민간 형식을 그들이 사용하기 시작함으로써 그들의 새 삶을 예찬하고 있다.[42]

아마도 이것이 바로 이른바 '두 가지 방법을 병용하는' 또는 '두 가지를 결합하는' 창작에 대한 최초의 계통적인 설명일 것이다. 어떤 의미에서 이런 농민화한 작가와 농민 작가의 결합은 정신노동자와 육체노동자의 결합이라는 원칙이 체현된 것으로, 이것은 5·4 시기에 이미 제기되었으며, 농민화한 새로운 작가의 출현은 지식분자의 환골탈태와도 같은 개조 결과였음은 두말할 필요도 없다.

≪대중문예총간≫의 비평가들이 해방구 문예가 제공한 문예의 새로운 특성을 누차 강조하면서도, 그들은 그것을 5·4 신문학운동의 새로운 단계로 간주하고 싶어 했음에 주의를 기울일 필요가 있을 것 같다. 1948년 5·4 29주년을 기념할 때, 많은 사람이 5·4 신문화운동의 성격에 관해 이야기했는데, 사오취엔린은 어느 글에서 5·4를 "단순한 자본주의 문화 운동"이라 "곡해"한 데 대해 비판했다. 이것은 "5·4가 지닌 인민의 의의를 무시한 것이고, 5·4 이래 인민혁명의 전통과 역량을 무시한 것이다"라고 생각했으며, 그는 그래서 중국공산당이 주도하는 인민혁명이야말로 5·4 정신의 진정한 계승이며, "마오쩌둥 사상"을 "5·4 이래의, 그리고 중국 수천 년 문화의 가장 큰 성과"로 보았다.[43]

1948년, 사람들은 5·4 신문화운동의 기수로 불리는 루쉰에 대해 여전히 자주 이야기했다. ≪대중문예총간≫은 특별히 후성의 「루쉰 사상이 발전해 온 길」을 발표했다. 작가는 거리낌 없이 자신의 글은 루쉰에 대한 후펑의 '곡해'를 겨냥한 것이라고 말했으며, 그래서 글이 전반에 걸쳐 시종일관 루쉰이 "소자산계급의 사상 입장에서 무산계급의 입장으로" "전향"했음을 강조하고 있다.

이런 루쉰관(魯迅觀)에서 출발하여 루쉰의 5·4 계몽 언어, 즉 그의 국민성 개조라는 주제, 그의 개성주의와 회의주의 등은 "객관적으로만 당시에 상당한 혁명적 의의가 있었을" 뿐, 모두 루쉰의 정신적 "부담"으로 여겨졌고, 후성의 말에 따르면 오늘날 후평 그들이 그런 말들을 재천명하고 있지만 "객관적으로는 오히려 인민대중의 자각적이고 집단적인 진보와 개혁에 대한 소자산계급의 배격일 수밖에 없었다". 즉, 논자가 이야기하고자 한 것은 전기의 루쉰과 대립한다고들 하는 후기의 새로운 루쉰으로, 그는 "마침내 중국의 무산계급 정치와 결합했고", "무산계급의 집단주의 사상으로 승화했으며", 또 "(어두움을 폭로할 때와) 대등한 집요로써 진실한 빛을 지켰다".

여기에는 혁명 언어로써 루쉰을 개조하려는 의도가 대단히 뚜렷하다. 그 목적은 이 개조된 루쉰을 혁명 언어의 수호신으로 삼고자 함이었다. 이것은 앞서 말한 5·4 전통에 대한 자각적인 계승과는 모순되는 것처럼 보이나 내적으로는 일치한다. 즉, 모두 다 혁명 언어를 위해 사상·문화·문학 영역의 주도권과 정통적 지위를 쟁취하려는 자각적인 노력이었다.

이 모든 것이 그 당시로서는 아주 당연한 일이었다. 그래서 사람들은 ≪대중문예총간≫에서 다음과 같은 글을 읽고 고무되지 않을 수 없었다.

5·4 이래 신문예운동은 이미 몇 단계를 거쳤으며, 지금 우리는 참신한 단계로 성큼 들어서고 있다. 이 단계의 전망은 비할 데 없이 웅대하니, 우리 문예 종사자 한 사람, 한 사람은 전심전력으로 이 새로운 시대와 새로운 인민을 얼싸안고 중국의 신문예운동을 축복하자.[44]

사람들은 어렴풋이 보이는 밝은 미래를 동경한 나머지 ≪대중문예총간≫의 새로운 언어 속에 담긴 심각성은 자연히 등한시하고 말았다.

제3장

폭풍의 캠퍼스

1948년 4, 5, 6월

- 학생운동과 대학 문화.

- 민중가요의 혁명 기능.

- 혁명이라는 성대한 명절 때의 활보극 공연.

- 만화: 정신적인 원자탄.

- 낭송시의 정치성·군중성·행동성.

- 광희의 광장 문학(예술).

- 학생운동 중의 대학교수.

- 자유주의 교수의 곤경과 몸부림 그리고 분화.

- 사제 간의 공감대 형성: 자유롭고 민주적인 신중국을 위해 투쟁.

1947년 5월 20일, 화베이·난징·상하이 학생들이 각각 베이징·텐진·난징·상하이 등지에서 대대적으로 반기아·반내전 시위운동을 벌였다.

예성타오 1948년 4, 5, 6월 일기(발췌)

4월 8일(목)　　은행 조합식당에 가서 잡지사 회식에 참석했다. 참석자는 10명도 되지 않았다. 공산당 측을 선전했다는 이유로 ≪국신≫이 강제 폐간을 당했다. ≪세계 지식≫과 ≪시대와 글≫은 말들이 과격하고, 미국과의 외교에 손해가 된다는 이유로 다 같이 경고를 받았다. 이 일은 화젯거리가 되었고, 다들 우스운 일이라 생각했다.

4월 14일(수)　　저녁 무렵 술을 마셨고, 싼관[1]이 나에게 학생들의 정황을 말해줬는데, 그의 판단은 제법 이치에 맞았다. 딩스추가 얼관[2]을 보러 왔다. 병원 간호사인 그의 말에 따르면, 병원에서 자살을 기도하는 환자가 많아서 간호사들이 마음을 졸인다고 했다. 자살의 원인은 모두 경제문제였다. 사회의 궁핍이 여기까지 이르렀으니 개탄하지 않을 수 없다.

4월 19일(월)　　석간에 오늘 국민대회 총통 선거에서 장(蔣) 씨가 당선되었다는 기사가 났다. 이것은 굳이 오늘까지 기다리지 않아도 사람들이 진작부터 알고 있었던 일이다.

---

1)　싼관(三官)은 예성타오의 둘째 아들 예즈청(葉至誠)이다. 쑤저우 사람들은 아들과 딸을 구분하지 않고 '官' 자를 붙여 아명(兒名)을 지어 부르곤 했다. 예성타오는 2남 1녀를 두었는데, 첫째가 예즈산(葉至善, 아들), 둘째가 예즈메이(葉至美, 딸), 셋째가 예즈청(葉至誠, 아들)이다. 예즈청은 세 번째로 태어났기에 '三官'이라 불렸다.

2)　얼관(二官)은 예성타오의 딸 예즈메이이다.

4월 29일(목)　바깥에 폭죽 소리가 크게 나는 것은 리쭝런이 부총통에 당선되었기 때문이다. 최근 난징에서는 부총통 선거로 인해 큰 풍파가 일었다. 리쭝런이 경선에 나서자, 국민당 중 어느 한 큰 파가 못마땅하게 여겼고, 여러 가지 우스운 일들이 벌어졌다. 그런데도 오늘 리쭝런이 당선되었고, 사람들이 그를 좋아하지 않으면서도 쾌재를 부르는 것은 아마도 어느 큰 파에서 뜻을 이루지 못했기 때문인 것 같다.

5월 1일(토)　밤에 관푸런(關夫人)의 독창을 방송을 통해 들었다. 그는 소프라노로 중국과 서양의 민요를 불렀는데, 감치는 목소리에다 정취가 넘쳐흘렀다.

5월 3일(월)　싼관은 5·4를 미리 기념하기 위한 저녁 문예 행사에 참여하러 나갔다. 청년들의 가슴속에 5·4는 언제나 광명의 상징이다.

5월 14일(금)　10시 반에 탸오푸와 함께 다광밍에 가서 차오위의 신작 〈화창한 봄날〉의 시험 공연을 보았다. …… 관람 후 신야3)에서 하는 뒤풀이에 초대를 받았다. 두 개의 테이블이 마련되어 있었는데 앉아 있는 사람들은 모두 아는 사람들이었다. 차오위는 이 작품을 끝내고 기분이 좋아 술을 상당히 마셨고, 많이 취한 것 같았

---

3)　신야(新雅)는 1927년 광둥 사람이 상하이에 개점한 광둥 음식점이다.

다. 그러나 그는 기어이 사람들에게 이번 작품의 결함에 관해 이야기해 달라고 부탁했고, 찬사는 들으려고 하지 않았는데, 그의 예술적 양심을 엿볼 수 있었다.

5월 20일(목)   저녁에 가오쭈원이 와서, 막 베이핑에 다녀왔다면서 베이핑 지식분자의 근황을 말해주었다.

5월 30일(일)   아침에 일어나 어머니 머리와 발톱을 깎아드렸다. 국어책『백화』제1권을 교정했다.

6월 4일(일)   미국의 일본 원조는 대단히 적극적이다. 우리나라는 정부를 제외하고는 반대하지 않는 사람이 거의 없으며, 학생들의 감정이 특히 격앙되어 있다. 석간에 레이턴 스튜어트[4] 대사가 발표한 성명서가 실렸는데, 우리나라 사람들이 이렇게 하면 불행한 결과를 가져올 것이라고 했으며, 상당히 위협적이었다. 이게 무슨 말인가! 미국이 우리 정부와는 일치하고 우리 인민과는 적인 것은 바로 10년 전의 일본과 같다.

6월 9일(일)   가오쭈원이 찾아와, 연대 서명으로 미국 대사 레이턴 스튜어트의 성명서에 …… 항의하고자 상의를 했다. 지난 4일 스

---

4)   존 레이턴 스튜어트(John Leighton Stuart, 1876~1962, 중문명 司徒雷登)는 미국인으로, 중국 항저우에서 출생해 1905년부터 중국에서 전도를 시작했고 1919년에 중국 옌징대학(燕京大學) 총장, 1946년에 중국 주재 미국 대사를 역임했다.

튜어트의 성명서가 발표된 뒤, 요즘 신문에는 연대 서명한 항의문이 속속 등장하고 있는데, 가오쭈원도 그 뒤를 따르려고 했다. 내 생각에 이런 일은 큰 의미가 없으며, 그가 쓴 글도 타당하지 않음을 분명히 밝혔다. 그러자 그는 고집스럽게 나에게 초안을 부탁했고, 나는 마지못해 400자를 써주었다. 그가 사람들에게 서명을 받으러 나갔으나, 가장 잘 아는 잡지사 편집인들의 서명밖에 받아내지 못했다고 한다.

6월 14일(월)　출판사로 돌아와, 새로 나온 첸중수의 『담예록』을 보았다. 고시에 대해 많은 평을 했는데, 그 박식함에 감복했다.

6월 26일(토)　자오퉁대학 학생들이 얼마 전에 미국의 대일 원조 정책에 반대하여 시위를 벌인 것 때문에 우궈전 상하이시장에게 문책을 당했는데, 그 시위는 '프락치 학생'의 사주를 받은 것이지 대중의 자발적인 시위가 아니라는 것이었다. 그리고 만족스러운 대답이 나오지 않으면 공개 심문을 하겠다고 했다. 이에 학생들도 호락호락하지 않고 오늘 저녁에 공청회를 열기로 결정한 후 시장, 의장, 사회 인사들이 참석하여 학생들의 이번 행동이 과연 잘못된 것인지를 공정하게 가려달라고 요청했다. 학생이 와서 나를 초청했지만 나는 그런 집회에는 나가기 싫어 사양하고 글로 몇백 자 써주었다. 문제는 미국이 일본을 원조해 준 사실이 있느냐에 달려 있다. 이미 사실로 드러났으니 반대는 당연하며 …… 학생들의 그런 행동은 도의적이어서 내 생각으로는 전혀 잘못이 없다고 생각한다.

6월 28일(월) 　카이펑은 이미 국군[5]이 수복했다. 신문 기사에 따르면 이번 폭격으로 사망한 사람이 5만 명에 이른다고 한다. 한 여학교는 생존자가 겨우 네 명이었다. 이는 정말 너무나 참혹한 일이다. 정부 측이 민심을 헤아리지 않은 지 오래니, 민심이 정부를 더 이상 중시하지 않는 것도 당연한 일이다.

6월 30일(수) 　오늘 상반기 상여금으로 1억여 위엔을 탔다. 비축할 생각으로, 동료들과 인쇄용지를 샀다. 나는 5연[6]을 샀으며, 1연에 1700여만 위엔이었다. 전쟁 전에는 5연에 겨우 15위엔에 불과했다.

　1948년 4월 8일 아침, 한 장의 '호외'가 베이징대학 캠퍼스를 뒤흔들었다. 베이핑 경비사령관이 학교 당국에다 낮 12시 이전에 학생자치회와 인권보장위원회 책임자 12명을 넘겨줄 것을 명했고, 만약 넘겨주지 않으면 바로 무력으로 학교를 포위하고 체포를 강행한다는 내용이었다.

　사람들은 시자이·싼위엔·훙러우·후이러우 등에서 민주광장으로 신속히 모여들었다.

　학생들은 책상을 들고 나와 12명의 학우를 한 겹 또 한 겹 에워싸서 인의 장벽을 만들고 자신의 몸으로 자기 학우를 지키려고 했다.

　교수협의회는 긴급회의를 열었고, 전체 교수는 학생들의 정의로운

---

5) 　1925년 중국 국민당이 창설한 국민혁명군의 약칭이며, 1947년 중화민국 국군으로 개칭했다.

6) 　연(連)은 림(ream)의 음역어로 종이를 세는 단위이다. 1연은 보통 종이를 셀 때에는 480장이고, 신문용지를 셀 때에는 500장이다.

요구를 지지하고 목숨을 걸고 불법 체포를 거부하며 신성한 캠퍼스를 군경이 함부로 짓밟는 일은 용납하지 않겠다는 결의를 통과시켰다.

베이핑의 각 대학과 중고등학교의 선생과 학생 대표들도 속속 모여들어, 베이징대학과 함께 폭력에 맞서 끝까지 싸울 것을 맹세했다.

광장의 수천 명의 성난 목소리들이 하나로 뭉쳐 포효했다. "한 명 체포되면, 전부 감옥으로!"[1]

이것이 그때 당시 전국을 뒤흔들었던 '4월 항쟁' 중 1막이다.

이 항쟁은 기다린 지 이미 오래였다. 1947년 '5·20' 운동 이후 마오쩌둥은 장제스 관할 지구의 학생운동을 반장(反蔣) '제2전선'이라 불렀고,[2] 국민당 정부도 학생들에 대한 규제를 강화했으며, 1947년 12월에는 교육부가 '수정 학생자치회 규칙'을 반포했는데, 실은 각 학교 학생자치회를 단속하고 해산시키기 위함이었다. 1948년 1월 학교 측이 자치회 간부를 제적하고, 8000여 명의 군경이 학생을 포위 공격함으로 말미암아 '퉁지(대학) 사건'이 터졌다. 3월, 난징 정부는 「특종 형사 법정 조직 조례」와 「감란 시기 국가 위해 긴급 조례」를 반포함과 동시에 '특종 형사 법정'을 설치했으며, '국민대회' 개막 날, 화베이 학생연합회는 '괴뢰 조직'임을 선포했다. 거기다가 치솟는 군사비와 물가가 교육 위기를 날로 가중하더니,[3] 마침내는 '반박해(反迫害)·반기아(反飢餓)'를 골자로 하는 '4월 항쟁'을 유발했다. 4월 6일, 베이핑 각 대학의 교원, 학생, 노동자, 경비원은 일제히 '6대 거부 운동(六罷)'(강의 거부, 직무 거부, 연구 거부, 진료 거부, 노동 거부, 수업 거부)에 들어갔으며, 또 앞서 말한 4월 8일의 그 1막을 시작으로 군경침범 반대와 캠퍼스 사수 투쟁을 근 1주일 동안 벌이다가, 4월 14일 민주광장에서 개최한 '단결 대회'에서 투쟁을 성공리에 마쳤음을 선포했다.

5월 1일, 미국이 추진하는 '미국 자본, 일본 공업, 중국 원료'라는 식민정책에 반대하기 위하여, 중국공산당 중앙위원회는 '5월 1일 노동절

구호'를 통해 "전국 노동자계급, 전국 인민은 단결하여 일본 침략 세력의 부활을 돕는 미제국주의에 반대하자"라고 호소했다. 5월 4일, 상하이의 만여 명 학생들은 자오퉁대학 민주광장에서 캠프파이어를 하면서, '미국 대일 원조 반대와 민족 위기 극복을 위한 상하이 학생연합회'의 창립을 선포했고, 또 10만 명 서명운동을 벌였다. 5월 30일, 베이핑의 11개 대학의 교수와 학생은 베이징대학 민주광장에서, 미국의 대일 원조 정책에 반대하고 '5·30[7]'을 기념하는 대회를 열었는데, 이 대회에서 북한 학생이 미국이 남한에서 저지른 만행을 진술하기도 했다. 5월 31일과 6월 4일에는 상하이 주재 미국 총영사 월터 매카너기[8]와 중국 주재 미국 대사 레이턴 스튜어트가 연이어 성명을 발표하여, 상하이세인트존스대학 학생들이 반미부일(反美扶日)[9] 행사 중에 '민족전람회'를 개최한 것은 "미국

7)　1925년 5월 30일, 중국공산당이 중국 인민을 이끌고 제국주의에 반대한 혁명운동이다. 1925년 5월 15일, 상하이의 한 일본 방적 회사에서 일본인 직원이 그 공장에서 노동자로 일하던 공산당원 구정훙(顧正紅)을 총살하고, 10여 명의 노동자를 다치게 한 것이 도화선이 되었다. 1925년 5월 28일, 중국공산당 중앙위원회는 노동자의 경제투쟁과 반제국주의 정치투쟁을 함께 전개하기로 했고, 5월 30일에는 상하이의 2000여 명 학생들이 조계지에서 시위를 벌이다가 100여 명이 경찰에 체포되었다. 그러자 1만여 명의 사람들이 공동 조계지 난징로(南京路) 경찰서 문 앞에서 체포자의 석방을 요구했고, 영국 경찰은 총기를 발사하여 10여 명을 죽이고 수십 명을 다치게 하는 비극이 발생했다. 이에 중국공산당 중앙위원회는 즉시 시민에게 동맹파업, 수업 거부, 상인들의 동맹파업으로 영국 제국주의의 폭행에 항의할 것을 호소했다. 이 운동은 근 500개의 도시로 퍼져나가 마침내는 전국적인 반제국주의 운동으로 발전했고, 8월 중순에서야 파업을 철회했다. 이 운동은 중국 인민의 반제국주의 혁명 정신을 보여주었으며, 혁명을 절정으로 이끌었다[『簡明社會科學詞典』(上海辭書出版社, 1984), p.95 참조].

8)　월터 매카너기(Walter McConaughy, 1908.9.11~2000.11.10, 중문명 葛柏德)는 1931년 멕시코 탐피코 주재 미국 부영사를 시작으로 일본, 볼리비아, 브라질 등지에서 미국 외교관으로 일하다가 1948년부터 1950년까지 상하이 주재 미국 총영사를 지냈고, 1957년 대사로 승진하여 미얀마, 한국, 파키스탄, 타이완에서 미국 대사로 있었다.

덕택으로 교육을 받고"도 "미국을 비방하는 것"이라며 공공연히 질책했고, 또 "반미부일 …… 에 참가하면, 행동에 대한 후과를 각오해야 한다"라는 위협적인 발언도 했다. 국민당 ≪중앙일보≫는 애국 학생에 대해 "즉각 용단을 내려 화근을 철저히 없애야 한다"라는 사설도 실었다. 불난 집에 기름을 끼얹는 거나 다름없는 이 사설은 전 민족을 항의의 도가니 속으로 몰아넣었다.

레이턴 스튜어트의 성명이 있은 바로 다음 날(6월 5일), 상하이의 120개 대학과 중고등학교 학생들이 시위를 벌였다. 6월 9일, 베이핑의 학생 수천 명은 군경의 철통같은 봉쇄를 뚫고 대대적인 '반미부일' 시위를 벌여 시민들의 폭넓은 지지를 얻었다. 쿤밍·난징·칭다오·푸저우·청두·충칭·우한·광저우·창사 등지에서도 이에 호응하여, 만 명 이상이 수업 거부와 시위를 하는 등 약 수십만 명의 학생과 교직원이 투쟁에 동참했다.[4]

4월부터 6월에 걸쳐 점점 격렬해지던 학생운동은 캠퍼스를 휩쓸었다. '이렇게 큰 중국에 책상 하나 조용하게 제대로 들여놓을 수 없는' 그런 시대였다.

그해 학생운동에 참여했던 사람 중 어떤 사람들은 뒤이은 해방전쟁 중에 희생되었는데, 당시의 참가자가 쓴 역사서(『해방전쟁 시기 상하이 학생운동사』)의 맨 마지막 부분에, 그는 더할 나위 없이 경건한 마음으로 '영광스럽게 목숨을 바친 전우들'의 이름을 하나하나 적었으며, 또 어떤 사람들은 그 후 여러 차례 정치운동 중에 목숨을 잃었다. 요행히 살아남은 사람들은 지금 모두 고희가 되었다. 이들이 그때의 역사를 회고할 때는 마치 생명의 활력을 되찾은 듯했다. 정말이지 '후회 없는 청춘'이었다. 흥미로운 것은 사람들이 당시를 회고할 때면 언제나 그때 불렀던 노래를 불

9) 미국의 일본 군국주의 부활 원조 정책에 반대한다는 의미이다.

렀고 그때 낭송했던 시를 읊었으며 심지어 그때의 춤 자세와 연극 동작도 지어 보였다는 점이다. 비록 음은 곡조도 맞지 않고 동작은 모양새도 말이 아니었지만 목소리와 자세는 아직 살아 있었으며, 열정도 여전했다. 이처럼 그리움 반, 추억 반으로 1940년대 말 중국 대학 문화의 경관을 한 폭 한 폭 다시 떠올렸다.

• • •

1948년 5월 4일, 막 땅거미가 내리자 상하이 자오퉁대학의 '민주광장'에는 모닥불이 활활 피어올랐고, 120개의 학교에서 온 대학생과 중고등학생 1만여 명이 땅바닥에 겹겹으로 원을 그리며 빙 둘러앉았는데, 그 원 한 겹 한 겹마다 밖에는 규찰대원으로 이루어진 견고한 인의 장벽이 있었다. 중심의 높다란 무대에서는 음악전문대학 학우 뤄쭝룽(그는 나중에 공화국의 저명한 작곡가가 되었다)과 양위스가 만든 「5·4부터 5·4까지」가 시와 노래의 메들리로 대대적으로 공연되고 있었다. 낭송자 왕즈샹 학우의 우렁찬 목소리는 5월의 밤하늘과 푸르스름한 불빛 속에 울려 퍼졌다.

5·4, 5·4! 애국의 피와 눈물, 동아시아 대륙에 두루 뿌리리! 수탉 우니 세상 밝아오고, 이구동성 공격하니 적의 가슴 두근두근, 애국은 모두 한마음이라네. 장하도다, 오늘이여! 장하도다, 5·4여!
5·4, 5·4! 자유의 피와 눈물, 동아시아 대륙에 두루 뿌리리! 군병과 총칼도 아랑곳하지 않고, 민중 위해 정의 부르짖으니, 그 정신 고금을 꿰뚫네. 장하도다, 오늘이여! 장하도다, 5·4여!
5·4, 5·4! 진리의 피와 눈물, 동아시아 대륙에 두루 뿌리리! 천고의 나쁜 독 말끔히 제거하니, 문화 혁신 천명(天命) 따라 일어나네, 광대한 우리 역사여. 장하도다, 오늘이여! 장하도다, 5·4여!

5·4, 5·4! 평화의 피와 눈물, 동아시아 대륙에 두루 뿌리리! 강권 무너뜨리니 광명 비치고, 대단한 우리 조국 새 모습 보이네. 죽지 않은 국혼이여. 장하도다, 오늘이여! 장하도다, 5·4여!

어우양신 학우의 손에 들린 지휘봉의 상하 율동에 따라 또다시 5·4 이래의 혁명가를 부르기 시작했다. 노랫소리를 좇아서 사람들은 마치 피와 불의 시대를 하나하나 관통하는 듯했다.

타도하자 열강, 타도하자 열강, 제거하자 군벌, 제거하자 군벌 ……

쾅쾅쾅! 하하하하쾅! 우리는 길을 여는 선봉, 갈 길 제아무리 험악해도 두렵지 않네! ……

우리는 모두 명사수, 총알 하나에 적 하나! 우리는 모두 날아다니는 군인, 산과 물 제아무리 높고 깊을지라도! ……

선조의 당부를 짊어지고서 오늘까지 걸어왔다.

단결이 곧 힘이다, 이 힘은 무쇠이고, 이 힘은 강철이다, 무쇠보다 단단하고, 강철보다 강하다! 파시스트 향해 발포하여, 모든 비민주 제도 멸하자! 태양을 향하여, 자유를 향하여, 새 중국을 향하여 찬란한 빛을 발하자!

모닥불은 갈수록 더욱 활활 타올라 사람들의 얼굴을 온통 **빨갛게** 비췄다.[5]

· · ·

　　또 5월의 어느 저녁, 여전히 자오퉁대학의 그 민주광장이다. 몇십
년이 지난 뒤에도 사람들은 그날 저녁 집회 때 공연한 40인의 대형 장시
(長詩) 낭송을 그리워하고 있다. 그 시의 원고는 찾을 길 없고「노호하
라, 중국이여!」라는 시 제목만 남아 있지만, 그해 공연하던 정경만은 눈
에 선했다.

　　　남녀 개인 낭송도 있었고, 남녀 단체 낭송도 있었으며, 또 전체가 함께
　　　낭송하는 포효도 있었다. 지휘자의 통일된 지휘에 따라 리듬이 빨라졌
　　　다가 늦어졌다가, 목소리가 낮아졌다가 높아졌다가 했으며, 또「의
　　　용군행진곡」(나중에 공화국의 국가가 되었다)의 트럼펫 소리와 전고(戰
　　　鼓) 소리까지 합세하여 기세는 웅장했고 사람들을 흥분시켰다. 제일
　　　마지막에는 광장에 모인 2만여 명이 일제히「의용군행진곡」을 크게
　　　제창하면서 저녁 집회는 절정에 달했다.[6]

　　　· · ·

　　저녁 집회에 참여했던 또 어떤 사람은 다음과 같은 아름다운 추억을
남겼다.

　　　10명의 학우가 광장에 마련된 단상에 올라서서, 손에 홍기(紅旗)를 들
　　　고 단체로 노래를 지휘했다. 홍기는 눈부신 불빛 아래서, 밤기운이 깊
　　　어가는 가운데 불처럼 선명하여 마치 타고 있는 횃불 같았다. …… 그
　　　강렬한 음악의 리듬은 북소리의 장단처럼 진리를 추구하는 가슴을 두
　　　드렸다.

모두 함께 입을 모아 큰소리로 노래 불렀다.

그대는 등대,
여명 전의 바다를 비추고 있네.
그대는 타수(舵手),
항해하는 방향을 잘 알고 있네.
...... 7

• • •

이것은 새로운 국면을 여는 투쟁이다. 운동 중 캠퍼스 내의 국민당 첩자가 군경을 데려와 학과 대표 대회를 짓밟아 버렸다. 이튿날 분노한 군중은 대회를 열어 학생 속에 섞여 있는 첩자 두 명을 공개 심문했다. 대회 중에 수천 명의 학생은 다 같이 노래를 부르기 시작했다.

너! 너! 너! 너 이 나쁜 놈,
너 이 나쁜 놈! 나쁜 놈, 나쁜 놈!
돈을 위해 양심을 팔고, 너의 심보 악마 같구나!
...... 8

노랫소리가 막 잦아드는가 싶더니, 이번에는 합창단 학우들이 함께 앞으로 다가가 첩자를 손가락으로 가리키며 새로 만든 「첩자 속요」(음악 전문학교 학생 주징칭 작곡, 류스룽 작사)를 부르기 시작했다.

자동차가 문 앞에 멈춰 섰지만, 떳떳하게 안으로 들어가지 못하는구나.
뒷벽에 구멍을 뚫어, 하나하나 슬그머니 기어들어 가네.

대회장 난동 시인하지 않고, 오히려 다른 사람을 범인이라 하네.

......

부끄럽지도 않으냐, 개자식들, 꺼져버려라, 여기는 뼈다귀도 없단 말이야!

삽시간에 광장의 전 학생들이 따라 부르기 시작했다. 노랫소리의 위압 아래, 두 명의 학생 첩자는 몹시 낭패하여 도망칠 수밖에 없었다.[9]

• • •

이것 또한 평생 잊을 수 없는 공연이다. 학생운동 침체기에 지난대학(暨南大學)은 전교 교수, 학생, 직원이 함께하는 친목의 밤을 개최했다. 강당 입구에는 "넘어지는 게 대수냐? 털고 일어나 다시 전진하자!"라고 쓴 대형 현수막이 내걸렸다. 이번 공연에서 가장 인기 있었던 것은 동명의 노래를 각색한 〈찻집 속요〉라는 활보극이었다.

저녁 바람 불어오니 날씨 건조하고, 동쪽 길가의 찻집 정말 붐비는구나. 위층, 아래층 손님 꽉꽉 차고, "여기, 물!" 외치는 소리 크기도 하네. 잔과 접시 소리 쨍강쨍강, 호박씨 껍데기 여기저기 퉤퉤퉤. 어떤 이는 한담하고 어떤 이는 입씨름하고, 어떤 이는 괴로워하고 어떤 이는 웃는구나. 어떤 이는 국사 논하고, 어떤 이는 불평 늘어놓네. 찻집 주인만은 간이 작아, 앞으로 다가와 나지막이 둘러댄다. "여러 선생님, 덕분에 장사는 잘되고 있습니다만, 국사에 관한 애길랑 제발 삼가십시오. 국사를 논할라치면 불평 늘어놓기 마련이고, 그러면 번거로운 일 생겨 너도나도 엉망 되지요. 명령 하나에 선생님들은 일거리 잃게 되고, 저의 이 조그만 찻집에는 빨간딱지가 붙을지도 모를 일이죠. 선생

님들 일거리 잃는 것은 그렇다 쳐도, 감방에까지 가야 하지요. 웃으면
서 날씨 얘기나 하고, 차 마시고 집에 가서 머리 파묻고 주무시는 것이
상책이지요, 머리 파묻고 한숨 주무시는 것이 ······."

여기까지 부르자, 장내 모든 사람이 다 같이 부르기 시작했다.

자면 잘수록 더 멍청해지고, 자면 잘수록 더 괴롭구나. 다들 차라리 속
시원히 말하는 편이 낫겠다. 우리를 압박하고, 우리를 착취하고, 우리
를 말도 자유로이 못 하게 하는 그런 나쁜 놈들을 뿌리째 뽑아버리세!

공연이 끝나고, 얼위엔 학생들은 큰소리로 노래 부르며 걸어서 학교
로 돌아왔다. 그래도 홍이 가시지 않아 노래를 부르면서 또 교내를 한 바
퀴 돌며 시위행진을 했다.[10]

• • •

'반미부일'운동이 최고조에 달했을 때, 상하이법과대학 학생들의
10여 개 동아리가 연합하여 개최한 '시사만화 전람'은 한때 세상을 뒤흔
들어 놓았다. 그때 상하이 만화공학단[10]의 '월간 만화전(漫畵月展)' 작품
도 같이 전시되었다. 이 전람회는 대학생들의 관심을 끌었을 뿐만 아니

---

10) 만화공학단(漫畵工學團)은 1947년 5월 11일 상하이에서 결성한 만화 관련 단체이다. 공
   학단은 일(공작)과 학습을 다 같이 중시하는 단체라는 뜻으로, 주로 수업(강의)·창작·출
   판·전람 등의 일을 했다. 잡지 ≪만화신군(漫畵新軍)≫을 창간해 단원들의 만화 작품을
   실었으나 2기 발간 후 상하이의 다른 진보 신문·잡지 등과 함께 국민당의 압력 아래 폐간
   되었다. 1948년 4월과 5월에는 '월간 만화전' 등으로 민주화 운동에 적극적으로 참여하
   기도 했다[『中国现代社团辞典 1919~1949』(湖北人民出版社, 1994), p.762 참조].

라 많은 공장의 직공, 사무원, 주민, 교사가 인솔한 초등학생들까지 와서 참관했다. 몇 폭의 만화에서 장제스의 모습을 발견하고는 사람들은 모두 회심의 미소를 지었다. 〈파죽지세〉라는 제목의 만화는 장제스를 '쪼개지는 대나무'에 비유해 놓고, 인민이 무장한 큰 도끼로 막 내리찍는 그림이 었다. 또 〈머지않았네〉라는 작품에서는 이제 막 당선된 '총통'과 '부총통'이 장차 위엔스카이의 무덤으로 향하게 될 것임을 시사했다.

이날(5월 31일) 사람들이 이 몇 폭의 만화를 둘러싸고 이런저런 이야기를 하고 있을 때, 한 무리의 첩자가 느닷없이 뛰어 들어와 한마디 말도 없이 이 만화들을 들고 가버렸다. 첩자는 또 학생 동아리가 회의하고 있는 강의실로 뛰어 들어가 그 자리에서 학생 다섯 명을 때려 상처를 입혔고, 세 명을 잡아갔다. 상하이시장 우궈전과 경비 사령 쉬엔테우는 각 대학 총장을 소집하여 그들 앞에 빼앗아 간 그 만화들을 전시해 놓고, 이번 만화 전람은 "원수에 대한 모독"이라고 천명했고, "공비의 사주"라고 못 박았다. 이 일은 상하이의 각종 신문을 통해 잇따라 보도되었고, 도시 전체가 떠들썩할 정도로 빅뉴스가 되었다.[11]

. . .

이날, 베이핑의 상업 중심지로 이름난 왕푸징에 인접한 바멘차오 거리는 여느 때나 마찬가지로 오가는 사람들로 붐볐다. 갑자기 일본인 행색을 한 어떤 병사가 달려와 행상인의 물건을 강탈해 가버렸다. 행상인이 쫓아가 돈을 내라고 하자, 일본 병사가 몽둥이를 빼 들고 한바탕 때려 행상인은 그만 땅바닥에 나자빠졌다. 그의 딸이 한쪽에서 무릎을 꿇고 울고 있는데, 일본 병사가 그 애한테 마구 손찌검과 발길질을 했다. 옆에 서 있던 한 미국인이 허허 웃으며, "멋져, 멋져!"라는 말을 연거푸 해댔다.

길가의 행인들이 수군거리고 있을 때, 책가방을 멘 여덟아홉 살쯤

된 아이가 돌멩이 하나를 주워들고 일본 병사를 향해 달려갔다. 한 젊은
대학생이 재빨리 그 애를 끌어안고 말했다.

"꼬마야, 이것은 진짜가 아니고, 우리가 연극하고 있는 거야!"

이 아이는 이 규찰대원의 품속에서 빠져나와, 이제는 '미국 놈'에게
로 달려가, 그의 손에 들린 트럼프를 땅에 내던지고는 힘껏 밟아 문질러
버렸다.

"우리 아버지가 바로 일본 놈한테 맞아 돌아가셨단 말이야!"

이 아이는 마구 울면서 말했다. 출연자들과 둘러서서 구경하던 행인
들은 모두 감동하여 눈물을 흘렸다.

"일본 놈한테 당한 사람이 정말 많구나!"

노인이 탄식했다. 한 인력거꾼이 분개하여 말했다.

"일본 놈도 나쁘고, 미국 놈도 나쁜 자식이야!"[12]

• • •

"옥살이가 대수냐, 우린 두렵지 않네. 풀려나면 또 하리라!"[13]
"날 새려 하니 더욱 어둡고, 길 가기 쉽지 않구나. 옥살이는 예사야. ……"
비장한 노랫소리가 어두운 감옥 속에서 울려 퍼지고 …….

이것은 학생운동 중에 체포된 학생들이 열고 있는 옥중 문예의 밤
행사이다. 상하이법상대학의 '나팔'(아나운서)로 이름난 천밍구이가 진행
을 맡았으며, 상하이음악전문대학의 소프라노 장리쥐엔이 독창을 했고,
다샤대학의 주싱타오와 주핑잉이 「청춘무곡」을 공연했다(노랫소리와 장단
소리만 들을 수 있었다). 학생들 사이에서 '흑곰'이라 불리던 간수장은 당황
하여 멜대를 들고 아래 위층을 왔다 갔다 바쁘게 뛰어다녔지만, 갈수록
커지는 학생들의 노랫소리는 막을 길이 없었다.

산 너머 저쪽은 좋은 곳이라네,

못사는 사람 잘사는 사람 다 똑같다네.

밥 먹으려면 일을 해야지,

널 위해 마소가 돼줄 사람은 없다네.

사람들은 마을을 책임지고,

민주를 중시하고, 고장을 사랑한다네.

모두가 즐겁고 기쁨이 넘친다네.

상하이법과대학의 인민즈와 융안회사 직원 왕룽바오(그는 학생으로 오인되어 체포되었다)가 자신들이 만든 활보극 〈탐관오리의 등청〉을 막 함께 공연하려 할 때, 건물 맞은편에서 간수 첩자가 몰래몰래 대사를 기록하는 것을 발견하고 무고한 손실을 피하고자 문에 행사를 재빨리 멈춰버리니, 감옥은 또 적막 속으로 빠져들었다.[14]

• • •

이렇게 노래와 시, 그림과 연극은 학생운동을 따라 캠퍼스에서 거리로, 공장으로, 농촌으로, 감옥으로 날아다녔다.[15]

중국 교육 역사상, 1940년대 말처럼 캠퍼스 내에 이렇게 많은 각양각색의 동아리와 벽보와 간행물이 쏟아져 나오고, 이처럼 많은 이름의 자발적이고 조직적인 집회와 이렇게 풍부하고 다채로운 문예 활동이 있은 적은 한 번도 없었다.

우리가 간신히 찾아낸 그 당시 출판된 『국립 칭화대학 1948학번 연간』에, 전교에 유행했던 '칭화의 벽보'에 관한 이런 소개가 있었다.

구내식당 앞이나 징자이의 통로에 오게 되면, 양쪽 벽이나 나무판자위에 붙여놓은 울긋불긋한 수많은 벽보를 언제나 많은 사람이 빽빽이 둘러서서 보고 있는 모습을 틀림없이 볼 수 있을 것이다.

이런 벽보들은 거의 모두가 뜻을 같이하는 학생들이 여남은 명에서 삼사십 명 모여서 주인이 된다. 그중의 많은 벽보는 함께 모여 '벽보 친목회'를 만든다. ……

벽보는 항상 칭화대학 안팎의 현실을 보도하고, 학생들의 의견을 반영하고, 자치회의 활동을 감독한다. 벽보의 형식에는 잡지형, 신문형, 책 모양을 한 신문형 등도 있으며, 심지어 한 편의 글이 한 기(期)가 되거나 몇 편의 긴 분석형 글이 한 면(面)이 되는 것도 있다. 내용은 더욱 다양하여, 종합적인 것으로는 '단련(煉)'·'칭화인(淸華人)'·'조용한 목소리(靜聲)'·'횃불(火把)'·'원야(原野)'·'개척(拓)'·'망원(莽原)'·'새북(塞北)'·'화(華)' 등이 있고, 소식을 주로 한 것으로는 '신보(新報)'·'겨울잠(蟄)'·'경칩(驚蟄)'·'체육소식(體育新聞)', 분석 위주의 것으로는 '갓 태어난 것과 아직 죽지 않은 것 사이(方生未死之間)'·'개척(拓)'·'강철(鋼鐵)', 문예적인 것으로는 '신시(新詩)'·'문예', 예술적인 것으로는 '양광(陽光)'·'칭화악단(淸華樂壇)'·'다 같이 노래해(大家唱)', 자연과학으로는 '과학시대'·'공정학습(工程學習)', 새 책 소개로는 '일이일(一二一)'(일이일도서관 출판), 연구로는 '루쉰연구'·'영양특간(營養特刊)', 생활을 반영한 것으로는 '여학생 반월간(女同學半月刊)'·'경우(耕友)', 평론으로는 '칭화평론' 등이 있다.

중대한 문제가 발생할 때면 벽보는 종종 100% 동원되어, 대형 '연합판'이 구내식당 유리창을 가로로 온통 뒤덮는 것은 흔히 있는 일이다. 여기에는 사람들이 토론했던 그 '큰일'에 대한 체계적인 견해와 의견이 반영된다. 이른바 '큰일'에는 박해가 엄습해 올 때, 반기아의 외침이 고조될 때, 학자금 원조의 물결이 일 때,[11] 그리고 미국 대일 원조 문제,

개교 기념, 5·4, 겨울옷 기부 운동 등이 있는데, 모두 용감하고 꿋꿋하게 호소했고 대항했다.[16]

벽보 하나하나를 한 개의 동아리로 간주할 수 있으므로 동아리의 범위는 더욱 커진다. 『국립 칭화대학 1948학번 연간』에 특별히 소개된 것만 해도 '양광사(陽光社)'[전신은 '목탄사(木炭社)'이며, 미술 단체이다], '신시사(新詩社)'·'문예사(文藝社)'(모두 시난연대[12]에서 옮겨 왔으며 역사가 비교적 오래되었다), '철마체육대(鐵馬體育隊)'[전신은 '소말개닭축구대(牛馬狗鷄足球隊)'로 회원들은 모두 '놀기 좋아하고 떠들기 좋아하는 익살꾼들'이었다고 한다], '금강체육회(金剛體育會)'(이것도 쿤밍에서 발족했으며 현재는 칭화대학과 베이징대학에 '형제회'가 있다), '흑도체육회(黑桃體育會)'(소프트볼로 유명하다), '다 같이 노래해'합창대('大家唱'歌詠隊), '신생'합창대('新生'歌詠隊), '칭화합창단'·'칭화음악동호회(清華音樂聯誼會)'·'칭화관현악대'·'칭화군악대', '칭화극예사(清華劇藝社)'·'대장칭화국극사(大將清華國劇社)', '칭화아마추어무선전신회(清華業餘無線電會)', 그리고 부근의 시골 아이들을 위해 학생 스스로 운영하던 '식자반(識字班)'·'일이일도서관(一二一圖書館)'이 있었고, 칭화대학 대변지 ≪칭화주간≫·

---

11) 중일전쟁 후 국민당의 심각한 부정부패와 국공 내전 등으로 인해 통화가 팽창하고 물가가 치솟자 학비도 일반 가정에서 부담하기 어려울 정도로 급등했다. 이리하여 많은 학생이 학업을 중단해야 할 위기에 직면했고, 학생들은 학자금 마련을 위한 운동을 벌였다. 이 운동을 중국에서는 학자금 원조 운동(助學運動)이라 부른다. 각종 모임, 거리, 공원, 정류장, 부두, 다방, 음식점 등을 뛰어다니면서, 사회 각계각층을 향해 경제적으로 어려운 학생을 지원해 줄 것을 호소하는 한편 각종 공연을 펼쳤으며, 공장이나 상점 등에서 기부받은 일용품을 팔아 빈곤층 학생들에게 나눠주었다.
12) 시난연합대학(西南聯合大學)의 약칭이다. 1937년 중일전쟁이 발발하자 베이징대학과 칭화대학과 난카이대학(南開大學)은 쿤밍으로 옮겨 가 합동으로 시난연합대학을 세웠고, 중일전쟁에서 승리하자 각각 베이징과 톈진으로 되돌아와 학교를 다시 열었다.

≪칭화순간≫·≪칭화신문≫·≪칭화통신≫·≪칭화문총(清華文叢)≫ 등이 있었다.[17] 소개되지 않았거나, 규모와 영향력이 비교적 작거나, 생기자마자 없어진 동아리는 더더욱 많았을 것이다.

칭화대학뿐만 아니라 우리가 본 자료에 의하면 그 당시 베이징대학에도 '베이다인사(北大人社)'·'망류사(莽流社)'·'풍우사(風雨社)'·'납함사(吶喊社)'·'사탄합창단(沙灘合唱團)'·'신시사(新詩社)'·'북성체육회(北星體育會)'·'베이다극예사(北大劇藝社)' 등의 동아리가 있었고, 베이징대학의 교수와 학생이 자비로 '베이징대학의 정신적 보고'라 불리는 '제민도서실(孑民圖書室)'도 지었다.[18] 상하이와 난징에 있는 대학의 동아리는 더한층 우후죽순 같았다. 예를 들면, 푸단대학의 '무사사(繆司社)'·'단성합창단(旦聲合唱團)'·'필련(筆聯)'·'가련(歌聯)'·'미련(美聯)',[19] 지난대학의 '개구리합창단(青蛙歌詠團)'·'신문학회(新聞學會)'·'법률학회'·'화교동학회(華僑同學會)',[20] 자오퉁대학의 '산다사(山茶社)' 및 그 합창단, 난징 진링대학의 '시성사(時聲社)'·'활력사(活力社)'·'광견사(狂狷社)'·'초원사(草原社)'·'감사(敢社)'·'비범사(非凡社)' 및 '낙타'·'해바라기(向日葵)'·'횃불(火把)'·'녹림(綠林)' 등의 모임[21] 등이 있었다.

1980, 1990년대에 끊임없이 출간된 회고록들은 약속이나 한 듯이 이런 동아리·벽보·간행물들을 언급하고 있는데, 1940년대 말 '제2전선'이라 불렸던 학생운동 때 모두 큰 힘을 발휘했다. 그중에서도 문예 동아리는 '문예 경기병'의 자세로 학생운동 때마다 제일선에서 활약했다. 우리가 수집한 자료에 따르면 상하이·난징·베이핑, 이 세 곳만 해도 1946년에서 1948년 사이에 다양한 장르와 규모의 공연이 60차례나 있었다.[22] 조금만 주의를 기울이면, 이 시기의 학생 문예 활동은 주로 네 가지 문예 형식, 즉 민중가요·만화·활보극·낭송시를 취하고 있음을 쉽게 알 수 있다. 그리고 이 시기의 직업 작가나 예술가의 창작도 소설을 제외하면 영

향력이 가장 컸던 작품은 대체로 이 네 가지 문예 형식을 취했거나 이런 형식에 가까웠다. 이런 의미에서, 우리는 1948년과 이것을 전후한 시기의 중국 문예는 민중가요·만화·활보극·낭송시의 시대였다고 말할 수 있으며, 어쩌면 장편소설도 넣어야 할 것이다.

그 까닭에 대해서는 깊이 생각해 보고 연구해 볼 필요가 있다.

민중가요는 원래부터 혁명과 이어져 있는 것 같다. 프랑스대혁명을 들먹이기만 하면 사람들은 「라마르세예즈」13)를 떠올리게 된다. 그리고 러시아 10월혁명의 지도자 레닌도 전 세계 무산자들은 「인터내셔널가」14)를 통해 지구의 어느 구석에서든 자기의 '동지'를 찾을 수 있다고 이미 오래전에 말했다.23 노랫소리는 중국공산당이 주도하는 혁명을 늘 따라 다녔다. 시인 허치팡은 1940년대에 쓴 그의 글에서 "혁명 성지" 옌안이 자기에게 준 첫 번째 깊은 인상은 바로 팔로군 부대원들 간의 "라거"15)였다고 말했다.24 그의 친구인 산문가 우보샤오는 1960년대에 이르러서도 여전히 옌안의 "노랫소리"에 대한 깊은 정과 그리움을 글로 썼다.25

그리고 중국공산당 지하당은 국민당 통치구의 학생운동을 이끌 때, 처음부터 의식적으로 노래를 민중과 연락하고, 민중을 동원하고 조직하는 수단과 무기로 삼았다. 당시 관계자의 회고에 따르면, 1946년에 이미

---

13) 「라마르세예즈(La Marseillaise, 중문명 馬賽曲)」는 프랑스대혁명 때 현지에 주둔하고 있던 공병 대위 루제 드릴(Rouget de Lisle)이 출정 부대를 고무하기 위해 1792년 4월에 작사·작곡했으며, 그 후 프랑스의 국가(國歌)가 되었다.

14) 「인터내셔널가」는 영어로 The Internationale, 중국어로는 國際歌이다.

15) 라거(拉歌)는 중국 인민해방군 부대 내에서 군인의 사기를 북돋우고 기상을 드높이기 위해 일반적으로 중대나 분대 대항전으로 열리는 노래 시합으로 오락의 일종이다. 보통 훈련 막간이나 야영 훈련 중에, 또는 회의가 시작되기 전에 연습도 없이 즉흥적으로 진행되며, 누구나 잘 알고 있는 간단하고 부르기 쉬우며 패기 넘치는 군가를 제창하는 식으로 시합한다.

중국공산당 상하이시 문화공작위원회 지도자의 안배로, 중국공산당이
이끌던 상하이 '학단연'[16) 아래에 '신음악사(新音樂社)'를 만들어, 상하이시
의 민중 노래 활동을 조직하고 지도하는 중심으로 삼았다고 한다. 상하
이의 합창단과 합창대는 단시간에 300여 개로 늘어났으며, 대학교·중고
등학교·초등학교와 은행·백화점·교통·수도 전기·방직 등의 업종으로까
지 두루 퍼졌다. "몇몇 주요 학교에서는 모임이 있을 때마다 부르다시피
했고, 중점 학교에서는 더더욱 반마다 불렀고 날마다 불렀으며, 새로 세
워진 학교나 힘이 강하지 않은 기관에서는 항상 노래 부르는 것으로 일
을 시작했고, 이렇게 해서 국면을 타개해 나갔다. 노랫소리가 있는 곳이
면 당의 사업이 있었다고 할 수 있는데",[26] 중국공산당이 주도하는 혁명
운동이 있는 곳이면 노랫소리가 있었다고도 할 수 있다.[27]

국민당 당국도 학생들 사이에서 유행하는 노래와 중국공산당 지도
부 간의 이런 심상치 않은 관계를 벌써 눈치채고 있었던지, 중앙집행위
원회는 교육부에다 「너는 나쁜 놈」 등 네 곡을 금지해 "소요 사태의 발생
을 막아라"라고 밀령했다.[28] 일부 민중 노래 활동의 지도자들과 열성분
자들도 군경의 주요 체포 대상이 되었다.[29] '노래'는 이렇게 해서 '혁명'의
동의어가 되었다.

1940년대 말 학생운동 때 민중가요의 혁명적 기능은 극도로 발휘되
었다. 그 당시 노래 활동에 참여했던 어떤 사람은 1990년대에 이르러서
도 그의 가슴속에 「그대는 등대」라는 노래가 여전히 메아리치고 있었다.
그는 40여 년 전 민주광장에서 이 노래를 처음 배워 불렀던 때의 느낌을
다음과 같이 회고했다.

---

16) '학생단체연합회'의 약칭이다.

혁명의 노래는 학우들의 마음을 단번에 사로잡았고, 무수한 입들은 이 구동성으로 시대 최강의 목소리를 냈다. 비록 새로 가르쳐주는 노래이긴 했지만, 그 뜨거운 혁명 가사는 굶주린 가슴속으로 당장 녹아들었다. 하나의 광장, 하나의 노래, 하나의 목소리, 하나의 정신, 하나의 역량은 똘똘 뭉쳐 하나의 의지가 되었다 ─ 단결, 전투!

마치 노랫소리가 승화하여 상하이의 온 밤하늘을 가득 메우는 것 같았고, 모든 창문을 열어젖히고 손에 손을 잡으니, 노랫소리는 웅장하고 드높아져 전국 각지에서 묵직한 메아리가 들려오는 듯했다.[30]

사후(事後)의 끊임없는 회상 속에 어떤 것은 강화되기 마련이지만, 다시 말해서 어느 정도 과장되기 마련이라고는 하지만, 광장의 민중가요가 사람들의 영혼 속에 얼마나 파고들고 얼마나 영향을 미쳤는지를 여실히 반영해 주고 있다. 이것은 우선 사상·심리·감정의 응집과 일체감이다. 수많은 사람의 목소리가 하나의 목소리 속으로 스며들 때, 즉 하나의 목소리 속으로 사라질 때, 이와 동시에 동일한 신념과 관념도 간단해질 대로 간단해져 지극히 명확하고 강렬한 형식으로(보통 '단결은 곧 힘이다'와 같은 간단명료한 가사로) 개개인의 가슴 깊이 주입되어, 하나의 통일된 의지와 역량을 형성하게 된다.

개인은 이런 집단의 의지와 역량 속에서, 단독으로는 할 수 없거나 하기 싫거나 혹은 감히 엄두도 내지 못했던 일을 자기도 모르게 할 수 있게 된다. 이것은 개인이 집단에 귀속되는, 또 반대로 집단에 지배받는 과정이다. 바로 이것도 혁명이 요구하는 바이다. 포위하여 체포하는 군경에 맞서 학생들이 「옥살이가 대수냐」를 크게 부르는 것처럼 강한 폭력에 맞서는 것은 용감한 집단의 반항이며, 전 학우들이 첩자를 호통하며 「너는 나쁜 놈」을 제창하는 것과 같이 개별적인 이색분자와 맞선다는 것은 집단의 위압과 심판이다. 그리고 이것은 사상·심리·감정의 승화와 전이이기도 하다. 노랫소리에 환기된 격정이 일단 좋은 방향으로 승화하면, 사람들이 큰소리로 「그대는 등대」를 부를 때처럼 믿음의 숭고함이 생겨난다거나, 나지막이 「산 너머 저쪽은 좋은 곳이라네」를 부를 때와 같이 이상을 동경하는 살뜰한 마음이 생겨난다.[31]

바로 이런 집단의 낭만적이고 격정적인 분위기 속에서, 개인의 인생살이 중 저항하기 힘든 고독·감상(感傷)·두려움은 자기도 모르는 사이에 모두 사라지고, 다른 극단 상태에 처해 있는 집단 영웅주의의 기개와 호기로 바뀌게 된다. 이것 역시 직접 혁명적 행동을 초래할 수 있다. 「찻집 속요」와 같은 노래도 '조소'하는 중에(통치자나 소시민 사회에 대한 것이기도 하고, 자기 자신의 비겁함에 대한 것이기도 하다) 두려움이 해소되거나 두려움을 이겨내고, 노래 마지막 부분에서 격한 반항으로 변하기도 한다. 이런 민중 음악이 제일 마지막에 혁명적인 민중운동 중 민중을 동원하고 단결시키는 힘 있는 무기가 되는 것은 바로 그 본성 때문일 것이다.

연극도 근원적으로 일종의 광장 예술이다. 이것은 나중에 또 극장 예술로 발전한다. 그리고 중국 현대 화극[17]은 바로 광장 연극과 극장 연극의 상호 대립과 침투 속에 발전을 보게 되었다.[32] 차오위는 광장 화극이 십분 발전을 보게 된 항전 시기에 그 창작의 특징을 개괄한 적이 있는데, 예를 들면, 반드시 시대를 반영해야 하고 주제가 뚜렷해야 하며 이야

---

17) 화극(話劇)은 대화와 동작 위주의 연극 형식으로 음악을 약간 곁들일 때도 있지만, 배우가 무대에서 무반주로 대화나 독백을 하는 것이 일반적이다. 중국의 화극은 외국에서 들어온 것으로, 청 말에 일본에 유학 중인 중국 학생이 취미 활동으로 한 연극(1907년, 春柳社)을 그 시작으로 보고 있다. 그래서 2007년에는 중국 연예계에서 '중국 화극 일백년(中國話劇一百年)' 기념행사도 했다.

기의 갈래가 너무 많지 않아야 하고 인물을 전형화, 즉 인물의 특징을 과장하고 되풀이해야 하며 관중을 사로잡을 강렬한 동작이 있어야 한다는 것 등이다.[33] 우리가 볼 수 있는 지금까지 전해 내려오는 몇 안 되는 당시의 '활보극'[34]은 대체로 이런 특징들을 갖추고 있으며, 전형적인 광장 화극이라 할 수 있다. '활보(活報)'라고 하는 것은 시사 보도성을 강조한 것으로, "살아 있는 새 소식이 극을 쓰는 기교와 어우러져 관중에게 충실한 보도를 제공하는 것"[35]을 말한다.

4월 6일 베이핑의 학교들이 강의 거부와 수업 거부를 선포하자, 칭화극예사는 재빨리 단막극 〈규탄〉을 만들어 시연했으며, 주인공 저우퉁 교수 일가의 불행한 운명을 통하여 교육 위기를 타개하자고 외쳤다. 7월 5일 군경이 둥베이 유랑 학생을 총살하는 사건이 발생하자 베이핑의 학생들은 이를 성토하기 위해, 옌다연극사가 서둘러 극본 「큰 강은 밤낮으로 흐른다」를 쓰고, 베이핑학극련사가 이것을 공연하여 "한 사람이 쓰러지면 수천, 수백만 명이 일어난다"라고 포효했다. 1947년 '5·15' 운동 중에 학생 대표가 국민당 행정원 부원장 왕원우와 담판하고 있을 때, 학생들은 행정원 바깥에서 왕원우를 맹렬하게 풍자한 즉흥 활보극 〈사회 현달〉을 공연했다.

이런 창작과 공연은 강한 현장 선동성이 있어서, 종종 관중과 배우가 어우러져서 하나가 되기도 하고, 때로는 (앞서 말한 베이핑 학생들의 바멘차오 거리에서의 공연처럼) 배우가 관중 속에 섞여 들어가 관중은 자기도 모르는 사이에 연극 공연에 참여하게 되기도 한다. 이렇게 광장(거리) 전체가 극장으로 변하고, 배우와 관중 사이뿐만 아니라 관중과 관중 사이에도 영혼이 교감하고 감정이 접목하게 된다. 이런 동일한 시공간에 놓인 집단의 정신적 공명이 가져다주는 연극 효과는 놀라운 것이다. 수백, 수천, 수만의 사람들은 연극의 전개에 따라 목 놓아 울기도 하고, 가슴을 활짝 열고 웃기도 하고, 이구동성으로 고함을 지르기도 하면서, 가슴에 맺힌 분노·애상 등이 모두 마음껏 발산되어 말로는 형용할 수 없는 커다란 즐거움으로 변한다. 연극은 본래부터 오락성을 띠고 있어서, 이때 광장에서의 활보극 공연은 그야말로 명절 공연이 된다. 일찍이 마르크스는 혁명은 곧 인민대중의 성대한 명절이라고 말한 적이 있다.[36]

만화는 과장적 예술로서, 이것 또한 이런 광장 시대에 가장 적합하다. 궈모뤄는 만화가를 "새 뮤즈[18] 9신" 중 하나로 간주하고, "특히 이 1~2년 사이에 만화계 친구들의 노력은 얼마나 놀라운가! 그들의 두뇌는 정신적인 원자탄이다"[37]라며 예찬한 적이 있다. 앞서 말한 상하이법과대학의 만화 전람이 상하이시장을 놀라게 했던 일은 궈모뤄의 이런 비유가 영 근거 없는 것이 아님을 충분히 증명해 주고 있다. 학생운동 때마다 만화가 많이 만들어져 나온 것은 물론이고, 이 시기의 신문이나 잡지에도 만화가 자주 실렸는데, 그중에는 ≪관찰≫의 팡청, ≪논어≫의 펑쯔카이, 그리고 이들보다 조금 먼저였던 ≪청명≫의 딩충 등과 같은 전문 만화작가도 있었다. 특히 ≪대공보≫ 등의 신문에 발표한 장러핑의 〈삼모유랑기〉는 한때 세상을 뒤흔들었으며, 그 후 이것을 각색하여 만든 영화는 그 영향력이 대단했다.

물론, 1948년 학생운동에서부터 1940년대 말 대학 문화에 이르기까지 가장 중요시해야 할 것은 아무래도 낭송시의 발전이다. 주쯔칭 선생은 학생운동 때의 낭송시를 전문적으로 연구한 「낭송시를 논함」이라는 글을 썼다. 사실, 중국 신시의 역사와 대학 문화의 역사에서 시 낭송 전

---

18) 그리스 신화에 나오는, 아폴론 신에게 시중을 드는 학예의 신이다. 현재에는 시나 음악의 신이라 이르지만, 고대에는 역사·천문학을 포함한 학예 일반의 신이었고 그 수도 일정하지 않았는데, 로마 시대에 들어서면서 각각 맡은 일이 따로 있는 아홉 여신이라 했다.

통은 줄곧 있었다. 선충원의 이야기를 들어보면, 1920년대 신월사 시인들이 원이둬 선생 집에서 시 낭독을 시험했고, 1930년대 베이징대학과 칭화대학의 일부 교수와 학생들이 주광첸 선생 집에서 정기적으로 시와 산문을 낭독했으며, 조금 후에 '중국풍요학회' 사람들이 신시 낭독과 민가 연주를 시험하기도 했다[38]고 한다. 그러나 주쯔칭 선생의 말대로 "전쟁 전부터 어떤 시는 이미 낭송되었지만, 신시나 백화시[19])의 음률을 시험하기 위함이었고", 시 예술 자체에 관한 탐구였으며, 신시 낭독의 "출발점은 주로 개인이었기 때문에 '홀로 앉아 즐기는 것'만 가능했고, '대중의 귀를 즐겁게 하는 것'은 불가능했으며, 즉 자기 자신이나 몇몇 친구에게 털어놓을 수 있었을 뿐, 대중에게 토로할 수는 없었으며", 주쯔칭 선생이 보기에는 "전쟁 전에 시 낭송 운동이 전개될 수 없었던 까닭은 …… 원인이 바로 여기에 있었다".[39]

항일전쟁 초기에 낭송시에 대한 자각적인 제창이 있었고, 톈젠·푸펑·가오란·광웨이란 등 낭송 시인이 등장하기도 했지만, 시종 대중운동으로 발전하지는 못했다. 진정으로 신시 발전의 물결이 인 것은 바로 1940년대 이 시기였다. 낭송 운동은 학생운동이 추진됨에 따라 날로 발전하고 효과도 갈수록 현저해져, "대중을 향해 자신의 지위를 요구하기 시작했고", 주쯔칭 선생의 글은 바로 이렇게 낭송시의 성격과 지위를 규정했다. 주쯔칭 선생은 '정치성'과 '군중성'을 '낭송시'의 가장 뚜렷한 특색으로 꼽았다. 낭송시는 정치 교육과 선전을 기본 임무와 내용으로 삼았을 뿐만 아니라 "행동에 옮기거나 일을 해줄 것도 요구했으며", 매우 강한 현장 선동성이 있었고, 언제나 정치투쟁의 제일선에 나섰으며, 그 당

---

19) 백화시는 현대 중국의 고문(古文) 배격과 민중을 위한 구어체 사용을 주장한 백화운동의 배경 아래 쓰어진 시이다.

시 4월 항쟁 때 보여준 것처럼 실제적인 정치 행동의 유기적인 구성 성분이 되었다.

사람들은 그 당시 낭송자의 모습에 대해, 그들은 저녁 집회 때, "마치 형장으로 가는 것처럼, 손에 손을 잡고 무대 앞쪽으로 달려가 미친 듯이 부르짖었다"[40]라고 회상했는데, 낭송은 곧 전투였으며, 정말 그러했다. 낭송시는 또 "군중의 시였고, 집단의 시였다". 우선, 낭송시를 "쓴 사람이 개인이긴 하지만 그의 출발점은 군중이었으며, 그는 군중의 대변인에 불과했다". 이것 역시 '우리'체의 시이다. 때로는 일인칭 '나'를 사용했다 하더라도 '대아(大我)'를 가리킨다(달리 말하면, '소아'는 이미 '대아' 속으로 들어가 그것과 하나가 되었다고 할 수 있다). 집단 낭송시 「죽음과 사랑」은 학생운동 때 널리 퍼져 "각종 회의에서나 캠퍼스와 기숙사에서 마치 혁명가처럼 한 사람이 입을 열면 많은 사람이 바로 따라 했다"[41]라고 하는데, 이것의 매력은 바로 일체감을 성실하게 전달한 데 있다.

우리, 배고픈 행렬!
우리, 분노의 행렬!
우리, 중국 학생의 행렬!
우리, 중국인의 행렬!
손을 꼭 잡고,
구호를 외치며,
우리는 생존을 위해, 자유를 위해, 평화를 위해, 민주를 위해 싸운다,
중국의 수도—난징의 거리에서!

경찰들, 어디 한번 해봐!
헌병들, 어디 한번 해봐!

첩자들, 어디 한번 해봐!

호스 물, 우리에게 뿌려봐!

몽둥이, 우리를 때려봐!

기마대, 우리를 짓밟아 봐!

우리는 굶주렸고 맨주먹이다,

우리는 빈혈에다 말랐다,

우리는 우리의 진리 외는 따로 의지할 것이 없다,

우리는 우리의 학우 외는 다른 가까운 사람이 없다,

우리는 사랑과 죽음 외는 다른 길이 없다.[42]

학생들이 마지막 다섯 구절을 낭송할 때면 항상 무대 위와 무대 아래에서는 울어 목이 메었다고 한다. 이것은 낭송시의 다른 일면인 군중성을 이야기한 것이다. 즉, 낭송시는 "사람들의 미움·사랑·욕구·소망을 표현"해야 할 뿐만 아니라 "군중 속에서 낭송해야 하는데", "그것은 이런 감정을 조용한 회상 속에서가 아니라 긴장과 집중이 함께하는 현장에서 표현하는 것이어서", "그런 분위기를 벗어나게 되면 낭송시는 무의미해진다".[43] 이 말은 곧 낭송시는 군중의 경청 속에서 자신을 실현하게 된다는 뜻이다. "써놓은 시를 단지 보기만 할 때는 기세등등하고, 야성적이고, 혈기 왕성하고, 설교하는 것 같지만, 군중 속으로 들어가서 몇 번만 들어보면 그런 것을 느끼지 못하게 된다."[44] '우리'체 낭송시의 고유의 '기질'(야성, 혈기, 설교)을 개인이 홀로 접할 때는 기세등등한 위압으로 느껴질 수도 있겠지만, 일단 집단의 일원으로서 받아들이게 되면 서로서로 감화되는 가운데 집단의 의지와 역량에 고무된다. 이렇게 해서 낭송시의 최종 효과도 앞서 말한 민중가요와 활보극처럼 광장에서 혁명의 격정에 휩싸여 있는 집단의 '힘'의 생성과 발휘로 이어진다.

홍미로운 것은 낭송시가 광장에서 군중성과 행동성이라는 품격을 획득한 데다 노래·춤·연극까지 결합하게 되면, 시가 생겨날 때의 어떤 원시 형태의 특징들이 다시 나타나게 된다는 점이다. 때마침 1948년 5월 주광첸 선생은 「시의 격률」을 썼는데, 이 글에서 "원시 군중은 실제 생활의 행위로서 시의 의미를 감상했다. 그래서 시는 노래와 춤과 하나가 되었을 뿐만 아니라 단체생활과도 하나가 되었으며", "원시시대에는 일반 민중이 시의 창작자인 동시에 감상자였다"[45]라고 말했다. 이것과 앞서 말한 낭송시의 실천과 이론을 대조해 보는 것은 아주 의미심장한 일이다. 역사가 단순하게 반복되지 않듯이, 낭송시의 강렬한 이념성 역시 그 시대의 특징이 매우 뚜렷하다는 것을 잘 말해주고 있다.

그뿐만 아니라, 이런 대중적인 시 낭송 운동은 이 시기의 전업 시인의 창작에도 많은 영향을 끼쳤다. 몇몇 회고문에 따르면, 학생들의 집회나 문예 행사에서도 시인들의 시를 자주 낭독했다고 하는데, 그중에는 아이칭의 「횃불」,[46] 뤼위엔의 시 (「복수의 철학」, 「넌 누구냐?」, 「어, 미국!」, 「종점, 또 하나의 기점」 등),[47] 마판퉈(위엔쉐이파이)의 산가(山歌)[48] 등이 있다. 그리고 뤼위엔과 마판퉈는 1948년과 이를 전후한 시기에 국통구에서 영향력이 가장 컸던 시인이다.[49] 신문과 잡지에 많은 평론을 발표하여 격렬한 논쟁을 불러일으키기도 했다.

사람들은 뤼위엔의 예술 경험을 총결산할 때 "정치 서정시"의 개념을 명확하게 제시했다. 이것은 우선 "시와 정치의 결합"[50]이며, "마야콥스키[20]가 말한 것처럼 '혁명에 참여해야 할 뿐만 아니라 혁명의 방식으

---

20) 블라디미르 마야콥스키(Vladimir Mayakovsky, 1893~1930, 중문명 馬雅可夫斯基)는 조지아 바그다티 출신으로, 러시아의 혁명 시인이며 극작가이다. 러시아 볼셰비키 혁명운동에 가담한 적이 있으며, 과거의 문학 유산 및 부르주아 문학 전통에 철저하게 반대하기도 했다. 자신의 재능을 혁명을 위해 바쳤으며, 작품으로는 서사시 「150000000」(1920), 장시

로 참여해야 하는데', 뤼위엔이 반항의 붓으로 던진 이 예리한 표창은 혁명 방식으로 참여한 바로 첫 번째 창이었으며",[51] 이것 또한 "시와 인민(민중)의 결합"으로, "시인은 곧 인민의 일원"인 동시에 "인민의 대변인"[52] 이기도 했으며, "이것은 우리의 신영웅주의라고도 할 수 있고",[53] 새로운 감정 표현 방식과 풍격에 대한 탐색이기도 했다. "피로 얼룩진 현실을 직시했고, 돌진하기 시작했으며",[54] "시의 완만하고, 연약하고, 정교한 기풍에서 벗어나, 웅대한 기백과 장엄한 투쟁을 펼쳐 보였다".[55] 뤼위엔은 자신의 시에서 분명 이렇게 부르짖었다.

더 이상 고통스러운 누에고치 속에 파묻혀 연약한 번데기가 되지 말고,
네 피부 같은 벽을 물어뜯어, 뚫고 나와라 —
나와서 날아라! [56]

너희들의
시의 나무를
뜨거운
정치의 도끼에게 주어
쪼개게 하라,
벗기게 하라,
찍게 하라 [57]

이번은, 행동으로 옮겨야 할 때다,
이번은, 피와 땀으로 먹물과 침을 대신할 때이다 [58]

「블라디미르 일리이치 레닌」(1924), 희곡 「빈대」(1928)와 「목욕탕」(1929) 등이 있다.

이런 외침이 광장에 모인 군중의 공감을 얻었으리라는 것은 쉽게 짐작할 수 있다. 평론가들이 마판튀의 산가를 "정치 풍자시"라고 불렀던 것도 시와 정치의 결합을 강조한 것이었으며, 시인이 민간 가요의 형식을 빌려 쓴 것은 "시와 인민의 결합"이라는 자각적인 노력으로 여겨졌다.[59] 이 시기에는 이 두 시인 모두를 신랄하게 비판했지만,[60] 여기서 초보적으로 정립된 "시와 정치·인민·민중의 결합"이라는 원칙이 중화인민공화국 건국 후 중국의 시에 미친 영향은 지대하며, 1950, 1960, 1970년대 중국 시단에서 주도적 지위를 차지했던 정치 서정시와 1940년대 뤼위엔의 정치 서정시 및 낭송시와의 내적인 연관도 명백하다.

평론가 이먼(아룽)은 뤼위엔의 시처럼 "불바다 같이 이글거리는 정치시"는 "20세기의 가장 우수하고, 가장 즐겁고도 극히 비통한 시"[61]라고 표현한 적이 있는데, 여기의 낭송시를 포함한 정치시의 "가장 즐겁고도 극히 비통한" 특징에 대한 표현과 앞서 말한 민중가요·활보극의 명절 같은 즐거움에 대한 분석은 1940년대 말 중국 문학의 어느 한 측면에서의 특징을 보여주고 있다. 즉, 문학예술이 절정으로 치닫는 혁명(이 혁명은 머지않아 국민당의 통치를 전복하게 된다)과 날로 긴밀히 결합하게 될 때, 이것은 일종의 광장 문학·예술이 되고, 혁명이라는 성대한 명절의 유기적인 구성 성분이 되며, 앞에서 거듭 논증한 것처럼 이것은 정치의 문학·예술이며, 군중의 문학·예술이자 행동의 문학·예술인 동시에 낭만주의와 영웅주의의 숨결로 가득 찬 광희의 문학·예술이다.

물론, 다른 각도에서 보면 이것도 생명의 몸부림의 한 형태가 아니라고는 할 수 없으며, 이먼이 '즐거움'과 '비통함'의 혼재를 강조한 것에도 이런 의미가 담겨 있다. 그러나 이후의 발전 속에서 갈수록 단순해져 단일한 것으로 되어버렸고, 이리하여 창백한 즐거움으로 전락하고 말았다. 그러다가 역사상 전례 없는 그 '혁명'이 강림했을 때 또 한 번의 카니발이 벌어졌지만,[62] 그때의 즐거운 격정은 인간성의 악한 면을 불러일으켰고, 믿음의 숭고함은 가혹한 광란으로 표출되었는데, 이것은 혁명의 신봉자들이 미처 생각지도 못한 것이었다. 그런데 이것은 모두 후일담이다.

1948년, 사람들은 혁명이라는 폭풍의 세례를 어떻게 받아들이느냐 하는 문제에 직면하게 되었다. 특히 우리가 지금 뒤돌아보고 있는 4, 5, 6월의 학생운동은 장기간 외로이 서재를 지키고 있던 교수들과 지식분자들에게 두말할 것 없이 커다란 충격을 주었다. 이 무렵 대다수 교수와 강사(조교는 더 말할 것도 없고)는 자신도 생존의 위기에 처해 있었지만, 민족 생존의 위기를 더욱 절실히 느끼고 있었다. 바로 이런 이중의 위기감과 학생을 보호해야 한다는 직업의식은 그들 중 대다수를 금세 학생의 편에 서게 했다. '4월 항쟁' 속에서, 교수들은 강의 거부로 학생들의 수업 거부를 지지했고, 학생들과 함께 캠퍼스를 지켰다.

'반미부일' 운동 때 교수들은 더더욱 투쟁에 앞장섰다. 6월 4일 레이턴 스튜어트가 학생들을 위협하는 성명을 발표하자, 6월 9일 상하이의 각 학교 교수들과 문화계 인사들은 연명으로 공개장을 발표하여 반박했다. 6월 19일에는 우한·주쯔칭 등 베이핑의 교수 88명이 또 성명을 발표하여, 학생들의 정의로운 행동은 "중국 학생의 존엄과 명예, 그리고 중국의 국격을 지키는 일"이라며 크게 칭찬했고, 아울러 미국의 구호식량을 거절하고, 배급물자구매권[63]을 일제히 반환한다고 엄숙하게 선포했다.

지식분자와 학생의 대단결을 제일 잘 드러내 보인 것은 6월 26일 상하이 자오퉁대학에서 열린 '공청회'였다. 이른바 '공청회'는 상하이시장 우궈전이 학생들이 "애국이라는 미명으로 매국을 도모했다"라며 공개적으로 질책했고, 또 자오퉁대학 학생자치회를 추궁했기 때문에, 자오퉁대학 학생자치회가 즉시 사회 각계 인사들을 초청하여 옳고 그름을 가려달라고 요청한 데서 시작되었다. 청 말의 한림이었던 천수퉁이 공청회에서 맨 먼저 발언했는데, 그는 "미국 대일 원조에 대한 반대는 온 나라가 사람마다 다 한마음이며, 전부 옳고 그른 것은 하나도 없다"라고 단정했다. 저명 교수이자 자오퉁대학 옛 총장이었던 마인추[21]와 장중보는 우궈전을 호되게 질책한 후 "감옥에 가더라도 우리는 자오퉁대학 학생들과 함께 간다!"라고 외쳤다. 자오퉁대학의 원로 탕원즈와 장위엔지는 고령이라 직접 참석하지는 못하고 신문에 공개장을 발표하여, 학생들을 "덕으로 인도하고, 예로 다스려야 하며", "젊은 학생들과 신경전을 벌여서 천하를 잘 다스렸다는 소리는 아직 들어보지 못했다"라고 꼬집었다. 들리는 말에 의하면 이처럼 저명한 지식분자들의 이 같은 견해 표명에 장제스마저도 매우 놀랐다고 한다.[64]

그러나 애국 학생운동은 자유주의 신념을 고수하던 교수와 지식분자들을 오히려 곤경에 빠뜨렸고, 그들의 내부 분화도 재촉했다.

어떤 학자가 지적했던 바와 같이 "자유주의가 견지하는 것은 합법적 질서 아래서의 점진적 변혁으로, 이것은 반드시 '사회 정의의 주재자'와 '합법적 질서의 수호자' 사이에서 적당한 장력을 유지해야 한다".[65] 그런

---

21) 마인추(馬寅初, 1882.6.24~1982.5.10)는 중국 저장성(浙江省) 출신으로 경제학자, 교육자, 인구학자이다. 미국 컬럼비아대학에서 경제학 박사학위를 취득한 후 귀국하여 베이징대학(北京大學)·베이징자오퉁대학(北京交通大學)·난징국립중앙대학(南京國立中央大學)·상하이자오퉁대학(上海交通大學)·충칭대학(重慶大學) 등에서 교수로 재직했으며, 저장대학(浙江大學)·베이징대학 등에서 총장으로 있었다. 저서로는 『신인구론(新人口論)』, 『마인추 경제논문집(馬寅初經濟論文集)』, 『중국경제개조(中國經濟改造)』, 『경제학개론(經濟學槪論)』 등이 있다. 본문에서 "자오퉁대학(交通大學) 옛 총장(校長)"이라고 한 것은 자오퉁대학의 교우(校友)를 총장(校長)으로 잘못 쓴 것 같다. 많은 자료를 찾아본 결과, 마인추가 자오퉁대학 총장이었던 적은 없었으며, 그 학교에서 교수로 재직했기 때문에 자오퉁대학 전신인 난양공학(南洋公學)을 졸업한 장중보가 그 '공청회'에서 함께 참석한 마인추를 교우로 칭했던 적은 있었다. 여기서 교우는 동문이라는 뜻보다는 같은 학교의 직원과 졸업생, 재학생을 통틀어 이르는 말에 해당한다.

데 지금 "반기아, 반박해"를 외치는 학생운동은 그 정의성에 대해서는 의심할 여지가 없지만, 기존 질서와 사회 안정의 파괴도 피할 수 없는 일이었다.

중국공산당과는 태도를 같이하고 국민당 정권과 그 법률의 합법성은 아예 인정하지 않는 급진적인 지식분자들 입장에서는 학생운동의 이 두 측면이 자신들과 일치하여 그들은 조금도 주저하지 않고 학생들 편에 설수 있었다. 하지만 현존하는 질서의 합법성을 인정한다는 전제하에 끊임없이 개혁을 추구하는 자유주의 지식분자들은 이로 인해 오히려 어려운 선택에 직면하게 되었다. 학생운동을 지지하자니 질서·이성·점진을 옹호하는 자유주의 원칙을 어느 정도 포기해야만 했고, 기존 질서를 수호하자니 학생운동과는 맞서야 했다. 최후에 대다수 자유주의 지식분자들은 전자를 선택했고 이로 인해 국민당 정권의 박해를 받았으며, 후자를 선택한 소수의 자유주의 교수들은 대다수의 청년 학생과 지식분자로부터 곧바로 버림받았다. 후스와 주광첸이 바로 그 대표적인 인물이다.

베이징대학 총장이었던 후스는 학생과 정부 사이에 충돌이 발생하자마자 학생 대표에게 "첫째, 학생은 특수한 신분을 가진 자가 아니다. 둘째, 학교는 치외법권이 있는 곳이 아니다. 셋째, 혁명 활동에 종사하는 학생은 스스로 책임을 져야 한다"라고 분명하게 밝혔다. 그는 그래서 "불법 체포"라는 표현에 동의하지 않았다.[66] '4월 항쟁' 때, 후스를 대표로 하는 학교 측은 전력을 다해 군경이 학내에 진입하지 못하도록 설득하는 한편, 군경에게 쫓기고 있는 학생 지도자는 자수하여 스스로 그 책임을 지도록 요구했다. 후스는 분명 합법적 질서의 수호자 역할을 했으며, 이로써 많은 학생과 교원도 잃었다.

주광첸도 학생운동 초창기에 글을 써서, 민중은 "비겁함을 엄호하여 비겁함을 양생하고", "민중의 비호 아래 일부 사람들은 인류의 야만성 중의 흉악하고 잔인함을 아주 쉽게 드러내며", "지금 민중은 오로지 증오를 이음줄로 삼아, 모두 증오에 도취하여 증오를 발산하고 증오를 예찬하고 있다. 이 증오가 결국에는 사회를 불살라 버리게 되고, 결국에는 증오를 품고 있는 자기 자신도 불사르게 될 것이다"라고 말했으며, 그는 그래서 "조류 속에 휘말려 있는 사람들이 속히 각성하길 기원했다".[67] 여기에는 분명히 자유주의적 관점으로써 학생을 인도하려는 의도가 담겨 있어서 자연히 반박을 받을 수밖에 없었다.

이리하여 ≪대중문예총간≫ 제2집은 사오취엔린의 「주광첸의 비겁함과 잔인함」을 실었고, 이 글은 무엇보다 먼저 국민당 정부가 수많은 무장 군경을 동원하여 맨주먹의 노동자와 학생을 무참히 진압하는데, "이것은 바로 반동파가 몰락의 공포 속에서 보인 가장 큰 비겁함과 잔인함이며", 주광첸은 "글로써 이런 피의 만행을 은폐하려 했을 뿐만 아니라, 이런 '비겁'과 '잔인' 같은 단어를 거꾸로 민중에게 갖다 붙이고 있다"라고 폭로했다. 이 글은 "지금의 민중운동은 조직적인 인민 투쟁이며", "혁명은 점잖은 사양이 아니라, 이에는 이, 눈에는 눈의 투쟁이며", "프랑스의 근대 문명과 중국 민족의 신문화는 바로 위대한 민중운동의 산물이다"라며 민중운동을 변호하기도 했다. 혁명과 민중에 대한 대립적인 두 견해는 투쟁이 격렬했던 1948년에는 자연히 병존할 수 없었고, 국민당 감찰위원이었던 주광첸이 혁명가와 학생운동에 뛰어든 대다수 학생에게 외면당하는 것은 너무나 당연한 일이었다.

'반미부일' 운동의 점화로 중국의 자유주의 지식분자들은 더욱 중대한 선택에 직면했다.

1948년 초, 중국 지식분자들 사이에 논쟁이 있었다. 먼저, 후스는 1월 21일, 당시 우한대학 총장이던 저우경성에게 쓴 편지에서 "국제 정세 속의 두 가지 문제"를 거론했다. 첫째, 저우경성이 이 앞에 썼던 「역사는 되풀이될 것인가?」에서 보였던 우려에 대하여, 영국과 미국 등 "서양 민주주의 국가"는 결코 "독일인이나 일본인을 무장시킨 혐의가 없으며", 그래서 중국 민족의 생존과 발전에 절대 위협이 되지 않는다는 점을 강조했다. 둘째, 제2차 세계대전 후의 소련은 "무시무시한 침략 세력으로 변해 버렸으며", "근년 들어 소련의 중국에 대한 행위는 참으로 두려워하고 우려하지 않을 수 없다"라는 점을 명확하게 제기했다.[68]

후스의 의견은 격렬한 논쟁을 불러일으켰고, 궈모뤄 등은 반박하는 글을 썼다. 논쟁의 초점과 본질은 미소 양국 중 과연 어느 쪽이 중국의 독립과 생존·발전에 위협이 되는가 하는 것이었다. 이것은 우선 민족감정을 건드리는 민감한 사안인 동시에, 또 이념의 선택과 국공 양당에 대한 태도가 뒤엉켜 있어서 지식분자 간의 의견 차이는 자연스러운 것이었다.

후스와 자유주의 지식분자 상당수가 '반소(反蘇)'를 주장하는 주된 이유는 소련이 「얄타 비밀협정」과 그 후 국민당 정부와 체결한 「중소우호동맹조약」을 통해 중동철로와 남만철로[22]의 공동 관리권과 다롄·뤼순의 조차권을 획득했고, 강제로 중국 정부에 외몽골의 독립을 승인하게 하여 중국의 주권을 손상했다는 점이었다. 이 일로 인해 1946년에는 전국적으로 대규모 반소 시위운동이 일어났으며, 푸쓰녠·추안핑 등 저명 자유주

---

22) 중동철로(中東鐵路)는 중국 둥베이 지구 하얼빈에서 서쪽으로는 만저우리(滿洲里), 동쪽으로는 쑤이펀허(綏芬河), 남쪽으로는 다롄(大連)에 이르는 철도선의 옛 이름으로, 원래는 제정러시아가 1897~1903년에 부설을 강행한 철도이다. 러일전쟁(1904~1905) 후, 일본이 그 철도의 창춘(長春) 이남을 차지하고 남만철로(南滿鐵路)라 칭했으며, 1917년 10월혁명 후 창춘 이북을 중국과 소련이 공동 관리하게 되고, 이름도 여전히 중동철로라고 부르다가, '9·18 사변' 후 일본이 차지했다. 중일전쟁 승리 후, 남만철로와 중동철로를 합병해 중국창춘철로라고 개칭했다.

의 지식분자들은 항의하는 성명을 발표하기도 했다.[69] 지금 후스가 이 일을 또 들먹이자 사람들은 민족감정이 다시 끓어올랐고, 궈모뤄마저도 후스를 반박할 때 "의식이 비교적 깨어 있는 많은 사람들이 이 일 때문에 분개하고 있는데, 정말로 가슴속에 응어리가 맺혀 있다"[70]라는 것을 절대 부인하지 않았다. 그 후 1960년대에 마오쩌둥이 소련의 중국 내정간섭에 반대하고, 이념의 차이 때문에 소련의 수정주의에 반기를 들었을 때 비교적 손쉽게 지식분자들의 지지를 얻었는데, 이것이 원인(遠因)일 것이다.

그런데 1948년 중국 대다수의 일반 대중과 지식분자들이 더욱 심각하게 느꼈던 것은 오히려 미국의 위협이었다. 충칭 ≪민주보≫의 통계에 따르면 1945년 8월부터 1946년 7월까지 1년 동안에 미군의 지프차에 깔려 죽은 중국인이 1000여 명이었으며, 강간을 당한 부녀자는 300여 명이었다[71]고 한다. 더욱이 1946년 12월 미군 두 명이 베이징대학 여학생 선충이를 강간한 사건은 전국 학생들의 공분을 불러일으켰다. 미국의 원조 아래 일본 군국주의의 부활과 중국을 향한 일본 경공업품의 덤핑은 중국 지식분자들의 더없이 큰 우려와 경계심을 불러일으켰다. 그들은 제2차 세계대전 때 침략당한 역사를 아직도 생생히 기억하고 있었다.

미국 정부는 "장제스 정부의 내전을 지지"하는 대중(對中) 정책을 시종 견지했는데,[72] 이것도 사실상 자국을 대다수의 중국 인민과 대립하는 위치에 놓이게 했다. 1948년 6월, 중국 주재 미국 대사 레이턴 스튜어트는 베이징을 다녀간 후 국무장관에게 했던 보고에서, 중국의 대학생과 지식분자의 반미 정서는 "내가 원래 상상했던 것보다 훨씬 강하고", 중국 공산주의자가 "지금 보편적으로 성행하고 있는 정서를 조성할 수는 없는 일이며", 이것은 중국 사람들의 "국민당 정부의 부패와 무능함에 대한 불만"에 근간을 두고 있다는 점을 인정했다. 이 보고에서 소련의 사상적 "영향력은 그 크기가 우리의 예상을 뛰어넘으며", 현실에 불만인 청년들은 "공산주의를 두려워하지 않는다"라는 점도 인정했다.[73] "현재의 국민당 지도자는 이제 더 이상 중국공산당의 확장을 애써 저지하려는 미국의 유용한 수단이 될 수 없다"라는 결론을 얻은 후, 레이턴 스튜어트는 희망을 "중국 인민의 본성" 쪽으로 돌렸는데, "중국인은 개인주의자이며", "그들은 미국에 대해 본능적인 호의와 믿음이 있으나, 소련에 대해서는 본능적인 공포와 증오가 있다"[74]라고 말했다.

'중국인' 전체를 어떠어떠하다고 말하는 것은 물론 일방적인 과장이지만, 자유주의 지식분자에 국한한다면 레이턴 스튜어트가 한 말은 틀림없는 사실이었다. 중국의 자유주의 지식분자들은 날로 고조되는 미국을 반대하는 민족주의 열기 앞에 이미 대단히 수동적일 수밖에 없었는데, 지금 미국 당국이 희망을 그들 쪽으로 돌리니 그들의 입장은 더욱 난처해졌다. 많은 자유주의 교수들은 이리하여 반미로 전향했으며, 친미 입장을 견지하던 교수들은 고립되고 말았다.

그러나 일부 자유주의 교수들은 그래도 최후의 발악을 해볼 생각으로, '중국사회경제연구회'를 창설하고, 1948년 5월에는 주간지 ≪새 길≫을 창간하여 "천하가 양주에게로 돌아가지 않으면 묵적에게로 돌아가는 사회"에서, 국가와 사회의 중요한 문제에 대해 "국민의 한 사람"으로서의 견해를 밝히겠다고 선언했다. 그들은 31개 조항의 "초보적인 주장"을 내놓았는데, 그것의 핵심은 여전히 "정치 민주"와 "경제 평등"의 강조였으며, 민주적인 선거를 통하여 국내의 정치 위기를 해결할 것과 "정권의 교체는 선거 결과를 보고 결정할 것"을 주장했다.[75] 그들은 「발간사」에서, "우리 자신이 진리의 전부를 보았노라고 감히 말할 수 없기에 진리를 도맡은 표정을 절대 짓지 않을 것이며", "이론으로써 이론에 응대하고, 사실로써 사실을 반박하고, 과학적 방법으로써 맹목적 편견을 공격하는" 수준 높은 토론을 하기를 희망한다고 역설했다.

그들은 분명 이성적이고 관용적이면서 다원적인 자유주의적 언어 방식을 자각적으로 제창함으로써 유행하던 이원적 대립 형식에 대항하고 있었다. 이런 의미에서 특별히 '변론'이라는 고정란을 신설하여, "어떤 문제의 정반(正反) 양면을 함께 열거해 놓고, 독자에게 두 방면의 의견에 근거해 스스로 결론을 내릴 수 있도록 했다. 이것은 선전과는 대립하는 일이다. 왜냐하면 선전은 한쪽만을 위해 말하기 때문이다".[76] 이 잡지의 '변론' 제목을 보면 「소련은 민주적인가」(제1권 제3기), 「평화적인 방법으로 사회주의를 실현할 수 있을까」(제1권 제6기), 「사회주의 경제는 계획이 필요한가」(제1권 제16기) 등이 있는데, 제목 자체로 보나 변론이 결론이 없는 것으로 보나 사회주의라는 새 시대가 열리기 전의 중국 자유주의 지식분자들의 여러 가지 갈등과 망설임을 반영해 주고 있다.[77]

그러나 이것인지 저것인지를 결단해야 했던 그 시대에는 이런 우유부단이 허용되지 않아서, '중국사회경제연구회'와 ≪새 길≫은 세상에 나오자마자 좌우 협공을 받았다. 관련 보도에 따르면, 중국공산당의 영도 하에 있던 홍콩 ≪화성보≫는 3월 15, 16일 이틀 연달아 「사회경제연구회' 비판」이라는 칼럼을 실었고, 또 4월 3일에는 좌담회를 개최하여 "정면 공격"함으로써, 위세 등등한 "중간노선 추격" 운동이 되었다고 한다. 그중에서 가장 격렬했던 사람은 여전히 궈모뤄였으며, 그는 "오늘날 이른바 '자유주의'의 본질은 바로 '반소반공(反蘇反共)'이며, '반소반공'이면 반드시 '친미옹국(親美擁國)'이다"[78]라고 단언했다. 그리고 국민당 정부는 ≪새 길≫이 학생운동을 동정하고 화폐제도 개혁을 비판하는 글을 실었다는 이유로 이것에 대하여 "반동 언론, 정부 비방, 적군 동정, 공비와 간첩 비호" 등의 죄명을 마구 붙여 "경고"했고,[79] 마지막에는 강제로 폐간까지 시켰다. "지금의 일은 반드시 적과 아군이 분명해야 한다. 공비거나 공비 쪽으로 기우는 모든 사람은 어떤 관직에 있든 어떤 신분이든지를 막론하고 마땅히 공비의 진영 쪽에 서야 한다"[80]라며, 당국의 태도도 아주 확고했다. 흑백이 분명하고 극단적인 언어가 절대우위를 차지하던 1948년에는 자유주의자의 회의적이고 모호하고 상대적으로 불분명한 말은 이미 발붙일 곳이 없었던 것 같다.

≪새 길≫을 비판할 때 샤오첸이 다시 거론되었고, 그는 ≪새 길≫의 편집장으로 몰려 주요한 책임을 져야 했다.[81] 1946년 3월, 전후(戰後)의 중국 문화 건설에 투신할 열정을 품고서 런던에서 급히 중국으로 돌아와, 20년 후(1966년)의 중국은 "부의 균등"과 "인민 이익 지상"의 "태평성세"가 될 것이라는 "장밋빛 꿈"[82]을 꾸고 있던 샤오첸은 구제 불능의 낙천주의자였다.

그는 중국의 '국정(國情)'을 잘 알지 못한 채 오로지 자신의 민주적이고 관용적인 이상을 고취하려다, 도리어 중국의 정치·사상·문화에서 인간관계에 이르는 복잡한 소용돌이 속으로 휘말려 들고 말았다. 한바탕 곤혹을 치른 후, 그는 자신이 유럽에서 취재하고 있을 때 들었던 소련의 반혁명분자 숙청에 관한 일, 전쟁이 끝난 뒤 헝가리 추기경 민드센치[23]가 박해를 받은 사건, 체코슬로바키아 외교부 장관 마사리크[24]의 자살

---

23) 민드센치 요제프(Mindszenty József, 1892~1975, 중문명 敏岑蒂)는 헝가리의 가톨릭 성직자로, 제2차 세계대전 후 공산 정권에 대한 저항의 상징이다. 1915년에 신부, 1944년에 주교가 되었고, 한때 나치스 정권에 의해 투옥되기도 했다. 1945년에 에스테르곰(Esztergom) 대주교, 1946년에 추기경에 임명된 후 가톨릭교회의 절대적인 세력을 배경으로 공산 정권과 대립했으며, 1948년에 외국의 군사간섭을 유치할 음모를 꾀했다는 죄로 체포되어 1949년에 종신형이 선고되었으나 1955년에 가석방되었다. 1956년의 헝가리 사건에 다시 활약하다가 소련군의 진주로 부다페스트의 미국 영사관으로 망명했다. 1971년에 출국 허가를 받아 빈에 정착했다.

24) 얀 마사리크(Jan Masaryk, 1886~1948, 중문명 馬薩里克)는 체코슬로바키아의 정치가이며, T. 마사리크(1850~1937, 체코슬로바키아의 정치가, 철학자로, 체코슬로바키아

사건이 생각났고, 자신의 운명도 이런 희생자들과 무언가 비슷한 점이 있음을 어슴푸레 느끼게 되었다.

그는 그래서 「마사리크 유서를 기초하다」라는 글을 써서 궈모뤄 등 좌파의 큰 인물들이 자기에게 가했던 공격에 답하기로 마음먹었다. 그는 이미 망령이 된 마사리크의 입을 빌려 "미국 뉴딜정책 이후 인류 생활의 사회주의화는 이미 정해진 사실이다"라는 자신의 신념과 중국 및 세계는 "무혈혁명을 한번 해도 된다"라는 "어리석은 생각"을 이야기했고, 비정한 현실 앞에서 "정치 철학은 벽에 부딪혔고, 평화의 이상은 산산조각이 났다"라고 이야기했다. 그는 "힘을 합쳐 난관을 극복하자는 말은 아예 통하지 않는다"라는 사실을 인정할 수밖에 없었다. 그러나 그는 설령 시의에 맞지 않을지라도 자신의 이상을 의연히 견지하려 했으며, "시간이 해결해 주기를 바랐다".

그는 다음과 같이 썼다. "지금 온 민족은 신중한 선택을 하고 있다. 나는 좌익과 우익에게 귀에 거슬리는 충언 한마디를 동시에 올리고 싶다. 설사 한때의 개인적인 원한을 쏟아내고, 무서운 유언비어 공세에 성공했다 하더라도, 그래도 득보다는 실이 더 많다. 왜냐하면 그것은

공화국 초대 대통령에 선출된 후 연속 4기 17년에 걸쳐 대통령직에 있던 인물로 건국의 아버지로 일컫는다)의 아들이다. 1907년 미국으로 건너갔으나 제1차 세계대전 직전에 돌아와 전쟁 중에는 헝가리의 연대에 종군했다. 1918년 체코슬로바키아의 독립과 함께 외무성에 들어가 1919년 주미대리공사(駐美代理公使), 1920년 주영참사관(駐英參事官), 1921년 외무장관 베네시의 비서, 1925년부터 주영공사(駐英公使)로 활약하다가 1938년 9월 30일 「뮌헨 협정」에 항의해 사직했다. 제2차 세계대전 중에는 영국에 수립된 체코슬로바키아 망명 정부의 외무장관으로 임명되었고, 정기적으로 BBC를 통해 체코슬로바키아를 위해 방송을 했으며, 제2차 세계대전이 끝나고 1945년 7월에 귀국하여 베네시 정부의 외무장관에 취임했다. 1948년 2월 25일의 공산당 쿠데타(체코슬로바키아 2월혁명) 후에도 얼마간 외무장관을 유임했으나, 3월 10일 시체로 발견되었다.

기껏해야 흉악함과 무서움을 조성할 뿐, 사람들에게 경계심을 가지게 하기 때문이다. 자신에게 충실하기 위해서, 인간의 패기를 위해서, 공격당하는 사람도 등을 돌려 도망가지는 않을 것이다. 당신들이 대표하는 것은 과학 정신이 아닌가? 당신들은 정의의 편에 서 있지 않은가? 또 그것보다 더 힘 있고 더 설득력 있는 무기가 있지 않은가? 현재 '좌익'이나 '우익'이 되는 것 외에도 '인간이 되는' 원칙들이 있는데, 장기적인 안목으로 보면 그래도 보존할 만하다."[83] 비록 이렇다 하더라도, 앞서 말했던 샤오첸의 "부의 균등"과 "인민 이익 지상"의 "태평성세"라는 이상은 그가 특정 조건에서 좌익과 손잡을 수 있다는 또 다른 가능성을 여전히 열어놓고 있었다.

4, 5, 6월 석 달간의 대치 끝에, 학생운동은 캠퍼스 안팎에서 절대다수의 동정과 지지를 얻었다고 할 수 있다. 학생과 교수(상당 부분의 자유주의 교수도 포함한다)는 다음과 같이 공감대를 형성했다. 인민에 대한 국민당 정부의 더욱 심각한 경제적 박탈과 정치적 압박에 맞서고, 민족의 독립과 자유에 대한 서양 제국주의 국가의 위협에 맞서려면, 반드시 국민당 일당독재 통치를 종식하고, 인민민주주의의 새 정권, 새 국가를 재건해야 한다. 다시 말해서 지금의 중국은 제일 먼저 "중국 인민 전체의 집단적 자유를 쟁취해야만 개인의 자유가 비로소 보장된다".[84]

국민당 정부가 1948년 8월 베이핑·난징·상하이 등지의 각 학교에서 대대적인 수색 체포를 감행할 때, 진보적이거나 중립적인 교수뿐만 아니라 심지어 국민당과 이런저런 관계가 있었던 펑유란 같은 교수에서부터 학교 당국에 이르기까지 거의 모든 학교가 온갖 방법을 동원하여 학생들을 엄호했다. 8월 18, 19일 이틀에 걸쳐 국민당 특종 형사 법정에서 칭화대학에 연거푸 구인(拘引) 명단 두 부를 보내 자신들이 재판할 수 있도록 열거한 학생들을 넘겨줄 것을 학교에 요구하자, 메이이치 총장은 사람을 시켜 특종 형사 법정에 회답하는 학교 공문을 대자보로 만들어 전교에 공고하도록 했다. 이것은 보기 드문 기발한 글이어서 특별히 다음에 옮겨 적어본다.

어제 귀 법정이 37년[25] 8월 18일 발송한 법정 심리 제26호 공문과 함께 행정원의 명령에 따라 본교 학생 ×××등 여섯 명을 구인하고자 서명 발부한 명단 한 부를 접수했으며, 이 학생들을 재판에 넘겨 신문 처리할 수 있도록 의뢰한 취지와 첨부한 명단 한 부는 양지했습니다. 조사해 보니, ××× 한 명은 본교에 이런 사람이 없었으며, ××× 한 명은 지난 학기에 퇴학하여 이미 학교를 떠났고, ×××······ 세 명은 지난달 모두 졸업하여 학교를 떠났으며, ××× 한 명은 여름방학이라 이 동안은 학교에 없습니다. 이에 회신하오니 이 내용대로 처리하여 주시기 바랍니다. 어제(19일) 귀 법정이 본교에 소환장 13장을 보내어 ××× 등 소환하려는 학생 26명에게 송달해 달라고 의뢰한 취지에 따라 다시 조사해 보니, 그중 ×××······ 등 여섯 명은 이미 졸업하여 학교를 떠났으며[26], ××× 한 명은 벌써 휴학했고, ×××······ 세 명은 본교에 이런 학생이 없었으며, 나머지 ××× 등 16명은 여름방학이라 학생들의 행방을 알 수 없었습니다. 명단대로 소환하여 심문하겠다는 귀 법정의 취지에 따라, 당장 차례대로 사람을 파견하여 ××× 등 16명의 숙소에 귀 법정의 소환장을 전달하려 했으나 모두 부재중이라 송달할 수 없어, 각 해당 학생들이 학교에 돌아오는 즉시 소환장을 수령하여 법정에 출두하도록 이미 공고했습니다. 이에 회신하오니 이 내용대

25) 민국 37년은 1948년이다.
26) 원저에는 "이미 졸업하고 학교에 남았다"라고 되어 있지만, 문맥상 맞지 않아 정정했다.

로 처리해 주시기 바랍니다.[85]

들리는 말에 의하면, 학생들이 이것을 보고는 실소를 금치 못했다고 한다.

제4장

시인의 분화

1948년 6, 7월

- 1940년대 말의 시 전문지와 유파.

- ≪시창조≫ 전반기의 포용성.

- 안팎의 압력 속에서의 몸부림.

- 새로운 모더니즘 시 유파의 배태와 결집.

- ≪시창조≫의 조직 개편과 ≪중국신시≫의 창간.

- 1940년대 말의 모더니즘 시와 혁명적 사실주의 시의 상통과 대립.

- '중국신시'파 시인과 칠월파 시인의 상통과 상이.

- 같은 운명.

≪**시창조**≫(1947년 창간)**와** ≪**칠월**≫(1937년 창간)

칠월시파(七月詩派)는 1930~1940년대 후펑이 책임편집을 한 문학잡지 ≪칠월≫을 중심으로 활동한
일군의 시인과 작가이다.

예성타오 1948년 7월 일기(발췌)

4일(일)   4시 45분, 홍광에서 영화를 보았다. 이는 작년 소련 체전 다큐멘터리였다. 단체 운동을 중시하는 것과 남녀가 모두 건장하고 경쾌한 것이 예전에 보았던 그대로였다.

9일(금)   저녁때, 우리 출판사에서 잡지사 회식이 있었다. 요즘 항공 요금의 인상으로 항공우편을 많이 이용하는 주간(週刊)은 그 부담을 견딜 수 없어, 10여 개 잡지사가 집단 휴간으로 항의했다. 원가 수준으로 낮춘다는 것은 거의 불가능해서 잡지계는 또 사회의 주의를 환기하지 않을 수 없었다. 사람들은 정부가 군사·정치·경제에 아무런 손도 쓰지 못하고 있고, 모든 조치가 인민을 적으로 삼으니 와해도 머지않은 것 같다는 이야기도 했다.

16일(금)   저녁때, 동료들과 함께 귀지극장에 가서 선푸와 양한성이 만든 〈만가등화〉를 보았다. 상하이 사람들의 생활을 그린 것으로 소재를 현실에서 많이 취했으며, 실제 상황 외에는 별다른 의미가 없었다.

19일(월)   오늘 고액권 지폐 네 종이 발행되었는데, 최고 고액권은 25만 관진[1]으로 파비[2] 500만 위엔과 같다. 인플레이션이

---

1)   관진(關金)은 중국 국민당 정부에서 세관이 세금 계산용으로 사용하던 금본위 태환권으로, 나중에 중앙은행이 관세 납부용으로 관진권(關金券)을 발행하면서 통화의

이 정도니 사회질서가 문란하지 않을 수 없다.

23일(금)   요즘 첸옌추의 「서상」을 듣고 있다. 「서상」은 편집이 훌륭하고, 가사도 우아하고, 평측(平仄)도 틀리지 않는 것이 누구의 손에서 만들어졌는지 모르겠다.

27일(화)   집에 돌아와서 수박을 먹었다. 일전에 산 100근을 오늘로써 다 먹었다. 이전에는 여름만 되면 항상 300~400근 샀었는데, 지금은 불가능하다.

28일(수)   오전에 사립 초등학교 교사 두 명이 와서 교사들의 생활고를 이야기했다. 대다수의 생활이 가정부보다 못하며, 뜻밖에 병에라도 걸리면 대처하기가 더욱 어려워진다고 했다. 내게 그들을 위로해 줄 좋은 말이 없었다.

30일(금)   우리 출판사에서 새로운 규정을 만들어, 인세가 밀려 있는 책의 인세는 12개월로 나눠 지급하고, 지금 새로 발간하는 초판이나 재판 서적은 그 인세를 모두 일시불로 지급하기로 정했다. 이번의 인세에 관한 새로운 규정은 처음 있는 사례여서 일부러 기록해 둔다. 전월분으로 오늘 내가 받은 1억 6000여만 위엔은 거금인 것 같지만, 통계 요원의 말에 따르면 1억 위엔의 실제 가치는 전쟁 전의 20위엔에 해당한다고 한다.

일종이 되었다.
2)   파비(法幣)는 중국에서 1935년 11월부터 1948년 8월까지 통용하던 지폐이다.

1948년 6월, ≪중국신시≫가 상하이에서 창간되었으며, 출판사 이름은 '썬린출판사'였다. 7월에는 창간된 지 꼭 1년 되는 ≪시창조≫가 제2년 제1집을 출간했다. ≪중국신시≫ 창간호의 '머리말을 대신하는 글' 「우리는 외친다」에서 "가혹한 시련"에 직면하고 있음을 다음과 같이 밝혔다.

어딜 가나 사람의 눈을 흐리게 하고 괜한 눈물을 흘리게 하는 연막으로 덮여 있고, 와자지껄한 물거품과 요란스러운 죄악의 독 안개가 사방에 깔려 있으며, 여기저기에 모리배 같은 '천진'과 겉치레, 무지에 가까운 불쌍한 낙관이 널려 있으며, 가는 곳마다 경을 읽는 우상과 해골을 이고 있는 성인(聖人)으로 꽉 차 있고, 무료하고 비겁한 영합과 뻔뻔스럽게 큰소리치는 종이꽃 같은 교만이 곳곳에 가득하며, 이르는 곳마다 빈혈로 창백해진 이론과 비열한 기호주의뿐이고, 또 허황하고 무력한 군색함뿐이며, 어딜 가나 거세한 수탉이 되지도 않는 높은 곡조를 뽑고 있다.

이 잡지는 또 뒤표지에 ≪시창조≫ 광고를 내고 이렇게 표명했다. "제2년의 제1집부터 우리는 기존의 편집 방침을 다소 변경하여, 현실을 강렬하게 반영한 명쾌하고 소박하며 건강하고 힘 있는 작품을 최대한 많이 실어, 우리는 인민과 고락을 함께하고, 시의 예술성과 사회성을 잘 조화시켜 더 높은 통일과 발전을 꾀할 것이다." 이 '머리말을 대신하는 글'과 광고는 당시 장제스 통치 지구의 시 작가나 시 애호가들 사이에서 꽤 주목을 받았으나, 시간이 흐름에 따라 점점 잊혀가다가, 세기말에 이르러 이 시기의 역사에 다시 관심이 쏠리면서 연구 의욕도 다시 생겨났고, 사람들은 이렇게 생각하고 이렇게 묻지 않을 수 없었다.

≪중국신시≫와 ≪시창조≫, 이 두 잡지 사이에는 어떤 관계가 존재하는 걸까? ≪중국신시≫의 '머리말을 대신하는 글'에서 말한 '시련'들은 무엇을 겨냥한 것일까? ≪시창조≫ 광고에서 '기존의 편집 방침'을 변경하겠다고 강조한 것은 또 무슨 뜻일까? 이 모든 것은 1948년의 시의 발전과 더 나아가 전체 신시사(新詩史)에서 어떤 의의를 지닐까? 우리의 고찰도 여기서부터 시작해 보자.

1947년부터 이야기를 해야 한다. 시 또는 시와 유관한 잡지 몇 개가 1947년에 한꺼번에 출간되었다. 그중 하나는 2월 15일 출간된 ≪신시가≫[사어우·리링·쉐산 공편(共編)]이다. 이것은 1930년대 중국시가회의 ≪신시가≫의 전통을 계승했으며, 혁명적 사실주의의 전투시를 제창했고, '시의 대중화'를 견지했다. 그 주요 작가로는 무무톈·왕야핑·류첸·린컹 등 중국시가회의 노장, 짱커자·쉬츠·뤼젠·위엔잉·쑤진싼 등의 신인 시인과 기성 시인도 있었다.[1] ≪신문학사료≫ 1988년 제1기에 실린 쉐싼의 회고에 따르면 ≪신시가≫는 중국공산당 상하이 청년공작위원회가 주도했던 것으로, 편집인이 국민당 군경에게 체포되는 바람에 제6집까지 나오고는 발행이 중단되었다가, 중국공산당 화난분국 문화공작위원회의 영도 아래 1948년 2월 홍콩에서 출판이 재개되었고(7~12집), 조금 뒤에 광저우에서 홍콩으로 옮겨 온 ≪중국시단≫(편집장 황닝잉)과 함께 홍콩 시가의 주요 무대가 되었다고 한다. ≪신시가≫는 "내용이 서사시와 방언시에 치중되어 있었으며, 시(詩)·가(歌)·요(謠)를 다 같이 중시했고", ≪중국시단≫은 "정치 풍자시에 편중되어 있었다"[2]라고 한다. 칠월파 시인은 ≪희망≫이 1946년 폐간된 후 중심 무대가 없었으나, 나름대로 후펑의 영향을 받은 몇몇 청년이 1947년 4월 ≪흙≫을 창간하고,[3] 이를 전후하여 ≪호흡≫과 ≪개미문집≫이 발간되자,[4] 후펑의 소개로 칠월파 시인들은 이런 잡지에 작품과 시론을 자주 발표했고, 사람들도 이런 잡지들을 '칠월파'의 무대로 간주하게 되었다.

≪시창조≫는 1947년 7월에 창간되었다. 이 이전에, 시인 차오신즈 (항웨허)·린훙·하오톈항 등이 자금을 모아 1946년 싱췬출판사를 설립했고, 그 후 개인적인 친분으로 짱커자의 지지를 얻어 '시창조사'의 명의로 시 전문지 ≪시창조≫를 창간했으며, 항웨허·린훙 등이 편집을 맡았다.

≪시창조≫의 작가 대열은 상당히 광범위했다고 할 수 있다. 칠월파 시인들이 짱커자에게 줄곧 심하게 비판적이었기 때문에 대체로 비협조적이었던 것을 제외하고는,[5] 국통구의 대다수 시인은 이 잡지에 시 작품 또는 번역 작품이나 평론을 발표했기 때문에 린쥔·짱원위엔·쉬츠·쑤진 싼처럼 일부 작가들은 ≪시창조≫와 ≪신시가≫에 걸쳐 있었다. 그러나 그 핵심 작가는 대체로 두 부류로 이루어져 있었다. 한 부류는 짱커자와 내왕이 비교적 많거나 그의 영향을 받은 젊은 시인들로,[6] 그들 중 어떤 사람은 자신이 바로 중국공산당 당원이었고, 어떤 사람은 정치사상적으로 중국공산당의 영향을 받았기 때문에 정치 경향과 문예 관념에서 모두 ≪신시가≫와 가깝고, 혁명적 사실주의와 시의 대중화를 주장했다. 또 다른 한 부류는 차오신즈 개인의 직접 혹은 간접적인 관계를 통해 ≪시창조≫의 작가가 된 시인들인데,[7] 그들 대부분은 1940년대 중·후반기의 대학생으로, 정도는 다르지만 저마다 서양 모더니즘 시인의 영향을 받았으며, 시의 관념과 추구에서 앞 부류의 시인들과는 달랐다.[8]

≪신시가≫·≪호흡≫·≪개미문집≫을 정치와 문학에 같은 신념을 가진 시인들의 집합체라고 한다면, ≪시창조≫ 시인들을 이어주고 있는 것은 단지 "시 예술에 대한 추구" 그 자체와 "시우(詩友)" 간의 우정이었다.[9] 이렇게 ≪신시가≫·≪호흡≫·≪개미문집≫ 등이 모두 뚜렷한 파벌성을 드러냈기 때문에 어느 정도 배타성도 띠었지만, ≪시창조≫는 오히려 처음 시작부터 '두루 포용'하는 특색을 보였다. 창간호의 「편집 후기」에서

편집인은 다음과 같이 분명하게 선언했다.

오늘날, 이 역류하는 시대에, 평화와 민주의 실현은 이미 사람마다 ― 어느 파벌이든, 어느 계급이든 ― 절박하게 쟁취하고자 하는 것이 되었다. 그래서 시 창작에서 큰 목표만 일치하면, 그것이 표현하는 바가 지식분자의 감정이든 고생하는 대중의 감정이든 간에 우리는 다 똑같이 중시한다. 그것이 사회의 생활상, 대중의 고통, 전쟁의 잔상, 암흑의 폭로, 광명의 찬송을 표현하든, 아니면 단지 개인의 사랑·고민·꿈·동경……을 묘사하든 간에, 작가의 진실한 감정을 써낼 수만 있다면 우리는 모두 다 좋은 작품이라 생각한다. 또한, 지금은 이상적인 사회여서, 시인들에게는 저마다 다른 생활 습관과 생활 태도가 있으며, 현실 문제에 대한 견해도 정도의 차이가 있어서, 자신의 계급적 입장과 개인의 희로애락을 버리고 광대한 근로대중을 위해 글을 쓸 수 있다면, 어떤 시인들이 그의 산가(山歌)를 짓고 그의 방언시를 지어서 자신의 작품이 일반 대중의 사랑을 받을 수 있기를 갈망하듯이, 이런 여러 가지 시도들은 모두 만족스러운 발전이다. 그렇지만 소네트[3]와 현학파의 시, 그리고 고급 형식의 예술 작품 등도 우리는 똑같이 소중히 여길 것이다. 물론 우리는 비판도 필요하기에 각자가 자신의 의견을 제시하며 토론하는 것을 허용한다. 루쉰의 말을 빌리자면 "남다른 특별한 주장도 두렵지 않다". 독자는 가장 공정한 재판관이므로 그들 스스로 이런 모래알 속에서 각자에게 필요한 순금을 찾게 하자.

3) 소네트(sonnet)는 정형시 중에서 가장 대표적인 시형으로, 우리나라에서는 소곡(小曲) 또는 14행시, 중국에서는 상라이티(商籟體) 또는 14행시라고 부른다. 이탈리아의 민요에서 파생된 것이며, 단테나 페트라르카에 의해 완성되었고, 르네상스 시기에는 유럽 전역에 널리 퍼졌다.

사람들은 창간호의 표지 디자인에도 주의를 기울인다. 루쉰의 친필을 모아 만든 '시창조'라는 세 글자를 세로로 배열하고 그 주위에 사각형 모양의 그림 네 개를 배치했는데, 이것은 소련 화가 율리 간프의 〈작가의 모습들〉을 복제한 것으로, 그중에는 '고전주의자'도 있고, '신사실주의자'도 있다. 이것 또한 일종의 포용일 것이다.

'두루 포용', 이것은 원래 5·4의 전통이지만, 이것이 아니면 저것이었던, 흑백이 분명했던 그 시대에는 유난히 시의에 맞지 않아 보였다. 당시 어떤 사람은 ≪신시가≫는 기치가 선명하고, "인민을 대표하여 해방을 갈구하는 강렬한 혁명의 목소리와 전투의 호각"이 되었다고 찬양하는 한편 ≪시창조≫의 "불급(不及)"도 지적했다.[10] 사람들이 사물(문학예술도 포함한다)을 다원적이 아니라 일원적으로 평가하는 데만 익숙해 있어서, ≪시창조≫가 온갖 비난을 받는 것은 거의 불가피했다.

가장 먼저 힐문한 사람은 ≪흙≫의 청년이었다. 1947년 7월 25일 출간된 ≪흙≫ 제3집에 "애송아지"라고 서명한 글이 실렸는데, 「문예 사기꾼 선충원과 그의 집단」이라는 제목부터가 사람을 섬뜩하게 했다. 듣건대, 선충원이 톈진 ≪익세보≫ '문학주간'에 글을 발표하여 "시는 반드시 시여야 하며, 독자를 정복하는 것은 강요에 있지 않고 자연 귀의에 가깝다"라고 강조했고, 또 몇몇 사람들은 창작의 "업적"도 없으면서 "사람들이 그들을 '대시인' 혹은 '인민 시인'으로 인정해 주기를 간절히 바라고 있다"라며 비웃었기 때문이라고 한다.[11]

이어서 또 선충원의 영향을 많이 받았다고들 하는 위엔커자가 톈진 ≪대공보≫ '일요문예'에 글을 써서 "바이런적인 낭만 기질의 농간"[12]을 비판했다. 이런 것들은 최근 10년 동안의 신시(新詩) 혁명 전통에 대한 '집단'적 부정으로 비쳤다. 반격의 첫 표적은 선충원이었고, 그를 "아무 생각 없이 영혼과 예술을 통치 계급에 팔아먹고, 대량의 거짓말과 독약을 제조하여 사람들의 정신을 마비시키고 해치는 문예 사기꾼"이라고 했다. 또 표적이 된 사람으로는 선충원의 '졸개'라고 불리던 젊은 시인들도 있었다. 거명된 사람으로는 위엔커자와 정민 등이 있었으며, "뭐가 뭔지 알 수 없는 기교를 부리고", "현실에 굴복하고, 무력하고, 게을러서 '가만히 죽음을 인내하고 있는' 노예 같은 순종적인 태도"를 모색한다며 그들을 꾸짖었고, 마지막에는 "길을 가로막고 있는 이런 똥오줌을 제거하고, 이런 사망주의와 퇴폐주의의 독초들을 잘라버리자"라고 호소했다.

민감하고도 성깔이 대단한 청년은 또 위엔커자와 정민의 작품을 자주 싣는 ≪시창조≫를 향해 분노를 터뜨렸는데, "'큰 목표만 일치하면'이라는 기치를 공공연히 내걸고서 모리배의 본심을 드러내고 있다"[13]라며 질책했다. 이것 역시 '우리'체이다. 다시 말해 이것도 정치적 판단으로써 문예상의 이견을 힐난하는 것이고, 진리를 손아귀에 넣고서 심판하는 조의 말투인데, 의도적으로 골라 쓴 거칠고 추한 단어만 더 늘어났을 뿐이다. 이것도 일종의 시대적 풍조였던 것 같다.

≪시창조≫는 이것에 대해 즉각적인 반응을 보이지는 않았다. 오히려 8월에 출간한 제2집에 이 잡지의 작가 쉬제민의 글 「용감하게 현실을 직시하라」를 게재했다.

시인은 현실을 정확히 인식해야 하고, 독자를 똑똑히 보아야 한다. 우리는 지금 모든 것이 다 투쟁하고 있으며, 모두 낡은 것에서 새로운 것을 향해 나아가고 있고, 아직 멸망하지 않은 폐허 위에 새 생명을 탄생시키고 있다. 그리고 예술의 중요한 일환인 시는 신성한 전투 임무를 부여받았으며, …… (그래서 오늘의 현실 속에서 살아가는) 우리는 경지가 몽롱한 것을 100편 읽기보다는 폐부를 찌르는 외침 한마디를 경청하는 편이 더 낫고, 우리는 온실 속에서 배회하는 정취를 읽기보다는 거친 산가(山歌)를 들이마시며 활개 치는 편이 더 낫다.

편집인은 「편집 후기」에서 쉬제민의 이 글에 대해 특별히 다음과 같이 밝혔다.

시의 정치적인 내용을 특히 강조하고 있는데, 이런 견해를 우리가 비록 전적으로 찬성할 수는 없고, 신시(新詩)가 결정적인 결론에 이르기까지는 아직 거리가 멀고, 그것 앞에 놓인 길이 하나뿐인 것은 결코 아니지만, 역시 좋은 의견이다.

또 이 후기를 빌려 자신들의 입장을 다음과 같이 거듭 천명했다.

모두가 예술에 대한 각자의 주장을 제기한다면, 모두가 자신의 진실한 감정을 가장 잘 표현한 시를 쓴다면, 그들이 어떤 풍격의 기치를 흔들든, 어떤 형태의 무기를 사용하든(중상모략만 하지 않는다면), 우리는 그들이 여기에 모이기를 희망한다.

10월에 출간된 ≪시창조≫ 제4집은 또 쨍커자와 관계가 상당히 밀접하다고들 하는 이 잡지의 작가 라오신[14]의 글 「시의 투박미에 대하여」를 발표하여, "이 시대는 투박한 아름다움을 지니고 있어서, 우리는 톈젠과 쨍커자 같은 시인의 시처럼 시대의 추세에 부합할 수 있는 그런 작품을 요구한다"라는 점을 강조했고, 또 위엔커자의 이름까지 들먹여 그의 시는 "그 기질과 표현 수법을 막론하고 모두가 오늘날의 전투적인 시대정신과는 일치하지 않는다"라고 비판했다. 외부의 비판과 질책을 받는 동시에 ≪시창조≫의 편집인도 내부의 일부 시인들로부터도 날로 더해가는 압력을 받고 있었음을 알 수 있다. 이것은 물론 원래부터 존재하던 의견 차이의 심화를 의미한다. 이런 때에도 편집인(주요 인물은 차오신즈였던 것 같다)은 정상적인 학술 토론과 문예비평을 통해 서로 간의 견해차를 해결하고, 이 잡지의 포용성을 계속 유지하기를 희망했다. 이건 정말 애를 많이 썼음이 틀림없다.

11월에 출간된 제5집에서 편집인은 마침내 "베이핑에서 출간"된 잡지(당시에는 누구나 다 ≪흙≫을 가리킨다는 것을 알고 있었지만, 오늘날의 연구자는 몇 번이나 조사해야만 했다)에 대해 반응을 보였다. 상대방이 붙여준 "꼬리표"들을 조목조목 인용한 후, 조금은 흥분하여 이렇게 썼다.

> 모두가 민주를 쟁취하기 위해 노력하고 있는데, 이런 민주운동(이것이 모 계층 혹은 모 집단에만 속한 운동은 아닐 것이다)을 할 때, 우리는 적어도 시를 쓰는 사람에게도 자신의 감정을 토로할 수 있는 '민주'를 허락해야 하며, …… 우리 ≪시창조≫에 시를 기고하는 작가들도 편집인과 마찬가지로 이 숨 막히는 곳에서 생활하고 있으며, 검은 날개가 늘 우리의 곁에서 번쩍이고 있다. 아직도 외칠 수 있고 울부짖을 수 있는 이가 있다면 우리는 그들에게 배워야 하며, 고통 속에서 몸부림치다 '앓는 소리'를 내거나, 번뇌와 시름 때문에 '읊조리는 소리'를 낼 때도 있으나, 이것도 아주 자연스러운 일이다.
> 편집인도 '북소리'와 '호각소리'를 회구하지만 얻지 못할 때는 독자들에게 '앓는 소리'와 '읊조리는 소리'를 들어보게 하는데, 우리는 이것도 독자들을 지옥에 빠뜨리는 일은 아니리라 생각한다.

사람들은 이 글의 곳곳에서 편집인의 무거운 마음과 속수무책인 상태를 쉽게 느낄 수 있을 것이다.

이 「편집 후기」의 맨 마지막에, "최근 물가가 폭등하고, 인쇄·조판 비용이 무시로 증가하여, 특히 종이는 1연에 약 100만 위엔으로 올라, 제1집 출판 때보다 원가가 세 배 이상 올랐다"라는 중대한 사실도 언급했다. 이것은 정치·경제적 압박과 좌우·내외의 협공 속에서 몸부림치고 있는 그 시대의 한 성실한 시인의 고달픈 상황을 죄다 말해주고 있다. 그 이후에도 항상 이렇게 시의 생존을 위해 몸부림치는 소리를 냈다.

> 몇몇 자극적인 작품들은 내용이 충실하고 기교도 훌륭했으나 가슴 아파하며 단념할 수밖에 없었다. 독자들이 이 때문에 우리를 꾸짖는다면 우리는 양해를 구할 수밖에 없다. 우리도 스스로의 감정을 억제한다는 것은 엄청난 고통이다(제6집 「편집 후기」).

> 지금의 시단도 문단처럼 파벌, 문벌 간의 싸움이 날로 격해지고 있다. 우리는 이런 소집단·소종파의 작풍과 태도를 뛰어넘고자 하는데, 일반 독자들이 지지해 주고 있긴 하지만 몇몇 논자들의 꾸지람과 편달도 벌써 몇 차례나 받았다. 또 어떤 비평가가 반세기 이전의 서구에서 '유미파'라는 꼬리표를 찾아내어 억지로 우리에게 붙여 투항을 권유하거나 소탕하려 한다는 말을 최근에 들었는데, 이것은 정말 뜻밖의 일이다(제11집 「편집 후기」).

이는 이미 계속해 나가기 어려운 지경에 이르렀음이다.

외부의 압력이 갈수록 커지고 있을 때, ≪시창조≫ 내부에서는 오히려 힘이 모이고 있었을 뿐만 아니라, 서로 뭉치려는 이 운동은 바로 '퇴폐파'·'유미파'로 공격당하던 그 젊은 시인들 사이에서 일어났다. 앞서 말한 바와 같이 이런 젊은 시인들은 원래 두 부류의 사람들이었다. 남방의 항웨허(차오신즈)·탕치·탕스·천징룽은 우정과 공통된 시 예술 추구로 함께 일하게 되어, 탕스가 말했던 "핵심 4인"[15]이 되었고, 나중에 신디도 참가했다. 북방의 무단·정민·위엔커자·두윈셰는 원래 시난연대 동창이었고, 원이둬·펑즈·주광첸·선충원의 학생이었다. 원이둬가 1940년대 중반에 중국 신시 발전에 대해 역사적으로 총정리한 「현대시선」[16]을 편집할 때 무단·두윈셰 등의 시가 모두 채택되었으며, 무단 한 사람의 시만 여덟 편으로 쉬스모·아이칭 다음을 차지하여 당시 사람들로부터 많은 주목을 받았다.

서로 간에 차이점들도 있었지만,[17] "서양 모더니즘과는 다른 중국식 모더니즘 시 운동의 전개"[18]라는 공통된 추구는 아직 만난 적이 없는 이런 젊은 시인들을 하나로 뭉치게 했다. 처음에는 자연발생적이었던지 그냥 각자가 남방의 ≪시창조≫(및 이 이전의 쿤밍의 ≪문취≫, 상하이의 ≪문예부흥≫과 ≪문회보≫ '펜클럽')와 북방의 ≪문학잡지≫, ≪대공보≫ '일요문예', 톈진 ≪익세보≫ '문학주간' 등의 신문과 잡지에 모더니즘 색채를 띤 시험적인 시를 발표하다가, 점점 자각적인 이론적 주장도 나왔는데, 북방의 위엔커자는 1946~1948년 동안 계속 글을 발표하여 "신시의 현대화"에 대해 연구·토론했고, 남방의 탕스도 "모더니즘 색채가 대단히 농후한 작품"에 대한 꽤 영향력 있는 평론을 잇달아 써냈다.[19] 마지막에 가서는 남과 북이 손을 잡았고, 1948년 2월 ≪시창조≫ 제8집에 탕스가 글을 발표하여, 처음으로 무단·두윈셰 등을 "자각한 모더니스트들"이라 칭했으며, 이들은 탕스가 "자신도 모르게 시의 현대화의 길로 나아갔다"라고 했던 "뤼위엔 그들"과 함께 "시의 신생대"를 이뤘다.[20]

이 선언적인 역작에 이어, 1948년 4월 ≪시창조≫는 '번역 특집호(飜譯專號)'를 내고, 6월에는 또 '시론 특집호(詩論專號)'를 내어 "시의 현대성" 문제와 "종합"적인 현대 신시를 만들려는 이상을 다시 한번 제시했고모

궁(천징룽)의 「진실한 목소리」], "신시의 극화"라는 이론적 기치를 내걸었으며(위엔커자의 「신시의 극화」), 앞서 말한 추구를 나름대로 체현한 무단·정민·두윈셰·천징룽·탕치 등 시인들의 창작 실적에 대하여 전면적인 검토와 총정리를 했다(모궁의 「진실한 목소리」, 탕스의 「엄숙한 별들」). 이렇게 하여 이론에서부터 창작 실천에 이르기까지 모두 나날이 성숙해 가는 새로운 시 유파 하나가 이미 출현할 준비를 하고 있었다.

이것은 ≪시창조≫ 내부에서 제일 먼저 커다란 반향을 일으켰다. 이런 도전적인 젊은 시인들의 '시 시험'에 대해 진즉부터 거듭 불만을 표시하며 혁명적 사실주의를 신봉하던 그런 시인들은 자연히 그들과 한 무대(잡지)에서 공존하기 어렵다고 생각했고, 정치의식은 그다지 강하지 않으나 사실주의 창작에 익숙한 시인들도 모더니즘 시 이론과 시험에 대해 태도가 유보적이었다.[21] 한편 웅지를 품고 새로운 시 운동을 추진하려던, 나중에 '구엽파'로 불렸던 시인들로서는 두루 포용하는 ≪시창조≫에 대해 어느 정도 한계를 느껴, 그들은 자신들의 기치를 더욱 선명하게 내걸 필요가 있었다.

이리하여 ≪시창조≫ 시인들의 분열은 끝내 피할 수 없게 되었다. 1948년 6, 7월경에 ≪시창조≫는 새로 린훙·캉딩·선밍·톈디 등이 주관하게 되었고, 신디(당시 상하이 진청은행 신탁부 주임이었다)의 대출금 지원에 힘입어 ≪중국신시≫를 따로 만들어 팡징·신디·항웨허·천징룽·탕스·탕치가 편집위원을 맡았다.[22] 그래서 이 장의 첫머리에서 말했던 ≪시창조≫의 "편집 방침을 변경한다"라는 광고와 ≪중국신시≫의 '머리말을 대신하는 글'이 등장하게 되었다.

조직 개편 후의 ≪시창조≫ 제2년 제1집은 형식과 내용이 모두 확실히 '변경'되었다. 표지 그림은 횃불과 현악기를 든 평화의 여신으로 바뀌었고, '1년의 총결산'으로서 제일 앞에 실린 글[4]에서는 "두루 포용"하는 편집 방침이 실제로는 "새롭고 좋은 풍격 형성에 해가 되었으며, 거기에 다 자기 진영 내부의 혼란과 작전 보조의 불일치를 드러냈다"라며 반성했고, "앞으로 우리는 하나의 전투 의지와 하나의 작전 목표로 통일할 것임"을 표명했다. 즉, "현실을 강렬하게 반영한 작품을 최대한 많이 실어 인민과 고락을 함께할 것이며", "심오한 내용을 알기 쉽게 표현하고, 일반 독자들도 받아들일 수 있는 용어와 형식을 장려할 것이며", "예술에 대한 요구는 명쾌, 소박, 건강, 힘이며", 이를 위해 반드시 "자신을 극복"하고 "지식분자의 습성과 생활에서 벗어날 것"임을 표명했다. 제일 마지막 구절이야말로 가장 중요한 대목일 것이다. 종류가 많아서 불협화음은 면할 수 없었지만, 마지막에 가서는 절대적으로 일치하는 하나의 소리, 즉 시대의 주제인 '지식분자 개조'로 귀결되었다. 그 시대의 수많은 문제는 모두 이런 식으로 끝이 났다.

이런 역사적 회고와 진술만으로는 결코 만족할 수 없기에 진일보한

---

4) ≪시창조≫ 제2년 제1집(≪첫 천둥소리(第一聲雷)≫)에 실린 「새로운 기점(新的起點)」을 말한다. ≪시창조≫(1947.7~1948.10)는 월간으로 모두 16집이 출간되었는데, 매 집에는 제목이 있었다. 그 제목을 출간 순서대로 나열하면 ≪길라잡이(帶路的人)≫, ≪추악한 세계(醜惡的世界)≫, ≪해골 춤(骷髏舞)≫, ≪굶주린 은하(飢餓的銀河)≫, ≪시위에 메긴 화살(箭在弦上)≫, ≪세모의 축복(歲暮的祝福)≫, ≪여명의 소망(黎明的企望)≫, ≪축수가(祝壽歌)≫, ≪풍요로운 평원(豊饒的平原)≫, ≪아름다운 돈강이여(美麗的敦河呵)≫, ≪등시(燈市)≫, ≪엄숙한 별들(嚴肅的星辰們)≫(이상은 제1년), ≪첫 천둥소리(第一聲雷)≫, ≪토지편(土地篇)≫, ≪용감한 사람(做個勇敢的人)≫, ≪분노의 비수(憤怒的匕首)≫(이상은 제2년)인데, 이 중에서 제1년 제10집은 번역 특집호이고, 제1년 제12집은 시론 특집호이다.
참고로 ≪중국신시≫(1948.6~1948.10)는 모두 5집이 출간되었으며, 각각 ≪시간과 기(時間與旗)≫, ≪여명의 악대(黎明樂隊)≫, ≪수확기(收穫期)≫, ≪심판받는 생명(生命被審判)≫, ≪첫 꿀(最初的蜜)≫이라는 이름으로 매월 출간되었다. ≪시창조≫와 ≪중국신시≫는 1948년 11월 국민당 정부에 의해 출간이 금지되었다.

연구 토론을 하고자 한다. 1940년대 말 중국 시인들의 이번 분열, 즉 훗날 문학사에서 '중국신시'파 또는 구엽파로 불렸던 시인과 ≪시창조≫ 중 혁명적 사실주의 시인 및 칠월파 시인과의 논쟁의 본질은 무엇이었을까? 이 시기에 어떤 사람이 말했던 것처럼 '혁명적 사실주의'와 '퇴폐주의'·'유미주의'의 차이였을까?

먼저 ≪중국신시≫ 창간호에 실렸던 시 한 수를 분석하면서 접근해 봐도 될 것 같다. 이 시는 두원셰의 「번개」이다.

> ......
>
> 너의 구세 의욕 매우 강렬하고,
> 가슴에 쌓인 말 너무 많은데,
> 일 초 내에 죄다 말하려 하네
>
> 그래서 너는 다급하여 고통스럽고,
> 우리는 늘 부끄러웠다,
> 너의 시 충분히 이해할 수 없음에!
>
> ......
>
> 세찬 천둥아, 폭풍우가 너를 따라온다,
> 그러나 우리는 늘 미처 준비하지 못하고,
> 지나간 뒤에야 너의 예언을 노래한다
>
> 너는 더욱 분개하고 더욱 격하여,
> 일순간에 만년의 암흑을 깨뜨리려 하네,
> 비 많은 계절에, 너의 말은 더욱 많아지리

탕스는 "당시의 정치투쟁이 돋보이는 두원셰의 이 상징시는 대단히 무게 있는 그의 대표작 중 하나이다"[23]라고 말했다. 이 시는 '중국신시'과 시인들의 혁명, 혁명가(革命家), 혁명 언어[혁명적 사실주의의 시가(詩歌) 언어도 있을 것이대에 대한 복잡한 감정과 내면세계를 상당히 진실하게 반영했다. 그들은 이런 것을 동경하고, 흠모하고, 전력을 다해 이해하고, 또 애써 따랐지만, "매우 강렬한" "구세 의욕"과 "너무 많은" "말"이 자신(지식인 개인의 생명과 정신적 자유)을 억누르고 있음을 늘 예민하게 감지하고 있었으며, "일순간에 만년의 암흑을 깨뜨리려는" 그 과격함과 낙관에 대하여 마음속 깊이 자리 잡은 심각한 회의를 떨쳐버릴 방도가 없었을 뿐만 아니라, 자신의 낙오("미처 준비하지 못하고", 정세를 좇아가지 못한 것) 때문에도 "부끄러웠다". 그래서 이 시에 "너"("번개")와 "우리"에 대한 이중의 긍정과 이중의 '풍자'가 보인다. 이 진실한 목소리는 사람을 감동케 하고 깊이 생각하게 한다. 우리가 이 속에서 무엇을 끌어낼 수 있을지 한번 보자.

이것은 적어도 1940년대 말 중국 모더니즘 시인들이 "낡은 것에서 새로운 것을 향해 나아가고 있고, 아직 멸망하지 않은 폐허 위에 새 생명을 탄생시키고 있는"(이것은 앞에서 인용한 ≪시창조≫ 속의 한 구절이다) 시대에 살면서, 그들이 '혁명'에 대해 도피하거나 반대하는 태도를 보이지 않았음을 말해주고 있다. 오히려 그들은 혁명에 희망을 걸었다고 하는 편이 나을 것이다. 그들이 제창하고자 했던 '모더니즘 언어'는 결코 '혁명 언어'와 절대로 대립하는 위치에 있지 않았고, 양자는 확실히 상통하는데가 있었다. 그래서 '중국신시'파 시인들은 '시와 정치와의 결합', '시와 사회생활 및 시대와의 결합', '시와 인민과의 결합'에 절대 반대하지 않았다. 1940년대의 이런 3대 시대적 시 관념에 대해 그들은 천부적으로 친화감을 느꼈다.

그들의 이론가 위엔커자는 그가 일으킨 중국식 모더니즘 시 "개혁

운동"의 "이론 원칙"을 발표할 때 "시와 정치는 절대적으로 대등·밀접한 관계여야 하고", "시는 절대적으로 삶의 현실을 내포하고, 설명하고, 반영해야 한다"[24]라고 아주 분명하게 밝혔으며, 또 다른 글에서 그는 "이상적인 인민문학"("인민이 직접 쓴", "인민에 속하는", "인민을 위해 쓴" 작품)에 대한 무한한 동경을 표하기도 했다.[25] 게다가 그의 이해도 상당히 깊이가 있었는데, 예를 들면 현대시와 현대 정치의 관계에 대해 다음과 같이 말했다.

> 현대 생활과 현대 정치가 이처럼 이상하리만큼 밀접하게 연관되어 있어서, 오늘날 시 작가가 어떠한 정치 생활의 영향에서라도 벗어나려는 생각이 있다면, 그는 연못의 물고기가 물을 떠나려는 그런 허황한 꿈 속으로 스스로 빠져드는 것이고, 일단 실현되면 반드시 따라오게 되는 숨 막히는 위협에 부딪히게 될 뿐만 아니라, 자기 감성의 반경을 좁히고, 삶의 의의를 감소시키고, 삶의 가치를 떨어뜨리는 것과 사실상 다를 바 없어서, 이렇게 스스로가 한정한 욕망은 그의 작품의 가치에만 영향을 끼치는 것이 아니라, 개개의 생명의 소중한 의의를 더욱 심각하게 해치게 된다.[26]

그래서 '중국신시'파 시인들이 '취미주의'와 '예술을 위한 예술'을 반대한 것은 필연적이었으며, 그들 자신의 대표작을 포함한 작품, 예를 들어 무단의 「찬미」, 탕치의 「시간과 깃발」, 항웨허의 「불타는 성」, 위엔커자의 「상하이」와 「난징」 등은 모두 강한 정치성·시대성·현실성을 띠었다. 1930년대 현대시파 및 후기 신월파를 혁명에 대한 "보편적 환멸"의 산물이라고 한다면,[27] 두헝이 「『망서초』서」에서 말한 것처럼, 시인이 "나는 바람보다 가볍고 가벼워서, 너는 영원히 따라잡을 수 없다"와 같은 구절을 읊조린 것은 시를 현실 및 내면 갈등의 도피처로 삼았음이 분명하다. 그런데 1940년대 중국 모더니즘 시인은 그야말로 '현실·삶·자아(의 갈등)에 대한 직시'를 그들의 주된 추구와 특징으로 삼았다. 그래서 '중국신시'파를 '퇴폐주의'와 '유미주의'로 보는 것은 참으로 슬픈 역사적 오해이다.

물론, 1940년대 말의 '중국신시'파가 제창했던 모더니즘 언어와 그 시기 유행했던 혁명 언어(혁명적 사실주의의 시가 언어도 포함한다)와의 차이도 상당했는데, 우리는 마찬가지로 회피할 필요가 없고 회피해서도 안 된다.

'중국신시'파 시인들은 '시와 정치·현실·시대·인민과의 결합'에는 찬성했지만, 그것을 절대화하고 유일시하는 것에는 반대했다. 그래서 그들은 시와 정치 간의 "어떠한 종속 관계"도 "절대적으로 부정"했고, "시가 정치의 무기 또는 선전의 도구"라는 주장에 찬성하지 않았으며,[28] "인민의 문학"('지금 여기서 말하는 인민은 억압당하고 지배당하는 인민을 가리킨다')을 "모든 문학을 결정하는 유일한 표준"으로 삼아 인민의 삶과 인민의 정치의식을 직접 반영하지 않은 작품을 부정하는 데 반대했고,[29] 그들은 "현실과 예술 간에 평형을 이루어, 예술이 현실에서 도피하지 못하도록 하고, 현실도 예술을 짓밟지 못하도록 하며", "현실을 반영하는 것 외에 독립된 예술 생명도 누리고", 넓고 자유로운 상상의 공간을 남겨놓길 희망했다.[30]

그리고 이로부터 중요한 명제 두 개를 끌어냈다. 첫째는 "시에 대한 맹신"의 타파로, 열거한 "맹신"으로는 "시는 진리의 대변인이고", "혁명의 무기이고", "직접적인 행동을 초래할 수 있다"라는 믿음, "감정의 맹신", "민간 언어·일상 언어 및 '산문화(散文化)'에 대한 선택 없는 무조건적 숭배" 등이 있다. 논자는 시의 기능을 과장하고 어느 정도 합리성을 지닌 어떤 시 관념을 극단으로 밀어붙이는 것은 모두 "시의 문자 예술로서의 본질에서 벗어나" 시를 왜곡하고 매장하는 일임을 지적했다.[31] 그런데

"시와 민주"라는 명제의 제기가 더 중요한 것인지도 모르겠다. '중국신시' 파 시인들이 볼 때, 시의 현대화의 본질과 전제는 곧 시의 민주화였다. 그들은 "근대과학이 '유일'의 개념을 허물어버렸고", "절대론"과 독단론을 일축해 버렸으며,[32] "상이함 속에서 조화를 얻어내는 것"이야말로 현대 민주 문화의 "특질"이며, 만약 차이의 존재를 아예 인정도 허용도 하지 않고, "획일적인 어떤 요소(정치 같은 것) 혹은 어떤 계층이 독재하는 국면 이라면", "얻는 것은 분명히 '조화'가 아닌 '단조로움'이며, 이런 문화 형태 (혹은 의식 형태)도 모습만 바꾼 독재일 뿐이지 민주가 아니다"라는 점을 지적했다.[33] 시인은 걱정스럽고 곤혹스러운 마음으로, "지금 많은 논자가 정치상의 현대화와 민주화를 요구하는 한편 문학상으로는 원시화와 비 민주화를 견지하고 있는데, 나는 이 점을 이해할 수 없다"[34]라고 썼다. 민 감한 시인이 이미 무엇을 예감했던 것일까?

상술한 명제의 제기가 보편성을 띤다면, '중국신시'파 시인들이 한 걸음 더 나아가 '시의 현대성'을 주장할 때는 더 큰 특수성을 띠게 되어, 그들 유파의 발자취를 선명히 남기게 되었다. 그렇지만 바로 이런 측면 에서, '모더니즘 시' 유파로서의 '중국신시'[5])파는 같은 시기의 혁명적 사 실주의와 칠월파 시인들과는 상당한 차이가 있었다. 이런 차이는 결코 '옳음'과 '그름'의 의미를 담고 있지 않다. 이 점에 대해서는 말할 필요도 없을 것이다.

'종합'은 '중국신시'파의 시 관념 중 기본 개념이다. 시인들은 그들이 주창하는 시의 "새로운 경향은 순전히 마음에서 우러나는 심리적 욕구에 서 출발하여, 마지막에는 반드시 현실·상징·현학이 종합되어야 하며",[35]

---

5) 원저에는 "중국시가(中國詩歌)"로 표기되어 있으나, '중국신시(中國新詩)'를 '중국시가 (中國詩歌)'로 잘못 적은 것으로 보여 '중국신시'로 정정했다.

"현대화한 시는 변증법적이고(곡선 행진을 하고), 포괄적이고(시 속에 녹아 있을 수 있는 갖가지 경험을 포함하고), 극적이고(갈등에서 조화에 이르기까지), 복잡하고(그래서 어떤 때는 난해하고), 창조적이고('시는 상징적 행위이고'), 유기적이고, 현대적이다"[36]라는 점을 분명히 밝혔다.

여기에 적어도 두 가지 문제가 제기되었다. 우선, 시의 관념이다. 위엔커자는 "현대 시인이 시는 경험의 전달이지 단순한 열정의 발산이 아님을 재발견했다"[37]라고 말했고, 선충원은 "시는 정서와 사상의 종합이어야 하고, 사상과 정서의 형상화 원칙에서 나온 표현이어야 하며", "독자 정복은 강요에 있지 않고 자연 귀의에 가까우며", "진정한 현대 시인이라면 좀 폭넓어야만 사상가로 출발할 기회가 있게 되고", "새로운 정서 철학 체계를 만들어낼 수 있게 된다"[38]라고 말했다. 이런 시가관(詩歌觀)에서 출발하여 '중국신시'파의 이론가는 "감정을 맹신하는" "낭만파"와 "인민파(人民派)"를 날카롭게 비판했다. 전자는 감정의 부드러움과 섬세함에 연연하고, 후자는 거칠고 사나운 정서에 도취해 있다고 했으며,[39] "위선적이고 천박하고 유치한 감정"에 "점점 빠져들어" "치밀한 사색과 감각을 거치지 않고 시문으로 표현하는 것"을 그들은 "문학적 감상(感傷)"이라 불렀고, "해독성이 가장 강한" 경향으로 간주했다.[40]

앞에서 인용한 ≪중국신시≫의 '머리말을 대신하는 글'에서 말한 "와자지껄한 물거품", "모리배 같은 천진", "불쌍한 낙관", "되지도 않는 높은 곡조" 등도 모두 "감상"적인 경향을 겨냥한 것이었다. 신시사(新詩史)를 잘 알고 있는 사람은 그래서 1920년대 신월파 시인이 '감상주의'를 비판했던 것을 쉽게 떠올리게 될 텐데, 그들은 시 속의 지나친 감정의 범람에 반대했기 때문에 "절제"라는 미학 원칙을 제기했으며, 기본적으로 낭만주의 시 내부의 논쟁에 속했고, 신월파 시인들이 "감상주의"를 "가짜 낭만주의"라 불렀던 것도 우연한 일은 아니었던 것 같다.[41] 그런데 이번에는 '모더니즘'과 '낭만주의'의 논쟁으로, 그 목적은 시 세계에 대한 '감정'의 절대 통치를 무너뜨리고, '지성과 감성의 융합'을 이루어내는 데 있었다. 그래서 '중국신시'파의 이론적 주장과 예술적 시험이 칠월파 시인들의 유난히 강한 반향을 불러일으킨 것도 쉽게 이해할 수 있는 일이다.

칠월파는 이 시기에 낭만주의·이상주의·영웅주의의 색채를 가장 많이 띠고 있었던 시 유파라 할 수 있다. 칠월파의 주요 이론가 아룽은 이 시기에 영향력이 대단했던 그의 시론(詩論) 『사람과 시』에서 "무엇이 시인가"에 답하면서, "서정의 추방"론을 비판했고, 특히 모더니즘 시인이 제창한 "지혜의 시"와 "시는 감각적이다"라는 주장을 날카롭게 비판했는데, 전자는 "신비롭고도 퇴폐적으로 심오한 이치를 논할 것"을 제창하지만, "초현실주의·'도피주의'·'세기말'·공상가·반동파에 불과하고", 후자는 "인상파와 직관설"을 초래하게 된다고 생각했다. 그는 "시"에 대하여, "그것이 지녀야 하는 것은 전형적인 환경에서의 전형적인 정서이다"라고 정의했는데, 분명 여전히 "정서(감정)"를 시의 기본 요소로 삼고 있었다.[42]

앞에서 말한 ≪흙≫에 실린 "애송아지"의 글이 선충원의 비판을 반박할 때, "크고 우렁차고 생명력 넘치는 전투 의지의 노랫소리는 반드시 강제성 그것도 엄청난 강제성을 가지게 될 것이다"라며 날카롭게 맞섰다. 이것도 시의 강대한 감성적 힘이 독자에 미치는 압박과 강제 주입을 강조하고 인정한 것이다. 여기서 두 유파 간에 추구하는 바가 매우 다름을 알 수 있다. 하지만 칠월파의 시론과 창작 실천을 자세히 연구해 보면, 그들도 "생활 현상 자체"를 "미주알고주알" 그려내는 것에 반대하고 있음을 쉽게 알 수 있으며,[43] "위선적이고 천박하고 유치한 감정"의 토로 역시 적어도 그들이 주관적으로 취하지 않는 것이었다.

루링이 뤼위엔의 시를 논평할 때 말한 것처럼, 그들은 생활의 본질 속으로 "돌진"하여,[44] 주체와 객체가 상생·상극하는 속에서 개별적인 대상을 포함하고 있으면서 또 개별적인 대상보다 깊고 넓은, 역사의 내용을 더욱 강렬하게 반영하면서 심지어 현실보다 더 높은 예술적 형상(소설)과 '정서'(시)를 창조해 내고자 했는데, 후자가 바로 아룽이 말한 "전형적인 환경에서의 전형적인 정서"이다. 아룽 자신이 쓴 「배를 끄는 인부」를 보면, 시인은 배를 끄는 인부의 형상 묘사를 통해 "큰 폭풍의 강대한 의지력"과 "한 치, 한 치" "힘차게 전진하는" 강인한 민족정신을 전달했으며, 시 전체가 확실히 상징적이어서 사변하게 하는 힘이 있다.

'중국신시'파의 평론가 탕스는 칠월파 시가 이렇게 상징적이고 사변적인 것에 근거하여 "뤼위엔 그들의 과감한 진취"는 "자신도 모르게 시의 현대화의 길로 나아갔으며", "무단·두원셰 그들"의 시와 함께 나란히 "시의 신생대"의 두 "봉우리"가 되었다[45]는 글을 ≪시창조≫에 발표했다. 탕스가 '중국신시'파와 칠월파의 상이함과 대립 속에서 상통한 일면을 발견했다는 것은 대단한 안목이다. 안타깝게도 그 당시 칠월파 시인들은 "모더니즘"에 대한 고정관념에서 아직도 벗어나지 못하고 있었으며,[46] 치열한 논쟁 속에서 탕스의 탁견도 대다수 '중국신시'파 작가들로부터 중시되지 못했고, 탕스가 그때 기대했던 두 파의 "합류"는 30여 년 뒤인 1980년대에 비로소 실현되었다.[47] 역사가 나아가는 길에는 이렇게도 우여곡절이 많다.

1940년대 말, '중국신시'파와 칠월파의 주된 대립은 앞에서 말한 시 관념상의 차이였을 뿐만 아니라, 사고방식과 그에 따른 감정 표현 방식의 차이였다고 해야 할 것이다. 이것에 대해서는 '중국신시'파의 이론가들도 명확하게 설명한 적이 있다. 그들은 "현대의 문화가 날로 복잡해지고 현대의 삶이 날로 풍성해져, 직선적인 운동이 각개의 기이한 현대 세계에 대응하기에는 이미 역부족이어서" 감정 표현 방식에 변화가 일어났다. 즉, "원래의 직선적인 토로를 버리고, 곡선적이고 극적인 전개를 택했다"[48]라고 생각했다.

이른바 "극적"이란 "매 순간의 인생 경험 모두가 각각 다르고 모순된 요소들을 내포하고 있음"이며, 시의 표현 역시 "서로 다른 장력" 속에서 "나선형"의 변증법적 운동을 추구하는 것이다.[49] 탕스도 「무단론」(≪중국 신시≫ 제3집과 제4집에 연재되었다)에서, 무단은 "아마도 중국 시인 중에서 절대 의식이 가장 희박하고(그런데 중국 대다수 시인은 천박한 절대주의자들이다) 변증법적 관념이 가장 농후한 시인이며", "그의 사상과 시의 심상 속에도 생명의 변증법적 대립이 가장 많으며", 그의 시 속에는 "자아분열과 그것의 극복이 ― 영원히 끝나지 않는 하나의 과정이 ― 그렇게도 수많은 아픔을 지니고 있다"라고 말했다. 다음은 당시 두 파의 논쟁의 초점이 되었던 무단의 시 「시감」이다.

우리는 우리가 희망 하나를 가질 수 있기를 소망한다,
그런 뒤에 또 모욕당하고, 고통스러워하고, 몸부림치고, 죽는다,
왜냐하면 우리의 맑은 핏속에 용감함이 세차게 흐르기에,
그러나 용감함의 중심은 망연했다

우리는 우리가 희망 하나를 가질 수 있기를 소망한다,
그것은 말한다, 나는 절대 아름답지 않다, 그러나 더 이상 속이지 않는다,
왜냐하면 우리는 그렇게 많은 죽어가는 사람들의 눈을 보았기에,
우리의 절망 속에 눈물의 불꽃이 번쩍인다

여러 해의 고난은 침묵한 죽음으로 끝이 났다,
우리가 기대하는 것은 단 한마디의 언약,
그러나 공허뿐, 우리는 비로소 알았다 우리는 예나 다름없이,

행복이 도래하기 전의 인류의 조상에 불과함을,

또 이 이름 없는 암흑 속에서 기점을 열려 한다,
하지만 이 기점에는 여러 해의 치욕이 쌓여 있다,
죽은 이의 뼈를 차갑게 찌르며, 우리의 일생을 파멸시키려 한다,
우리는 보복으로 삼을 수 있는 희망 하나가 있기를 소망할 뿐이다

위엔커자는 「신시의 현대화」라는 글에 이 시를 인용했고, 아울러 다음과 같이 논평했다. "주제인 '절망 속에서 희망을 기대하고, 희망 속에서 절망을 보는' 상반되면서도 같은 맥락인 두 갈래 사상 주류가 매 연 속에 서로 고리처럼 맞물려 있고, 층층이 스며들어 있으며, 게다가 거의 예외 없이 매 연의 두 구절은 '희망'을 나타내고, 다른 두 구절은 '절망'의 반격인데, 이 때문에 '희망'이 절실할수록 '절망' 또한 더욱 진실해져, 이 호소의 침통함과 완곡함도 전부 드러나게 되었고 압도적인 강렬함을 갖게 되었다."[50]

무단의 시와 위엔커자의 분석은 보통 때와는 다른 강한 반향을 불러일으켰는데, 앞서 말한 《흙》의 청년은 격분하여, "그 '공허'·'망연' 같은 경직된 개념은 살아 있는 사람의 정신 상태를 마비시킬 뿐이며", "시인이 바라는 것은 오히려 '우리는 보복으로 삼을 수 있는 희망 하나가 있기를 소망할 뿐'이고, 이 속에는 진실한 삶의 살아 있는 숨결이 없을 뿐만 아니라, 그 '희망' 또한 미약하여 다 죽어가는 사람의 헐떡거림과 신음만도 못하다"라고 썼다. 이 성깔이 대단한 《흙》의 청년의 눈에는 '희망'('삶')과 '절망'('죽음')의 대립이 절대적인 의미로만 비쳤고, '희망'과 '절망'이 하나로 뒤엉켜 있는 분열된 자아는 그로서는 상상할 수 없는 것이었으며, 그의 단순한 신념 속에서는 '희망'(이상, 미래, 신념 등등)에 대한 어떠한 의심도 일종의 배

반이었다. 이것이야말로 그가 격분해 마지않았던 진짜 이유이다.

1948년 이 역사의 전환기에, 이런 단순한 직선적 사유 및 표현과 반복해서 의심하는 곡선적 사유 및 표현[51] 간의 갈등은 물론 미학적 의미에서의 견해차만이 아니라, 서로 대립하는 두 역사관으로 표출되었으며, 이에 따라 사람들의 현실적 선택이 결정되었다. 앞에서 인용한 「시의 신생대」에서 탕스가 말했던 것처럼, 뤼위엔과 그의 친구는 "구(舊)중국"의 마지막 돈키호테였으며, 그들은 "내일"에 대한 단순하고도 절대적인 믿음을 가지고서 "자신을 집어 들어 이 세상에 던져 넣음"[52]으로써, "영웅의 생명"은 "고개를 치켜들고 미래를 향해 달려갔다".[53]

중국의 마지막 햄릿인 무단과 그의 친구는 의심할 것도 없이 "내일"에 대한 동경으로 충만해 있었으며, ≪중국신시≫의 '머리말을 대신하는 글'에서, 그들은 직면한 "엄숙한 시간"을 이렇게 묘사했다. "수천만 년 지하에서 왕성하게 자라난 화염이 재래의 진흙층을 뚫고 나와, 크게 웃으면서 세상을 음미하고 있고, 이 세상을 위해 성결한 광염을 토하기도 한다." 그러나 "내일"을 향해 환호하는 그 순간에도 그들은 "내일"의 "아름다움"이 "우리를 속이게" 될까 봐 걱정하고 있었으며,[54] "내일을 바꿀 그 것이 이미 오늘에 의해 바뀌어버렸고",[55] 날로 "접근"해 오는 그 "미래"는 우리에게 "희망"을 안겨줄 뿐만 아니라, "우리에게 실망도 줄 것"이며, "우리에게 죽음도 가져다줄 것"[56]임을 그들은 예리하고도 분명하게 보았거나 예견했다.

회의주의 정신(무단의 말대로 이것은 루쉰으로부터 시작되었다[57])으로 충만한 이 모든 사고(思考)는 시대를 앞서갔다. 당시 중국의 대다수 지식분자는 정도는 다르지만 저마다 돈키호테적인 데가 있었으며, 심지어 '중국신시'파 시인들도 예외는 아니었고, 햄릿형은 그 시대에 의해 개조되고 배척되어야만 했다. 이것 역시 슬프게도 시대를 앞서갔음이다. 즉, 칠월파 시인은 자연히 그들의 단순과 절대 때문에 혹독한 대가를 치러야 했고, '중국신시'파 시인은 시대를 앞서간 것 때문에 강제로 잊혔으며, 그들 스스로 선택한 "수많은 아픔"을 오랫동안 감내해야 했다.

그러나 역사는 결코 그들을 잊지 않았다. 비록 그들은 여전히 수난을 겪고 있었지만, 뤼위엔이 크게 공헌한 "정치 서정시"는 중국 시단에서 주도적 지위를 차지하고 있었으며(그 누구도 이 선구자를 인정하지 않았는데도 불구하고), 중국의 좀 더 젊은 시인들, 나중에 '금일'파 또는 '몽롱시파'로 불렸던 그 세대들이 자기들에게 많은 영향을 주었던 정치 서정시의 단순한 형식에서 벗어나, 중국의 현실과 시의 운명에 대하여 독자적이면서도 복잡하고 변증법적으로 사고하기 시작했을 때 무단을 발견하게 되었다. 이리하여, '중국신시'파와 칠월파 가운데 요행히도 살아남은 사람들은 몇십 년 뒤인 1980년대에 불구의 몸으로 또 한 번 시의 청춘기를 불태웠다.

그런데 우리는 다시 1948년의 현실로 돌아가야 한다. 이해 10월 ≪시창조≫가 제2년 제4집까지 나오고, ≪중국신시≫ 제5집이 막 인쇄에 넘겨졌을 때, 둘 다 동시에 출간 금지를 당했다. 이 사실이 1940년대 시인들이 시학과 시 예술에서 추구하는 바는 서로 달랐을지라도, 아마도 한층 더 깊이 일치하는 면이 있었음을 설명할 수 있을 것 같다. 이것들은 모두 시대의 예술이었고, 또 이 때문에 다 같이 대가를 치렀다.

제5장

샤오쥔에 대한 비판

1948년 8월 (1)

- 샤오쥔: 영원한 정신적 방랑자.

- 집권·질서·규범과 독립·반항·자유 사이.

- 샤오쥔과 왕스웨이 사건.

- 《문화보》와 《생활보》의 논쟁.

- 지도하에서 조직적으로 행해진 대규모 '샤오쥔 반동사상 비판' 운동.

- 5·4 계몽주의 언어와 혁명 언어의 쟁탈전.

- 지식분자와 새 정권의 관계.

- 언론 자유의 척도.

- 지식분자의 '자유직업인' 신분 소실.

- '대비판'적 사유와 문체의 창출.

- '혁명적 소자산계급'에 대한 경고.

- 사람들 기대 속의 샤오쥔의 반응.

옌안에 막 도착했을 때의 샤오쥔
그는 영혼의 안식처를 찾기 위해 1938년 옌안으로 갔다.

예성타오 1948년 8월 일기(발췌)

8일(일)   영국인 존슨[1]이 쓴 『소련 여행기』를 보았다. 이 책은 펑중쭈가 번역을 했다. 책에는 건국한 지 30년이 되어가는 소련은 그 제도가 달라져 벌써 새로운 인물이 등장했다고 쓰여 있었다. 이런 견해는 아주 정곡을 찌른 것이다. 이 책은 300여 쪽쯤 되는데, 앞으로 천천히 볼 생각이다.

11일(수)   아침 일찍 일어나 모(墨)와 함께 걸어서 정거장으로 가서 …… 7시에 출발하여 9시에 쑤저우에 도착했다. …… 정거장을 나서자마자 미리 전세 내어둔 큰 목선에 올랐다. 선실이 아주 널찍했다. …… 12시에 연회가 시작되었고, 요리는 많고도 훌륭했다. 선상 요리로 이름난 요리사가 원래 많지 않은 데다가, 요즈음은 생활이 어려워 선상 요리를 즐기는 사람이 점점 줄어들고 있어서 이런 요리사들이 손을 놓은 지 오래이다. 모안이 백방으로 세 사람을 물색하여 임시로 하루만 요리를 부탁한 덕분에 오늘의 연회에 이르게 되었다. 이런 상황은 장차 「광릉산」[2]처럼 될 것 같다고 한다. 나는 황주(黃酒)를 한 근 반쯤 마셨다. 작은 배들이 몰려와 연꽃, 연근, 연방을 팔았다. 각자 그것을 샀다.

---

1)   H. 존슨(H. Johnson)은 영국 캔터베리 부주교였다.
2)   「광릉산(廣陵散)」은 「광릉지식(廣陵止息)」이라고도 불리는 거문고곡으로 중국의 10대 고전음악 중 하나이다. '광릉산'에서 '광릉'은 지금의 장쑤성 양저우(揚州)의 옛 이름이며, '산'은 악곡이라는 뜻이다. 그래서 「광릉산」은 광릉 일대에서 유행했음을 짐작할수 있다. 「광릉산」을 이야기할 때 혜강(嵆康)을 빼놓을 수가 없다. 혜강(223~262)의

13일(금)　　　아침에 빈란이 베란다에서 부르더니, 방금 신문에서 페이셴이 어제 오전 11시가 지나 세상을 떠났다는 기사를 봤다고 했다. 오호, 지난 3일간 이런 소식이 들려올까 봐 조마조마했었는데, 오늘 아니나 다를까, 아무런 말도 할 수가 없다.

16일(월)　　　수상이 편지를 보내왔는데, "쓰러진 사람은 하나둘씩 쓰러졌고, 쓰러지지 않은 사람이 일을 좀 더 열심히 하는 수밖에 없다"라고 적혀 있었다. 그리고 페이셴이 편찬한 『고급 국문 독본』 1, 2권의 출판이 1만 권을 초과하면, 매출액의 2%를 페이셴의 유족에게 증여하자고 말했다. 그 우정에 감동했다.

20일(금)　　　신문에 정부가 오늘부터 화폐제도를 개혁한다는 기사가 났는데, 이것은 중대한 일이다. 진위엔권3)을 발행하고 파비를 회수하는 법이다. 진위엔 1위엔은 파비 300만 위엔과 맞먹고, 총 발행액은 20억 위엔이라고 했다. 진위엔권의 가장 고액권은 100위엔으로 파비 3억 위엔에 해당한다. 나는 그 내막을 잘 모르지만, 직감적으로 이것은 극심한 인플레이션이라는 생각이 든다. …… 완전히 문외한인 내가 봐도 이것은 옳은 것이라곤 하나도 없고, 연못의

자(字)는 숙야(叔夜)이며, 위(魏)나라의 문학가·사상가·음악가이며, 죽림칠현[산도(山濤), 상수(向秀), 완적(阮籍), 완함(阮咸), 왕융(王戎), 유영(劉伶), 혜강(嵆康)] 중 한 사람이다. 그는 조조(曹操)의 증손녀와 결혼했으나 조정에 비협조적이었으며, 결국 사마소(司馬昭)와 그의 심복 종회(鍾會)의 미움을 받아 사형되었는데, 죽기 바로 전에 「광릉산」을 연주하고는, 절묘하기 그지없는 이 「광릉산」이 오늘로써 사라짐을 탄식했다고 한다. 혜강은 중국 역사상 이 곡의 가장 뛰어난 연주자로 정평이 나 있다.

물을 말려 고기를 잡는 격이고 백성을 더욱 괴롭히는 일인데, 국사를 돌보는 사람이 어찌 이럴 수가 있단 말인가!

25일(수)　　오후에, 새로 출판된 황창의 『구희신담』을 보았다. 우리 출판사는 다 만들어져 있는 지형(紙型)을 샀는데 틀린 글자가 많아서 교정을 겸해야 했다. 이 책은 구극(舊劇)에 아주 정통하고, 극작가와 극 중 인물에 대한 훌륭한 견해도 있고 해서 깊이 음미하며 읽었다.

31일(화)　　저녁에 피로하여 일찌감치 잠을 청했다. 그러나 밤새도록 잠을 잘 이루지 못했다. 피로할 때면 언제나 뒷골이 띵한 것이 경직되는 느낌이 든다. 심하게 아픈 것은 아니지만 편치가 않다. 피로가 심하면 이런 느낌이 등줄기를 따라 꼬리뼈까지 내려온다. 그래서 잠을 잘 잘 수가 없다. 의사는 이 이유를 뭐라고 할는지 모르겠다.

1948년 8월, 둥베이 전선은 상대적으로 전쟁 전야의 고요한 상태에 처해 있었지만, 문단에서는 뜻밖에 큰 논쟁이 벌어졌다. 『8월의 향촌』의 작가 샤오쥔이 편집을 주관하던 ≪문화보≫와 중국공산당 둥베이국 선전부가 주도하던 ≪생활보≫가 8월 15일 자 ≪문화보≫ 사설을 놓고 치열

---

3)　진위엔권(金圓券)은 중국의 국민당 정부가 1948년에 발행한 지폐의 일종이다. 1948년 8월 19일 국민당 정부의 화폐제도 개혁으로 새로운 화폐인 진위엔권이 발행되면서 파비와 관진권은 정식 폐지되었다.

한 논쟁을 벌였다. 설전이 한창일 때, ≪생활보≫의 제1면 그림에 '쇠 주먹'이 등장했다. 이때부터 '쇠 주먹'은 신중국의 사상·문화 비판운동 때마다 끊임없이 등장했으며, 일종의 상징물이 되었다. 그러나 그 당시 이것의 갑작스러운 출현은 사람을 오싹하게 했다. 샤오쥔은 즉각 이렇게 물었다. 너희들이 "샤오쥔과 ≪문화보≫를" "작살내겠다"는 거지? ⋯⋯ 1

50년이 지난 오늘날에도 독자와 연구자는 이 논쟁(어찌 되었든 이것은 필전과 설전에 불과했다)이 처음부터 이토록 강한 화약 냄새로 가득 차 있어서, 이게 도대체 어떻게 된 일인가 하고 의아해할 것이다.

이 일은 옌안 시기부터 이야기를 해야 한다. 아니면 『샤오쥔기념집』 속의 이 사진에서부터 이야기를 시작해 보자. 이것은 1938년 3월 21일 샤오쥔이 옌안에 처음 왔을 때 찍은 것인데, 왠지 모르지만 나는 이 사진을 볼 때마다 동시대 작가였던 루펀이 묘사한 그 "사나이"가 생각난다. 그는 "지팡이를 짚고 산을 걸어 내려왔는데", "그 차림새를 보면, 수많은 산을 넘고 물을 건너면서 오랫동안 여기저기 다녔다는 것을 한눈에 알 수 있다. 그러나 가진 짐은 아주 단출하여 어깨에 달랑 길이 한 자 정도 되는 작은 보따리 하나만을 비스듬히 메고 있었고, 그 안에는 고작해야 얇은 옷가지와 양말, 반쯤 낡은 신발 한 켤레가 전부였으며", "양미간에 드리워진 것은 엷은 애수라 해도 되겠지만, 아마도 산 넘고 물 건넌 피로일 것이다. 두 눈을 보면, 그 새까만 눈동자가 무엇을 응시할 때는 스스로 빛을 발했고, 깜박일 때는 그야말로 번개가 번쩍이는 것 같았다".2 그는 역사의 뒤안길을 쭉 걸어온, 물질적인 것과 특히 더 정신적인 것을 추구하면서 중국 이 땅에서 언제까지나 산을 넘고 물을 건너는 "방랑자"로, 샤오쥔은 그중 한 사람이었다.3

그가 옌안에 온 것은 영혼의 안식처를 찾기 위해서였는데, 그는 아니나 다를까 자기의 정신적 형제를 찾았다. 그날 그는 산베이공학 운동

장에서 마오쩌둥, 천윈, 리푸춘, 청팡우 등 중국공산당 지도자들과 회식을 했다. 흙먼지 흩날리는 큰바람 속에서 한 대접의 술을 돌려가며 흉금을 터놓고 통쾌하게 마셨고, 고담준론을 주고받으며 호탕하게 웃었다. "큰바람 부니 구름 흩날리네"[4]라던 그런 호기가 가슴속에 메아리쳤던 그때를 샤오쥔은 평생토록 잊을 수 없었다.[4] 샤오쥔이 중국공산당과 마오쩌둥에 대해 줄곧 특별한 감정을 지니고 있었던 것은 아마도 그가 받은 이 첫인상과 관계가 있을 것이다. 마오쩌둥도 샤오쥔에게 보내는 편지에, "자네는 대단히 솔직담백하고 호탕한 사람이라 자네와는 말이 통하는 것 같네"라고 쓴 적이 있다. 어떤 의미에서 볼 때, 구중국의 반항아들이었던 마오쩌둥과 옌안 시기의 중국 공산주의자들의 그런 그칠 줄 모르는 추구와 거리낌 없는 호방한 기질은 샤오쥔과 확실히 서로 통하는 데가 있었다.

샤오쥔은 옌안에 도착하자 자연히 친근감을 느꼈다. 그러나 다른 지식분자와는 달리, 그는 옌안을 발견했으나 옌안을 생명과 영혼의 마지막 귀착지로 여기진 않았다. 진정한 방랑자에게 정신적 성지(聖地)는 루쉰의 「과객」에서 그 "목소리"가 늘 "앞쪽"에서 사람들을 부르고 있듯이 언제나 "먼 곳"(피안, 별세계)에 있었다. 그들이 보기에 어떠한 현실 생활에서든 절대적이고 고착된 성지는 모두 환상이었으며, 그들에게는 본능처럼 경계하는 마음이 있었다. 이리하여 1938년 샤오쥔은 옌안에 왔다가 이내 옌안을 떠났고, 1940년 또 국민당의 전제 통치를 견딜 수 없어 다시 옌안 땅을 밟았는데, 샤오쥔에게는 이런 것이 아주 자연스러운 일이었다.

이번에 다시 왔을 때, 처음에는 옛날처럼 옌안의 자유로운 분위기에 도취해 있었다. 그래서 옌안 사람들은 매일 아침 란자핑 산기슭에서 들

---

4) "大風起兮雲飛揚", 『史記』, 「高祖本紀」.

려오는 노랫소리를 들을 수 있었다. 그것은 바로 샤오쿤과 화가 장딩이 한 사람은 바리톤으로, 다른 한 사람은 테너로 "동지들, 태양을 향하고 자유를 향하세, 저 광명의 길을 향하세. 보라, 그 암흑은 이미 사라지고, 찬란한 빛 눈앞에 있네. …… "5를 함께 부르는 소리였다. 자유자재로 부르는 그 노랫소리 속에는 자유의 정령이 날아다니는 듯했다. 샤오쿤은 심지어 연보라색에다 흰색 꽃무늬 수로 가장자리를 장식하고, 가슴에는 푸른 나뭇가지 도안까지 박은 러시아풍 셔츠('루바슈카')를 손수 디자인하여 맞춰 입고는 자신을 아주 재미있게 꾸몄는데 정말 멋졌다.6 샤오쿤의 이 모든 것이 당시의 옌안에서는 특별해 보였고, 이런 특별함은 사실상 위험을 배태하고 있었지만, 샤오쿤은 조금도 눈치채지 못하고 기탄없이 계속 그의 야성을 드러냈다.

나중에 '후펑 분자'가 된 류쉐웨이는 만년이 되어서도 다음의 일을 기억하고 있었다. 하루는 그가 장원톈 거처에서 나오는데, 경호 중대의 병사가 샤오쿤과 말다툼을 하고 있었다. 가까이 가서 보니, 샤오쿤이 웃통을 벗어 던지며 싸움을 하려는 중이었다. 물어보니, 샤오쿤이 길을 가고 있는데 어떤 병사가 산 위에서 그를 빈정댔고, 한 번도 아니고 해서 이번에는 그 병사와 결투를 하겠다는 것이었다. 류쉐웨이는 이 일이 샤오쿤은 "무식꾼과는 싸울 가치도 없다"라고 생각하는 그런 지식분자의 우월감은 없고, "혈기 왕성한 용기"에 연연했음을 보여준 사건이라고 생각했다.7 아마도 일리야 있겠지만, 노동자·농민과의 결합을 강조하던 옌안에서는 유별나게 보일 수밖에 없었다.

그런데도 샤오쿤은 입당을 요구했으며, 또 당시의 중앙당교5) 부교

<hr>

5)　중앙당교(中央黨校)는 중공중앙당교(中共中央黨校)의 약칭이며, 중국공산당의 고급 간부를 양성하는 기관이다.

장 펑전과 중대하고 의미심장한 대화를 나눈 적도 있다. 펑전이 그에게 물었다.

> 당의 원칙에 소수는 다수에게 복종하고, 하급은 상급에 복종하고, 지방은 중앙에 복종하기로 되어 있고, 자네를 지도하는 사람의 업무 능력이 반드시 자네보다 뛰어나다고는 할 수 없을 텐데, 자네는 실제로 복종할 수 있겠는가?

샤오쥔은 딱 잘라 말했다.

> 할 수 없습니다! 나는 옳지 않다고 생각하면 바로 반대합니다! 복종한다든가 시키는 대로 한다는 것은 더더욱 할 수 없습니다! 누군가가 나에게 명령하고, 나에게 지시하면, 나는 당장에 생리적 반감이 생깁니다. 이것이 나의 약점입니다! 극복하기 힘든 약점입니다! 아무래도 나는 당 밖에 있는 것이 낫겠습니다! 당에 폐를 끼치고 싶지 않습니다![8]

여기서 드러난 것은 집권·질서·규범에 대한 요구와 방랑자 개인의 독립적이고 반항적이고 자유로운 천성 사이의 충돌인데, 이것은 샤오쥔의 앞으로의 운명을 거의 결정지었을 뿐만 아니라 그의 장래의 운명을 예고하고 있었다.

샤오쥔도 차츰 자신과 옌안이 뭔가가 잘 맞지 않는 데가 있음을 발견하고는 떠나야겠다는 생각을 다시금 하게 되었으나, 마오쩌둥의 권유로 또 눌러앉게 되었다.[9] 샤오쥔은 「동지의 '사랑'과 '인내'를 논함」을 써서 자신의 소견으로서 마오쩌둥에게 제출하기도 했는데, 동지 간의 "설득과 교육과 이해"를 호소하고, 혁명 대열 안팎 및 자기 마음속의 "사탄"

을 포함하여 "언제 어디서나 추악함과 불의"와 싸워야 한다는 것이 이 글의 요지였다. 이 글은 마오쩌둥의 검토를 거쳐 수정된 후, 1942년 4월 8일 옌안 ≪해방일보≫에 발표되었으나,[10] 몇 년 후에는 오히려 "재비판(再批判)"의 표적이 되고 말았다. 마오쩌둥이 샤오쥔과 샤오쥔의 글에 대하여 앞뒤 입장을 달리했다는 것은 사실상 자기 자신의 내적모순을 더욱 깊이 반영해 주고 있다.

반항아이면서 정신 탐구자였던 마오쩌둥으로서는 샤오쥔이 분명 마음에 들었지만, 마오쩌둥이 새로운 사회질서를 확립하고 이런 질서를 유지하고자 할 때에 샤오쥔 같은 영원한 반항아를 더 이상 용인하기란 쉽지 않은 일이었다. 샤오쥔이 옌안에 있을 때 일어났던 여러 가지 충돌의 근본적인 원인은 아마도 여기에 있었을 것이다.

최초의 충돌은 왕스웨이 사건에서 비롯되었다. 왕스웨이 사건은 마오쩌둥이 직접 관여한 것으로, 누가('당', 아니면 왕스웨이 같은 '지식분자') '지휘권을 잡느냐' 하는 원칙 문제로 받아들여졌기 때문에[11] 특별히 심각할 수밖에 없었다. 샤오쥔은 본래 이 일과 무관했는데, 우연히 다른 사람을 따라서 왕스웨이를 비판하는 집회에 갔다가, 회의장에서 많은 사람이 왕스웨이 한 사람을 공격하는 것을 보고는 즉석에서 고함을 질렀고, 회의가 끝난 후 길에서도 거리낌 없이 왕스웨이에 대한 비난은 "누명을 뒤집어씌우는 것"이라며 비판했다. 이 말은 상부에 보고되었고, 샤오쥔에게는 "비판 대회에 손상을 입혔다"라는 죄명이 씌워졌다.[12]

샤오쥔은 즉각 진상을 설명하고 태도를 밝히는 「비망록」을 써서 마오쩌둥에게 올리는 한편, 2000여 명이 참가한 '루쉰 서거 6주년 추모대회'에서도 낭독했다. 이 일은 바로 대중의 분노를 사게 되었으며, 듣건대 딩링·저우양·천쉐자오 등 당 안팎의 작가 일곱 명이 교대로 나서서 샤오쥔과 설전을 벌였다고 한다. 대회 의장 우위장이 일어나서 중재에 나섰다. "샤오쥔 동지는 우리 당의 좋은 친구입니다. 그가 오늘 이렇게 화를 내는 데는 우리의 방식과 방법에 문제가 있음이 분명합니다. 다 함께 단결을 중시하고, 서로가 자기반성을 하도록 합시다!" 샤오쥔은 이 말에 크게 감동해서 그 자리에서 바로 말했다. "제가 먼저 반성하겠습니다. 99%는 모두 제 잘못입니다. 어떻습니까? 그렇다면 여러분들도 여러분의 1%를 생각해 봐야 하지 않겠습 ……." 말이 채 끝나기도 전에 딩링이 반박했다. "우리는 하나도 틀린 게 없소, 당신이 100% 틀렸소! 샤오쥔, 잘 들으시오. 우리 공산당은 친구가 세상에 널려 있어서 샤오쥔 당신 한 사람 잃어도 구우일모(九牛一毛)에 불과하오. ……" 샤오쥔이 책상을 치며 발끈 화를 내어 말했다. "그래, 좋소이다. 당신네는 친구가 세상에 널려 있다니까, 나라는 이 '털'은 절대로 당신네 '소'에 달라붙지 않을 것이외다. 그러니 당신네 '소'도 이 '털'에 닿지 마시오. 이제부터 우리는 별 볼 일 없소. 제기랄!" 이렇게 고함을 지르고는 자리를 박차고 나가버렸다.[13]

1943년에 이르러 샤오쥔은 자신이 머물고 있던 중앙 조직부 초대소 소장과의 충돌로 인해, 정말로 '국가 간부'의 신분을 버리고 옌안의 시골로 내려가 농민이 되어 구속받지 않는 일반인의 삶을 살게 되었다. 나중에 마오쩌둥이 자신의 비서 후차오무를 시켜 샤오쥔을 찾아가 보도록 하자, 샤오쥔은 그때야 다시 옌안으로 돌아왔다.[14] 이렇게 정풍(整風)을 거쳐, 옌안의 (작가를 포함한) 대다수 지식분자는 정도는 다르지만 모두 귀의가 시작되었거나 끝났지만, 샤오쥔은 예전과 다름없는 정신적 방랑자였고, 길들지 않는 야생마였다.

항일전쟁의 승리로 기뻐 어찌할 바를 모르던 샤오쥔은 대군을 따라 둥베이 고향으로 돌아왔는데, '금의환향'한 셈이었다. 그는 하얼빈에서 50일에 걸쳐 매일같이 하루에 한두 차례에서 세 차례까지 대중 강연을 하여 이례적인 환영을 받았으며, 또 중국공산당 둥베이국 선전부의 지원으로 루쉰출판사와 ≪문화보≫를 설립하여 자신이 편집장을 맡았고,[15] 신문은 급속히 대중 사이에서 강한 반향을 일으켰으며, 발행부수도 급속도로 늘어나 매달 7000~8000부에 이르렀다.

샤오쥔은 이 모든 것에 만족했고 심지어 다소 도취했으나, 생각지도 못한 위험이 이미 그를 향해 다가오고 있었다. 어떤 호의적인 친구는 그에게, 대중 사이에서 영향력이 지나치게 큰 것은 결코 좋은 일이 아니며, "자네도 옌안에서 오긴 했지만, 자네는 공산당원이 아니다"[16]라는 점을 알아야 한다고 귀띔해 주기도 했다. 이 한마디가 본질을 밝혔다. '당이 모든 것을 영도'하는 시대여서, 당 밖에서 독립적으로 존재하는 어떠한 개인일지라도 대중 속에서의 위신은 그 당시에는 당을 향한 권력 탈취, 즉 민중을 영도하려는 권력으로 비칠 수 있었다.

앞서 마오쩌둥이 말한 "누가 지휘권을 잡느냐" 하는 것은 바로 이 원칙의 문제였다. 샤오쥔과 왕스웨이가 범한 것도 이 같은 금기 사항이었다. 하물며 샤오쥔은 강연에서나 신문에 발표하는 글에서나, 자신이 늘 하는 말, 즉 "한 국가나 한 민족 그리고 한 '사람'으로서 모두 자신의 자존심이 있어야 하고, 외부로부터의 어떠한 모욕과 모독도 용인해서는 안 되며", "나에게는 나의 사상·관점·인식·주장을 남에게 강요할 권리가 없다"라는 등[17]을 선양하고 있었으니 더 말할 것도 없었다. 이것은 모두 전형적인 5·4 시기의 계몽주의 언어로서, 혁명 언어의 권위를 확립해야 했던 그 시대에 가볍게는 시대착오였고, 엄중하게는 언어의 주도권을 쟁탈하고 있는 것이었으나, 천진한 이상주의자이자 개인주의자였던 샤오쥔은 자연히 이 일체를 알았을 리도 생각했을 리도 없었지만, 그는 이 알지 못함 때문에 대가를 치러야만 했다.

1947년 여름, 하얼빈에 또 ≪생활보≫라는 신문이 창간되었다. ≪문화보≫와 같은 크기였고, 역시 닷새에 한 번씩 발간되었으나, 신문 표제가 홍색인 데다가 순백색 종이로 인쇄하여, 가무퇴퇴하고 누리끼리한 ≪문화보≫[6]와는 아주 대조적이어서, 당시 샤오쥔의 느낌으로는 '공작과 까마귀의 대비'였다. 그리고 이 신문은 중국공산당 둥베이국 선전부가 주관했고, 선전부 부부장 류즈밍이 지휘했으며, 편집장은 1930년대 '국방문학'파의 극작가 쑹즈더였다. ≪생활보≫ 창간호는 제1면 복판에 눈에 띄게 까만 테두리를 친 「금고왕통」이라는 제목의 단문을 게재하여, 수(隋)말의 어느 "황당무계한 사람"을 이야기하는 척하여 "남의 명망을 이용하여 자기를 돋보이게 함으로써 독자를 위협하고", 민중을 현혹하는 "오늘날의 왕통"에게 주의를 주었다. 그 예봉이 가리키는 바는 더할 나위 없이 명백했으며, 이것은 1차 경고였고, 샤오쥔의 친구가 말했던 "권력 탈취"를 뒤집으려는 신호였다.

그러나 정치에 대해 아무것도 모르는 샤오쥔은 자신에게로 전해오는 너무나 분명한 메시지를 제대로 읽지 못하고, 여전히 자기가 익히 잘 알고 있는 5·4 개성주의와 자유주의의 사고방식으로 자신과 ≪생활보≫의 충돌을 이해하고 처리했으며, 쑹즈더 등 몇몇 사람이 자기 개인을 공격하는 것으로만 생각하여 즉각 반박했고, 정상적인 논쟁을 통해 시비를 가리기를 희망했을 뿐, 쑹즈더 등이 대표하는 것은 중국공산당 1급 당 조직의 의지이며, 그에게 요구하는 것은 무조건 복종과 자아 개조이지 변론이 아니라는 점을 전혀 의식하지 못했다. 샤오쥔은 동시대의 후펑과 동일한 성격의 역사적인 잘못을 저질렀다.[18]

샤오쥔이 그 신호 소리를 듣지 않았으니(알지 못한 데서 비롯되기는 했지만) 이어지는 것은 무자비한 공개 폭로와 타격이었다. 1948년 8월 26일,

---

6)   원저에는 ≪생활보≫라고 되어 있으나, 앞뒤 내용으로 미루어보아 착오로 여겨져 ≪문화보≫로 정정했다.

≪생활보≫는「≪문화보≫의 황당한 논리를 질책함」이라는 사설을 발표하여, '8·15' 일본 항복 3주년을 기념하는 ≪문화보≫ 사설 중 한 구절("각양각색의 제국주의─우선 미제국주의 …… ")과 그 시기에 발표한 한 편의 글(「와서 돌아가지 않으면 도리가 아니지」, 이 글은 러시아 거류민과 현지 중국 주민의 충돌을 언급했다), 그리고 샤오쥔이 1945년 항일전쟁 승리 때 썼던 고시 중에 나오는 "기두지전(其豆之煎)"[7]을 책잡아, ≪문화보≫와 그 편집장 샤오쥔에게 "중국과 소련 간에 민족 증오를 부추기고", "인민의 해방전쟁"에 반대한다는 꼬리표를 붙였고, 샤오쥔은 스스로 "구세주"라 자처하며, "공산당이 인민의 구세주라는 이 기본적인 진리"를 "고의로 망각하려 한다"라며 비난했다.

이것을 시작으로 ≪생활보≫는 사설 여덟 편을 잇달아 발표하고, 작가와 독자를 조직하여 비판하는 글을 써서, 샤오쥔과 ≪문화보≫에 대해 조직적이고 주도적이고 계획적으로 대대적인 성토를 감행했다. 그러나 샤오쥔은 여전히 자각하지 못하고 계속해서 "이것은 당의 취지가 아니며, 나와 아무개는 끝나지 않았고, 이다음에 중앙에서 마오(毛) 주석을 만나게 되면 누가 옳고 누가 그른지 분명하게 밝혀질 것이다"[19]라고 주장했다. 한 걸음 더 나아가 평소처럼 거리낌 없는 태도로, 무슨 "'꼬리표를 제멋대로 붙이는' 주의(主義), 함부로 남의 죄를 날조하는 주의, 이런 것들은

---

7) 중국 위나라 때 조식(曹植)의 「칠보시(七步詩)」에서 유래한 자두연기(煮豆燃其), 즉 콩을 삶는데 같은 뿌리에서 나서 자란 콩깍지를 태운다는 뜻으로, 같은 부모를 둔 형제가 서로 시기하고 다투는 골육상쟁을 비유적으로 이르는 말이다. 당시 샤오쥔은 국공내전(중국의 정통 정권을 쟁탈하기 위한 중국 국민당과 중국공산당 간의 전쟁)을 반대하는 자신의 칠언율시 「기두비(其豆悲)」로 인해, "시비를 전도하고, 인민 해방전쟁의 아군과 적군을 같은 뿌리에서 자란 친형제에 비유한 것은 '반인민의 입장에 선 것이 분명하다'"라는 질책을 받았다고 한다. 彰無忌, 「蕭軍百年祭(連載二)」, 『文史精華』(2006년 제11기)에서 인용했다.

봉건사회나 과거 위만(僞滿)[8] 내지는 국민당 반동파가 즐겨 사용하던 수법이며", "모든 인민에게 혀와 입을 놀리지 말고 다소곳이 복종하게 하여, '소리 없는 하얼빈이나 해방구'를 만들려고 한다"[20]라며 맹렬하게 반격했다. 그를 비판하는 사람들이 볼 때 자연히 이것은 당 전체에 대항하고 있는 것이었다.

이리하여 마지막 카드를 꺼내 들었다. 1949년 5월, 먼저 둥베이 문예협회가 「샤오쥔 및 그의 ≪문화보≫가 저지른 잘못에 관한 결론」을 작성하고, 마지막에 중국공산당 중앙위원회 둥베이국이 「샤오쥔 문제에 관한 결정」을 발표하여, 샤오쥔이 "언론으로 인민 정부를 비방하고, 토지개혁을 모독하고, 인민 해방전쟁을 반대하고, 중소 우의에 금이 가게 했다"라는 공식적인 결론을 내렸으며, 아울러 "샤오쥔이 자신의 잘못을 끝까지 고집한다면, 그의 황당무계한 언론은 장차 봉건 계급과 제국주의 세력이 중국 인민에 의해 전복된 후 찾을 수밖에 없는 반혁명적 정치 수단으로 전락하게 될 것이고", 이리하여 "인민의 문화 행렬에서 완전히 자멸하게 될 것이다"라고 경고했는데, 이 말이 뜻하는 바도 명약관화했다.

중국공산당 둥베이국의 결정에 따라, 1949년 6월부터 둥베이 전 지역의 당 안팎과 각 기관·학교·직장에서 장장 3개월에 걸쳐 "샤오쥔의 반동사상과 이와 유사한 기타 반동사상에 대한 비판"을 대대적으로 전개했는데, 이것은 이미 샤오쥔 한 사람을 겨냥한 것이 아니라, 중화인민공화국 건국 후 끊이지 않았던 범국민적인 대규모 비판운동의 서막이었다.

이번 대규모 비판의 실제 조직책이면서 당시 둥베이국 선전부 부부장이었던 류즈밍이 쓴 장문의 「샤오쥔 및 그의 ≪문화보≫가 저지른 잘

---

8) 9·18 사변(만주사변)에 의해 중국 둥베이 지역에 세워졌던 일본의 괴뢰국(만주국) 정부(1932~1945)를 말한다.

못에 대한 비판」은 이론상의 총결산인 셈이었으며, 그 후 이것과 앞에서 말한 「결론」·「결정」 및 ≪생활보≫에 발표했던 비판문들을 한데 합치고, 또 「샤오쵠이 ≪문화보≫에서 내뱉은 독설」을 부록으로 하여, 『샤오쵠 사상 비판』이라는 책을 만들었다(작가출판사, 1958).

논쟁하던 쌍방의 글을 오늘날 사람들이 다시 읽어보면, 서로 다른 두 종류의 언어가 대치하고 있으며, 샤오쵠이 견지했던 5·4 계몽주의 언어가 극심한 비판을 받았음을 분명히 알 수 있다. 그 예로, 샤오쵠이 젊은이들에게 인생에 우여곡절이 있을 때는 "조금도 신음하지 말고 하소연은 더더욱 하지 말 것이며, 남의 동정을 바라는 것은 곧 약자의 행위이니 우리는 강자가 되어야 한다"라고 훈계한 적이 있는데, 이것은 원래 전형적인 5·4 개성주의 언어인데도, 비판자들은 "극단적 개인주의"(혹은 "개인영웅주의")를 선전하는 것이며, 모든 것을 "집단(계급, 인민, 공산당)"에 의지하고 "개인의 이익을 무조건 인민의 이익에 종속시키는" "집단주의"에 대항하는 것으로 생각했다.[21]

샤오쵠이 ≪문화보≫에 「꽃 도둑」이라는 단문을 발표하여, "남에게 피해를 주고 자신에게도 이득이 없는 마음씨"를 비판한 것은 분명 국민성 개조라는 5·4의 사상을 고취한 것이지만, 비판자는 그가 "태양 속의 흑점을 열심히 찾아내어 확대하고 추하게 묘사하는 것"은 "해방구의 인민을 모독하고 공격하는 것"이라고 말했다.[22] 샤오쵠의 5·4 인도주의 정신의 견지가 비판자의 붓끝에서는 "소자산계급의 초계급적 관점(을 선전하고), 계급과 계급투쟁설에 반대"[23]하는 것이 되고 말았다. 더군다나 샤오쵠의 5·4 구국·애국 주제의 계승과 발양에 대해 비판자는 "편협한 민족주의", 즉 "자산계급의 민족주의"를 고취하고 "무산계급의 국제주의에 반대하며 사회주의 국가의 단결에 반대"[24]하는 것으로 간주했다.

여기서 펼쳐지고 있는 것은 바로 언어 권력 쟁탈전이며, 비판자는 샤오쥔이 "혁명 진영에 반동사상을 유포하여, 우리의 통일 의지를 이완하고 파괴하려 하고, 우리의 사상 전선을 혼란케 하고, 우리의 정신적·이론적 통일과 집중을 약화하려 한다"[25]라며 호되게 질책했는데, 말한 것도 이런 뜻이었다. 그 결과, 논쟁의 한쪽은 자신이 장악한 정치·경제 권력을 이용하여 상대방의 언어 권력을 원천적으로 박탈하여, 정신과 이론적으로 절대적인 통일과 집중을 유지하고, 의심의 여지가 없는 혁명 언어의 권위를 확립하게 되었다. 이런 결말과 해결 방식은 그 영향이 심각했다.

사람들은 이 논쟁을 회고할 때, 중국공산당 중앙위원회 둥베이국의 「결정」 중 한 대목에 주의를 기울이게 될 것이다.

> 제국주의·봉건주의 통치로부터 억압당할 때 샤오쥔은 이런 통치에 반대했지만, 막상 …… 새로운 통치 체제가 정말 확립되어 이 통치가 인민의 이익을 좇고 샤오쥔 같은 개인의 이익을 좇지 않자, 샤오쥔은 태도를 바꿔 인민의 통치에 반대했다.[26]

샤오쥔이 "인민의 통치에 반대했다"라는 판결은 분명 사실과 부합하지 않지만, 제기된 문제는 본질적인 것, 즉 지식분자와 "새로운 통치(정권)"와의 관계였다. 이것은 1948년으로서는 절박하게 그 답을 기다리고 있던 현실적인 정치 문제였으며, 지식분자 자신이건 새 정권 측이건 간에 모두 그러했다. 이것은 당시 논쟁의 핵심이기도 했다.

그래서 우리는 샤오쥔과 비판자 간의 논쟁에 주의를 기울이게 된다. 먼저 ≪생활보≫가 샤오쥔의 소련에 대한 태도를 비판할 때, "우리는 반드시 무조건 소련을 옹호해야 하고, 소련을 신봉해야 하고, 소련을 존중해야 한다"라는 점을 제기했다. 그러자 샤오쥔은 다음과 같이 반박했다.

우리 ― 중국인 ― 가 소련을 옹호하는 데는 '조건이 있다'. 첫째, 소련은 사회주의 국가이고, 둘째, 소련은 세계 최초로 평등하고 진정한 우의 …… 로써 피압박민족 ― 우선 중화민족 ― 을 대하는 국가이며, 이 두 가지 전제 조건하에서만 중국 인민, 세계 인민, 중국공산당, 세계 공산당은 '무조건' 소련을 옹호할 수 있고, 소련을 신봉할 수 있고, 소련을 존중할 수 있으며 …… 이것 외에 다른 것은 없다.[27]

여기서 말한 것은 물론 소련에만 국한된 것은 아니었다. 이것은 샤오쳰 같은 지식분자의 기본 입장과 원칙의 표명이었다. 모든 것 ― 국가·정당·정권·학설 등 ― 에 대한 그들의 옹호·신봉·존중에는 "조건이 있었으며", "무조건"적이지 않았다.

구체적으로 말하자면, 샤오쳰은 두말할 것도 없이 중국공산당과 그 영도하의 새 정권을 옹호하고 신봉하고 존중했으며, 그래서 비판자가 그를 "당에 반대하고, 인민에 반대하고, 신중국에 반대하는" 정치상의 반대파로 간주한 것은 그의 이처럼 강한 반감을 불러일으킬 수밖에 없었다. 그러나 그의 옹호·신봉·존중에는 또 조건이 있었다.

첫째, 그는 "중국공산당의 기본 정책과 방침, 신봉하는 주의(主義)"가 "옳다"라고 인정했기 때문에, "참으로 훌륭한 공산당원들"의 행위·태도·정신에 대하여 그는 어떠한 "의심"도 없었다. 이것은 그가 독자적으로 관찰·사고하고 자각적으로 선택한 결과여서, 비판을 받은 이후임에도 불구하고 그는 신념이 일치하기 때문에 중국공산당에 대해 계속 지지하는 태도를 보였다.

둘째, 그는 "옹호하고, 신봉하고, 존중하는" 동시에 "당내의 일부 나쁜 현상과 일부 나쁜 사람"에 대해서는 여전히 "불만"이어서, 독자적인 비평 내지는 비판의 권리를 남겨놓고자 했으며, 그가 비판을 받은 후에 더욱 견지하고자 했던 것도 바로 이런 권리였다. 그가 볼 때, 옹호와 비평·비판은 절대로 대립하지 않고 상부상조하며, 어느 하나라도 빠져서는 안 되는 것이었다.

셋째, 만약 옹호 대상 자체에 질적 변화가 생겨 옹호의 전제를 상실하게 되었을 때는, 그는 필요하면 반대할 수 있는 자신의 권리를 남겨놓고자 했다.[28] 샤오쥔은 이런 입장과 태도로 일관했고, 옌안 시기의 중국 공산당과 그 지도자는 "옹호도 하면서 독자적인 비판의 권리도 유지하려는" 샤오쥔의 이런 선택을 용인해 주었기 때문에 종종 충돌이 발생하긴 했지만, 그래도 그와 양호한 협력관계를 유지할 수 있었다. 그러나 지금 새 정권의 수립을 앞두고, 사상·이론과 정신·의지 그리고 정치와 조직 방면에 고도의 집중과 통일이 요구되는 때에, 샤오쥔 같은 지식분자가 변함없이 독자성을 견지하려 했으니(샤오쥔의 입장에서는 옹호를 전제로 한 독자성이긴 했지만), 더 이상 받아들여지고 용인되기는 어려웠다. 그래서 샤오쥔을 비판할 때 나온 경고가 샤오쥔 한 사람만을 겨냥한 것이 아니었음은 두말할 필요도 없다.

이후의 전개를 놓고 이 당시 비판을 본다면, 이것은 여러 방면에서 선례를 남겼다.

예를 들면, 이 비판은 새 정권하에서의 언론 자유의 문제를 처음으로 언급했다. 이에 대한 것으로는 앞서 말했던 둥베이 문예협회의 「샤오쥔 및 그의 ≪문화보≫가 저지른 잘못에 관한 결론」 중에 다음과 같은 결론이 있다.

우리는 이른바 언론의 자유와 비판의 자유에는 특정한 역사적 내용과 계급적 입장이 있으므로, 인민민주주의에 입각한 신중국에서는 인민에게 유익하기만 하고 해롭지는 않은 모든 언론과 비판에는 마땅히 자유가 있어야 하지만, 샤오쥔이 했던 반동적인 발언처럼 어떤 언론이나 이른바 '비판'이 인민의 근본적인 이익에 직접 반대하고 나선다면 자유가 있어서는 안 된다고 생각한다.[29]

이것 또한 '우리'체의 권위적인 판결이며, 이후에는 토론이 필요 없는 전제가 되어버렸다. 사실, 이 전제는 상당히 의심스럽고 심지어 위험하기까지 하다. 왜냐하면 이것은 "인민의 근본적인 이익에 유리한지 아닌지"를 언론 자유의 척도로 삼았는데, 이것은 비합법적이면서 이념적 성질이 농후한 기준이고 이것에 대한 해석이 상당히 신축적이고 주관적이며, 어떠한 집권자라도 이 기준이 내포하고 있는 '내가 너를 유죄이다(인민의 근본적인 이익에 어긋난다)라고 하면 너는 그냥 유죄인 것이다'라는 논리에 따라, 자신과 견해가 다르기만 하면 누가 됐든 그의 언론 자유를 박탈할 수 있기 때문이다. 샤오쥔의 비판자였던 류즈밍 자신도 20년 뒤 '문화대혁명' 때 이와 동일한 논리에 의해 심판대에 세워졌다. 이런 비판자는 피비판자라는 운명의 비극에서 벗어나기 어려운데, 공화국의 역사 속에서는 아마도 드문 일이 아닐 것이다.

둥베이국 「결정」 중 제일 마지막 조항은 "샤오쥔의 문학 활동에 대한 물질적 지원의 중단"이었다. 이 조항이야말로 샤오쥔에게는 정말 치명적이었다. 샤오쥔의 아내 왕더펀이 훗날 「샤오쥔 약력 연표」에서 기술한 바와 같이 "종이 공급이 중단되었고 은행 대출이 취소되었으며, ≪문화보≫의 각 대리점은 판매 대행이 금지되었고, 각 학교와 직장은 구독을 불허했으며", "각종 행정 수단"의 개입하에 ≪문화보≫는 어쩔 수 없이 폐간되었고, 샤오쥔 자신마저도 고분고분하게 조직의 배치에 따라 푸순 탄광에 가서 "사상개조"를 할 수밖에 없었다.[30]

이것은 바로 중국 지식분자의 운명의 근본적인 변화를 의미하고 있는데, 국가가 모든 것을 통제하는 체제하에서 집권자의 물질적인 지원을 잃은 지식분자는 아무 일도 할 수 없었으며, 강대하고 무소부지한 행정수단 앞에서는 어떠한 독자적인 선택도 거의 불가능했다. 이런 의미에서 샤오쳰 개인이 주관했던 ≪문화보≫의 폐간은 하나의 상징이었다. 이때부터 자유직업인으로서의 지식분자는 더는 존재하지 않게 되었으며, 모든 지식인은 국가의 고용원이 되었고, 그들의 정신노동도 국가가 계획한 궤도 속으로 완전히 끌려 들어가게 되었다.

샤오쳰에 대한 비판은 '대비판(大批判)'적 사유(思惟)와 '대비판'적 문체를 창출했는데, 류즈밍의 장문의 총결산이 바로 그 대표작이다. 이른바 '대비판'적 사유라는 것은 다음과 같은 사유 방식을 말한다. 먼저 피비판자를 유죄로 판정하고(혹은 한정된 자료에만 근거하여 정치노선의 원칙에서 검토한 후 어떤 죄명을 정하고), 그런 다음 다시 사방에서 죄증을 수집하는데, 마치 이웃이 도둑인지 의심하던 그 옛사람처럼 비판자의 눈에는 피비판자의 일언일행이 모두 "다른 저의가 있는 것"으로 보여, 글의 여기저기서 죄악의 동기를 찾았다. 그리하여, 갑을 을로 착각하거나(샤오쳰 소설 속 인물의 사상과 심지어 작가가 비판한 사상까지도 작가 본인이 해로운 사상을 퍼뜨리는 것으로 간주했다), 혹은 거두절미하고(예를 들면, 샤오쳰은 「신년사」에서 잘못된 경향들을 많이 열거해 놓고, "당·정부·군·민을 막론하고 잘못을 범한 자는 모두 …… 반대하는 부류에 든다"라고 했는데, 비판자가 "잘못을 범한 자"라는 이 수식어를 삭제해 버리니, "당·정부·군·민" 전체에 대한 전면적인 부정과 모독이 되어버렸다), 혹은 교묘한 수단으로 남몰래 바꾸고, 심지어는 내용이나 본질을 몰래 바꾸기도 했다. 예를 들면, ≪문화보≫에 게재되었던 「어릿광대의 잡담」이라는 글 중에 "어릿광대가 권력을 장악하자, 멀쩡한 사람은 모두 아무렇게나 능욕당하는 '무능한 광대'가 되었다"라는 구절이 있는데, 이것은 본래 사회현상을 두루 가리키는 것이었으나, 비판자는 "어릿광대가 권력을 장악하자"라는 구절을 "공산당이 그런 '어릿광대가 권력을 장악'하도록 내버려 두어"로 바꾼 다음, 그것을 작가의 관점으로 삼아 공격했다.[31] 이런 대비판적인 글들은 겉으로는 혁명적 의분으로 충만해 있는 것 같지만 실은 죄명을 날조하여 극단의 수단을 쓰지 않는 곳이 없었으며, 몹시 나쁜 영향을 끼쳤다.

둥베이 문예협회의 「결론」중에 나오는, "중국의 진보 문예계에 혁명 성향의 소자산계급 지식분자가 아직 다수를 차지하고 있는 이상", "중국의 반혁명적인 구세력도 진보 문예계 중의 일부 불온 분자들에게 어느 정도 반영되지 않을 수 없다"라는 구절도 상당히 사람의 이목을 끈다. 이것은 "계급투쟁 중 일종의 현상"[32]이었다고 하는데, 아마도 이후에 흔히 말하던 '새로운 동향'일 것이다. "혁명적인 소자산계급 지식분자"에 대한 특별한 경계와 "진보 문예계"중의 일부 사람들에 대한 불신임은 모두 불길한 예고였다. 특정한 의미에서, 이 책의 제2장에서 말했던 남방(홍콩)의 후평에 대한 비판과 이때 북방이 전개한 샤오쥔 비판은 서로 호흡을 같이했다. 샤오쥔의 운명은 후평을 기다리고 있었다.

이 대비판에 대해 아무런 마음의 준비도 없었던 샤오쥔 본인의 반응은 자연히 사람들의 관심사가 되었다. 둥베이국의 「결정」은 샤오쥔이 "잘못을 인정하는 태도를 보이기 시작했다"라고 말해놓고, 또 "이런 태도는 아직도 중요한 것은 회피하고 지엽적인 것을 입으로만 말하는 것에 불과하다"[33]라고 했다. 들리는 말에 의하면, 샤오쥔은 둥베이국의 공식적인 결론에 서명날인 하는 것을 거절했다고 한다.[34]

샤오쥔이 그 당시 보여줬던 여러 가지 태도에 대한 구체적이고 생동적인 회상과 술회가 1980, 1990년대에 많이 있었다. 듣건대, 류즈밍이 그 장문의 비판문을 쓰려고 할 때, 표적으로 삼을 샤오쥔의 지난날의 작품이 필요했는데, 샤오쥔이 자진해서 제공했다고 한다. 류즈밍은 글을 다 쓴 뒤 샤오쥔에게 보이며 물었다. "어떤가?" "별로야!" "왜?"

샤오쥔이 고개를 가로저으며 웃으며 말했다.

만약 내가 샤오쥔을 비판한다면 이렇게 안 써. 당신은 샤오쥔을 늑대·
벌레·호랑이·표범, 또 무슨 독수리·사자 등 맹수에 비유했지만, 맹수
가 어쨌든 발바리는 아니잖아! 당신도 기억하고 있을 거야. 루쉰이 말
했던 적이 있지. 자신의 살점을 독수리에게 먹이고 호랑이에게 먹일지
언정 발바리에게는 주지 않겠다. 비루먹은 개를 살지게 키워놓으면 제
멋대로 돌아다니고 함부로 짖어대는 것이 그 얼마나 밉상스러운가!
라고.

그 후 비판의 기세가 날로 드높아지자, 샤오쥔은 또 류즈밍에게 말
했다. "당신이 나를 밥 한 그릇 적게 먹고, 잠 한 시간 적게 자게 할 수만
있다면, 나는 당신을 존경해 마지않을 것이다!" 류즈밍이 말했다. "자네,
공산당한테 무슨 경골 자랑하는 거야!" 샤오쥔이 반문했다. "그렇다면 공
산당은 칼슘이 부족한 연골만 필요한가?" 샤오쥔은 선양을 떠나 베이징
으로 갈 때 류즈밍에게 또 이렇게 말했다.

우리 둘은 계산이 끝나지 않았어! 하지만 오늘 계산하지는 않겠어. 20년
후에 우리 다시 계산하자. 당신의 신문이 확실한 증거이고, 인쇄된 글
씨를 지워버릴 수도 닦아버릴 수도 없기는 내 것도 마찬가지니, 20년
후에 다시 보자![35]

또 어떤 사람이 회고하기를, 샤오쥔은 비판을 받은 후 첫째, 자살을
하든지, 둘째, 정신병에 걸리든지, 셋째, 더 이상 작품을 써낼 수 없든지,

이 세 가지 길뿐일 것이라고 샤오쥔의 친구가 예상했지만, 샤오쥔은 끝끝내 승복하지 않았으며, 처분을 받고 선양으로 가는 기차 안에서 평소처럼 쿨쿨 잠을 잤는데, 코 고는 소리는 우레와 같았으며, 나중에 그는 놀랍게도 장편 소설『오월의 광산』을 써냈다고 한다.[36] 이런 일화들은 모두 다 사실일 수도 있고, 야사(野史)와 같은 요소가 다소 가미되었을 수도 있어서 믿을 만한 이야기는 아니지만, 후자라 할지라도 사람들의 정서와 소망을 반영해 주고 있다. 역사상 대다수 지식분자는 정말이지 너무나 나약했다.

　마지막으로 남은 이야기가 조금 있다. 이것은 샤오첸(그와 샤오쥔은 다 같이 1948년 문단에서 가장 이목을 끌었던 인물이다)의 회고이다. 대비판이 고조되는 가운데, 홍콩 지하당도 샤오쥔을 비판하는 전람회를 마련해 놓고, 홍콩에 있는 민주 인사들을 초청하여 참관토록 했다. 샤오첸은 그것은 그로서는 "처음 보는 '대비판 전문 게시판'"이었으며, "죄증"은 붉은색으로 동그라미를 친 《문화보》였고, 그 주위로 "반소·반공·반인민" 등의 무시무시한 문구와 샤오쥔의 "교활한 변명"과 "발뺌"을 비난하는 비판의 글들이 있었다고 했다. 그는 그것을 보고 있는데 가슴이 떨렸고, 그때 이미 "인민 쪽으로 돌아섰음"에도 불구하고 여전히 두려움이 남아 있었다. 이때 누군가가 도대체 신문 검열 제도가 있는 것이 좋은지, 없는 것이 좋은지를 두고 소곤소곤 이야기하는 소리가 들려왔다. 어떤 사람이 말했다. "검열 제도가 없으면, 너는 글자 한 자만 잘못 써도 엄청나게 큰 화를 입을 수 있어!" 그러자 샤오첸은 이제부터 다시는 사설을 쓰지 않겠다고 다짐했다.[37]

제6장

주쯔칭 서거를 전후하여

1948년 8월(2)

- 주쯔칭의 '뒷모습'.

- 1928년 「어디로 가야 할까」에서 한 고민을 다시 마주하게 된 만년의 무거운 심경, 20년 후의

  재고(再考).

- 지식분자의 주변적 위치에 대한 직시와 '허공에 뜬 느낌'.

- 하층민에게서 버팀목을 찾으려는 욕구와 자기 상실에 대한 두려움 간의 모순.

- '조정'도 하고 '유지'도 하는 문화(학술) 선택.

- 5·4 개성주의 언어와 집단주의 혁명 언어의 소통, 엘리트 문화와 평민 문화의 소통.

- 고상하면서도 통속적이고, 두루 포용하고, 다양하게 발전하는 문화 이상.

- 원래는 시의에 맞지 않았으나 큰 쓰임이 있게 된 결말.

- 추도 속의 '학자·문인' 주쯔칭.

- 주쯔칭 전향 문제의 제기.

- 혁명 언어의 주쯔칭 개조.

- 혁명 언어와 민족주의 언어의 결합: 마오쩌둥의 개관사정(蓋棺事定).

주쯔칭
이미 1920년대 말에 지식분자의 운명, 책임, 선택에 대해 고민했던
그는 1948년 신구 정권 교체기에 또다시 이 문제에 직면했다.

이것은 어느 평범한 중학교 국어 교사의 잊지 못할 기억이다.

1948년 8월 13일, 집 대문을 막 나서는데, 한 무리의 초등학교 학생들이 서로 밀치락달치락 앞다투어 이날의 신문을 보고 있었다. 그중 한 명이 놀라 허둥대며 소리쳤다. "선생님, 「뒷모습」을 쓰신 주쯔칭 선생님께서 어제 돌아가셨어요!" 슬퍼 어쩔 줄 몰라 하는 아이들의 그 모습에 말없이 흘러내리는 눈물을 금할 길이 없었다.[1]

요 며칠 동안, 사람들은 주쯔칭의 '뒷모습'[1)]을 자주 들먹였다. 주 선생과 20년 동안 같이 일한 카이밍서점은 만장(挽章)에 "항상 문단을 향해 뒷모습을 우러러본다"라고 썼다. 베이징대학의 한 학생은 추도문에서, "지팡이로 여위고 작은 몸을 지탱하고 있던 그 뒷모습"[2]이 아직도 눈에 선하다고 말했다. 소설가 선충원은 "평생 잊을 수 없는" 순간의 인상이라며, "낮잠에서 막 깨어났는지 아니면 황혼 무렵인지 푸르게 그늘진 창가에 박혀 있던 초췌하고 수척한 그림자"를 감동적으로 이야기했고, 다음과 같은 추측과 상상을 했다. "살던 집의 그 창가에서 페이셴[2)] 선생은 전

---

1) 주쯔칭의 작품 중에 「뒷모습」(1925)이라는 산문이 있다. 이 글에서 조모 초상을 치른 후 베이징으로 떠나는 아들(주쯔칭 본인)을 역까지 보내준 부친이, 또 아들에게 주려고 건너편 플랫폼에까지 가서 귤을 사 오는 장면을 작가는 소박하면서도 사실적으로 묘사하고 있는데, 독자는 그의 이런 진실한 표현을 통해, 아들에 대한 부정(父情)과 부친을 향한 아들의 그리움을 느낄 수 있다. 「뒷모습」은 중국 현대 산문의 대표적인 작품이라 할 수 있으며, 이 작품으로 인해 '뒷모습'은 주쯔칭의 대명사가 되었다 해도 과언이 아니다. 주쯔칭이 이 작품에서 부친의 뒷모습을 잊을 수 없다고 서술했듯이, 수많은 중국인도 주쯔칭의 뒷모습을 잊을 수 없어 한다. 그래서 그가 세상을 떠나자 여기저기서 그의 '뒷모습'을 이야기했고, 그를 존경하는 사람들은 그의 뒷모습을 우러러보며 슬퍼했다.
2) 주쯔칭을 가리킨다.

도서에서 말하는 '일체 허무'가 생각났을 수도 있고, '자연은 나에게 형체를 부여하여, 삶으로써 나를 수고하게 하고, 늙음으로써 나를 편안하게 하고, 죽음으로써 나를 쉬게 하네'라고 한 장자의 명언을 직접 느꼈을 수도 있다. 왜냐하면 잘 아는 친구로서 말하자면, 그는 정말 너무나 지쳐 있었고, 체력은 그때 거의 다 소진된 상태였기 때문이다."[3] 시인 탕스는 '뒷모습'에 상징적인 의미를 부여하여, "나는 주 선생을 이 시대의 수난당하고 가는 곳마다 멸시당한 지적인 삶의 대표라고 생각하고 싶은데, 그에게서 인류의 수난 중에서도 한층 더 심각한 지식의 수난을 보았으며, 그의 '뒷모습'은 길기만 하다"[4]라고 말했다.

많은 사람이 주 선생은 만년에 "아주 젊어 보였다"라고 했는데, 가장 설득력 있는 증거는 단연 1948년 새해 아침의 양거 춤이었다.[5] 그런데 어떤 사람은 주쯔칭 심경의 다른 측면에도 주의를 기울였다. 이것은 어쩌면 더욱 깊숙이 숨겨져 있던 일면일 수도 있다. 주 선생의 측근인 위관잉은, 선생이 우연히 썼던 고시에 "규각(圭角)은 갈아서 없앨 수 있건만, 마음의 참담함은 사그라뜨릴 수 없네"라는 시구가 등장하는데, "분명 그의 심경의 암담함과 무거움을 드러냈다"[6]라고 말했다. 주쯔칭의 가장 친한 친구인 예성타오도 "그는 근년 들어 자신을 뒤돌아보며 매우 급급했다"[7]라고 말했다. 그러나 그들은 그가 이렇게 정신적으로 우울하고 무거웠던 것은 "국사 때문은 아닌 것 같고", "꼭 생활 때문이라고도 할 수 없으며", 그는 병 때문에 "죽음을 늘 염두에 두고 있었다"라고 생각했는데, 그는 "사람이 100년을 산다 해도 너무 짧다, 100년으로는 일을 얼마 해낼 수 없다"[8]라는 이야기를 한 적이 있다고 한다.

모든 일에 진지하기만 했던 주쯔칭은 죽음에 대해서도 진지했다. 그는 죽음의 신이 강림하기 전에 자기 자신 그리고 자기와 같은 부류의 지식분자들이 이 다사다난한 민족과 인류를 위해 무엇을 할 수 있을지 또 무엇을 해서는 안 될지를 서둘러 생각하고 탐색하려 했다. 이런 의미에서, 시인 탕스가 주쯔칭을 이 시대의 인류 중에서 수난당한 지식인의 대표로 간주한 것은 심도 있는 관찰이라 하겠다. 만년에 주쯔칭의 마음을 휘젓고 있던 것은 바로 격동의 시대를 살아가고 있는 그 자신 내지는 같은 부류 지식인의 운명과 책임 그리고 선택이었다.

사실, 일찍이 1920년대 말 즉 1928년 2월 7일, 주쯔칭은 「어디로 가야 할까」라는 글을 썼는데, 그때 이미 이 문제를 생각했었다. 주쯔칭은 5·4 이후에 전통 사대부와는 다른 "새로운 지식분자"가 출현했으며, 그들은 "공업화한 도시에서 출현했고", "비교적 자유로웠다"라는 말을 여러 차례 했었다.[9] 주쯔칭이 볼 때, 1928년의 중국은 "사상의 혁명"에서 "정치혁명"과 "경제혁명"으로의 전환에 직면하고 있었다. 이전 단계(사람들이 일반적으로 말하는 5·4 시기)가 "요구한 것은 해방이었고, 누린 것은 자유였으며, 한 것은 학리의 연구였다"라고 한다면, 새 시대는 "일체의 권리가 (혁명을 주도하는) 당(당시에는 주로 국민당을 가리켰다)에 속해 있는" 시기였고, "당이 개인에게 요구한 것은 희생이었으며, 무조건적 희생이었다".

지식인은 그리하여 "어디로 가야 할까"라고 고민하게 되었다. 그들은 혁명이 "필연적 추세"임도 똑똑히 인식하고 있었고, 혁명이 장차 "우리의 가장 훌륭한 것―문화"를 파괴하게 될 것이고, "자신의 멸망을 재촉"하게 되리라는 것도 잘 알고 있었다. 사실 이것은 옛날에 독일 시인 하이네가 직면하기도 했던 진퇴양난의 선택이었다. 1920년대 말, 주쯔칭과 그의 친구들은 최종적으로 "학술·문학·예술" 속에 "숨어서" "자신이 좋아하는 일을 하기로 했으니, 장래에 멸망의 날이 온다고 하더라도 마음 흐뭇했던 날이 있는 셈이고, 일생을 헛되이 살지 않은 셈이 된다".[10] 지금, 이미 20년이 지난 1948년, 주쯔칭은 자신이 "어디로 가야 할까"라는 이 머리 아픈 문제에 또다시 봉착했을 뿐만 아니라, 신구 정권이 교체하는 이 시점에 상아탑 속으로 "숨어"든다는 것도 더 이상 가능하지 않음을 알게 되었다. 이때 주쯔칭은 또 새로운 각도에서 문제를 바라보게 되었다. 즉, 그는 지식분자 스스로에 대한 성찰을 더 많이 하게 되었다. 이리하여 「절개를 논함」이라는 글에서, 그는 5·4 이래 중국 지식분자의 역사적 행로와 현실적 처지를 다음과 같이 총정리했다.

> 지식 계급이 당초에 집단의 역량에 힘입어 용왕매진하며 온갖 전통을 타도할 때는 과감하고 거리낌이 없었다. 그러나 그 집단이 크지 않아, 중국에서는 특히 그러한 데다 역량에 아무래도 한계가 있고 민중과 하나가 되기도 쉽지 않아서, 집중된 무력에 부딪히고 심지어 외부의 압력까지 가해져 버틸 재간이 없게 되었다. 게다가 수많은 민중이 고개를 들고 먹을 밥을 요구하나, 그들에게는 이런 배고픈 민중을 만족시킬 방법도 없다. 그래서 그들은 지도자의 지위를 상실하게 되었고, 이런 틈바구니에서 점점 자유롭지 않게 되어 "여덟 개의 다리가 허공에 뜬 사천왕상"이 되어버렸다. 그들은 그저 자신을 지키고 있을 수밖에 없는데, 이것도 절개인 셈이다. ……11

지식인의 역할을 과장하던 동시대의 자유주의 지식분자와 비교하면, 주쯔칭의 자기 평가는 냉정하고 객관적이었다. 그는 강대한 물질적 역량을 보유하고 있는 국내외 반동세력 앞에서 지식분자의 나약함을 보았을 뿐만 아니라, 수많은 민중의 기본적인 생존 요구마저도 충족시킬 수 없는 지식인의 근본적인 한계도 직시했다. 「끼니를 논함」이라는 글에서, 그가 "안빈낙도"하는 지식분자의 전통적 관념을 날카롭게 비판하고, "밥이 우선"이라는 민중의 요구를 충분히 인정한 것12은 그가 중국의 현실을 예리하고 심도 있게 이해하고 파악하고 있었으며, 선비의 티라고는 조금도 없었음을 잘 말해주고 있다. 그래서 그는 지식분자들이 5·4 시기에 가졌던 지도자의 지위를 지금의 중국에서는 이미 상실했다는 사실에 직면할 충분한 용기도 있었다.

지식인 자신에 대한 맹신과 신화를 떨쳐버린 후, 주쯔칭은 허공에 뜬 것 같은 위기감을 강렬하게 느꼈다. 그는 또 다른 글에서, "자신이 세계의 일환이고 시대의 일환이어서 이탈하지 않는 것이 좋다"라고 경고했다.[13] "시대가 엉망진창이야. 에잇, 빌어먹을, 나는 이걸 바로잡기 위해 태어났어!"[14]라고 했던 햄릿의 명언을 사람들은 쉽게 떠올리게 될 것이다. 그러나 그때 주쯔칭 같은 중국의 지식분자들은 그들의 정신적 형제인 이 영국인이 세상을 다시 바로잡겠다던 그런 자신감을 이미 상실했을 뿐만 아니라, 시대가 그들을 버릴까 봐 더 걱정하고 있었다. 이런 자신감의 결핍과 걱정은 어느 정도는 주쯔칭 같은 지식분자의 나약성이라고도 할 수 있는데, 앞서 말한 「어디로 가야 할까」에서 주 선생은 다음과 같이 반성한 적이 있다.

성격상 나는 답습하는 사람이어서 언제까지나 따라가기만 하고 이끌지는 못한다. 나는 또 주견이 없는 사람이어서 여기저기서 대충 주워 담을 뿐이다. 나를 이렇게 변화를 좋아하고 심지어 유행을 따른다고 해도 좋다. 이런 성격은 나를 많은 상황에서 모순을 느끼게 한다.[15]

주 선생의 관용은 다른 측면에서도 그가 시대 풍조와 다른 사람(자신의 학생도 포함한다)의 영향을 쉽게 받는 데 한몫했다. 이것을 단순히 겸허의 미덕과 진보의 추구로 귀결시킬 수만은 없으며, 공격자의 말대로 순전히 유행을 따른 것만도 아닐 것이다. 이것은 사실, 이것 아니면 저것이라는 직선적인 사유로써는 파악할 수 없는 상당히 복잡한 정신적 현상이다.[16] 그 결과로 '인민'이 주쯔칭과 그의 친구의 시야 속에 들어오게 되었고, 사람들이 힘주어 강조하던 이른바 주쯔칭의 '전향'이 있게 되었다(앞으로 이것에 대해 상세하게 분석할 것이다). 다음의 두 단락은 자주 인용되는 대목이다.

> 지식분자에게는 두 가지 길이 있는데, 하나는 아첨하여 위로 기어오르는 것이고, …… 하나는 아래로 향하는 것이다. 지식분자는 위로도 아래로도 향할 수 있다. 그래서 하나의 계층이지 계급이 아니다.

> 지식분자의 기득권은 권문세가를 따라잡을 순 없지만, 생활수준은 아무래도 농민보다 높다. …… 수많은 지식분자 각자가 모두 기득권을 포기한다는 것은 쉬운 일이 아니며, 지금 우리는 일반 대중의 생활을 할 수도 없다. 이것도 이성적으로 받아들이기 싫은 것이 아니라, 이성적으로는 받아들여야 함을 잘 알고 있지만 습관상 바뀌지 않는다. 그래서 우리를 교육하려면 서둘지 말아야 한다고 나는 학생들에게 말한다.[17]

여기에는, 하층 인민에게 다가가 새로운 버팀목과 발판을 찾으려는 경향이 뚜렷하고 지식인의 처지를 농민과 비교하는 사고방식은 농민을 불쌍히 여기는 전통사상과 분명히 관계가 있지만, 그래도 여전히 모순투성이이며, 지식분자 자신을 바꾸고도 싶고 자기를 상실하게 될까 봐 두렵기도 한 곤혹스러움이 잘 나타나 있다. 이리하여 '조정'이라는 말이 또 나오게 되었다.

주 선생은 어느 글에서 어지러운 시대의 세 유형의 사람에 관해 이야기하면서, "소비만 하고 낭비만 하는" "타락자"와 "시대의 지도자"로서의 "개조자"가 있으며, 이 외에도 "조정자(調整者)"가 있는데 그들은 "격동기의 작은 인물에 불과하고", "여러 가지 전통과 원칙을 신중히 조정하면서 그런 것을 충실하게 유지해 나가며", "개조자와 상부상조하기도 한다"[18]라고 했다. 조정도 하고 유지도 하는 것은 이 시기의 주쯔칭 선생의 기본적인 사상·문화의 원칙과 선택이었으며, 앞서 말한 전향이라는 말보다는 주 선생 사상의 실제에 더 부합할 것 같다.

주쯔칭은 줄곧 학자와 문화인으로서의 자신의 이런 기본 입장을 잘 파악하고 있었으며, 그래서 이른바 그의 조정과 유지도 주로 학술 사상과 문화 선택에서 구체적으로 드러났다. 주 선생은 이 시기에 썼던 어느 글에서, 자신은 이전에 신문학의 "언지파(言志派)"였다는 말을 했는데, 이것은 주 선생 스스로 자신을 역사적으로 자리매김했다고 볼 수 있다.[19] 아니면 저우쭤런의 표현을 빌려, 주쯔칭은 "인생의 예술파"[20]였다고 할 수 있으며, 학술적으로 그는 줄곧 아카데미즘의 대표로 여겨져 왔다.

요즘 사람들이 자주 쓰는 개념으로는 주쯔칭의 기본적 문화 성향은 일종의 엘리트 문화적인 입장이었다. 그는 바로 이런 입장에서 출발하여 그의 문화를 조정하고 견지했다. 이리하여 사람들은 「슬로건을 논함」이라는 글에서 주쯔칭 선생이 자기 특유의 "조용한 걸 좋아하고 자유를 사랑하는 개인주의자"인 지식분자의 입장에 서서, 집단의 역량을 대표하는 슬로건은 종종 개인에게 압력을 주고, "자유를 방해하며", 비이성적인 "소란"과 "아우성"이라며 비판하는 한편, 그가 또 '처지를 바꿔서', "사람들이 생존을 요구하고 밥을 요구하는데, 어찌 소란을 피우고 아우성을 친다며 그들만을 나무랄 수 있는가?"라며 변호한 점에 대해 주의를 기울였다. 그는 사람들에게, 단지 "겉치레용이고" 성의라고는 조금도 없는 슬로건에 반감을 느낄 때, "의미 있는", 집단의 의지를 진실하게 보여주는 전투 무기로서의 슬로건까지도 모조리 부정해서는 안 되며, "이것은 공정하지 못한 처사"임을 일깨워 주었다. "우리 지식분자들이 지금은 비록 슬로건이라는 이 방법을 완전히 받아들일 수 있는 것은 아니지만, 슬로건이 존재하는 이유가 있을 테니 우리는 이해를 하려고 해야 한다"[21]라는 것이 그의 결론이었다. 이것은 지식분자 본위에서 벗어난 더욱 관용적인 문화 태도였으며, 자기와는 다른 견해를 가진 사람의 입장과 처지를 애써 이해하려 했고, 그것이 "존재하는 이유"를 이해하려 한 것이었지만, 결코 찬동한 것은 아니었다.

주쯔칭은 바로 이런 이해에 바탕을 둔 입장에서, 이전에 5·4 신문학과 대립적이었던 "원앙호접파 소설은 사람들에게 한가한 시간에 소일거리를 제공하는 데 그 의의가 있고, 오히려 중국 소설의 정통이며", 지나치게 곽곽한 삶에 "문학이 소일거리를 제공해 주는 것도 당연한 것 같다"[22]라고 말했으며, 그는 한 걸음 더 나아가 문학사와 실제 창작 중에 존재하는 "고상하면서도 통속적인" "통속화" 경향에 대해서도 학리적으로 연구했고 충분히 인정했다.[23]

「낭송시를 논함」 등의 글에서 그는 정치성·군중성·전투성이 강한 작품에 대해서도 이해하는 모습을 보였다. 그는 서재에 앉아서 보면 이런 작품들은 "야성·혈기·설교"로 충만해 있고 "선전품"에 불과하며 문학예술은 아니라는 생각이 들겠지만, "집회에 참석하여 군중 속으로 들어가 들으면 그것을 받아들일 수 있으며", 그것의 "독립적인 지위"와 가치를 인정할 수 있게 된다고 말했다.[24] 자오수리 등 해방구 작가들이 노력한 문예 대중화에 대해서도 주쯔칭은 충분히 이해하고 인정했다.[25] 시대가 발전함에 따라 문학의 척도도 변하여, 5·4 신문화운동의 "인도주의"·"개인주의"의 척도는 지금 "사회주의"·"민주"의 척도로 발전하고 있으며, "점차 폭을 강조함으로써 높이와 깊이와 조화를 이루어, 전파와 동시에 향상도 되고 있다"[26]라고 그는 강조했다.

이 모든 것은 주쯔칭 선생의 자각적인 노력으로 볼 수 있다. 그는 자신을 비롯한 같은 부류의 지식분자가 잘 알고 있는 5·4 개성주의 언어와 지금 발전하고 있는 집단주의의 혁명 언어를 소통케 하고, 자신을 비롯한 같은 부류의 지식분자가 근심 없이 생활할 수 있는 엘리트 문화와 그가 보기에 생명의 활력이 넘치는 평민 문화를 소통케 했으며, 어쩌면 우샤오링 선생이 추도문에서 말한 바와 같이, "아카데미와 민간 사이에 대립적인 분야가 더 이상 존속할 수 없도록"[27] 그는 새로운 길을 모색하고자 했는지도 모른다. 이런 노력은 자연히 중국에서 꽤 영향력 있는 아카데미즘 자유주의 지식분자의 중요한 동향을 반영하고 있었기 때문에 당시 사람들로부터 주목을 받았다. 펑유란 선생은 주쯔칭 선생 서거 후 무거운 마음으로, "중국 문예의 지난날과 앞날에 대하여 전반적인 견해를 가지고 있는 사람이 실로 너무 적다"[28]라고 말한 적이 있다.

이상에서 살펴본 주 선생의 문예·문화 사상과 입장의 조정은 지난날의 총결산이라는 기초 위에서 중국 문예·문화의 앞으로의 발전에 대하여 어떤 구상들을 제시했다. 그는 다음과 같이 개괄한 적이 있다. "내가 아는 바로는, 현대적인 입장이란 '고상하면서도 통속적인' 입장이라 할 수 있고, 속인이나 보통 사람에 편중한 입장이라고도 할 수 있으며, 인민에 가까운 입장이라고도 할 수 있다."[29] "인민(속인, 보통 사람)"에 대한 편중을 강조한 것은 물론 시대적 경향을 나타내고 있지만,[30] "고상하면서도 통속적인 것"을 중시한 것과 문학의 "현대성"을 견지한 것은 여전히 두루 포용하고 다방면으로 발전하는 사고방식이며, 그래서 주 선생은 사람들에게 자신이 낭송시와 통속적이고 대중적인 작품이 "독립적인 지위를 가져야 한다"라고 강조한 것은 결코 그것들이 "독점적인 지위"를 가져야 한다고 주장한 것이 아님을 거듭 환기했고, "다른 학파들을 헐뜯고 배척하는" 그 어떠한 태도나 시도에 대해서도 그는 "찬성할 수 없었다".[31]

주쯔칭은 만년에 문학 교육에도 엄청난 정력을 기울였으며,[32] 양전성 선생이 소개한 것처럼 그는 중외 문학예술, 신구 문학예술, 문학예술 연구·비평·감상·창작 간의 소통을 강조했다.[33] 주쯔칭 선생은 "(다른 학파들을 헐뜯고 배척하는) 그런 날이 올지라도, 시의 세계는 끝끝내 그렇게 협소하지는 않으리라 생각한다"[34]라는 의미심장한 말을 한 적이 있다. 이것은 앞날의 중국 문학·예술·학술의 발전에 대한 그의 생각은 넓었고 좁지 않았으며, 다원적이었지 일원적이지 않았고, 그는 앞날의 역사가 다른 방향으로 전개될 가능성에 대해 마음의 준비가 없었던 것이 아니었음을 말해주고 있다.

'새 시대가 문화의 파멸을 초래할 것이다'라던 20년 전의 그 어두운 그림자가 그의 마음에서 완전히 사라지지는 않았고, 그저 좀 적게 언급되었던 것 같은데, 갑자기 모습을 드러낼 때도 있었다. 예를 들면, 그는 「불만스러운 현재 상황을 논함」이라는 글에서, 지식분자는 반드시 상아탑에서 걸어 나와, 일반 대중과 함께 "현재 상황을 타개"(즉, "전복")해야 함을 이야기했고, 이어서 "타개 후에 어떤 모습으로 바뀌느냐가 중요하다"[35]라는 말을 덧붙였다. 어떠한 답안도 제시하지 않았지만, 그가 '앞날'('그후')을 걱정하고 있었던 것은 자명한 사실이다. 이제야 우리는 위관잉·예성타오 선생 등이 주의를 기울였던, 앞서 말한 주쯔칭 선생이 만년에 마음이 무거웠던 데에는 본디 정신적인 면이 상당히 많이 내포되어 있었음을 다소나마 알게 되었다.

앞날의 중국 문예·학술에 대한 주 선생의 생각은 다른 의미에서 보면 자기 자신의 앞날에 대한 설계이기도 했다. 그는 분명 상대적으로 이상적이면서 상대적으로 넉넉하고 여유로운 문화 발전의 틀 속에서 자신의 자리를 지킬 수 있기를 기대하고 있었다.[36] 그러나 이 책의 앞 몇 장에서 거듭 논급한 바와 같이, 혁명 언어의 절대 권위를 세우고자 하던 시대, 즉 혁명 언어를 독점하고자 하던 시대였고, 문화적으로는 낡은 것을 철저하게 타파하고 새로운 것을 단호하게 수립하던 시대여서, 뚜렷한 절충적 색채를 띠고 있는 주쯔칭의 문화 조정은 자연히 시의에 맞지 않았다. 그래서 누군가가 주 선생을 추도하는 글에서, "만약 선생이 좀 더 오래 산다면 새로운 사회에서는 더 큰 쓰임이 있게 될 것이다"[37]라고 했던 것은 그저 그와 같은 지식인의 선량한 희망 사항으로 볼 수밖에 없다. 그러나 역사가 극적으로 전개되어 주쯔칭 선생의 이름은 신중국에서 예기치 않게 크게 사용되었다. 그는 "민족의 영웅", 지식분자의 본보기, 구름 위에 우뚝 솟은 "역사의 거인", 심지어 "혁명 열사"가 되었는데, 울 수도 웃을 수도 없는 이런 결말은 어떻게 하여 생겨난 것일까?

사실은 주 선생 서거 이후 바로 그 실마리가 보였다. 주쯔칭의 병사는 문학계와 학술계에 큰 충격을 주었고, 사람들은 갖가지 방식으로 애도의 뜻을 표했는데, 이것은 모두 예상할 수 있고 이해할 수 있는 일이었다. 그러나 추도문이 이처럼 많은 데다 지식분자의 길에 관한 토론이 점점 형성되면서 특별해지기 시작했다. 즉, 이 자체가 1948년 하반기 그리고 1949년 신중국 수립 전후까지 이어지는 중국 문화 경관의 꽤 색깔 있는 부분이 되었고, 전문적으로 연구하고 토론할 가치가 있게 되었다.

처음에는 자발적인 애도였다. 예를 들면 우쭈상 선생은 그의 추도문에서 "근년 들어 마음이 항상 초조하고 침울한 가운데, 자기도 모르게 사람도 유달리 단순하고 담담해지기 시작했다. 이야기할 만한 일이 없어서 말도 어디서부터 시작해야 할지 잘 몰랐으며, 마음속으로는 늘 그들을 그리워하면서도 많은 선생과 친구들과 소식이 끊어진 지 이미 오래되었다"[38]라고 말했다. 이제, 주쯔칭 선생은 서거했고 더군다나 빈곤까지 겹친 비참한 죽음이어서, 이런 울적한 감정을 쏟아낼 수 있는 분출구가 마련된 셈이다. 사람들은 진심으로 주쯔칭을 애도했고, 자신과 지식인 그리고 전 시대와 전 민족의 불행을 가슴 아프게 울며불며 하소연했다.

처음의 추도문은 모두 '인간' 주쯔칭과 '지식분자(학자, 문인)' 주쯔칭에 대한 추모에 집중되어, 사람들은 그를 "도덕을 함양했고 문장에 능했으며"(위핑보), "아주 양심적인 호인이자 학자"였으며(정전둬), "정이 지극했고 진리를 사랑했으며, 유머가 있었고", "가장 완전무결한 인격"을 갖췄으며(리광톈), "모든 일에 겸손하고 온화했으며 인정이 많았고 우직함 속에는 사랑스러움이 있었고, 겉으로는 유순하나 안으로는 강직했으며", "역사 속에서 칭송하는 순수한 군자"에 가깝고(선충원), "중국 신문예"의 "가장 공정한 후원자"였고 "착실한 정신노동자"였으며(펑즈), "온건하고 견실한 교육가"(리창즈)라며 칭송했고, 그는 "너무 힘들게" 살았으며(선충원), "너무 진지해서" "죽음에 이르렀다"(위관잉)라며 애통해했고, 그는 "죽어서는 안 된다"(촨다오), "죽을 수는 없다"(원자쓰)라는 말들을 했다.[39] 몹시 비통해하며 슬피 우는 이 소리를 통해 사람들은 한 시대 지식인의 쓰라린 몸부림을 보았다. 이 혼란한 시대에 혹독한 시련 속에서도 그들은 줄곧 자신의 정신적 진지를 고수하고, 자신의 도덕·지조·인격·가치를 견지하고 싶어 했다. 주쯔칭의 죽음으로 주쯔칭 자신은 이런 지식 집단의 의지와 소망의 대표가 되었다.

이런 회고들 속에서, 많은 사람이 저마다 나름대로 쭈즈칭의 만년의 사상·문화 선택상의 어떤 변화들에 관해 이야기했다. 그런데 사람들은 "그는 갑자기 달라지지 않았으며, 별안간 물거품이 될까 걱정했고, 차츰차츰 변해갔다"[40]라는 점도 강조했다. 주 선생은 미국 원조 물자를 받지 않겠다고 서명한 적이 있는데, 임종 이틀 전에도 이 일을 거듭 천명했고, 아내에게 "절대로 잊지 말라"라며 정중하게 당부했다는 사실이 우한의 글에서 제일 먼저 공개되었다. 우한은 이것을 주 선생의 유언으로 간주할 수 있다고 말하면서도, 주쯔칭은 "독립적이고, 자유적이고, 진보적인 작가·학자·교수이자 인민의 벗"[41]이었다는 점을 여전히 강조했다.

주쯔칭은 "투사"였다는 표현도 어떤 글에 등장했는데, 이것은 주 선생이 원이둬를 "시인·학자·투사"라고 불렀던 데서 나온 것이며, 주쯔칭 및 원이둬의 만년의 선택을 "지식분자의 길"의 문제로 끌어올린 글도 있었다.[42] 양후이의 글에 주목할 필요가 있는데, 그는 1920년대 중·후기와 1930년대 칭화 시기의 주쯔칭이 순문학으로 물러났던 것은 5·4에 배치되는 "역류"라며 날카롭게 비판했고, 또 이 때문에 주쯔칭이 만년에 인민의 입장으로 전향한 것을 높이 평가했다. 그는 주 선생을 추모하는 많은 글이 사실은 주 선생의 약점을 칭찬하고 있어서, 반드시 주 선생 전향의 의의를 강조해야 하며, 또 명확하게 "지식분자 개조 문제를 제기"해야 한다고 생각했다.[43] 양후이의 글이 혁명 언어의 시대적 주제와 계급 분석의 개념과 방법을 제일 처음으로 주쯔칭 애도 속으로 끌어들였다고 할 수 있다.

이리하여 펑쉐펑의 추모 글이 자연스럽게 등장하게 되었다. 그의 글에는 다음과 같은 꽤 특별한 설명 하나가 있다.

주 선생 서거 소식을 들은 후 나는 눈앞이 캄캄한 슬픔과 허탈하기 그지없는 추억으로 혼란스러웠고, 몇 번이나 좀 더 개인적인 추모의 글을 쓰려고 했지만 써내지 못하다 보니, 지식분자의 나약함을 너무나 쉽게 드러낸다는 생각마저 들었다. 왜냐하면 기억을 더듬을수록 하염없는 서글픔에 사로잡혔기 때문이다.

그렇다면, 그가 쓴 글은 지식분자의 나약함을 극복했으며, 개인적이지 않은, 즉 집단의 의지를 대표한 것임이 분명하다. 그의 글은 더욱 뚜렷한 계급적 관점에서, 전기의 주쯔칭에게 "부족했던 것"은 "바로 혁명적 계급 입장과 사상"이었으나, 그는 마침내 전진하는 길에 놓인 무거운 부담을 극복하고, "사랑을 소자산계급에서 광대한 노동자와 농민에게로 옮기고", "인민혁명으로 나아가", "민주전사"가 되었음을 명확히 지적했다. 그의 결론은 다음과 같다.

지식분자에게는 지금 혁명으로 나아가는 길이 막힘이 없는데, 이 점에서 주 선생도 역시 선구자이다.[44]

이것은 분명 주 선생 만년의 사상·문화 선택을 혁명 언어의 틀에 끌어넣으려는 의식적인 노력이었으며, 직설적으로 말하면 평쉐펑은 혁명 언어의 관념과 사유 내지는 말로써 주쯔칭을 철저히 개조했다. 만약 평쉐펑의 이런 것은 그래도 개인적인 행위라고 한다면, ≪대중문예총간≫ 제4집에 "동인(同人)"이라는 이름으로 「삼가 주쯔칭 선생의 명복을 빕니다」를 발표한 것은 조직적이고 계획적인 개조와 유도였다. 이 글이 강조했던 것은 "자유주의 작가" 주쯔칭 전향의 의의였으며, 그의 만년의 사상을 "사회에 대한 책임감이 있고, 대중에게 봉사하고, 대중에게 배운다"라는 이 세 가지로 개괄한 것도 혁명 언어에 접목하려 했던 것이 분명하다. 그리고 글의 말미에서 주 선생의 죽음을 국민당의 "잔인무도한 파쇼 정책"의 박해로 돌렸으며, 미국의 원조를 거절한 주 선생의 유언은 "폭탄처럼 마셜과 레이턴 스튜어트와 미제국주의의 모든 반동 두목"과 "미제국에 애걸"하는 후스 무리를 두려워 떨게 할 것이라며 찬양했고,[45] 더욱이 주쯔칭을 철저히 정치화하는 동시에 국내와 국제사회의 격렬한 정치투쟁 속으로 몰아넣었다.

주쯔칭을 애도하는 마지막 글은 중국공산당의 최고 영도자이면서 미래에 신중국의 선도자·통솔자·타수가 될 마오쩌둥이 완성했는데, 이것은 정말 뜻밖이었다. 때는 1949년 8월, 주쯔칭이 세상을 떠난 지 꼭 1년

이 되는 시점이었다. 미국 정부가 대중(對中) 정책『백서』를 발표한 시기를 택해 마오쩌둥은 평론 몇 편을 잇달아 발표하여 '(중국)혁명과 내외 각 방면의 관계'에 대해 토론함으로써, 신중국에 대해 의구심을 품고 있는 자유주의 지식분자를 설득하고 확보하고자 했다.[46] 신중국 수립을 위해 여론을 조성하고자 준비한 선전전(宣傳戰) 중에, 마오쩌둥은 주쯔칭과 원이둬에게 주목했고, 일필휘지로 다음과 같은 글을 썼다.

> 우리 중국인은 굴하지 않는 기개가 있다. 한때 자유주의자였거나 민주 개인주의자였던 수많은 사람이 미제국주의자 및 그들의 앞잡이인 국민당 반동파 앞에 일어섰다. 원이둬는 탁자를 치고 일어나 화난 눈초리로 국민당의 권총을 노려보며 쓰러질지언정 굴복하려 하지 않았다. 주쯔칭은 중병에 걸린 몸으로 굶어 죽을지언정 미국의 '구호식량'을 받지 않았다. 당나라의 한유는 「백이송」을 써서, 자기 나라의 인민을 책임지지 않고, 도망쳐 달아나고, 무왕(武王)이 이끌던 당시의 인민 해방전쟁도 반대하고, '민주 개인주의' 사상에 경도됐던 백이를 칭송했는데, 그것은 잘못된 칭송이다. 우리는 모름지기 원이둬송을 쓰고, 주쯔칭송을 써야 한다. 그들은 우리 민족의 영웅적 기개를 보여주었다.[47]

이것은 정말 걸작이다! 이것은 혁명 언어와 민족주의 언어를 통일하고 결합한 성공적인 노력이다. 원이둬와 주쯔칭을 칭송함으로써, 마오쩌둥과 그가 영도하는 중국 공산주의자들은 민족주의의 큰 깃발을 더 높이 들어 올렸고, 이리하여 적지 않은 자유주의 지식분자를 얻게 되었다. 펑쉐펑·사오취엔린 등 중국공산당 문예이론가보다 마오쩌둥은 분명히 한 수 위였으며, 설득력 있는 200여 자로 주쯔칭과 원이둬를 개관사정 해버렸다.

하지만, 이런 논정(論定) 외에 더욱 풍부하고 훨씬 복잡한 주쯔칭이 있는 것은 아닐까?

시인 탕스의 말이 옳다. 주 선생은 "인류의 수난 중에서도 한층 더 심각한 지식 수난"의 대표였으며, 그의 '뒷모습'은 길기만 하다.

제7장

후펑의 회답

1948년 9월(1)

- 후펑의 "내일"을 향한 돌진.

- 후펑의 눈에 비친 루링의 『부잣집 아들딸』의 이질성과 도전성.

- 상처 입은 늑대의 포위망 돌파와 공격.

- 투쟁 중심적 사유(思惟)와 감정 그리고 심리: 비판자와 피비판자의 일치.

- 5·4 전통에 대한 자각적인 수호: "보이지 않는 봉건 중국과의 투쟁", 계몽주의 견지(堅持), '옛 형
  식'에로의 투항에 반대.

- 후펑이 비판자의 경고를 무시했기에 치러야 했던 대가.

- 후펑과 마오쩌둥의 정신적 상통.

- 후펑의 비극: 지지(옹호)에서 출발한 대항.

- 마지막으로 남긴 아름다운 추억.

후펑
신중국 수립 전인 1948년의 마지막 날 홍콩 타이핑산(太平山)에서 찍은
사진이다.

예성타오 1948년 9월 일기(발췌)

12일(일)   4시쯤 창췬이 와서 시사를 이야기하고 세계의 앞날을 이야기했는데, 그는 두루 탁견이 있었다. 그는 난징에는 이야기할 만한 사람이 너무 적고, 또 이야기할 만한 일도 없다고 했다. 학술 연구가 요즘 같은 때는 자기 마취와도 같다. 6시쯤 술을 마셨고, 술을 마신 후 다시 이야기를 나눴다.

14일(화)   느닷없이 제취엔이 찾아왔다. 십몇 년 만에 만났으니 너무나 반가웠다. 그를 붙들고 술을 마시며 6시간 동안 흉금을 터놓고 이야기를 나눴다. 그의 뛰어난 말솜씨는 여전했고, 식견은 견실하고도 현실적이었다. 교수의 가난한 생활에 대해 몹시 분개했다. 그러나 가난한 교수는 역시 베이핑에 있어야만 의미가 있다고 했다. 그가 내일 바로 베이핑으로 돌아간다고 하니 이렇게 한 번밖에 볼 수 없음이 못내 아쉽기만 하다.

17일(금)   오늘은 중추절이라 집에서는 음식을 몇 가지 더 장만했지만, 나는 속이 불편하여 조금만 먹었다. 가오쭈원이 와서 술 한 병을 선물했다. 밤에 달이 떴지만 그리 밝지는 않았다.

18일(토)   오후에 보샹·위퉁과 함께 다신회사에 가서 둔황 미술전을 관람했다. …… 가장 흥미로운 것은 〈비천(飛天)〉이었는데, 전부 곡선이었고, 나는 모습이 생동적이었다. 관람객이 붐벼서 자세히 보지 못했다.

22일(수)   저녁 무렵, 추안핑의 초대로 관찰사(觀察社)에 갔다. …… 천보가 베이핑의 학생 수색 체포 상황을 이야기했고, 중보와 지룽은 상하이에서 구속된 학생들이 부당한 대우를 적게 받아야 한다고 말했다. 또 다른 시사적인 이야기도 나눴다. 회식하고 헤어졌다.

추안핑의 초대장에는 세 가지가 인쇄되어 있었으며 독창적이었다. 첫째, 손님은 많이 초대하지 않고 대여섯 명 정도로 한다. 둘째, 음식은 많이 장만하지 않고 먹을 만큼만 준비한다. 셋째, 담배는 준비하고 술은 준비하지 않는다. 이 잡지사 직원들의 작업 상황을 먼저 구경했는데, 여남은 명이 새로 출판된 잡지를 우편으로 부치기 위해 막 봉투에 넣으려는 중이었다. 그 발행일은 토요일이지만 오늘 수요일에 이미 인쇄를 끝마쳤기 때문에 정기 구독자는 금요일이면 받아볼 수 있다. 그리고 지형(紙型)을 타이완과 베이핑에도 부치기 때문에 그곳도 상하이 인근과 마찬가지로 금요일에 읽을 수 있다. 이 사람의 효율적인 일 처리는 탄복할 만하다. 《관찰》은 판매량이 6만 부에 이르고, 발행을 가장 많이 하는 주간지 중 하나다.

28일(화)   서우셴에게 부탁하여 영문 타자기 한 대를 샀는데, 680진위엔이었다. 우리 집에는 이것을 쓸 일이 없으나 그냥 사두는 것이다. 화폐가 진위엔으로 바뀐 이래로 물건을 사재기하는 사람이 더 많아졌다. 옷감은 좋고 나쁘고 간에 저마다 사려고 하는 바람에 한 사람이 한 가지만 살 수 있도록 제한했고, 상점은 오후 네댓 시가 되면 문을 닫는다. 그러나 음식점과 무도장의 영업은 호황을 누리고 있고, 쑤저우와 항저우에 놀러 가는 사람도 꽤 많은데, 모두가 돈으로 잠깐의 즐거움을 얻으려는 풍조이다. 이 모두가 화폐개혁의 영향이다. 그 밖에 상공업에 끼친 영향에 대해서는 나는 그 자세한 속사정을 잘 모르지만, 어쨌든 모두 다 침체 상태에 빠져 있다.

1948년 9월 17일 새벽 3시, 최근 3개월 동안 쉴 새 없이 『사실주의의 길을 논함』이라는 책을 써오던 후펑은 마침내 종지부를 찍었다. 이 시각에도 그는 오늘 밤이 중추절 밤이라는 것도 모르고 있었다. 그는 붓을 멈추고 잠시 생각에 잠겼다가, 다시 책 원고의 속표지에 제사(題詞) 두 구절을 썼다.

날개 없이도 오를 수 있는 좀 평탄한 산비탈이 어느 쪽에 있는지 누가 알고 있는가?
나는 늪 속으로 뛰어들었고, 갈대와 진흙이 나를 휘감아 나는 넘어졌으며, 나의 피는 바닥에 흘러 호수를 이뤘다.

단테, 「연옥」, 『신곡』

이해에 『사실주의의 길을 논함』이 청림사에서 출판될 때, 책 말미에 9월 18일에 쓴 후기가 추가되었다. 나중에 또 출판사 흙에서 출간할 때(1951년 5월) 후펑은 〈채소를 짊어진 사람〉이라는 멕시코 판화를 표지 삽화로 선택하기도 했다.

그런데 두 달이 더 지난 11월 하순, 후펑은 상하이를 떠나 홍콩으로 갈 무렵에 최근 몇 년 동안에 쓴 잡문을 엮어 만든 책 『내일을 위하여』의 「서문(前記)」을 쓸 때, 요 몇 년 동안 그는 종종 "텅 빈 진영 속을 걷는" 기분이었고, 종종 "필사적으로 벗어나고" 싶고 "포위망을 뚫고 나가고" 싶은 충동이 일었지만, "콩 심은 데 콩 나고 팥 심은 데 팥 난다는 옛사람의 교훈을 잊지 않았기" 때문에 그는 "조금도 원망하지 않았으며", 반감과 반대에 정말 부딪히지 않았더라면 "공허"했을 것이라고 말했다.[1] 이 글에서 그의 "자위적인 믿음"을 언급했는데, 그는 심지어 "내일의 태양이 벌써 불덩이처럼 만 갈래의 광채를 내뿜으며, 지평선 위로 높이 떠오르자 '늪'에 불과한 이 어두운 구석마저도 햇빛으로 목욕하는" 것을 느꼈고, 그와 그의 몇몇 독자와 친구들은 바로 이 '늪' 속에서 "오늘이 될 내일을 향해 엎어지고 자빠지며 걸어가고자 했다"라고 말했다. "바다가 개울물을 마다하지 않듯이", "내일"은 틀림없이 자신들의 것일 거라고 그들은 생각했다. 하지만 "나의 피는 바다에 흘러 호수를 이뤘다"라는 심상이 또 불길한 조짐은 아닐런가?

이해에 후평의 마음은 유난히 초조해 보였다. 예민하고 열정적인 시인인 그는 마음이 온통 날로 가까워오는 "내일"에 이끌려, 호방한 기상의 시정(詩情)이 종횡무진으로 내닫고 요동치며 쏟아져 나오려고 했다. 그러다가 신중국이 수립되었을 때 「시간은 시작되었다」[1]라는 장시를 써냄으로써 비로소 처음이자 마지막으로 유감없이 한 번 분출된 셈이다. 그러나 1948년이라는 현실의 시공 속에서 생활하는 지금, 후평은 그로서는 어떻게 할 수 없는 유형무형의 힘이 뒤엉켜 그와 온 민족의 "내일"로 통

---

1) 「시간은 시작되었다」는 신중국의 새 시대를 찬미한 후평의 장편 정치 서정시이다. 교향악 형식을 취하는 이 시는 제1악장 「환락송(歡樂頌)」(1949년 11월 20일 ≪인민일보≫에 발표되었다), 제2악장 「광영찬(光榮贊)」, 제3악장 「청춘곡」, 제4악장 「안혼곡(安魂曲)」(나중에 이름을 「영웅보(英雄譜)」로 바꿨다), 제5악장 「또 하나의 환락송(又一個歡樂頌)」(나중에 이름을 「승리송(勝利頌)」으로 바꿨다)으로 이루어져 있으며, 전부 4600여 행에 달한다. 작가의 창작 이념이 당시의 혁명 문예이론과 다소 차이가 있어 발표 후 비판을 받다가, 개혁·개방 후에 찬미시의 대표작이라는 평을 받았다.

하는 길을 가로막고 있음을 곳곳에서 느꼈다. 이것은 싸워야겠다는 그의 격정만 불러일으켰고, 그는 "내일을 위하여" 목숨을 걸고 싸울 것이며, 설령 피가 흘러 호수를 이룬다 해도 조금도 아까워하지 않겠다고 결심했다. 1948년 중추절 밤, 그를 지배하고 있었던 것은 아마도 역사에 대한 이런 비장감이었을 것이다.

이해 연초에 후평과 그의 젊은 친구들에게 아주 기쁜 일이 있었다. 루링의 『부잣집 아들딸』의 하권이 숱한 곡절 끝에 드디어 출간되었기 때문이다. 후평은 이 책 상권 출간 때 이미 "『부잣집 아들딸』의 출판이 중국 신문학사에서 중대한 사건임을 세월이 증명해 줄 것이다"라고 말했었다. 후평은 죽을 때까지도 자신의 이 논단에는 변함이 없었으며, "1955년까지만 놓고 보더라도 루링은 세계적인 작가이다"라고 주장했다. 여생이 꺼져가는 촛불 같던 후평은 심지어 "나에게 최소한의 여건이 주어만 진다면 네 가지 억울한 사건을 위해 내 목숨을 바치겠다"라며, 그 대상이 조설근과 루쉰, 루링임을 밝혔다.[2] 후평에게는 루링과 『부잣집 아들딸』이 단순히 한 사람의 작가와 한 부의 작품에 그치지 않고, 이론가로서 그가 추구하는 것이기도 했다. 달리 말하면 그가 이해하고 또 파악하는 5·4 신문학 전통을 함께 실천했던 것이며, 이로써 자신의 문학 생명의 유기적인 구성 성분이 되었다고 할 수 있다. 후평은 그의 친구들에게 다음과 같은 말을 한 적이 있다.

다른 사람들은 루링의 문예 창작이 내 문예이론의 영향을 받았다고들 말하는데, 나의 문예이론이 많은 부분에서 루링의 문예 창작의 영향을 받았음을 어찌 모르는가? 그야말로 루링의 작품을 통해 나의 일부 이론적 관점이 형성되었다.[3]

루링의 회고에 따르면 후펑은 루링에게도 비슷한 말을 한 적이 있는데, "후펑은 내가 그의 이론에 찬성한다고 생각했으며, 그는 나(나는 줄곧 열심히 창작에 종사하고 있었다)를 만난 후 창작 실천상의 근거를 찾았고, 나도 그를 지지했다"[4]라고 한다. 그리고 그들(후펑과 루링)이 함께 창조할 수 있도록 지지했던 것은 바로 5·4 신문학의 전통이었다.

루링은 『부잣집 아들딸』 초고(그때의 제목은 '부잣집 아들(財主底兒子)'이었다)를 쓰고 있을 당시, 후펑에게 보내는 편지에서 후펑의 「민족 형식 문제를 논함」의 관점을 지지했으며, "5·4 전통과 사실주의에 대한 긍정, 민간 형식 숭상에 대한 비판, 이것은 절대적으로 필요하다"[5]라고 생각했다. 후펑은 루링과 『부잣집 아들딸』 등의 작품을 토론할 때도, "5·4 이래로, 좌련[2] 이래로 사실주의 전통의 신문학이 온갖 풍파를 다 겪었는데", "더 많은 열매를 맺어야 할 때가 되었다"[6]라는 말을 여러 번 했다. 후펑 생각에는 『부잣집 아들딸』이야말로 오랫동안 기다려왔던, 그리고 드디어 맺힌 그 "열매"였고, 후펑에게 5·4는 이미 그의 생명 속에 깊숙이 자리 잡은 애착이었으니, 루링의 『부잣집 아들딸』 출간에 유달리 강한 반응을 보인 것은 쉽게 이해가 가는 일이다. 그리고 『부잣집 아들딸』에 대한 후펑의 평가는 어느 정도는 5·4 신문학 전통과 오늘날 응당 있어야 할 그것의 발전에 대한 그의 이해와 추구로도 볼 수 있다. 사람들은 그래서 후펑이 『부잣집 아들딸』의 철저한 반봉건이라는 주제를 강조하고, 루링 소설에 나타난 루쉰이 개척했던 사실주의 문학 전통을 강조하고, "세계 문학의 전투 경험을 학습"한 루링의 자각성을 강조한 것에 주목하게 된다. 심혈을 기울여 부각한 것도 루링 작품이 보여주는 5·4 신문학의 전통 문학에 대한

---

2) 좌련(左聯)은 중국공산당의 영도 아래 1930년 3월 2일 중국 상하이에 창립된 '중국 좌익작가연맹'의 약칭이다.

변혁이었으며, 이로 인해 생겨난 문학의 새로운 속성과 특이성이었다.

그러나 사적인 대화에서 후펑은 창조성이 매우 풍부한 이 소설의 운명에 대해 크나큰 우려를 표했다. 루링의 회고에 따르면, 이 작품을 처음 보았을 때 후펑은 "무거운 마음으로 천천히 읽어 내려갔으며, 근심스러운 듯 말이 없다가" 한두 달이 지나서야 "이것은 심각한 전쟁으로, 의식 형태적인 것과 문학 형상적인 것의 전쟁이다"라는 말을 했다고 한다. 그 후 후펑은 또 이 소설은 "미학상의 새로운 과제"를 제시했고, "이 시대 지식분자의 정신적인 내용과 정신적인 동향 문제를 제기했기 때문에, 일반 독자들이나 비교적 단순하게 사물을 보는 데 익숙한 사람들은 묘사가 복잡하다고 여길 것이고", 심지어 중국 민족정신에 대한 도전으로 생각할 것이라고 설명했다. 후펑은 우리 민족은 지나치게 "이지(理智)와 냉정을 중시하고", "이런 심리 묘사와 마음속의 격렬한 갈등의 폭로를 중시하지 않으며, 이런 열광적인 정열의 묘사를 중시하지 않아서", "너는 떡을 사서 호랑이에게 주고 민족정신을 교란하는데", "사람은 특이한 행동을 해서는 안 된다"[7]라고 할 것이라며 일침을 가했다. 후펑은 이런 말을 할 때 루쉰 작품 속의 광인이 생각났겠지만, 그도 바로 여기서 루쉰의 국민성 개조, 즉 전통에 대한 대담한 도전 정신이 역사적으로 전승되는 것을 보았기 때문에 기쁘고 위안이 되었을 것이다.[8]

후펑은 자신이 이해하는 5·4 언어로써 루링의 작품에 대해 시대성과 현실성이 풍부하고 또 개성이 뚜렷한 해석을 한차례 했다고 할 수 있다. 이것이 물론 유일한 해석은 아니다. 사실 진작부터 후펑은 "자네 작품이 내 이론의 어떤 '체현'이 되게는 하지 말기를"[9] 바란다는 말을 루링에게 직접 했었다. 게다가 후펑과 루링의 친구였던 사람 중에 "나는 「뤄다더우의 일생」을 읽을 때, 이것은 당연히 사실주의 작품이지만 표현주의 경향도 띠고 있지 않나 하는 느낌을 받았다"라며 다른 견해를 보이는 사람도 있었다. 물론 후펑은 이런 분석에 동의하지 않았지만, 다른 분석이 있을 수 있음도 결코 부정하지 않았다.[10] 그래서 오늘날의 연구자는 후펑의 해석과 루링의 분석의 차이점에 주목하게 되는데, 이것은 꽤 의미 있는 일이다. 루링은 『굶주린 궈쑤어』의 서문에서 다음과 같이 말했다.

> 나는 굳건함에 미혹되어, 루쉰 선생의 작품 속에 나타나 있는 그런 고국(古國)의 근본적인 면을 가리고 만 것 같다. 나는 단지 소동을 한껏 피워, 작품 속에서 삶의 운'명'을 개'혁'하고 싶었을 뿐이다. 실은 결코 그렇지 못하다. '궈쑤어'는 타락해 갈 것이고, 잠시 또 매음하는 멍청이와 이기적인 얼간이로 전락할 것이다.

이리하여 연구자는 "굳건함에 대한 미혹과 원초적인 강한 힘에 대한 의존은 실제로 현실과 인생에 대한 절망에서 비롯되었고", "우리는 작가의 생명과 창작을 지탱하는 근본적인 지향, 즉 비극적인 인생 이념과 스스로 사지로 뛰어드는 순교자를 찾아낼 수 있으며", "이것은 사회 비판이나 이상 예찬 등 외부 형태 밑에 숨겨져 있는 진실한 루링으로", 루링은 그의 "친구이자 스승"인 후펑보다 더 비관적이었고 더 절망적이었다[11]고 생각했다. 연구자는 더 나아가 루링과 루쉰, 그리고 『부잣집 아들딸』과 『들풀』의 상통함, 즉 "무의식중에 사실주의를 초월했음"을 발견했다.[12] 물론 이것도 마지막 해석은 아니며, 보아하니 루링과 그의 『부잣집 아들딸』에 대한 해석도 끝이 없을 것 같다.

또 반드시 언급해야 할 것은 이 소설이 1948년 출간 당시의 중국 독서계에 일으킨 반향이다. 1981년 《독서》는 독자가 보내온 글 한 편을 실었는데, 루링이라는 이 "친숙하지만 만난 적이 없는 사람"에 대한 뒤늦은 "문안 인사"였다. 이 글은 다음과 같이 회고했다. 1948년의 상하이는

"일부 청년들이 '바이러먼'[3]의 춤곡에 빠지고, 쉬쉬와 무명씨의 소설에 탐닉하고, 《징바오》[4]·《로빈 후드》[5] 등 소형 황색신문에 열중했지만", 그래도 상당수의 청년은 타락을 원치 않고, "막막해하고 번뇌하면서 무엇을 희구"하는 배고픔과 목마름에 처해 있었으며, "우리는 두 권의 책을 읽었다. 한 권은 로맹 롤랑의 『장 크리스토프』였고, 다른 한 권은 루링의 『부잣집 아들딸』이었다. …… 우리는 흡사 기독교신자 같은 경건한 마음으로 장 크리스토프와 장춘쭈, 이 두 훌륭한 인물의 발밑에 냉큼 엎드려 절을 했다". 이어서 그는 이렇게 적었다.

> (장춘쭈는) 한층 구체적이고 친근하면서도 가식이라고는 전혀 없는
> 목소리와 웃는 얼굴로 우리의 자각을 눈뜨게 했고, 우리를 진정한 벗
> 으로 만들었다. 그의 그 굴곡진 인생 항로, 고통스러운 자기소외 과정,
> 저속한 속물주의에 대한 경멸, 사악한 세력의 박해에 굴하지 않는 정

---

3) 바이러먼은 1932년에 지어진 상하이의 유명한 종합 오락장으로, 처음에는 '최고', '지고지상(至高至上)'을 뜻하는 영문 The Paramount로 명명했다가, 이 발음에 어울리는 '바이러먼(百樂門)'으로 고쳤다. 이 이름은 운수 대통과 부귀영화 등을 추구하던 당시 상하이 사람들의 심리와 잘 맞아 사회의 수많은 명사를 끌어들였다고 한다.

4) 《징바오》는 1919년 3월 3일 창간된 소형 신문으로, 처음에는 《신주일보(神州日報)》의 부록으로서 3일에 한 번 발간하다가, 나중에는 《신주일보》에서 독립해 나왔고, 1932년 10월 10일부터 일간으로 바뀌었으며, 1940년 5월 23일 제4157호를 발간한 후 폐간되었다. 판매량이 당시 상하이의 소형 신문 중에서 가장 많았으며, '상하이 소형 신문의 왕'으로 불렸다. 수많은 소설과 산문을 발표하고 일반 시민들의 관심사인 시사 문제를 다룸으로써 보통 사람들의 일상생활에 없어서는 안 될 '정신적 세계'가 되기도 했다. 본문에는 "1948년의 상하이는 '일부 청년들이 …… 《징바오》·《로빈 후드》 등 소형 황색신문에 열중했지만'"이라고 되어 있는데, 확인해 본 결과 《징바오》는 앞서 말한 대로 1940년에 폐간되었다.

5) 《로빈 후드》는 1926년 12월 8일 상하이에서 창간된 영화 및 연극의 소식과 평론을 주로 실었던 소형 신문이었으며, 1949년 7월 9일에 폐간되었다.

직함과 의연함은 그 당시로서는 특별히 돋보이는 효과가 있어서, 우리
는 용감하게 자기 자신을 부정하고 새로운 정신적 해탈을 추구하게 되
었으며,
(우리 열몇 명의 학우들은 잇달아) 혁명의 길로 나아갔고, 우리의 그
후 인생의 새로운 출발점을 확정지었다.[13]

　이것은 비록 사후(事後)의 회상이기는 하지만, 루링의 소설이 국통구
에 얼마나 큰 영향을 미쳤는지 반영해 주고 있다. 그러나 루링 본인에게
는 오히려 화인지 복인지 알 수 없는 일이었다. 그는 적어도 이 때문에
'청년 쟁탈'이라는 죄명에서 벗어나기 어려웠다.
　그래서 루링의 소설이 비판을 받은 것은 그것의 이 같은 이질성과
도전성 때문이었고, 그것의 영향력이 막대했기 때문인데, 1948년의 중국
에서는 피할 수 없는 숙명이었다. 루링 본인과 후펑은 마음의 준비가 되
어 있었다고 할 수 있다.[14] 그러나 권위 있는 이론가가 직접 나선 ≪대중
문예총간≫상의 비판은 여전히 분노를 자극했다. 후펑은 루링을 비판하
는 것은 하나의 구실에 불과하고, 화살이 자신을 향하고 있음을 물론 잘
알고 있었으며, '죄'가 있다 하더라도 한 사람이 짊어지면 되지, 왜 늘 재
능 있고 서둘러 보호해야 할 이런 젊은이들까지 연루되어야 하는지, 그
때문에 괴로웠다. 어떤 말들은 오해가 생기지 않도록 좀 더 분명하게 설
명할 수도 있고 해서, 그는 자신이 직접 나서서 답변하기로 결심했다(이
이전에 루링은 이미 ≪흙≫에다 '위린'이라는 필명으로 반박하는 글을 썼었다). "내일"
을 눈앞에 두고, 그는 정말이지 이런 사람들과 논쟁하고 싶지 않아 가능
한 한 자신을 진정시키려고 애를 썼다. 하지만 붓을 들자마자 후펑은 곧
바로 흥분하기 시작했으며, 자신의 이단성과 자신이 사면초가에 처했음
을 강렬하게 느꼈다. 사람들은 지금까지도 그해의 "방 안에서 급히 왔다

갔다 하던, 눈빛이 번쩍이고 화가 잔뜩 났던 후펑"15을 기억하고 있는데, 후펑은 "늘 돌진하는 기분이었고", 그래서 "돌격 …… 우리는 그들의 이단이다. 여기에서 혁명 문학의 길을 열어 형극을 헤쳐 나가자!"16던 후펑의 후베이 말씨가 그의 집 위층에서 쩌렁쩌렁 울렸다고 한다. 이를 시인 뤼위엔은 다음과 같이 적었다.

> 그때 붕괴 직전에 놓여 광란으로 치닫던 국통구는 그야말로 불난 숲과 같았는데, 키츠의 나이팅게일과 셸리의 종다리는 진작 날아가 버렸고, 블레이크의 호랑이와 릴케의 표범도 보이지 않았으며, 단지 "상처 입은 늑대 한 마리만 깊은 밤에 광야에서 울부짖었는데, 비통 속에 분노와 비애가 섞여 있었다."17

이것은 명실상부한 돌파였고, 사면공격이기도 했다. 후펑은 제1장 "실제에서 출발",6) 즉 항전 10년 동안의 문예 사상 발전에 대한 역사적 회고와 현상 분석에서, 1942년 옌안 정풍운동7)을 지표로 하는 "위대한 혁명적 의의를 내포하고 있는 사상 재출발 운동"이 전면적인 사상투쟁을 요구했음을 분명하게 지적했다.

이것은 첫째, "반(牛)봉건·반(牛)식민지의 파시즘 문예"에 대한 투쟁이었는데, 그것의 문학적인 표현으로는 "충군애국의 봉건 도덕"과 "간첩에 색정을 더한 타락한 감흥"을 퍼뜨리고, "사회관계의 일상화라는 특성을 이용해 전쟁에서 완전히 떠나 있고, 부패한 사회생활에서 생겨난 봉

---

6) 후펑의 『사실주의의 길을 논함』의 제1장을 가리킨다.
7) 정풍운동(整風運動)은 1942년 옌안(延安)에서 행해진 '정삼풍(整三風)'을 말한다. '정삼풍'은 학풍(學風)·당풍(黨風)·문풍(文風)을 바로잡는 것이었다.

건적 서정주의"와 "유해한 정실주의"를 부추기는 것 등이 있었다.

둘째, "진보적인 색채를 띠고 있으나 근본적으로는 반(反)사실주의적인 문예 현상"에 대한 반대로, 예를 들면 "암담한 현실에 불만을 품고 있으면서도 실의에 찬 모습으로 자신의 이런 번민을 어루만지고 있다든지, 추악한 사회를 풍자하면서도 경쾌한 웃음소리를 낸다든지", "가장 인기 있었던 것으로는 전쟁과도 동떨어지지 않고 사람도 미혹하는 모래바람 이는 전장에서의 로맨스" 등인데, 후펑이 보기에 이런 것들도 "객관적으로는 파시즘 문예의 정치적 목적을 위한 특별 봉사였다".

셋째, "사실주의 자체 진영 속의 강경한 두 편향", 즉 "주관공식주의와 객관주의"에 대해 반드시 냉정한 비판을 전개하는 것이었는데, "이 비판이야말로 문예 사상투쟁의 중요한 부분이었으며", 그것들도 "본질적으로" "반사실주의"였다. 후펑은 단지 이론적으로 개괄만 했다고 한다면, 그의 젊은 친구들이 주관했던 간행물에서의 각양각색의 "반사실주의"적인 "반동" 문예에 대한 비판은 아주 왕성하게 진행되었고 그 기세가 대단했다.

1946년에 창간된 ≪호흡≫에서, 젊은 편집인은 그들이 하고자 하는 것은 "냉정한 문화 비판"임을 선언했고, "군대는 눈앞의 적을 끊임없이 공격해야 할 뿐만 아니라", "겉은 그럴듯하나 실제는 그렇지 않은 참모부를 청산해야 하고, 아군인 것 같지만 실제로는 적인 전투부대와 전투 인원을 청산해야 하며, 자신을 청산하고 또 청산해야 한다"라고 말했으며, 그들은 "과격함"을 결코 숨기려 하지 않았고, 심지어 그것을 자랑으로 여겼으며, 자기 딴에는 "방향을 정했고 이상에 도취해 있으며, 집단을 꼭 끌어안고 지혜와 진리를 열렬히 사랑하는 훌륭한 사람이며, 과격함은 지나치게 사랑하고 진지하게 사랑한 것에 불과하다"라고 생각했다. 그들은 바로 이런 진지하고 과격한 태도로써 사팅의 『궁지에 몰린 짐승』을 대표로 하는 "객관주의"와 짱커자의 『감정의 야생마』를 대표로 하는 "이른바 '혁명적 낭만주의'"를 맹렬히 비판했다.[18]

1947년에 창간된 ≪흙≫은 더더욱 전방위 공세를 펼쳤으며, 그 예봉이 닿은 곳으로는 "문예 사기꾼"으로 불리던 선충원과 그의 "졸개" 위엔커자·정민 "족속들", "도시의 갖가지 화려한 수입 의상을 입다 싫증 난 소시민이 시골의 촌스러운 옷차림으로 갈아입었다"라고 질타당하던 마판튀(위엔쉐이파이), "꼭두각시놀음과 춘화도의 전람"으로 간주하던 천바이천의 「승관도」, "독사, 음탕한 여우, 비루먹은 개"로 불리던 야오쉐인, "속물주의 근성"의 리젠우, "재자신동(才子神童)" 우쭈꽝 등이 있었다.[19] 상대방을 격분케 하고자 함이었든지, 아니면 경멸을 표하기 위함이었든지, 글을 쓸 때마다 일부러 꼭 속되고 거친 욕설을 많이 사용했다. 이론상의 반박을 비교적 중시했던 것은 1948년에 창간된 ≪개미문집≫이었는데, 「대중화에 대한 이해」(빙링 즉 루링, 제2집)·「보급과 제고를 논함」(화이차오, 제3집)·「예술과 정치를 논함」(화이차오, 제4집) 등의 글을 잇달아 발표하여 ≪대중문예총간≫의 글에 대하여 열띤 논쟁을 벌였다. 루링은 또 위린이라는 필명으로 ≪흙≫에 「문예 창작의 몇 가지 기본 문제를 논함」을 발표했다. ≪개미문집≫은 마오둔의 『부식』을 비판하는 글도 실어, 이것은 "창작 방법의 피와 살에다 아직도 자산계급 몰락 문학의 케케묵은 짐을 지우고 있다"[20]라고 지적했으며, 언사도 매우 날카로웠다.

앞의 ≪호흡≫·≪흙≫·≪개미문집≫의 글들은 모두 폭발적인 반향을 불러일으켰으며,[21] 몇몇 문예 지도자들도 글을 써서 이것은 "통일전선" 수립에 불리하다며 질책했고, "사상투쟁을 원칙도 없이 매도하는 것은 절대 용납할 수 없다"[22]라고 밝혔으며, 궈모뤄는 심지어 이것을 "트로츠키주의 문예"에 포함해 비판했으며, "반드시 소멸시켜야 한다"라고 천명했다.[23] 하지만 이것은 또 원래 사방에서 "원수를 찾고", "우리는 그들의 적임을 감히 인정한다"[24]라며 자랑하던 그런 젊은이들을 더욱 흥분시켰고 더욱 격렬케 했다. 그들은 특히 상대방이 걸핏하면 "파벌을 형성"하고 있다며 자신들을 질책하는 것을 용인할 수 없었지만, 사람들은 후펑과 왕래가 있는 젊은 작가들이 다른 잡지에 비평문(예를 들면, 겅융이 탕타오에게, 웨우가 바진에게 했던 언사가 과격했던 비평)을 발표하는 것도 모두 "후펑파"의 소행으로 간주했는데, 이것 또한 더욱 거센 반응과 충돌을 초래했다.[25] 그러나 '후펑파(소집단)'라는 오명은 이때부터 후펑과 그의 친구들이 마지막에 일망타진될 때까지 그들을 꼭꼭 따라다녔다. 후펑은 만년에 이런 논쟁들을 이야기할 때 경험을 총정리하는 어투로, 젊은이들의 "과격한 글이 종종 단결에 불리하게 작용했으며", "이런 과격한 정서들이 개인의 편지에서도 표출됐는데, 1955년에 이르러 전부 꺼내놓으니 대중의 분노를 불러일으키는 자료가 되고 말았다"[26]라고 했다.

오늘날 사람들이 1940년대 말의 이런 혼전(混戰)을 뒤돌아볼라치면 분명 느끼는 바가 많을 것이다. 혼전이라 한다고 해서 논쟁의 의의를 결코 부정하는 것은 아니며(다음 글에서 상세하게 토론할 것이다), 그 속에는 정확한 인식과 명철한 견해가 확실히 많이 있지만 사람들은 오히려 당시(1948년)로서는 알 수 없었던 다른 일면, 즉 논쟁하는 쌍방이 양립할 수 없음과 동시에 어쩌면 더욱 근본적일 수 있는 일치함과 상통함이 있음에 주의를 기울이게 된다. 예를 들면, '냉정한 사상투쟁의 전개'를 문예 발전의 관건으로 삼는 전략 선택, 투쟁을 절대시 내지는 신성시하는 관념, 복잡한 문예 문제와 지식분자의 진로 선택 문제를 단순히 이것이 아니면 저것이라는 이원적 대립 구조(예를 들면, '인민'과 '반인민', '사실주의'와 '반사실주의')로 보는 직선적 사고방식, 사면이 적이라는 포위된 심리 상태,[27] 논쟁과 비판에 대한 지나친 집착, 사방팔방으로 공격하려는 영전(迎戰) 충동, 갈등과 충돌을 미화하는 경향, 전쟁 어휘[자연히 전쟁적 사유(思惟)와 연결되어 있다와 난폭한 언어 표현 방식에 대한 심취[28] 등은 모두 놀라울 정도로 비슷할 뿐만 아니라, 치열하게 싸우던 전쟁 시기에 형성된 혁명 언어의 기본 특징이 되었다.

이런 의미에서 논쟁하는 쌍방 모두가 '혁명 작가'와 '혁명가'라고 자처하는 데는 충분한 이유가 있었다. 비록 최후의 해결 방식이 비(非)내부적이기는 했지만, 그들 간의 논쟁도 내부적인 성격이 강했다. 그리고 후평에게는 투쟁 중심의 이런 혁명 언어가 5·4 급진주의 언어의 자연스러운 발전이었다. 달리 말하자면 그가 견지하고 수호했던 5·4 언어는 급진주의적 색채가 농후하여 좀 더 자유주의적인 색채를 띠었던, 앞서 말한 주쯔칭 그들의 5·4 언어와는 상통한 점도 있긴 했지만 차이점이 더 뚜렷했다.[29]

후평과 그의 젊은 친구들이 자각적으로 수호하고자 했던 것은 다름 아닌 5·4 전통이었다. 후평은 『사실주의의 길을 논함』에서 문제를 아주 명확하게 "국제 문예 전통(고리키의 길)과 중국 혁명 문예 전통(루쉰의 길)에 대한 견지와 호소"[30]로 귀결시켰으며, 루링도 《대중문예총간》의 비판을 반박할 때, 상대방은 "5·4 이래 투쟁의 전통을 없애버렸다"[31]라며 예리하게 지적했다. 그리고 그들이 수호하기에 급급했던 5·4 전통에는 또 구체적인 역사적 내용도 있었다.

그것은 우선 반봉건의 전통이었다. 민족 투쟁 중에 민족 해방으로 사회 해방을 갈음하거나 취소하는 경향에 대해 후평은 "반제·반봉건 투쟁에서 지금 반제국주의만 남은 것이 아니라, 반제국주의로써 반봉건을 규정하고 보장해야 함"을 강조했다. 그래서 그는 "애국주의" 기치 아래 엄폐된 봉건주의의 망령을 경계해야 한다며 거듭 사람들을 일깨웠는데,[32] 물론 이 경고는 대단히 중요했다. 그리고 1948년의 이 논쟁에서 개성 해방 문제는 더욱 사람들의 주목을 받았을 것이다.

논쟁의 초점은 5·4가 제기한 개성 해방 문제가 당시와 그 이후의 중국에서 여전히 의의와 가치가 있겠느냐는 것이었다. 후펑과 그의 친구들은 자산계급이 개성 해방을 주장했다고 해서 자발적으로 이 구호를 포기한다면, 실제로 존재하는 봉건주의에 항복하는 결과를 낳게 되리라 생각했다. 그래서 그들은 "반봉건의 임무를 자산계급의 수중에서 빼앗아 와 그것을 완성하고", "인민 해방, 토지 해방, 개성 해방"의 기치를 드높이 들어야 한다고 주장했다.[33] 그들이 봤을 때 "대중의 존재와 개인의 각성, 이 둘은 숙명적으로 상반되거나 적대적인 것이 아니며", "사람은 반드시 자기의 '가치'를 이해하고, 자기의 '역량'을 발휘하여, 대중의 이익에 따르고, 대중의 입장을 확고히 해야 하며",[34] "집단적 영웅주의"는 "대중의 이익을 존중하고, 집단의 명령에 복종"해야 할 뿐만 아니라, 더 나아가서는 "자신의 능동적 역할을 유지하고, 반드시 자신의 전투적 특성을 잘 파악하고" 있어야 했다.[35]

후펑과 그의 친구들은 "전투적 집단주의"를 절대 반대하지 않았지만, 아니 옹호했다고 하는 편이 더 낫겠지만, 하나만은 견해를 달리했다. 즉, 그들로서는 그것을 단체에 대한 개인의 무조건적인 복종과 절대적인 희생으로 이해할 수는 없었다. 그들은 예민하게도 이런 요구 속에서 봉건적 전제주의의 냄새를 맡았다. 그래서 그들은 "보이지 않는 봉건 중국과의 투쟁"이라는 명제를 제시했고,[36] 아울러 "봉건주의의 각종 뿌리와 맞서 싸워야"만 진정으로 "내일"로 통할 수 있다고 주장했다.[37] "보이지 않는 봉건 중국과의 투쟁"이라는 명제는 전개해야 했던 것이었으나, 그 현실적인 역사가 충분히 펼쳐지기도 전에 후펑과 그의 친구들은 이미 예리하게 포착하고 제시했으니 이것은 찬탄하지 않을 수 없는 일이지만, 그들 자신은 이렇게 시대를 앞서간 것 때문에 대가를 치러야만 했다.

후펑과 그의 친구들이 가장 중시했던 것은 물론 5·4 계몽주의 전통이었다. 후펑은 다음과 같이 훌륭하게 개괄한 적이 있다.

(5·4 즉) 의식 투쟁을 필두로 하는 사회 투쟁, 그 기본 내용은 역사를 창조할 인민의 해방 요구를 '자재적' 상태[8])에서 '자위적' 상태[9])로 옮아 가도록 하는 것이다. 다시 말하면, 겹겹이 쌓인 심각한 정신적 노역(奴役)의 상처로부터 뚫고 나오고, 해방되어 나오고, 버티고 나와서 앞을 향해 발전하여 물질적 역량으로 변하게 하는 것이다.[38]

그런데 지금, 이런 계몽 전통은 두 가지 측면에서 도전을 받았다. 우선 "정신적 노역의 상처"의 존재를 부정하고, 인민·농민을 순화·이상화하는 인민주의 경향이었다. 후펑은 "봉건주의가 인민의 몸에서 살지 않았다면, 어떻게 봉건주의가 되었겠는가?"[39]라는 이 한마디로 그 본질을 밝혔다. 그는 "'우아한' 인민만 원하고, 정신적 노역의 상처가 있는 인민은 원하지 않는" 그런 이상은 순수하고 아름답긴 하겠지만, "세상에는 양만 있고 음은 없는 사물은 없으며, 음을 버리고 나면 양도 사라지기 마련이다. 즉, 흔히 말하는 '관념화된' 것이다"[40]라고 지적했다.

그리고 인민을 추상화하는 것은 위험한 일이다. 이런 것은 이른바 "인민의 대변인"(하느님의 대변인과 유사하다)에게 쉽게 기회를 제공하게 되어 인민 숭배는 인민의 대변인 숭배로 변하고, 인민의 통치라는 명목 아래 대변인이 독재하게 된다. 그래서 후펑과 그의 친구들은 반드시 인민이 진정으로 자기 "운명의 주재자"가 되어야지, "피동적으로" "인민의 대

---

8) 자재적 상태(自在的狀態)란 계급적 자각과 자기의 정당(政黨)을 분명히 의식하지 않고 있는 상태를 말한다.

9) 자위적 상태(自爲的狀態)란 자기의 역사적인 입장이나 사명을 의식하고 행동하는 각성한 상태를 말한다.

변인"이 해방해 주기를 기다려서는 안 된다고 거듭 강조했는데,[41] 여기에는 분명 어떤 우려가 담겨 있었다.

그리고 누군가가 인민을 지식분자와 대립시키려고 하면, 언제나 후펑 그들은 대단히 거센 반응을 보였다. 후펑은 "지식분자도 인민이며", 더군다나 "인민의 선진" 그룹이라며 날카롭게 맞섰는데,[42] 지식분자는 역사의 요구를 실현한 시대의 선진 사상을 잘 파악하고 있으며, 새로운 사상의 창조자일 뿐만 아니라 전파자이기도 하다. 루링은 그래서 지식분자의 "존재가치와 선봉가치"를 "말살"하는 것도 실질적으로는 "이론(즉 시대의 선진 사상)을 부정하고", "선진적 경험이 있는 세계적인 지도자"를 인정하지 않는 것이라며 예리하게 지적했는데,[43] 이런 것은 중국의 사상·문화 내지는 중국 사회 전반의 현대화라는 역사 진행 과정에 반드시 영향을 미치게 되어 있다. 그들이 지식분자 문제에서 절대 양보하지 않았던 까닭도 바로 여기에 있을 것이다. 만년에 이르러, 후펑이 뤼위엔과 『사실주의의 길을 논함』을 이야기할 때도 그는 이같이 말했다.

나는 지식분자를 위해 몇 마디 했을 뿐이다. 십몇 년 동안 지식분자를 왜 그렇게 경시했는지 도무지 모르겠고, 왜 '5·4' 정신에서 갈수록 멀어졌는지 모르겠다.[44]

"왠지 모르겠다"라는 이 말 속에 또 얼마나 많은 역사의 쓰라림이 담겨 있으랴!

바로 5·4 계몽주의에 대한 자각적인 견지에서 출발하여, 후펑과 그의 젊은 친구들은 문예에서도 5·4 신문예의 새로운 특성, 즉 이것과 세계의 진보 문예와의 연계로부터 형성된 세계성과 이것의 전통 문학에 대한 변혁으로부터 형성된 이질성을 특별히 강조했다. 그들 생각에 이 두 측면은 5·4 신문학의 기반이었으며, 반드시 견지해야 하고 어떠한 동요와 양보도 있을 수 없었다. 그래서 그들은 "문화·문예상의 농민주의"에 반대함을 분명히 밝혔으며, 문예가 농민을 반영과 수용의 대상으로 삼는 것에는 절대 반대하지 않았지만, 문예 자체의 진보성을 유지해야 하고, 농민의 낙후성과는 타협할 수 없다는 태도를 견지했다.[45]

그들은 민간 형식과 옛 형식을 미화하고 이상화하는 것에도 반대하면서 다음과 같이 강조했다.

> 반드시 민간 형식이 지닌 본질을 있는 그대로 이해해야 하며, 대체로 오래된 형식은 모두 지난날의 문화로, 그것은 인습적이어서 새로운 것이 그 속에서 100% 뿌리 내리기란 불가능하며, 그것 또한 새 생명의 점령을 많든 적든 제한하게 된다.

그들은 일반적으로 옛 형식의 이용에는 절대 반대하지 않았지만, 만약 "이용"이 "습용(襲用)"이 되어 옛 형식을 "무조건 보존"한다면, 이것은 "무조건 항복"이나 다름없다고 경고했는데, 그들이 보기에 "조건부 항복 역시 항복이어서" 모두 다 허용할 수 없는 것이었다.[46] 후평 그들의 이런 관점은 어쩌면 가장 쉽게 쟁의를 일으킬 수 있었겠지만, 어떤 사람이 뤼위엔의 시를 논평할 때, 마치 "민가(民歌)"만이 정도(正道)"인 것처럼, 그의 시를 일반 대중이 "이해할 수 없다"는 것은 "길을 잘못 들어선 것"이라며 질책했듯이,[47] 그 당시에 민간 형식을 절대화하는 경향이 분명히 있었고, 또 이후에 이런 경향이 더욱 심화했던 점에 주목한다면, 후평과 그의 친구들의 이런 견해에는 여전히 선견지명이 있었다고 할 수 있다.

지금 다시 그때 논쟁하던 글들을 읽어보아도 후평과 그의 젊은 친구들이 5·4 전통을 수호할 때 보여줬던 맹렬한 기세와 서슬을 강하게 느낄 수 있다. 그러나 논쟁의 전 과정에서 그들 특히 후펑 본인은 시종 몇 가지 맹점을 가지고 있었음을 어렵지 않게 발견할 수 있다. 다시 말하자면, 논쟁의 상대가 분명하게 보낸 신호들을 후펑은 시종 보아도 보이지 않았고 들어도 들리지 않았으니 그 결과는 말할 것도 없이 비극적이었다.

사실, 경고는 훨씬 전에 있었다. 후펑 자신의 회고에 따르면, 1945년에 처음으로 후펑을 공개 비판할 때, 저우언라이가 이미 후펑에게 "첫째, 이론 문제는 마오(毛) 주석의 가르침만이 옳은 것이며, 둘째, 당에 대한 태도를 바꿔야 한다"라고 일러주었다고 한다. 말은 이미 더없이 명백했지만, 애석하게도 후펑은 저우언라이가 그에게 말한 "객관주의" 이 한마디에만 주의를 기울여 "알았다"라는 뜻을 표했고(사실, 이것도 후펑 자신의 일방적인 설명이기 때문에 정말 그러했는지는 고증해 봐야 한다), 어쩌면 더 실질적일 수 있는 충고에는 아예 주의를 기울이지 않았는데,[48] 후펑이 여기에서 저지른 주관주의적 잘못이 그에게는 거의 치명적이었다.

러우스이의 회고에 따르면, 사오취엔린이 그에게 이번에 홍콩이 비판을 시작한 까닭은 "전국이 해방을 바로 눈앞에 두고 있으므로, 앞으로 문예계는 당의 지도하에 일치단결하고 동심협력하는 것이 대단히 중요한데도, 후펑이 아직도 자기 방식대로 하고"[49] 있기 때문이라는 말을 했다는 것으로 보아, 문제는 아무래도 당에 대한 태도, 즉 당의 지도자에 대한 복종 여부였음을 알 수 있으며, 사오취엔린 그들도 당의 대표로서 그들을 비판하고 인도했다. 실은 후펑의 친구 중에도 이 점을 인식한 사람이 있었다. 자즈팡 선생의 회고에 따르면, 그는 후펑에게 이런 말을 해주었다고 한다.

해방군이 전장에서 번번이 승리하고 있으니, 당의 문화계도 전쟁에 발맞춰 국민당과의 투쟁을 강화해야 하는데, 지금 난데없이 순전히 후펑을 겨냥한 것으로 보이는 잡지를 간행하고, 비판의 위력도 대단히 집중적인 것을 보면, 이것은 몇몇 문인들의 우연한 충동일 리가 없다.[50]

그러나 후펑은 "항전 8년 동안 줄곧 공산당을 따랐다"라는 생각만으로, 당이 시종 자기를 신임하고 있다고 굳게 믿었으며, 심지어 홍콩 측의 비판을 순전히 몇몇 사람의 종파주의 정서 내지는 일종의 오해라고 생각했다. 결코 후펑 한 사람만 이런 잘못을 저지른 것은 아니었던 것 같고, 나중에 저우양이 후펑을 비판할 때 말했듯이, 후펑을 포함한 중국 지식분자들은 언제나 "추상적으로 당을 보았으며",[51] 당에 대한 옹호는 반드시 당원 개인에 대한 존중과 복종으로 구체화해야 하고, 당의 권위는 층층의 당 조직과 당원 개인의 권위를 기반으로 하여 세워진다는 점을 몰랐다. 중국의 지식분자들은 아마도 '반우(反右)'[10) 후에야 보편적으로 이 점을 인식하게 되었던 것 같은데, 치른 학비가 너무 많고 너무 무거웠다.

또 다른 경고 하나를 무시한 탓에 후펑은 더 큰 대가를 치러야 했던 것 같다. 허치광의 말에 따르면, 일찍이 1945년에 처음으로 후펑을 비판할 때 비판자는 이미 후펑 문제의 핵심을 "마오쩌둥의 문예 방향에 대한 항거"[52]라고 단정 지었다고 한다. 그리고 ≪대중문예총간≫이 벌였던 당시 비판은 처음부터 분명한 태도로, "그들[비판자가 말한 "주관론자(主觀論者)"

---

10) 반우운동(反右運動)의 약칭이며, 중국공산당이 1957년에 자산계급 우파를 숙청하기 위해 감행했던 대대적인 정치운동이다. 이 운동으로 중국의 지식분자, 민주 인사, 애국지사, 청년 학생, 당 간부 등 수많은 사람이 우파로 몰려 옥고를 치르거나, 강제 노동을 당하거나, 면직 또는 강등되었다. 개혁·개방 후 중국공산당 중앙위원회는 그 범위가 터무니없이 확대된 사실을 인정하고 '우파분자'로 분류된 이들을 재조사하여 대다수의 신분을 복권해 주었다. 이 반우운동은 문화대혁명과 더불어 중화인민공화국 건국 후 발생한 정치운동이나 사건 중에서 사회적으로 그 상처가 가장 컸다.

인데, "후평 소집단"이라고도 불렀다)은 곳곳에서 마르크스·레닌주의자와 마오 쩌둥 문예 사상가라고 자처하지만", 실제로는 마르크스·레닌주의와 마오쩌둥 문예 사상을 "곡해"하고 있으므로, "우리가 바로잡지 않을 수 없다"[53]라며 마지막 카드를 내보였다. 이는 곧 이번 논쟁의 본질이 혁명 언어의 최고 형태인 마오쩌둥 언어에 대한 유권 해석권을 차지하려는 것이었음을 분명하게 말해주고 있다.

그러나 후평이 보기에 비판자의 말은 절반만 옳았다. 그는 확실히 "마르크스·레닌주의자와 마오쩌둥 문예 사상가로 자처했다". 왜냐하면 이것은 그의 신념의 원천이었기 때문이며 "곡해"에 대해 말할 것 같으면 그렇게 말하는 것 자체가 바로 곡해였고, 후평 본인에 대해서뿐만 아니라 더더욱 마르크스·레닌주의와 마오쩌둥 문예 사상에 대한 곡해였다. 후평은 자신과 마르크스·레닌주의, 마오쩌둥 사상, 마오쩌둥 본인과는 천부적으로 혈육처럼 이어져 있으며, 이것은 신성한 것으로 곡해와 모독이 있을 수 없다고 굳게 믿고 있었다.

다음은 후평의 가슴속 깊이 새겨져 있던 잊을 수 없는 기억이다. 1938년, ≪칠월≫을 편집하고 있던 후평은 "다모"라고 서명한 독자가 보내온, 마오쩌둥이 산베이공학에서 루쉰에 관해 강연했던 강연 기록문을 받았다. 바로 이 강연에서 마오쩌둥은 루쉰을 공자와 나란히 놓고 그를 "현대 중국의 성인"이라고 칭송했으며, "루쉰 정신"을 "정치적 통찰력"·"투쟁 정신"·"희생정신"으로 개괄했다. 마오쩌둥의 평가는 후평의 가슴에 커다란 울림을 주었고, 후평은 그 후 다른 사람에게 "마오 주석이 루쉰에게 이렇게 간절한 동지의 정이 있으며 이렇게 높이 평가할 것이라고는 생각지도 못했는데", "나는 뜻밖의 기쁨으로 여러 해 동안의 중압감에서 벗어났으며, 대단히 기쁜 마음으로 글을 실었다"[54]라고 말했다. 이것이 바로 ≪칠월≫ 제10기에 실린 「마오쩌둥, 루쉰을 논하다」이며, 이로써 중국공산당과 그 영수의 루쉰에 대한 평가가 처음으로 국통구 신문·잡지에 공개되었는데, 이것은 중국공산당과 지식분자 간의 상호이해와 신임을 증진하는 데 이루 헤아릴 수 없을 정도로 많은 역할을 했다.

루쉰의 사업을 계승·발전시키는 것을 줄곧 자신의 책임이자 삶으로 여겨왔을 뿐만 아니라, 이 때문에 각종 압력을 끊임없이 받아오던 후펑으로서는 마오쩌둥이 지기(知己)처럼 느껴졌다. 이런 지기라는 느낌에는 더 깊은 내용이 있을지도 모른다. 실은 후펑과 마오쩌둥은 정신적으로 서로 통하는 데가 있었는데, 앞서 말한 바와 같이, 후펑의 투쟁 철학에 대한 신봉, 영원히 편안할 수 없는 그 영혼, 내면에 존재하는 영전 충동, 전쟁적 사유(思惟)와 언어에 대한 미련 등도 모두 마오쩌둥의 것이었다. 심지어 후펑이 거듭 언급했던 "나는 농촌에서 왔다"라는 그의 젊은 시절의 시구절조차도 마오쩌둥과 토지·농민과의 깊은 관계를 쉽게 떠올리게 한다. 이리하여 신중국 수립 후 후펑이 「시간은 시작되었다」라는 장시에서 마오쩌둥은 "중국 대지 위의 가장 두려움 없는 투사, 중국 인민이 가장 사랑하는 아들"[55]이라며 칭송했던 것은 그의 진심에서 우러나온 표현이었다. 그리고 문예 사상에서도 후펑은 마오쩌둥이 『신민주주의론』 등의 저서에서 5·4 신문학운동을 십분 긍정했고(그런데 이 이전에 취추바이를 비롯한 많은 중국 공산주의자들은 5·4를 줄곧 '자산계급 문예운동'으로 간주하고 심하게 비판했었다), 확실히 "루쉰의 방향"을 신문화운동의 "방향"으로 여겼기 때문에, 마오쩌둥 문예 사상에 대해 각별한 친근감을 느꼈다.

그는 구체적인 시간적·공간적 여건을 고려하지 않고 「옌안 문예 좌담회 석상의 연설」을 기계적으로 옮기는 것에 동의하지 않았음에도 불구하고, 또 그는 아마도 일부 문제에서 「옌안 문예 좌담회 석상의 연설」과는 다른 견해를 가지고 있었을지라도, 그는 이것을 동지 간의 정상적인 견해차라고 생각했다. 총체적으로 말하자면, 후펑은 두말할 것도 없이 마오쩌둥의 「옌안 문예 좌담회 석상의 연설」에 찬성했고, 자신이 이해한 대로 설명하려고 노력했다. 그의 『사실주의의 길을 논함』이 "실제에서 출발"로 이야기를 시작하는 것은 그가 마오쩌둥이 「옌안 문예 좌담회 석상의 연설」에서 제시한 원칙, 즉 "우리는 문제를 토론할 때 정의(定義)에서 출발할 것이 아니라 실제에서 출발해야 한다. …… "라는 것에 호응하고 있음을 잘 말해주고 있다. 그가 보기에 그를 비판하는 사람이야말로 마오쩌둥의 "실제에서 출발"이라는 원칙을 어김으로써 근본적으로 마오쩌둥 사상(문예 사상도 포함한다)에서 벗어나 있었다. 이런 수호 심리에서, 후평은 마오쩌둥 문예 사상을 곡해했다며 자신을 비난하는 것에 대해 아랑곳하지 않았으며, 심지어 거들떠보지도 않았음을 우리는 짐작할 수 있다.

이리하여, 보기에는 특이한 것 같지만 깊이 생각하게 하는 다음 현상이 생겨났다. 논쟁의 쌍방, 즉 비판하는 사람이든 비판당하는 후평과 그의 친구들이든 간에 모두 자신은 마오쩌둥 문예 사상과 노선을 수호하고 있다고 진정으로 믿고 견지한 면이 없지 않았으며, 그들은 마오쩌둥 문예 사상에 대해 각자 자신이 이해한 바에 따라 서로 다르게 해석했고, 자기 쪽이 옳고 상대방을 가리켜 곡해라고 했다.

문제는 누구의 해석이 마오쩌둥의 본뜻에 더 부합하느냐는 것이었다. 하나의 실례를 보자. '지식분자의 개조'는 마오쩌둥 사상(문예 사상도 포함한다)의 핵심적인 명제였고, 논쟁하는 쌍방도 모두 지지를 표했으나 해석은 다르게 했다. 후평은 이런 개조의 필요성은 그가 말했던 지식분자의 "이중인격"에서 비롯되었으며, 다시 말해서 지식분자는 "혁명적"이지만 또 "유리하려는" 일면도 있어서, "이런 유리성(遊離性)은 그들의 사상적 입장을 개념 속에 머물게 하거나 현실 표면에 표류하게 하기" 때문에, 반드시 "인민의 것과 깊이 결합함으로써 그것을 파악하고 그것을 자신의 것으로 만들어야 함과 동시에, 사상적 요구(앞서 말한 지식분자의 '혁명적' 요구)가 인민적인 내용인지 검증한 후 더욱 인민의 것이 되고 또 더욱 자신의 것이 될 수 있도록 해야 하며, 사상적 요구가 인민의 것과 대립하면서도 통일적으로 아주 밀접하게 '감성적 활동'을 할 수 있게끔 해야 한다"[56]라고 주장했다. 분명, 후펑이 이해한 바로는 지식분자의 개조는 인민의 것을 흡수해야 할 뿐만 아니라 자기 자신도 유지·발전시켜야 했고, 비록 "인민의 것"이라 할지라도 최종적으로는 "자신의 것(감성 활동)"이 되어야 했다. 그래서 "그는 작가들에게 인민 속으로 깊숙이 들어갈 것을 요구하는 한편, 작가들에게 인민의 늪에 빠지지 말라는 경고도 했다".[57]

그런데 개조에 대한 ≪대중문예총간≫의 비판자들의 이해는 훨씬 더 명쾌했다. 사오취엔린은 「주관 문제를 논함」이라는 글에서, 이른바 "사상개조"는 곧 "의식상의 계급투쟁"으로, "소자산계급의 의식은 반드시 무산계급에 '무조건 투항하여'", "그 원래 계급의 사상 감정을 일소하고 더 나아가 무산계급과 인민대중의 사상 감정을 자기 것으로 만들어야 하며", "이것은 대등한 투쟁이 아니라 하나의 계급에서 하나의 계급으로 나아가는 과정이다"[58]라고 단도직입적으로 말했다.

지난 몇십 년 동안 개조를 거친 지금, 우리가 당시의 이런 두 가지 해석을 보면 마오쩌둥의 본뜻에 부합하거나 가까운 것은 비판자들(사오취엔린 그들)이지, 절대로 후펑과 그의 친구들이 아니라는 것은 논증할 필요도 없이 바로 단정 지을 수 있을 것이다. 이것은 곧 후펑 그들이 당시에 비판하고 반대했던 것이 단순히 몇몇 비판자에 그치는 것이 아니라, 비판자들이 기본적으로 정확하게 파악하고 있던 마오쩌둥의 사상과 노선이었음을 의미한다. 이 점에서는 당시 비판자들의 말이 불행하게도 적중했고, 후펑과 그의 친구들은 실질적으로 마오쩌둥에게 '대항'하고 있었다. 그러나 비판자들이 이런 '대항'은 자각적이지 않았을 뿐만 아니라, 대항자들이 주관적으로는 여전히 마오쩌둥을 진정으로 옹호하고 심지어 수호하려 했다는 점은 말하지 않았다. 지지와 옹호에서 출발한 이런 대항은 이 책이 역점을 두어 토론하고자 하는 공화국 문화의 복잡성을 충분히 말해주고 있으며, 그 자체가 바로 엄청난 비극이었다. 후평과 그의 친구들은 이렇게 자신의 주관적 의사와 배치되는 상황 속에서 이처럼 특수한 방식(심리, 언어 등등)으로 이론상 마오쩌둥에게 공개적으로 대항하는 지식분자의 역을 맡아 하게 되었다.

그리고 마찬가지로 그들의 주관적 의지와는 관계없이, 후평 본인의 대단한 인격적 역량에서 비롯된 주위의 젊은이에 대한 그의 결속력 때문에 그들의 이런 대항은 이전의 왕스웨이와 샤오쉰 등과는 달리 어떤 집단적 성격을 다소 띠게 되었으며, 더 큰 위험도 안게 되었다. 이런 것은 모두 최후의 결과를 초래했다. 즉, 마오쩌둥 본인이 그러한 방식으로 후평 문제를 해결하고 말았다. 후평과 그의 젊은 친구들이 드디어 자기가 누구에게 대항하고 있는지 알게 되었을 때는(어떤 사람은 죽을 때까지도 이 점을 직시하지 못했던 것 같다) 모든 것이 이미 늦어버렸다.

그러나 1948년은 여전히 후평과 그의 젊은 친구들에게 마지막이나 다름없는 아름다운 추억 하나를 남겼다. 그해 10월, 후평 부부와 루링 부부는 특별히 항저우에 가서, 팡란이 주선하여 모인 안후이중학교의 지팡·뤄뤄·주구화이 등과 함께 시후호를 마음껏 유람했다. 갓 출옥한 자즈팡과 그의 아내도 뒤이어 도착했다. 그들은 쑤디·바이디를 거닐었고, 싼탄인웨에서 차를 마셨다. 악왕묘, 추진묘, 링인사에도 그들의 발자취를 남겼다. 링인사의 큰 불상 앞에서 그들은 함께 기념사진을 찍었다. 사진 속의 한 사람 한 사람은 그렇게도 준수하고, 젊고, 소탈한데 …….

제8장

새로운 소설의 탄생

1948년 9월(2)

- 딩링과 『태양이 쌍간허를 비추다』의 운명.

- 사회주의적 사실주의 창작 양식의 탄생.

- 체제 속으로: 문학 생산과 전파의 계획화.

- 창작 주체의 변화: 일단은 당의 간부·일꾼, 그런 후에 작가.

- 당의 정책이 창작의 기점과 수용의 종점.

- 문학의 진정한 주인: 혁명화한 '신인(노동자·농민·군인의 영웅적 인물)'.

- 당의 이념을 작가의 예술적 사유로 승화: 계급투쟁적 예술 상상 논리(제재, 인물 창조, 구성 등).

- 당의 혁명 언어로써 모든 것을 규범화하다.

- 『태양이 쌍간허를 비추다』와 『폭풍취우』의 사회주의적 사실주의 창작 양식에 대한 모범적 의의와 부분적 괴리감.

- 언어 권력을 독단하는 문학 질서 수립.

옌안에서의 딩링
그의 장편소설『태양이 쌍간허를 비추다』는 신문학 발전의 중요한 단계였
고 그의 운명까지 결정지었다.

1948년 9월, 딩링의 『태양이 쌍간허를 비추다』가 하얼빈 광화서점(신화서점 둥베이 총국)에서 출간되자, 딩링은 첫 번째 책의 속표지에 손수 "린에게 딩링"이라 적어, 하얼빈공업대학에서 공부하고 있던, 자신과 후 예핀 사이에서 태어난 아들 장쭈린에게 선물했다. 장쭈린은 까만 비단 표지에 금박 입힌 책 이름이 세로로 새겨져 있는 그 책을 받아들고는 얼마나 기뻐했는지 모른다. 어머니가 허베이 푸핑현 타이터우완의 작은 농가에서 책상에 엎드려 글을 쓰던 정경과 위몽정부[1])가 남기고 간 종이철과 장부(그것들은 자신과 여동생 쭈후이가 장자커우의 어느 빈집에서 주워온 것이다) 위에 한 줄, 한 줄 쓴 어머니의 낯익은 글씨가 눈앞에 떠올라 작은 목소리로 "어머니, 축하합니다!"라고 말했다. 딩링은 대답 대신 두 눈 가득 눈물만 글썽였다.[1]

딩링 본인은 물론이고 신문학의 발전에도 중요한 순간이었다. 루링의 『부잣집 아들딸』에 대한 후펑의 평가를 빌려 말하자면, 『태양이 쌍간허를 비추다』(와 저우리보의 『폭풍취우』 등 장편소설)의 출간도 신문학사에서 "중대한 사건"으로 봐야 한다. 일찍이 1930년대 딩링이 월간 ≪북두≫에 단편소설 「물」을 발표했을 때, 권위 있는 마르크스주의 비평가 펑쉐펑은 "새로운 소설의 싹"이 텄다고 단언했으며, 그는 또 이런 소설의 새로운 특징으로, "작가는 현시점의 중대한 문제를 제재로 삼았고", "작가는 계급투쟁에 대한 이해가 정확하고 확고하며", "작가는 새로운 수법으로 묘사했다"[2]라는 점을 들었다. 그리고 십수 년의 실천을 거친 지금, 특히 마오쩌둥의 「옌안 문예 좌담회 석상의 연설」을 전후하여, 적진 후방의 근거지(1948년 이때는 이미 해방구라 불렸다)에서 활동하던 작가들의 오랜 노력

---

1) 몽강연합자치정부(蒙疆聯合自治政府)를 가리킨다. 일본 제국주의가 1939년에 지금의 중국 내몽고 중부에 세운 정부로, 1945년 8월 일본이 항복하면서 무너졌다.

으로 장편소설이 풍작을 이뤘는데, 딩링의『태양이 쌍간허를 비추다』와 저우리보의『폭풍취우』등은 펑쉐펑이 그때 말했던 "새로운 소설"이 싹의 단계에서 이미 성숙의 단계로 나아가고 있음을 잘 보여주고 있다.

그 후 펑쉐펑은 "우리 문학 발전에서『태양이 쌍간허를 비추다』가 갖는 의의"를 논할 때, 이 작품을 "우리 사회주의적 사실주의의 최초의 두드러진 승리"[3]라고 일컬었다. 펑쉐펑의 앞뒤 평가를 연관 지어 보면, 이른바 "새로운 소설"은 실질적으로 '사회주의적 사실주의 소설이라는 새로운 양식'이라고 할 수 있는데, 이제 딩링·저우리보 등 해방구 작가의 새 작품 속에서 비교적 제대로 체현되었으며, 이런 새로운 양식이 점차 소설에서 모든 문학에 이르기까지 창작의 주도적인 양식이 되면서 우리의 문학도 '사회주의적 사실주의 문학'이라는 새로운 시대로 접어들게 되었다. 이런 의미에서 딩링의『태양이 쌍간허를 비추다』와 저우리보의『폭풍취우』는 확실히 획기적인 의의가 있다.

딩링에게『태양이 쌍간허를 비추다』는 자신의 창작이 새로운 단계로 접어들었음을 상징하는 작품일 뿐만 아니라, 자신의 운명까지 결정지은 것이나 다름없는 작품이다. 다시 말해 딩링 후반생의 모든 영예와 치욕, 비난과 칭찬이 모두 이 '책 한 권'과 관계가 있으며 심지어 이 때문에 '책 한 권 주의'[2]라는 말도 생겨났다. 이 모든 것이 후일담이기는 하지만,

---

2) 1951년 소련 작가 일리야 에렌부르크(Ilya Ehrenburg)가 중국을 방문했을 때 딩링이 그와 동행한 적이 있는데, 그때 에렌부르크가 딩링에게 "신발은 좋은 것 한 켤레보다는 고만고만한 것이라도 100켤레 있는 것이 더 낫다. 이와 반대로, 작품은 그저 그런 것 100편보다는 훌륭한 것 한 편만 있어도 된다"라는 말을 했다. 그 후 딩링은 작가들에게 많은 작품보다는 좋은 작품을 쓸 것을 강조했으며, 인민을 위하여 세상에 길이 남을 작품을 한 권이라도 쓰도록, 특히 젊은 작가들을 격려했다. 또 한 번은 딩링이 중앙문학연구소 소장으로 있을 때 집으로 찾아온 학생들이 딩링 집에 있는 푸시킨, 톨스토이, 위고, 디킨스 등의 명작을 보고 있자 "일생에 이런 책 한 권만 쓸 수 있어도 괜찮다"라는

이 책은 나올 때부터 운명이 기구했던 것은 사실이다. 유관 전기 자료에 따르면, 딩링은 1946년 11월부터 작품을 쓰기 시작하여 1947년 8월 말에는 처음에 구상했던 기본 내용을 다 썼으며, 또 실제로 토지개혁 사업과 학습에도 투신했고, 정서한 원고를 당시 화베이 지역 문예계 책임자였던 저우양에게 보여 널리 의견을 구했으나 답을 얻지 못했으며, 어떤 '당정 요인'이 공개 석상에서 토지개혁을 반영한 작품에 대해 질책하는 소리도 들었다고 한다(이하의 글을 참조하기 바란다). 그리하여 1948년 4월 말부터 다시 수정하고 보완하여 6월 상순에 탈고했다.

그런데 우리가 지금 볼 수 있는 딩링의 6월 14일 일기에 "저우양이 나에게 화베이에서 문예공작위원회 일을 맡아달라고 부탁했는데 대단히 간곡했다. 그러나 내가 나의 소설을 전심전력으로 완성했다고 말하자 저우양은 한마디 말도 없었다"라는 기록이 있다. 딩링은 "많은 고참 문예 간부 중에서 저우양은 나를 쓰고 싶어 하는 편이었지만, 내 작품에 대해서는 고의로 냉담하다"라고 느꼈다. 이튿날, 딩링은 시바이포[3]로 가던 중 우연히 마오쩌둥과 장칭을 만났으며, 이날의 일기에 다음과 같이 적었다.

말을 해주었는데, 이 말이 퍼져나가 '책 한 권 주의(一本書主義)'라는 말이 생겨났다. 그러나 일부에서는 딩링의 본의를 왜곡하여, 딩링이 작가들을 독려하여 책 한 권을 쓰게 한 다음 그것을 밑천으로 당에서 독립하려 한다며 비판했고, 결국에는 딩링을 '우파'로 몰아세웠다(劉心武, 「留下一本書」; 蔣祖林·李靈源, 『我的母親丁玲』(遼寧人民出版社, 2011) 참조). 오늘날 사전에는 '책 한 권 주의'를 "문예계에서 평판이 좋은 책 한 권만 내면 명리를 다 얻을 수 있다는 사고방식"으로 정의하고 있다.

3)　시바이포(西柏坡)는 허베이성 스자좡시(石家庄市) 핑산현(平山县)에 위치하며, 중국 5대 혁명 성지 중 하나로 유명하다. 중국공산당 중앙위원회와 중국 인민해방군 총사령부가 1948년 5월부터 1949년 3월까지 이곳에 있다가 베이핑으로 옮겨 갔다.

마오 주석께서 공터의 안락의자에 앉아 나를 격려하셨다. "역사는 몇 십 년이지, 몇 년이 아니다. 발전했는지, 정지했는지, 후퇴했는지는 역사가 말해줄 것이다"라고 하셨다. 내가 이 뜻을 잘 이해하지 못할까 걱정스러운 듯 다시 한번 되풀이하셨다. 그리고 "자네는 인민을 잘 알고 있고, 인민과 결합해 있다"라는 말씀도 하셨다. 또, "자네가 농촌에서 12년 동안 있었으니 이제는 8년 동안 도시에 가서 공업을 알도록 하라"라고 하셨다. 산책 후 주석께서 나에게 저녁을 같이 먹자고 하셨다. 그의 정원에서 좌담을 나눌 때 그는 역사는 몇십 년이라는 말씀을 또 하셨으며, 사람을 볼 때는 몇십 년을 놓고 보아야 한다며 루쉰을 예로 드셨고, 나를 루쉰·귀모뤄·마오둔과 같은 반열에 올리셨다. 나는 글을 잘 쓸 줄 몰라 그들만 못하다고 말씀드렸다. 마오 주석께서는 귀모뤄의 글은 재기가 넘치고 자유분방하며, 마오둔의 글은 끝까지 읽을 수가 없다고 하셨다. 나는 마오둔의 글의 풍격을 좋아하지 않는 걸 내색하고 싶지 않아, 그의 작품은 의미가 있으나 설명이 좀 많고 감정이 약간 부족한 편이며, 귀모뤄의 글은 짜임새는 좀 떨어지나 감정이 자유분방하다고만 말했다. 마오 주석과 장칭은 나의 글을 읽어보고 싶어 했다. 아, 얼마나 기쁘고 흐뭇했던가! 나는 그분께 일자무식인 한 늙은 이가 그를 칭송하는 노래 한 수를 지었다고 말씀드렸다. 나는 그분이 내게 하신 격려를 모두 일기에다 적었다. 나는 절대 자만하지 않고, 이런 격려를 계기로 더욱 노력할 것이다.

마오쩌둥 주석의 격려 때문이었는지 딩링은 다음 날 바로 『태양이 쌍간허를 비추다』의 원고를 당시 주석의 정치 비서였던 후차오무에게 건넸다. 그날 딩링이 쓴 일기에 따르면 그들은 다음과 같은 대화도 나눴다.

차오무는 나에게 희망 사항이 뭐냐고 물었다. 나는 그에게 한번 읽어보고, 정책상 문제가 없고 쓸 만한 데가 있다면 출판을 원한다고 말했다. 차오무는 꼭 읽어볼 필요가 있겠느냐며 출판하라고 했다. 그래도 읽어보는 것이 좋지 않겠느냐고 했더니 너무 엄격해도 안 된다고 했다. 차오무는 지금의 편파적인 상황을 인정했으며, 자기 생각에 문예는 뭐니 뭐니 해도 좀 자유스러운 게 좋은 것 같다고 했다.

그 후에 딩링은 철학자 아이쓰치와 시인 샤오싼 등 당내의 큰 지식분자에게도 원고를 보였던 것 같다. 그러나 순조롭지 않았는지 딩링의 6월 26일 일기에 또 이런 기록이 있다.

보다 동지가 나를 찾아와 아이쓰치한테 들었다면서 내 원고가 출판될 수 있을 거라고 했다. 아이쓰치는 21, 22일 이틀에 걸쳐 내 원고를 다 읽어보았으며, 그는 소설 속의 몇몇 장면, 특히 투쟁 대회를 잘 썼다고 생각했다. 아이쓰치는 저우양이 말했던 원칙 문제나 이른바 상투적인 수법에 대해서는 모두 동의하지 않았다. 그런데 오후에 차오무한테서 통지문이 왔고, 읽어본 후 출판할 것이라고만 했다.

딩링은 이 일이 크게 못마땅했던지 일기에 이렇게 썼다.

이번에는 정말 참을 수가 없다. 그의 모호함이 신중한 고려 때문만은 아닌 것 같다. 그렇게 똑똑한 사람이 저우양이 어떤 사람인지 왜 잘 모르는지, 게다가 그 사람을 왜 애써 지지하는지 정말 모르겠다. 아무튼 나는 더 이상 어떻게 할 수가 없다. 출판하든 못 하든 운명에 맡기자.[4]

딩링이 이렇게 절망하고 있을 때 난데없이 반전의 기회가 찾아왔다. 7월의 어느 날 오후, 매일같이 정무에 바쁜 마오쩌둥은 경호원의 의견을 받아들여, 후차오무·샤오싼·아이쓰치 등 인재 몇 명과 차를 몰고 10킬로미터 떨어진 야외로 가서 숲속을 산책했다. 후차오무 등도 이 기회에 딩링의 소설에 대해 함께 논의했고, 마오쩌둥에게 보고도 했다. 그날 동행했던 샤오싼의 아내 간루의 회고에 따르면 "주석은 담배를 피우면서 듣고 있다가 잠시 생각에 잠기더니, '딩링은 훌륭한 동지인데 말단에서의 단련이 좀 부족한 게 아쉽다. 현(縣) 위원회 서기를 몇 년 맡아 할 기회가 있으면 더 좋을 텐데'라고 말했다"[5]라고 한다. 그것은 바로 묵허나 다름없었으며, 토론한 결과 "이것은 중국 농촌의 계급투쟁을 가장 먼저 그리고 가장 잘 표현한 소설이니 관계기관에서 하루빨리 출간해야 한다"라는 데 의견의 일치를 보았다고 한다. 후차오무가 딩링은 머잖아 '세계민주부녀연합회' 대표 회의 참석차 출국하게 될 텐데 작가인 만큼 책을 인쇄해서 가지고 가야 한다는 말도 했다고 한다.

이렇게 마오쩌둥이 직접 승인한 결정도 있고 해서 두 달 뒤 책은 바로 출간되었고, 한 번에 5000부를 인쇄했을 뿐만 아니라 인쇄도 무척 정교했다. 책이 출간된 뒤 좌담회를 했으나 그 자리에 참석한 사람들은 그다지 열렬한 반응을 보이지 않았다고 하는데, 딩링은 그날의 일기에 많은 사람이 책을 미처 다 읽어보지 못했더라고 적었다.[6]

그러나 소련 측에서는 이 소설을 매우 중시하여, 한학자 포스드네예바[4]가 광화본을 번역한 러시아어판을 1949년 소련의 유명 잡지 ≪깃발≫

---

4) L. D. 포스드네예바(L. D. Pozdneeva, 1908~1974, 중문명 波兹德涅耶娃·柳芭 또는 柳博芙·德米特里耶夫娜·波兹涅耶娃)는 소련의 한학자, 중국문학 연구가, 중국문학 번역가이다. 1952년 로모노소프(Lomonosov)상을 수상했고, 1956년에는 논문 「루쉰의 창작의 길(魯迅的創作道路)」로 박사학위를 취득했으며, 이 논문은 1959년에 『루쉰

에 3회로 나눠 연재했으며, 이와 거의 동시에 모스크바 외국문학출판사에서도 출간했다. 그리고 분명 「중소우호동맹조약」 체결에 호응하는 정치적 필요에 따라 『태양이 쌍간허를 비추다』는 1952년에 1951년도 스탈린 문학상 은상을 받게 되었으며, 저우리보의 『폭풍취우』와 허징즈·딩이의 「백모녀」도 함께 수상했다.

같은 해 4월, 딩링은 1950년도 개정판을 약간 수정하여 인민문학출판사에 넘겨 출간했고, 1954년 9월까지 2년여 동안 근 30만 부가 인쇄되었다. 그러나 그 후 3년 동안(1955~1957년)은 딩링의 정치적 입지 변화(1955년 중국 작가협회 당 조직은 확대회의를 개최하여 '딩천 반당 집단5)'을 비판했다)에 따라 이 책의 발행부수는 4만 부로 줄어들었다. 1957년 7월에 딩링이 우파로 몰린 후에는 『태양이 쌍간허를 비추다』도 서점과 도서관에서 자취를 감췄다. 그리고 22년이 지난 뒤에야, 즉 딩링이 정치적으로 명예 회복이 된 이듬해인 1979년 9월에야 인민문학출판사는 이 책을 재판했으며, "많은 출판사에서 이 판본의 지형을 세내어 인쇄했는데 그 인쇄 부수가 아주 많았다"7라고 했다.

딩링과 그의 『태양이 쌍간허를 비추다』의 운명은 확실히 좀 특수했다. 예를 들면, 전군을 이끌고 장제스와 결사전을 벌이던 마오쩌둥이 한 달에 두 번씩이나 딩링과 이 책의 출판에 관심을 기울였다는 것은 매우 이례적이다. 서로 비교해 보면, 저우리보의 『폭풍취우』의 창작과 출판은

평전(魯迅評傳)』이라는 이름으로 출간되었다.

5) 여기서의 딩은 딩링, 천은 천치샤(陳企霞)를 가리키며, 이 두 사람이 '딩천 반당 집단(丁陳反黨集團)'의 핵심 인물이라는 죄명을 덮어쓰기까지 정치적인 배경과 개인적인 문제들이 얽혀 있어서 간단하게 설명할 수 있는 사안이 아니다. 1957년 이들은 '우파분자'로 내몰리면서 22년 동안의 유배 생활이 시작되었고, 1979년에 이르러서야 당적(黨籍)을 되찾고 정치적으로 명예도 회복되었다.

아주 평범했으며, 적어도 이렇게 극적이지는 않았다. 그러나 특수한 가운데 보편성도 있기 마련이어서, 세심한 독자나 연구자라면 이 책의 창작과 출판 과정 중에 있었던 우여곡절을 통해 문학작품의 새로운 생산과 유통 방식이 등장했음을 쉽게 감지할 수 있을 것이다.

책 한 권의 출판이 놀랍게도 이렇게 (문학과는 아무런 관계도 없는 아이쓰치 같은 당내 철학가를 포함한) 많은 중국공산당 지도층 간부들을 끌어들였고, 심지어 최고 지도자인 마오쩌둥이 직접 관여하고 나섰기 때문에 특별해 보이지만, 실은 중요한 사실 하나를 반영하고 있다. 즉, 이미 문학예술은 확실히 당 사업의 중요한 부분이 되었고, (당의 문예 주관 부문뿐만이 아니라) 당 지도 기구의 중요 의사일정에 들어가게 되었다. 그래서 딩링과 딩링의 작품에 대한 마오쩌둥의 배려를 한 개인의 문예에 대한 특별한 애호라든지 딩링 개인에 대한 특별한 관심이라고만 볼 수는 없고(비록 이런 요소가 분명 존재하긴 했지만), 마오쩌둥이 앞으로의 문학 발전을 이미 그의 신중국의 청사진 속에 넣었음을 의미하고 있다. 그가 딩링에게 작가는 반드시 실제 일꾼이어야 하고 반드시 공장과 농촌으로 가야 하며 무산계급 자신의 '대작가'로 성장해야 한다고 했던 말들 속에 그의 구상들이 벌써 제시되어 있다. 그래서 그는 문학예술을 확실하게 당의 지도와 통제하에 두려고 했다. 바로 이것이 그 뒤에 나온 '전당(全黨)이 문예를 주관한다'거나 '제1 서기가 문예를 주관한다'는 사상인데, 이때 이미 그 조짐이 보였다.

후차오무가 딩링과 이야기를 나눌 때 "'읽어'보니 안 보니"(즉, 조직 심사)라든지 "문예는 뭐니 뭐니 해도 좀 자유스러운 게 좋은 것 같다"라고 한 것은 사실상 당이 문예에 어느 정도까지 관여할 것인가 하는 문제였다. 앞서 말했던『태양이 쌍간허를 비추다』의 운명에서 알 수 있듯이 관여는 상당히 전면적이었으며, 문학작품의 생산 과정(이후에 더 상세히 토론할 것이다)뿐만 아니라 유통 과정까지도 포함되어 있었다. 책의 출판 가능 여부, 출판 규격(어떻게 장정하고, 어떤 종이를 쓸 것인가도 포함한다), 출판 시기, 인쇄 부수 등 모든 것이 정치적 필요에 따라야만 했다. 즉, 당의 정책과 당의 이익에 부합하는지를 기준으로 반복해서 심사했다. 게다가 책에 대한 심사는 종종 당내의 어떤 분규들과 연계되어 있었으며, 심지어 이로 인해 당내 투쟁이 발생하기도 했다. 딩링의 이 책의 출판이 이와 같은 우여곡절을 겪고 심사 과정 중에 후차오무의 처음 태도가 모호하여 딩링이 불만이었던 원인도 바로 여기에 있었다.

이리하여, 마침내 사람들은 문학작품이 (여전히 팔고 사는 상업적 행위를 거쳐 발행되었으니까) 상품이라는 겉모습을 하고는 있지만, 문학 시장의 수요가 이제 더는 문학의 생산(창작)과 유통(판매)의 원동력이 될 수 없으며, 정치적 요구(당의 이익)가 그것을 대신했다는 것을 알게 되었다. 문학 시장의 조용한 은퇴는 문학예술의 생산·전파 체계의 근본적인 변화를 의미하고 있으며, 이제 당이 주도하는 국가계획 궤도 속, 즉 체제화된 질서 속으로 들어가서, '문예는 정치의 도구가 되고 당의 기계의 나사가 됨'으로써 비로소 체제상의 보장을 받을 수 있게 되었다. 바로 이런 문예의 생산·전파의 계획화와 문예의 철저한 정치화는 사회주의적 사실주의 문예의 가장 근본적인 특징이 되었다.

이에 따라 제일 먼저 창작 주체에 변화가 일어났는데, 전통적인 의미에서의 '작가'와는 완전히 다른, 이른바 '새로운 문예 일꾼'이 등장하게 되었다. 그들은 이제 창작으로 생활을 영위하는 자유직업인이 아니라 모두 '정부 관리', 즉 국가 간부가 되었으며, 국가의 한 부문에 직접 예속되어 한편으로는 전면적인 보장을 받고, 다른 한편으로는 몸담은 기관에 대해 모종의 예속 관계를 형성하게 되었다. 딩링은 자신이 몸담고 있던 당 조직에 의해 우파로 몰린 후, 조직의 배치에 따라 베이다황[6]에 가서 강제 노동으로 사상개조를 하는 것 외에 다른 선택이란 있을 수 없었다. 작가의 간부라는 신분은 그들을 이제는 단순한 작가가 아니라 무엇보다도 먼저 국가와 당의 실제 일꾼이 되게 했다.

딩링이든 저우리보든 간에 그들은 창작의 시작 단계에서는 우선 작가의 신분을 망각(포기)하고 평범한 실제 일꾼이 되어야 했다. 예를 들면, 딩링은 토지개혁대의 대원으로서, 저우리보는 중국공산당 주허현 위엔바오구의 구(區) 위원회 위원으로서, 그들은 모두 소설을 쓴다는 것은 잊은 채 전력을 다해 토지개혁 운동에 투신했고, 민중을 동원하고 조직하는 구체적인 일에 종사했다. '일단은 당의 일꾼(전사), 그런 후에 작가'라는 이런 신분 선택이 작가의 창작에 끼친 영향은 막대했다. '어떻게 하는 것이 구체적인 일(투쟁)에 유리할까' 하는 것은 자연히 (창작을 포함한) 모든 문제를 생각하는 출발점이 되었고, 이리하여 창작 관념에 변화가 일어나게 되었다. 즉, 문학의 구체적인 조직 역할이 최우선순위가 되었다.

사람들은 바로 이런 식으로 『태양이 쌍간허를 비추다』와 『폭풍취우』와 같은 토지개혁 투쟁을 반영한 작품에 대해 다음과 같이 평가하고 요구했다. "(소설은) 앞으로 있을 황무지 개척 사업에 많은 경험을 제공해주었다. 여기서 묘사한 개혁대의 방식, 즉 처음에는 상황을 잘 알지 못했지만 조금씩 정확한 길을 모색해 나가는 것은 다른 지역에서 참고할 만하다."[8] 또 유관 부문에서는 『폭풍취우』를 작업의 참고서로 삼도록 토지개혁 대원들에게 한 권씩 나눠주었는데, 당시나 그 이후나 소설의 이런 실제적인 효용을 최고의 찬사로 간주했다고 한다.[9] 1920년대 말 혁명 문

---

6) 베이다황(北大荒)은 중국 헤이룽장성(黑龍江省) 넌장강(嫩江) 유역의 1억여 무(畝)에 달하는 광대한 황무지로 중화인민공화국이 일찍이 이곳에 국영농장을 세워 개간 사업을 벌였다.

학 논쟁 때, 일부 논자들이 문학에다 "생활의 조직화"라는 기능을 부여하려고 한 적이 있는데,[10] 이제 해방구 작가한테서 그 어떤 실현을 보게 됐던 것 같다.

그래서 해방구와 이후 신중국의 권위 있는 이론가이자 문예 지도자였던 저우양이 다음과 같이 이론적으로 개괄한 것은 조금도 이상하지 않다.

> 해방구 인민 특히 간부에게 예술 작품의 교육적 역할이란, 이제는 일반적인 혁명 정신만으로 그들을 감화하고 격려할 수는 없고 …… 구체적인 정치사상과 정책 사상적 측면에서 그들을 도와주어야 한다. 그들 자신이 바로 모든 혁명 정책의 실행자이자 창조자이며, 그들은 그들의 생활과 행적이 예술 속에 반영되길 바랄 뿐만 아니라 그들이 일하는 중에 부딪힌 문제들을 예술 작품이 해결해 주길 바라기도 한다. 그들은 예술 작품 속에서 투쟁에 관한 지식을 습득하길 기대한다.

그의 말에 따르면, 문학예술이 "목전의 각종 혁명적 실제 정책과 결합하기 시작"한 것은 "'문예 좌담회' 이후의 예술 창작상의 뚜렷한 특징"이자 "문예의 새로운 방향의 중요한 지표 중 하나"이며, 우리 식으로 표현하자면 이것도 사회주의적 사실주의 양식의 또 하나의 뚜렷한 특징으로 볼 수 있을 것이다. 저우양이 말한 것처럼 "예술은 정치를 반영하는데, 해방구에서는 각종 정책이 인민들 사이에서 실행되는 과정과 결과를 구체적으로 반영했으며", 그의 말로는 이것은 "새로운 사회 제도하에서, 현실적인 운동이 이제는 맹목적이고, 규제할 수 없고, 끝을 알 수 없는 운동이 아니라 의식적이고, 의도적이고, 계획적인 사업 과정으로 변했기" 때문이라고 하는데, 그야말로 당의 각종 실제 정책들이 "이 시대의 면모를 바꿔놓았고", 각 개인의 "운명"과 "상호 관계, 생활수준, 사상, 감정, 심리, 습관

등"도 "바꿔놓았다".11 고도로 집권적이고 체제화한 사회와 그 사회의 문학예술에 대한 요구를 저우양은 정확하게 이해하고 있었고, 심지어 핵심도 잘 파악하고 있었다고 해야 할 것이다. 당의 정책이 사회생활과 사회 속의 각 개인의 모든 것을 결정하고 있는 이상, 사회생활의 반영인 문학도 반드시 당의 정책을 창작의 본질과 핵심으로 삼아야 했다.

『태양이 쌍간허를 비추다』와 『폭풍취우』가 모범적인 것도 이 소설의 작가(특히 『폭풍취우』의 작가 저우리보)가 당의 정책 관념을 충분히 자각하고 있었기 때문이다. 저우리보가 작가의 임무는 "정책 사상과 예술 형상을 통일시키는 것"12이라며 상당히 명확하게 규정한 바 있다. 그래서 당의 정책에 대한 진지한 이해는 언제나 그의 창작의 주축이 되어 창작의 전 과정을 관통하고 있었다. "생활 속으로 깊이 파고드는" 단계에서는 항상 당의 정책으로써 일체를 관찰하고 분석하고 지도했음은 두말할 것도 없고, 소설 창작 구상에 들어가기 전에 "시골에서의 체험과 보고 들은 것을 되새겨 보는 것 외에도 중앙과 둥베이국의 토지개혁에 관한 문건들을 또다시 진지하게 연구했다".13

이렇게 예술 구상의 과정은 사실상 당의 정책으로써 생활 소재를 제련하고 가공함과 동시에, 생활 속에서 얻은 형상으로 정책을 설명하고 알차게 함으로써 앞서 말한 "정책과 형상의 통일"에 도달하는 과정이었다. 양자 사이에 충돌이 발생할 때의 선택 역시 명확했다. 즉, 생활의 본질을 더 잘 반영할 수 있다고들 하는 당의 정책을 따랐다. 저우리보는 창작 경험을 소개하면서, 그가 살고 있던 북만주 지구의 토지개혁 때 한때 편향적인 일이 발생했는데, 창작 과정에서 이 부분의 자료를 전부 버렸다. 왜냐하면 당의 정책에 부합하지 않기 때문에 "예술적 표현에 부적합했다"라고 말한 적이 있다.

혁명적 사실주의 작품은 작가가 무산계급의 입장에서 그리고 당성과 계급성의 관점에서 본 모든 진실 위에 존재하는 현실의 재현이었다. 이 재현의 과정에서는 현실 속에서 발생한 모든 것에 대해 선택을 허용하고, 반드시 집약해야 하고 또 전형화해야 하며, 일반적으로 전형화의 정도가 높을수록 예술적 가치도 커진다.[14]

저우리보가 여기서 말한 "당성과 계급성의 관점"은 모두 구체적으로 당의 정책으로 체현되었으며, 그래서 이른바 "전형화"란 사실상 당의 정책으로써 생활을 선별(선택, 집약)하고 그런 다음 다시 당의 정책을 형상적으로 체현했기 때문에 '생활에 바탕을 두고도 생활을 초월하는' 문학작품으로써 현실 생활에 영향을 주고 현실 생활을 규범화하는 것이었는데, 후자를 '문학의 혁명적 능동 작용'이라 불렀다. 당의 정책을 창작의 기점과 수용의 종점으로 삼는 이런 창작 양식 속에서, 작가는 명실상부한 당정책의 선전원이 되었으며, 이것은 앞서 말했던 작가와 당의 실제 일꾼(전사)의 통일과 정확히 일치한다. 후세 사람들은 이런 양식 속에서 작가의 주체 상실과 도구화를 발견할 수도 있겠지만, 어떤 연구자가 말했듯이 "문예 일꾼"(당시 사람들은 이미 '문예가' 같은 호칭을 잘 쓰지 않았다. 그들은 거기에는 특수적이거나 귀족적인 감이 있지만, '문예 일꾼'에는 모두가 당의 일꾼이다라는 뜻이 더 잘 나타나 있다고 생각했다)이 비록 창작의 독립성과 예술의 자유는 얻지 못했지만, "신성한 역사적 사명과 정치적 책임, 그리고 가장 보상성이 있는 '사회적 효과'를 부여받게 되었다".[15] 적어도 역사의 당사자는 그렇게 느꼈다.

딩링은 온갖 고난을 다 겪은 후인 1970년대 말에 이르러서도 당시에 자신이 창작하던 때의 정경과 심정을 다음과 같이 회고했다.

그해 겨울, 나는 요통이 너무 심해서 …… 뜨거운 물주머니 찜질을 하지 않고는 밤에 잠을 이룰 수 없었지만, …… 나는 지금껏 그것을 고통이라 생각한 적이 없다. …… 왜냐하면 그때 나는 늘 마오 주석을 생각하고 있었고, 그 책은 그를 위해 쓰는 것으로 생각하고 있었기 때문이다.

딩링은 또 신중하게 이렇게 공개적으로 밝혔다.

그 어른께서 살아 계실 때, 나는 이런 생각과 감정 그리고 마음속에 담아둔 이런 말들을 하고 싶지 않았다. 지금은 내가 자신을 과시하고, 자신을 끌어올리려고 이런 말을 한다고 여길 사람은 없을 테니까 그때의 나의 진실한 감정을 밝히고 싶다. …… 나는 그때 늘 허리가 견딜 수 없이 아팠으나, 전쟁터의 군인이 그의 이름을 외치며 앞으로 돌격하듯 책상에 엎드려 한 자 한 자 써 내려갔는데, 그 어른께 보답하기 위해서, 책 속의 그런 사람들을 위해서 버텨나갔었다.[16]

딩링은 또 그가 민중 속으로 깊이 파고든 후 느꼈던 삶의 충실감과 거기에서 분출되는 활력 등을 여러 번 이야기했었다. 괴테가 회고란 언제나 "진실과 시"의 결합이라고 말했던 것처럼 여기에는 시적인 상상이 들어 있을지도 모르지만, 표현한 감정의 진실함은 의심의 여지가 없으며 여기에는 시대의 진실이 반영되어 있다. 그 시대 사람들은 확실히 자기가 소속된 단체(당, 인민, 혁명 대열)와 자기 자신을 숭고하다고 생각한 나머지 자진해서 자신을 도구화했다. 후세 사람들은 이런 자아 숭고 속의 자아 상실이 더욱 비극적이고 더욱 희극적이라고 생각할 테지만, 이 두 방면의 어느 한 측면이라도 등한시하면 곡해와 오해를 낳게 될 뿐이다. 사회적 효과에 대한 보상으로 말하자면 더욱 확실했고 매력적이었다. 단

3년 만에 발행부수가 30만 부에 달했다는 것은 계획된 생산과 소비의 우세함을 충분히 보여주는데, 논자가 "예술의 자유의 대가는 예술의 구조적 효과의 부재이다"[17]라고 말한 것과는 선명한 대조를 이룬다.

이것은 이런 신소설 양식에서 '누가 주인공인가' 하는 문제와 관련이 있다. 가장 눈에 띄는 것은 물론 지식분자의 퇴장이다. 지식분자는 더 이상 소설의 주요 묘사 대상이 될 수 없었으며, 딩링의 『태양이 쌍간허를 비추다』에서 유일하게도 지식이 있다고 자인한 인물 원차이 역시 (자신이 지식이 있다고 자인한 점과 함께) 날카로운 조소를 받았다. 그뿐만 아니라 작가 자신도 창작에 종사한다는 이 사실 때문에 지식분자로 간주하기에 충분했지만, 그들은 자발적으로 '지식분자의 기질'을 떨쳐버리려고 했다. 심지어 저우리보도 창작 경험을 소개할 때 자신의 "기질 부족", 즉 여전히 지식분자의 어떤 기질을 가지고 있으며(이것은 사실이었으며, 다음에 자세히 분석할 것이다), "공농병(工農兵)의 기질을 가진 사람으로 변하지" 못한 것에 대해 진지하게 자기비판을 했다.[18] 그렇다면 그들 작품 속의 주인공은 당연히 노동자와 농민이었고, 사람들도 딩링과 저우리보의 신작을 확실히 이렇게 높이 평가했으며, 어떤 한 평론은 "역사는 인민이 창조했지만, 구시대의 연극무대에서(인민을 멀리한 구시대의 모든 문학과 예술에서) 인민은 인간쓰레기가 되고 나리, 마님, 도련님, 아씨들이 무대를 지배했는데, 이런 역사의 전도를 지금 여러분이 다시 전도시켜 역사의 면모를 회복시켰다"라는 마오쩌둥의 유명한 관점(이 관점은 나중에 '문화대혁명'을 일으킨 주요한 이론적 근거 중 하나가 되었다)과 연관 지어, 『폭풍취우』등 "공농병의 투쟁 생활을 제재로 한" "우수한 작품의 출현"은 "근로대중이 경제와 정치에서 국가와 사회의 주인공이 되었을 뿐만 아니라, 문예 작품과 연극무대에서도 주인공이 됨으로써, 중국의 문학예술이 면모를 일신하게 되었고, 새로운 단계로 발전하게 되었다"라는 데에 "그 획기적인 의의"가 있

음을 강조했다.[19]

평쉐평의 분석은 더 진보적이었는데, 그는 『태양이 쌍간허를 비추다』를 평할 때 "작가의 주된 의도는 농민을 묘사하는 것이었지만, 더 정확하게 말한다면 농민이 투쟁 중에 어떻게 자기 사상 중의 약점을 극복하여 발전하고 성장하게 되었는가를 쓰는 것이었다"[20]라고 강조했다. 말하자면 '신소설'의 주인공은 일반적 의미에서의 농민이 아니라 혁명 의식을 받아들여 혁명화한 농민이었으며, 이들은 곧 사람들이 말하는 '신인'(새로운 농민 영웅)이었고, 『폭풍취우』는 바로 자오위린 같은 "새로운 인물의 훌륭한 이미지"를 형상화했기 때문에 높은 평가를 받았다.[21] 이런 각성한 농민들은 물론 농민의 본질적인 혁명성을 체현했다고들 하지만, 그들의 혁명 사상 또한 당이 당의 정확한 농민 정책으로써 농민을 교육하고 인도한 결과였다. 다시 말하자면 이런 '신소설'의 주도적 지위를 차지하고 있는 것은 두말할 것도 없이 혁명 이념이었으며, 혁명 이념을 파악하고 있고 그래서 자연히 농민을 포함한 근로대중의 최대 이익을 대표하고 있다고들 생각하는 혁명 정당이야말로 그것의 진정한 주인공이었다. 많은 비평가들이 작품은 농민 영웅을 형상화해야 하는 것은 물론이고, 당 지도자의 모습까지도 써내야 한다고 거듭 주장했던 이유가 바로 여기에 있었다. 1948년 같은 시대에 사람들의 개념 속에는 노동자와 농민을 찬양하는 것은 곧 그들의 대변인이자 지도자인 당을 찬양하는 것이었고, 이른바 '공농병 문학(工農兵文學)'은 바로 '당의 문학'이었다. 이것은 모두 자연스러운 일이었고, 의심할 여지도 없었다.

이렇게 '신소설', 즉 사회주의적 사실주의 문학이라는 새로운 양식이 작가들에게 절대적으로 요구한 것은 필연코 당의 이념으로 모든 것을 관찰하고 분석해야 하고, 당의 이념을 자신의 예술적 사유로 승화시켜 문학 창작의 유기적인 구성이 되게 하는 것이었다. 바로 이 점에서 『태양이 쌍간허를 비추다』와『폭풍취우』는 모범적이었다.[22] 평론가들이 말한 바와 같이 "중국에는 아직 이 두 작품처럼 전 과정을 통해 농민의 토지 투쟁을 반영한 작품은 없었으며", 작품은 "농촌 각 계급의 면모와 심리, 그리고 그들 간의 투쟁을 아주 진실하게 표현했다".[23]

　　당의 계급투쟁의 관념, 방법, 정신이 작가의 창작에 대해 갖는 의의는 작가의 생활에 대한 선택과 작품의 제재를 결정한 데 있을 뿐만 아니라, 더 중요한 것은 작가의 생활에 대한 파악 방식과 표현 방식까지도 결정했다는 점이다. 다시 말해 이런 작품 속에서 계급투쟁의 논리는 작가의 정치 논리와 생활 논리였을 뿐만 아니라 예술적 상상의 논리이기도 했다. 인물 및 인물 관계의 설정과 줄거리의 설계는 물론이고, 소설의 구성에 이르기까지 모두 계급투쟁의 정신으로 일관되어 있다. 소설 속의 모든 인물은 대립하는 양대 진영(억압자와 피억압자, 혁명과 반혁명)으로 나뉘어 네가 죽고 내가 사는 생사 투쟁을 벌였고, 당의 정책에 따라 인물을 '진보(의지의 대상)와 중간(단결의 대상)과 반동(공격의 대상)'으로 삼분했다. 그리고 계급투쟁(토지개혁)의 발단 - 전개 - 절정 - 승리는 소설의 이야기 전개의 기본 틀이 되었다. 소설의 구조도 전형적인 틀이 있었다. 토지개혁대가 (마을로) 들어오는 것과 (마을에서) 나가는 것을 시작과 끝으로 삼았으며, 따라서 폐쇄적인 구조를 형성하게 되었는데, 외적인 줄거리를 놓고 보면 이것은 물론 토지개혁의 전 과정을 반영한 것이고, 내적인 관념에서 보면 필연성을 띤 역사 명제(부패한 봉건제도와 계급 통치는 공산당이 주도하는 농민의 계급투쟁으로 반드시 전복된다)의 완성을 나타내는 동시에, 인민이 주인인 새로운 사회와 새로운 시대로 대체될 것이라는 유토피아적인 예언을 내포하고 있거나 약속하고 있었다. 이렇게 소설 전체는 거의 현실을 방불케 하는 사실성(寫實性) 뒤에서 "역사의 필연적 법칙"을 연역하는 추상성도 보여주었으며, 더 나아가 상징적 구조가 되었다.

이런 소설 양식의 또 다른 구조상의 뚜렷한 특징은 투쟁 대회를 정점으로 하지 않은 것이 하나도 없다는 점이며, 소설의 모든 묘사와 복선은 이 최후의 절정, 즉 대중적인 울분의 감정이 끝내 폭발하고야 마는 폭력적인 행동으로 끌어올리기 위한 것으로, 이 두 작품은 이것을 아주 생동감 있게 묘사했다. "사람들이 모두 몰려와 마구 소리쳤다. '저놈을 죽여라!' '죽여서 원수를 갚자!'", "사람들은 단 하나의 감정뿐이었다—보복! 그들은 복수하고자 했다! 그들은 조상 때부터 받아온 억압의 고통, 이 수천 년 된 철천지한을 풀고자 했다"(『태양이 쌍간허를 비추다』), "사방팔방에서 여기저기에서 함성이 마치 봄날의 천둥소리같이 앞을 향해 한꺼번에 터져 나오고", "자오위린과 바이위산이 총을 메고 한라오류를 밀면서 선두에서 걷고 …… 뒤에는 1000여 명의 사람들, 남성과 여성들이 구호를 외치고 노래를 부르면서, 징과 북을 두드리고 나팔을 불면서 따르고 있다"(『폭풍취우』). 여기서 대중적 폭력은 혁명의 카니발로 묘사되어 계급투쟁의 극치를 이루고 미의 극치를 이뤘다. 작가가 높이 산 것은 바로 이런 폭력의 미였다. 당의 이념은 이런 식으로 마지막에는 새로운 미학 원칙으로 변했다.

이런 '신소설'의 언어에 대해서도 말해보고자 한다. 『폭풍취우』에서 가장 눈에 띄는 것은 바로 작가가 둥베이 농민의 방언을 활용했다는 점이다. 소설 출간 후 얼마 지나지 않아 열렸던 좌담회에서, 1930년대 작가였던 차오밍은 소설의 언어에 대해 다음과 같이 '놀라움'을 표했다. "저우리보 동지는 후난 사람으로, 둥베이에 온 지 얼마 되지도 않았는데 둥베이 농민의 언어를 많이 알고 있다는 것은 대단한 일이다. 그의 지난날 작품에 비하면 커다란 발전이다."[24] 방언으로 작품 쓰는 것을 강조하고, 이른바 '방언문학'을 발전시킨 것은 1940년대 말에 꽤 유행했던 문학사조이다.

1947년, 1948년 사이에 광둥과 홍콩 등지에서 '방언문학 논쟁'이 있었는데, 사오취엔린과 펑나이차오가 집필하여 1948년 1월에 발표된 「방언문학 문제 논쟁 총결산」에 따르면, "방언 작품(문학)" 문제의 제기는 "우선 문예 보급의 필요성 때문인데", "지식분자를 대상으로 하는 것이 아니라" "대부분 문화 수준이 낮은" 심지어 "표준어를 모르는 일반 대중"을 상대로 하는 것이어서 방언의 활용은 불가피했다. 더 중요한 것은 역사가 이미 "인민대중이 권력을 잡는 시대"로 접어들었고, "방언은 각 지방 대중의 언어여서", "대중의 언어를 배우지 않으면 우리는 그 지방의 구체적인 혁명 상황을 이해할 수 없고, 대중을 이끌 수도 없다"[25]라는 점이었다. 그래서 저우리보처럼 무엇보다 먼저 당의 실제 일꾼이었던 작가는 농민의 방언을 배우는 것에 대한 투철한 자각이 있었으며, 그는 "우리가 보통 사용하는 판에 박은 듯한 학생 말씨는 어휘가 빈약하고 문법이 무미건조하지만, 농민의 말은 생기발랄하고 유머가 풍부함"을 거듭 강조했다. 그는 또 "농민의 언어를 문학과 모든 글에 사용한다면, 우리의 문학과 글에 다시 한번 커다란 혁신을 가져오게 될 것이다"[26]라고 예언했다.

이렇게 문학과 글에 혁신을 요구한 것은 앞서 말했던 노동자와 농민이 문학의 주인이 되어야 한다는 추세와 분명히 서로 일치한다. 그렇지만, 만약에 이 때문에 이런 '신소설'(사회주의적 사실주의 문학이라는 새로운 양식)의 언어가 완전히 농민화한 것으로 본다면, 이것도 지나치게 단순한 견해이다. 사실, 어떤 연구자가 말했던 것처럼 『폭풍취우』속에는 두 종류의 목소리와 두 종류의 언어가 있다.[27] 하나는 농민의 목소리와 언어이고, 다른 하나는 공작대 샤오(蕭) 대장, 즉 당의 선전원으로서의 작가(서술자)의 목소리와 언어인데, 사실상 당의 목소리와 언어이다.

그런데 흥미로운 것은 소설 전개 과정에서 농민이 각성함에 따라 점점 혁명화하여, 농민의 언어 속에도 공작대, 즉 당의 언어가 점점 많이 섞여 들어왔다는 점인데, 이것은 농민이 혁명화한 외적이고도 필요한 징표

나 다름없다. 『폭풍취우』에 작가가 투쟁의 승리를 묘사한 뒤 이런 개괄적인 대화가 나온다.

> "이것이야말로 해방이다." 할머니들이 말했다.
> "이것이야말로 민주이다." 할아버지들도 말했다.
> "억울함을 풀었고, 원수를 갚았고, 죽이 아닌 밥도 먹었다." 중년의 사람이 말했다.
> "잘살아도 근본을 잊어선 안 되고, 물을 마시면서 우물 판 사람을 잊어서는 안 된다." 간부들이 말했다.
> "음, 공산당과 민주 연합군은 우리의 큰 은인이다." 열성분자가 말했다.
> "우리는 정을 잊고 의리를 잊어서는 안 된다."

작가가 강조하고자 했던 것은 농촌의 각 계층이 원래는 "정부 관리"의 전유물이었던 혁명 언어를 받아들였다는 점이며, 이것은 "혁명의 기상"이 되었다.[28] 사실, 이것이야말로 작가 또는 사회주의적 사실주의 문학이 진정으로 추구하던 바였다. 즉, 당의 혁명 언어로써 농민 언어를 포함한 모든 것을 통일하고 규범화하고자 했다.

『태양이 쌍깐허를 비추다』와 『폭풍취우』에 대한 이상의 분석을 통해 이른바 '신소설', 즉 '사회주의적 사실주의 문학이라는 새로운 양식'의 특징들을 요약해 보았다. 그러나 실제 글에서 이것을 실현한다는 것은 또 복잡한 일이었다. 다시 말해 한편으로는 이 두 소설이 분명 새로운 양식의 기본 특징을 체현했기 때문에 모범적이라고 말하지만, 다른 한편으로 이 두 소설은 정도의 차이는 있으나 새로운 양식과는 다소 괴리가 있었다. 즉, 새로운 양식에 어울리지 않는, 당시의 표현을 빌리자면 이른바 '옛날(사실주의)'의 잔재가 섞여 있었다. 이것은 조금도 이상하지 않다. 이 두 작가는 모두 5·4 사실주의 전통의 영향을 많이 받은 1930년대 작가였기 때문에, 두 종류의 언어와 창작 양식이 그들의 작품 속에서 서로 스며들기도 하고 모순·대립하기도 하는 복잡한 관계를 형성한 것은 이해할 수 있다. 그러나 이로 인해 갖가지 비난이 야기되었고 작가의 운명에까지 영향을 끼쳤다.

비판과 논쟁의 초점이 된 것은 딩링의『태양이 쌍깐허를 비추다』였다. 작가의 주관적인 추구와 작품이 독자에게 주는 실제적인 느낌 사이의 커다란 격차를 사람들은 쉽게 발견했던 것 같다. 흥미로운 것은, 찬양자건 비판자건 간에 작가는 최선을 다해 당이 주도하는 농민 혁명의 역량을 부각하고 칭송하려 했지만, 소설이 독자에게 깊은 인상을 준 것은 오히려 농민 투쟁의 대상이었던 지주 첸원구이와 리쯔쥔의 아내, 그리고 헤이니·구융 같은 농민 혁명 중의 주변 인물이었다고 말한 점이다.[29]

딩링 자신의 회고에 따르면 소설을 아직 다 완성하지 않았을 때였는데, 그는 어느 회의 석상에서 한 고위급 지도자가 "어떤 작가들은 '지주·부농' 사상이 있어서 농민의 집이 더러운 것과 지주 집 여자아이가 예쁜 것만 눈에 들어오고, 일부 지주와 부농에 대해서만 동정할 줄 안다"라며 비판하는 소리를 들었고, 그 한마디 한마디가 모두 자신을 두고 하는 말 같아서 붓을 놓은 적이 있었다고 한다. 그 후 책이 나오자, 아니나 다를까 "부농 노선"이라는 꼬리표가 붙었고, 마오쩌둥의 관여가 없었더라면 출판할 수 없을 뻔했다.[30]

그 후 딩링에 대한 정치 비판 때, 이것은 모두 그의 주요 죄상이 되었다. 딩링은 자신을 해명할 때 자기의 구상 과정을 누차 언급했다. 딩링의 말에 따르면 토지개혁을 하던 어느 날, 딩링은 지주 집에서 걸어 나오는 어떤 여자아이를 보았다. 그 아이는 예쁘게 생겼고 지주의 친척이었으며, 그 아이가 한 번 뒤돌아보자 딩링의 마음이 움직였다고 한다. 딩링은 그 눈빛 속에서 아주 복잡한 감정을 느꼈고, 또 자신의 아득한 기억이 떠올랐는데, 마치 어릴 때 외삼촌 집에서 일하던 여자아이의 슬픈 울음소리가 들리는 것만 같았다. …… 딩링은 "이 잠깐의 스침으로 내 머릿속에 갑자기 인물 하나가 생겨났다"[31]라고 말했다. 분명 헤이니라는 이 인물을 창조하는 데 작가의 예술적 직관과 대상에 대한 감성적 파악 방식이 크게 작용했고, 그는 자신의 느낌에 따라 글을 썼으며, 이것은 본래 사실주의 작품(심지어 문학작품)의 통상적인 창작 방식이다. 그러나 당의 노선과 정책으로써 생활을 이성적으로 분석(선별, 가공 등)할 것을 강조하는 사회주의적 사실주의 창작 양식에서 이것은 금기 사항이었고, "마르크스주의와 당 정책"의 지도를 부정하고 이에 대항하는 것으로 받아들여졌다.[32] 평쉐펑은 이것을 작가가 받은 "구사실주의(즉 자산계급의 고전적 사실주의, 혹은 비판적 사실주의라 일컫는다)"의 영향으로 돌렸다.[33]

딩링은 구융이라는 인물을 형상화할 때 느꼈던 곤혹에 대해서도 말했는데, 다음과 같은 일이 작가의 창작 충동을 유발했다고 한다. 공작대가 (상업도 좀 겸하고 있는) 어떤 부유한 중농을 부농으로 분류하고 그의 땅을 몰수했으며, 또 그를 단상에 올려 세워 발언하게 했다. "그는 단상에 올라서자마자 바로 허리띠를 풀었는데, 그건 무슨 허리띠도 아니었고 다 떨어진 헝겊 조각으로 엮은 것이었으며, 발에는 짝짝이 신발을 신고 있었고, 그는 평생토록 일해서 허리가 곧게 펴지지 않았다." 묵묵히 단상 위에 서 있던 이 노동자의 모습은 딩링에게 큰 충격을 주었다. 딩링은 공작조의 방법을 의심하기 시작했고, 붓을 들자마자 자기도 모르게 이 인물부터 쓰기 시작했으며 이 노동자의 토지에 대한 미련과 갈망을 썼는데, 구절구절마다 동정으로 가득 차 있었다.[34]

물론 이것은 당시 당의 정책에 어긋나는 것이었으며, 그 후 당이 생활 속에서 부유한 중농을 부농으로 간주하여 타격하는 그런 잘못을 바로

잡긴 했지만, 부유한 중농을 동정하는 것도 긍정적으로 생각하는 것도 허용되지 않았다. 이것은 바로 나중에 신중국의 작가가 종종 제기했던, '작가가 생활 속에서 보고 느낀 것은 어떤 것인가'와 '정책이 규정한 것, 즉 어떤 것이어야 하는가' 사이에서의 어려운 선택이었다. '어떤 것인가'에 따른 창작은 일반적으로 말하는 '진실을 쓰는' 사실주의의 창작 양식이고, '어떤 것이어야 하는가'의 요구에 따라 이른바 '본질의 진실'을 쓰는 것은 사회주의적 사실주의의 창작 양식이다. 딩링은 전자를 선택했고, 이 때문에 막대한 대가를 치렀다. 열성적인 농민(앞서 말했던 '신인')이 토지 개혁 과정 중에 가졌던 심적 부담에 대한 딩링의 묘사도 가장 비난받기 쉬운 것이었다.

당시 딩링을 이해했던 사람은 펑쉐펑이었으며, 그는 자신의 견해를 이렇게 피력했다. 농민은 "현실에서 계급투쟁을 함과 동시에", 반드시 "자기의 머릿속에서도 계급투쟁을 해야 하며", "머릿속에서의 계급투쟁도 승리해야만, 농민은 진정으로 각성한 셈이고, 또 지주 계급을 정말 완전하게 타도한 셈이다".[35] 펑쉐펑은 사실상 5·4의 국민성 개조 사상을 계급투쟁의 이론 틀 속에 집어넣었다. 그러나 이로 인해 비판자에게 꼬투리를 제공하고 말았는데, 어떤 비판문은 딩링의 작품과 펑쉐펑의 "머릿속에서의 계급투쟁" 이론은 "후펑의 '정신적 노역의 상처'의 복사판이다"[36]라며 호되게 질책했다.

딩링 본인은 1970년대 말에 이르러서야 비로소 "다양한 현실 생활에서 보면, 투쟁의 초기에 가장 선두에서 걷는 사람이라고 해서 항상 숭고하고 완전무결한 것만은 아니다. 하지만 그들이 여기에서 전진하면 숭고하고 완전무결한 사람이 될 수 있다"[37]라며 자신을 위한 해명을 했다. 그렇다면, 딩링도 숭고하고 완전무결한 사람의 존재를 절대 부정하지 않았으며, 그와 그를 비판한 사람 간에도 여전히 서로 통하는 데가 있었다는 뜻이다. 숭고하고 완전무결한 유토피아에 대한 추구 그 자체가 바로 사회주의적 사실주의 문학이라는 새로운 양식의 진정한 의미였다.

저우리보의 모순과 그에 대한 비판은 다른 방면에서 나왔다. 사람들은 저우리보가 "행동거지가 우아하고, 풍모가 멋스럽고", 이뿐만 아니라 "정교하고 섬세한 예술적 취향을 가지고 있으며", 그가 옌안 루쉰예술대학에서 '세계 명작 선독'을 강의할 때, 메리메[7]의 문체의 점잖음과 우아함, 그리고 예술적인 심오함과 완전무결함에 대해 흥미진진하게 이야기하며 찬탄해 마지않았다고 회고했다.[38] 옌안 정풍 이후 자연히 "소자산계급적 취향"으로 비판받았고, 저우리보 본인으로서는 더 후회막급이었다. 그는 자신이 "지식분자의 감정을 중시하고", 고전 명작에 중독되어, "자기도 모르는 사이에 상층 계급의 문학 포로가 되어버렸다"라며 진지하게 반성했다.[39] 그래서 『폭풍취우』의 창작이 저우리보에게는 자발적으로 과거와 작별하려는 노력이었으며, 그가 정교하고 아름다운 자신의 예술적 취향과는 달리 농민적인 거칠고 질박한 아름다움을 애써 추구하여 어느 정도 성공도 했으나, 원래부터 가지고 있던 예술적 소양과 기질을 그가 바라던 것처럼 그렇게 완전히 없앨 수는 없었다.

보통 사람들의 일상생활 속의 정취에 대한 그의 발견은 여전히 수시로 붓끝에 묻어 나왔는데, 예를 들면 바이위산의 가정생활에 대한 시적이고 세밀한 묘사는 붓을 많이 대지는 않았지만(작가는 분명히 어느 정도 절제했다), 소설이 독자에게 가장 깊은 인상을 남긴 부분이 되었고, 작가가 애써 과장했던 투쟁 대회 같은 큰 장면보다 더 흡인력이 있었다. 저우리

---

7) 프로스퍼 메리메(Prosper Mérimée, 1803.9.28~1870.9.23, 중문명 梅里美)는 프랑스의 소설가, 극작가, 역사학자, 고고학자이면서 중·단편소설의 대가이다. 작품으로는 중편소설 『카르멘(Carmen)』 등이 있다.

보의 이 방면의 뜻밖의 성공에 대하여, 예술 감상 능력을 겸비한 일부 비평가들(예를 들면 천융이 있는데, 그도 나중에 우파로 몰렸다)도 긍정적인 평가를 했지만,[40] 당시 어떤 사람은, 작가가 일상생활의 "자질구레한 일"에 지나치게 편중했다며 비판했고,[41] 또 어떤 사람은 그의 이 신작은 여전히 "지식분자가 쓴 농민"이라고 말했다.[42] 그리고 저우리보 본인은 자신이 농민의 "기백과 기질"이 부족한 것에 대해 계속해서 반성했다.[43] 환골탈태를 갈망하면서도 그것이 불가능했던 그 시대 사람들의 고통을 후세 사람들은 이해하기 어려울 것이다. 그리고 저우리보의 자기 절제와 자기 경계(이 점은 딩링의 자신감 및 서슬과는 선명한 대조를 이룬다)도 일종의 자기 보호가 아니라고는 할 수 없다.

하지만 그도 결국 팔자에 있는 재난은 피할 수가 없었던지, 어떤 연구자가 말했듯이 파란만장한 대중의 집단적 폭력 행위(당시에 이것도 "성대한 명절"로 여겨졌다)였던 "문화대혁명" 때 저우리보 본인도 "혁명 민중"에 의해 길거리로 끌려 나가, 노래를 부르고 징과 북을 두드리는 가운데서 조리돌림을 당했다.[44] 이와 같은 역사의 '다음 장'도 사람들은 예견할 수가 없었다.

그러나 어쨌든, 1948년쯤에 이르렀을 때 딩링의 『태양이 쌍깐허를 비추다』(1948년), 저우리보의 『폭풍취우』(1948년), 자오수리의 『리자좡의 변천』(1946년), 류칭의 『종곡기』(1947년), 어우양싼의 『가오간다』(1949년), 차오밍의 『원동력』(1948년) 등 중·장편 소설의 출간이 말해주듯이, 중국 신문학사에서 마침내 비교적 성숙한 사회주의적 사실주의 문학이라는 새로운 양식이 등장하게 되었다. 이것은 1930년대의 좌익 문학과 상당히 밀접하게 연계되어 있었고, 5·4 문학과는 계승과 도전이라는 복잡한 관계이지만, 창작(생산)·전파(유통) 방식, 예술적 사유, 창작 양식 측면에서는 모두 새로운 특색과 새로운 면모를 보여주었다.

더욱 중요한 것은 이런 새로운 양식이 등장한 후 이것은 자신을 잣대로 삼아 색깔이 다른 문학을 신랄하게 비판했다는 점이다. 바로 1948년, 해방구에서는 ≪문학전선≫(7월에 하얼빈에서 창간), ≪군중문예≫(8월에 옌안에서 창간), ≪문예월보≫(10월에 지린에서 창간), ≪화베이문예≫(12월에 스자장에서 창간) 등의 문예지가 잇따라 출판되고 발행되었는데, 그 목적과 임무는 너무나 뚜렷했다. 즉, "문예 전선에서 계획·조직·규율"을 강화하여 "더욱 강력한 사상과 조직상의 집중과 통일"을 실현하고, "소자산계급의 낙후하고 반동적인 사상과 심지어 지주와 자산계급의 사상까지도 문예 전선 밖으로 몰아내고자 했다".[45]

그리하여 새로 창간된 이런 문예지들은 모두 상당한 지면을 할애하여 '혁명적' 비판을 전개했으며, 같은 시기 남방의 ≪대중문예총간≫과는 남과 북에서 서로 호흡을 같이했다. 여기에 몇 구절을 발췌하여 조금 알아보도록 하자.

> (작품에는) 작가 사상의 혼란, 입장의 불안정, 어떤 소자산계급들의 정서가 드러나 있고, 심지어 일부 자산계급들의 관점까지 섞여 있으며 현실에도 충실하지 않고 우리 당의 정책에는 더욱 부합하지 않다.[46]

> (이것은) 토지개혁이라는 명분을 내세운 퇴폐적이고 부패한 삼각연애 소설이다. 이 소설에서 사람들은 토지개혁 운동 중의 농민 투쟁의 건강한 공기를 마실 수 없고, 투쟁 중 농민의 정상적인 감정을 느낄 수 없으며,
> 작가는 반짝이다 모호해지는, 허장성세를 부리는 형식을 사용했다. 이런 형식은 몰락한 자산계급의 잔재이다.[47]

[작가 스스로 무용극(舞劇)은 "상징주의"라고 말했으면서 또 이렇게 말했다] 상징주의는 문학상의 반동 유파이고, 문학 속의 귀족 자산계급의 사조이며, (오직) "사실주의(만)이 가장 올바른 길이다. 이것은 반드시 과학적 역사 관점과 계급적 혁명 문예의 표현 방법의 유기적인 결합이어야 한다"[48] (등등).

여기에는 앞에서 말한 사회주의적 사실주의 문학 양식으로 문학 발전을 규범화하려는 의도가 너무나 뚜렷하다. 그래서 비평가들이 "새로운 대중 역사 시대"라는 이름으로 사회주의적 사실주의가 아닌 모든 문학을 이단이라 선언하고, 이것들은 "자신의 역사의 무덤 속으로 기어들어 가" "잠"자야 한다고 했을 때,[49] 그들은 사실상 언어 권력을 독단하는 문학 질서를 수립하겠다고 선언한 것이었다. 어떤 의미에서, 이것은 필연적 결과였던 것 같다. 고도로 집중된 정치·경제 권력과 결합한 문학(이것은 바로 사회주의적 사실주의 문학의 가장 근본적인 특징이다)도 문학 언어 권력의 고도 집중과 통일을 요구했고, 다시 말해 질서 유지를 자신의 목적과 궁극적 추구로 삼았고, 그리하여 본질적인 보수성을 드러냈다.

제9장

전장의 노랫소리

1948년 10월

- 부대의 선전대(문공단): 중국 인민해방군의 창조물.

- 누렇게 바랜 역사 자료가 남긴 기억.

- '문예는 정치를 위해 봉사한다'는 마오쩌둥 사상을 최고의 경지로 끌어올리다: 문예의 군사화라
  는 새로운 틀.

- 콰이반 시인과 '군인이 군인을 쓰는' 대중운동.

- 혁명 언어의 민간 언어에 대한 이용과 개조: 북방 농촌의 연극과 시 창작 운동.

- 농민문화 숭상과 시민문화 거부.

- 「사불압정」: 자오수리의 '당의 입장'과 '농민의 입장'의 통일과 대립, 극적인 그의 문학 운명.

자오수리
그는 농민문화를 숭상했다. 소설 창작 방향이 예찬 위주였던 딩링과는
달리 작품 속에서 비판성을 크게 발휘했는데, 이것이 그의 운명을 결정
지었다.

예성타오 1948년 10월 일기(발췌)

15일(금)   요즘 경기가 더욱 불황이어서 물건들은 모두 구매할 길이 없고, 일용품은 사람들이 다퉈 사는 바람에 전부 바닥이 나 버렸다. 옷감 등은 질 낮은 물건밖에 없고 신분증이 있어야 살 수 있다. 남방 식품 가게에서 팽이버섯과 목이버섯은 보물단지가 되어 버렸고, 절인 생선 가게에는 해파리도 없다. 상점들이 문을 열자마자 이내 닫아, 우리가 막 업무를 시작할 때의 거리 풍경은 마치 설날 아침 같았다. 이 사재기 현상은 벌써 2주나 되었고, 최근 며칠은 사려고 해도 살 수 없어서 이런 판국이 되었다.

8·19 화폐개혁 이래로, 당국은 새 화폐인 진위엔을 안정시키려고 모든 물가를 8월 19일 수치로 고정해 놓고, 가격인상을 절대로 허락하지 않고 있다. 이달 초 당국이 담배와 술을 소모품으로 간주하고 세금 인상을 지시했는데, 세금을 인상하면 가격은 오르게 되어 있다. 이런 낌새가 보이자 사람들은 앞다퉈 담배를 샀고, 담배에서 다른 물건에 이르기까지 진위엔을 사용해 버릴 수만 있다면 뭘 사든 다 좋다는 식이다. 그러나 공장은 원료가 없고 이윤이 없어 생산을 계속할 수가 없다. 판매자도 이윤을 남길 수 없어 주저하고 있다. 그리하여 이런 미증유의 형국이 되었다. 암시장은 아무래도 있기 마련이지만, 일반적으로 언제나 부족한 실정이다. 우리 집 만쯔가 제일 머리 아파하는 것은 반찬 사는 일인데 생선, 육류, 채소는 모두 사람들과 경쟁해서 사야 하고, 그런다고 해서 꼭 살 수 있는 것도 아니다. 연료와 조미료를 살 때도 온갖 수단을 다 동원해야 하고 남에게 사정해야 한다. 이런 국면이 어떻게 결말이 날지 도무지 예측할 수가 없다.

19일(화)　　오후에 양후이슈가 와서 후펑의 사람됨과 지론(持論)에 관해 이야기했다. 후펑은 자신을 평범하지 않다고 생각하고 일체를 부정하며 다른 사람의 이론은 모두 거론할 가치도 없다고 생각하지만, 장황하고 뒤얽힌 문장으로 그 천박함을 가리고 있다. 나는 문예이론에는 별 관심이 없지만, 그 사람의 글은 실제로 청년들의 문심(文心)을 해치고 있다.

20일(수)　　식사 후, 모와 함께 난징로로 놀러 나갔는데, 상점들은 대부분 텅 비어 있었다. 사진관도 창문을 닫아놓고 영업을 하지 않았다. 요즘 신분증 갱신으로 사진이 필요하여 시민들은 사진을 찍으러 가지만, 사진관은 가격을 인상할 수 없어 적자를 걱정하고, 또 자재가 바닥나는 것도 염려하고 있다.

21일(목)　　위즈의 아동 소설 『소년 항공병』을 문공사[1]에서 발간하게 되어, 스민이 그 교정쇄를 가지고 와서 나에게 서문을 써달라고 부탁하기에 그것을 읽어보았다. 이 책은 주인공 남양 화교 소년이 꿈속에서 신중국을 여행하는 내용이었는데, 작가는 신중국에 대한 자신의 동경을 표현했다. 아이디어가 기발했고, 모두 근거가 있었다. 글이 알기 쉽고, 신문학 문체를 고집하지 않았다. …… 저녁에 바이천이 와서 또 후펑의 글과 사람됨을 이야기했다. 9시 반에 돌아갔다.

---

1)　문공사는 문화공응사의 약칭이다.

24일(일)　　　점심 때, 왕신디가 불러서 웨빈러우에 모였다. 대부분이 《대공보》 친구들이었으며, 왕윈성의 시국에 관한 이야기를 들었다. 오늘 신문에 국군이 정저우와 바오터우를 포기했다는 뉴스가 났는데, 전세의 악화가 마치 담벼락이 무너지는 듯하다. 샤오쳰이 한동안 나를 찾아오지 않았다. 그는 근년 들어 사람들에게 따돌림을 당해 화가 많이 나 있으며, 걸핏하면 술김에 나에게 하소연했다.

25일(월)　　　오후 6시에 밍서가 총회를 열었고, 이번에 샤오모가 총간사를 맡게 되었다. 회의가 끝나고 모두 같이 식사를 했다. 요리사가 찬거리 사기가 쉽지 않아서 사람마다 겨우 배추새우볶음을 곁들인 밥 한 그릇만 먹을 수 있었다. 요즘 들어 물자 부족이 심각하여 음식점은 휴업하든지 정해놓은 몇 시간만 영업했다. 사람마다 물건을 살 수가 없다고 말했다. 물론 암시장은 있으나 그 연줄을 찾기 쉽지 않고 물건 가격도 너무 비싸다. 이와 같은 상황은 전에 도시가 일본에 점령당했을 때도 없었다고 모두 입을 모아 말했다.

27일(수)　　　퇴근할 때 시장통으로 해서 왔는데, 가게마다 문이 닫혀 있었다. 만쯔가 하는 말이 아침에 시장에 조금 늦게 나갔더니 파와 생강만 있었고, 리중의 노점에서 연어 한 마리를 어렵사리 샀다고 했다.

술을 마신 후, 목욕하러 나갔다. 때밀이가 목욕탕도 머잖아 문을 닫게 될 것 같다며, 쌀을 살 수 없어 종업원이 배불리 먹지를 못하는데 어찌 힘을 쓰겠느냐고 했다.

28일(목)   오후 6시 반에 황창의 초대로 진장에서 식사를 했다. 바진, 전둬, 탕타오, 진이들과 동석했다. 음식점은 철제문을 모두 닫아놓고 종업원이 지키고 있었으며, 예약한 사람만 들여보낸다고 했다. 진장 종업원 말로는 이 음식점이 오늘 새벽 우쑹에서 돼지 한 마리를 샀는데, 시내로 들어서 오는 길에 경찰에게 뇌물로 총 40위엔을 바치고서야 그 돼지를 지킬 수 있었다고 했다. 먹고 마시기에 아주 적당했고, 요리 중에는 유일하게 닭만 없었다. 9시에 헤어졌다.

29일(금)   식사 후 보샹과 함께 시장통에 나가보았다. 가게마다 텅텅 비어 있는 참상이 불쌍했다. 가게는 못 닫게 되어 있지만, 물건 없는 시장은 상인들의 동맹파업이나 다를 바 없었다. 이런 현상은 이미 전국에 널리 퍼졌고, 사람마다 물건을 구할 수 없어 고통스러워하고 있다. 정치가 개인의 생활에 미치는 영향은 이런 데서 절실하게 느낄 수 있다. 먹거리를 살 수 없는 것이 가장 위험하다. 재난 발생은 정말이지 시간문제이다.

31일(일)   오늘은 내 생일이다. 원래 오리 한 마리가 있었고, 여동생 성난이가 암시장에서 고기와 쏘가리를 사 오고, 정이슈 부부가 손수 만든 국수를 선물로 들고 온 덕분에 모여 식사를 할 수 있게 되었고, 모양새도 제법 그럴듯했다. 생일날 국수를 사지 못하는 일은 전에 한 번도 없었다.

1948년 10월 24일 저녁, 둥베이 대결전은 막바지로 접어들었다. 광활한 랴오닝 서부 평원에는 셀 수 없이 많은 인마가 사방팔방에서 쏟아져 나와, 국민당군 둥베이 '토벌 총사령부' 제9병단 사령관 랴오야오샹이 있는 후자 막사를 향해 질주했다. 추격하는 해방군과 도망가는 장제스군의 대오가 서로 뒤엉켜, 비행기가 공중을 선회하면서도 기총소사나 폭격을 할 수가 없었다. 여기저기서 불꽃이 튀고 사방에서 혼전이 벌어지고, 동에 한 무더기 서에 한 무더기, 온 평원이 꿈틀거렸다. 그 속에는 색다른 부대가 활약하고 있었다. 그들은 손에는 멜대와 악기를 들고 등에는 등사기를 짊어지고서 분주히 뛰어다니며 외쳐댔는데, 이때는 이미 전선에서의 독려는 생각할 겨를도 방법도 없었으며 포로 잡기에만 급급했다. 어떤 어린 동지는 멜대를 들고 포로를 한 줄 잡아놓고, 또 어떤 사람은 명령에 따라 포로로 잡힌 장제스군 대대장 이상의 장교를 부대 대신 감시하면서 새벽에 그들을 집합 장소로 압송할 때를 기다리고 있었다. ……

이상은 둥베이야전군 제7종대 선전대 대원 다이비샹의 기억 중 잊을 수 없는 한 장면이었다.[1]

남방의 전쟁터에서는 훗날에 신중국의 유명한 극작가가 된 화둥야전군 제9종대 문공단[2] 단원 모옌이 '위험한 공연'을 경험했는데, 만년이 되어서도 그의 눈에 선했다.

공연 시작 전, 병사들이 총을 안고 한 줄 한 줄 광장을 가득 메워 앉았다. 주번 대대장이 또 명령을 내렸다. "각 분대, 차례로 점검 시작!" 분대장들은 각 분대원에게서 총을 받아 들고 새끼손가락으로 탄창을 후

---

2)   문공단은 문예공작단(文藝工作團)의 약칭이다.

벼본 다음 차례로 보고했다. "점검 끝!"

공연이 시작되고 극이 계속 전개되어 나갔으며, 갈등은 점점 더 격해져 갔다. 내가 배역을 맡은 악덕 지주 '우톄바'가 궁쯔피가 배역을 맡은 소작인 쑨다거를 궁지로 몰아넣었고, 아들 칭저우마저도 핍박에 못 이겨 도망가게 했다. 무대 아래서 훌쩍거리는 소리가 들렸다. 우톄바가 핍박하여 쑨다거가 낫으로 목을 베어 자살하고, 우빈이 배역을 맡은 봉사 어멈이 남편 위에 와락 엎어져 울부짖자, 광장에서 엉엉 우는 소리가 사람의 가슴을 찢어놓았다. 어떤 병사는 그 자리에서 울다가 그만 기절하여 사람들이 즉시 임시구호소로 데려가 응급처치를 받게 했다. 갑자기 한 병사가 벌떡 일어나 큰소리로 "우톄바, 죽일 놈!" 하고 외치면서 총알을 꺼내 총 속으로 밀어 넣었다. 분대장이 그의 총을 확 빼앗았다. 그 병사는 총도 내버린 채, 바깥으로 뛰어나가 커다란 돌덩이를 안아 들고는 울면서 "우톄바, 때려죽일 놈!"이라고 부르짖으며 무대 뒤로 달려갔다. 방금 무대에서 내려온 나는 급히 분장용 사각 탁자 밑에 숨었다. 궁쯔피가 군용 모포로 탁자를 가리고는 그에게 다가가 타일렀다. "동지, 동지, 울지 마요, 이것은 연극이잖소. 나는 죽지 않았고 내가 바로 쑨다거요. 이봐요, 내가 이렇게 살아 있지 않소?" 그 병사가 어찌 들으려고 하겠는가, 울면서 욕을 했다. "우톄바! 내가 네 8대와 붙어먹고 말 거야!" 여러 사람이 타이르자, 그는 그제야 울면서 무대 뒤를 떠났다. 동지들이 몰려와 말했다. "너무 위험했어! 모옌은 하마터면 열사가 될 뻔했어!"

다음 전투가 시작되었고, 나는 의무대에 가서 간호 업무를 도왔다. 전선에서는 부상자들을 끊임없이 날라 왔고, 나는 그들에게 물을 먹이고 달걀을 먹이기에 바빴다. 한 들것에 머리에 붕대를 감은 병사가 실려 있었다. 아니, 커다란 돌을 안고 와서 날 때려죽이려고 했던 바로 그 병사가 아닌가! 호송해 온 동지가 나에게 말해주었는데, 그는 대단히 용감하여 적이 기관총 세 정으로 봉쇄하고 있는데도 성벽을 폭파하기 위해 화약 두 상자를 연달아 날라 성벽을 열 자보다 더 넓게 폭파했고, 도시 공격 부대는 이 돌파구로 성안으로 돌진하여 남은 적을 섬멸했으며, 그는 창자가 다 튀어나왔는데도 오는 길에 신음 한 번 내지 않았다고 했다.

나는 수란 한 그릇을 받쳐 들고 몸을 숙여 조용히 말했다. "동지! 좀 들어요." 그가 눈을 뜨고 나를 보며 사람을 알아보는 듯 몰라보는 듯 희미한 목소리로 말했다. "나는 쑨다거의 원수를 갚았어 ……."[2]

여기에서 말한 선전대(문공단이라고도 한다)는 마오쩌둥이 이끌던 중국 인민해방군에만 거의 유일하게 있었을 것이다. 마오쩌둥은 그 유명한 「옌안 문예 좌담회 석상의 연설」에서 "적과 싸워 이기려면, 우선 손에 총을 든 군대에 의지해야 하고", "지식이 있는 군대도 있어야 한다"[3]라는 점을 이미 분명하게 지적했고, 허룽 장군은 1948년 어느 연설에서 마오쩌둥의 사상에 근거하여, "지식이 없는 군대는 우매한 군대이며, 승전할 수 없다"[4]라고 강조했다. 어떤 의미에서, 인민해방군 편제에 '선전대'('문공단')를 편성시킨 것은 '문무 전선', 총자루와 붓대의 결합이라는 마오쩌둥의 이상이 체현되고 실현된 것이라 할 수 있다. 이런 중고등학교 지식 수준 위주의 중급·하급 지식분자는 문맹과 반(半)문맹의 농민 군인을 주체로 하는 군대에서 확실히 중요한 역할을 했다.

화둥야전군 정치부의 어떤 부주임은 1948년도의 한 보고에서 "부대 정치 사업의 유능한 조수가 될 것", "대중을 일깨우는 일을 맡아 할 것", "문예 사업 활동을 통해 부대 교육과 대중 교육의 목표를 달성할 것",[5] 이세 항목을 문공단의 임무로 규정했다. 구체적으로 말하자면 문공단(선전대)은 각종 문예 형식을 이용하여 전전(戰前)·전시(戰時)·전후(戰後)에 부대를 상대로 사상·시사·정책·문화를 교육하고 현장에서 독려하며 문화·오락 활동을 펴야 하는 것 외에, 전전(戰前)의 동원, 전선에서 방송을 통한 적군 동요, 포로 관리 등의 정치 업무도 맡아 해야 하며, 군량과 마초(馬草) 조달, 병참 기지 건설, 부상병 간호 등의 전시 근무도 해야 하고, 농촌 토지개혁, 도시 군사 관제 접수, 사회 조사·홍보 등의 대중 사업에도 참여해야 했다. 요컨대 이것은 문예 부대이면서 또 당이 장악하고 있는 기동력이었으며, 필요로 하는 곳이면 어디든 달려갔다.

여기에 통계수치가 있다. 1948년 1월, 화둥야전군이 동부 전선에서 서부 전선까지 천 리 행군을 할 때, 정치부 문공단은 반 달 남짓 동안에 (매일 50~60리를 행군했다), 저녁 공연 14차례에 관중이 1만 6500명이었고, 대중에게 노래를 21차례 가르쳐 1600여 명이 짤막한 노래 두 곡을 배워 익혔으며, 벽에 표어 689개를 썼고, 벽에 시 210수를 썼으며, 벽에 그림 57폭을 그렸다.[6] 17일간의 진시방어전 중에 11종대의 각 부서에서 편집·인쇄한 「화선전단(火線傳單)」·「전투전단(戰鬪傳單)」·「총대시(槍杆詩)」[3)]·「콰이반(快板)」[4)] 등 콰이반 형식의 홍보물이 71종에 2만 5000여 부에 달했으며, 참호 속에서 대량으로 전파되었다. 1948년 둥베이야전군이 등사한 문예지로는 ≪전진문예≫(1종), ≪전선문예오락≫(2사), ≪공연≫(관저우부 정치부), ≪삼맹문예증간≫(공6부 정치부), ≪중대문예≫(7종 선전대), ≪전사

---

3) '총대시'는 중국 혁명전쟁 때 생겨난 시의 일종으로 원래는 군인들의 총자루에 새긴 짤막한 시를 지칭했으나, 넓게는 행군용이나 전쟁을 독려하는 홍보용의 짧은 시도 포함한다. 그 내용은 대부분이 전투 생활이나 전투 동원과 관계가 있다.

4) '콰이반'은 비교적 빠른 박자로 '콰이반(拍板: 세 개의 나무쪽으로 된 리듬 악기)'과 '주반(竹板: 두 개의 대쪽으로 된 리듬 악기)'을 치며 기본적으로 7자 구의 압운된 구어 가사에 간혹 대사를 섞어 노래하는 중국 민간 예능의 한 가지이다.

문예≫(랴오둥 군구 선전대), ≪계급형제≫(공7부 선전대), ≪회극총간≫(어느 종대), ≪삼맹총간≫(공6부) 등이 있었다.[7] 부대가 공격해 가는 곳이면 전장의 노랫소리도 그곳에서 울려 퍼졌다고 할 수 있으며, '양거를 전 중국으로까지 쳐 나갔다'라는 말은 결코 과장된 말이 아니었다.

숫자는 무미건조할 수도 있다. 전쟁 및 그 후의 몇 차례 재난을 거치면서도 운 좋게 보존되어 온 당시의 현장 기록들이 어쩌면 오늘날의 관심 있는 사람들에게 더욱 깊은 인상을 줄지도 모르겠다. 다음은 팡훙이 쓴 「참호 속의 문화 활동: 진시방어전 중의 실례」라는 보도이다.

> 부대원들은 모두 이런 '순커우류'[5]를 좋아한다. 그들은 "순커우류는 정말 끝내준다. 재미도 있고 쓸모도 있다"라고 말했다. 그래서 진지에 이런 '순커우류'들을 보내올 때마다 부대원들은 앞다퉈 읽었다. 한 번은 어느 문화 교관이 소대에서 전단을 읽어주고 있는데, 그때 마침 밥을 날라주는 사람이 왔고 '회식'이기도 했지만, 부대원들은 다 읽고 나서 밥을 먹자고 했다. '회식' 때 모두가 전단에 적힌 말을 흉내 내어 "돼지고기 먹으며, 우리 임무 잊지 말기, 우리는 적의 증원 쳐부숴야지"라고 말했다. 많은 부대원이 전단을 호주머니에 넣어 간직했고, 또 어떤 동지들은 그것을 군사 시설물에다 붙여놓고 틈만 나면 가서 보았다. 분대장 장싱웨이엔은 여러 장의 전단을 줄줄 외웠다. 적진에서 해방되어 온 병사 자궈차이는 "나는 장제스군에서 이런 것을 들어본 적이 없다. 해방군은 정말 교육을 잘하고, 정말 효과가 있다"라고 말했다.[8]

---

5) 순커우류(順口溜)는 민간에서 유행하는 즉흥 운문으로 구의 장단은 일정하지 않다. 순전히 구어만을 사용한 문구에 가락을 붙여, 매우 재미있고 감칠맛 나며 기억하기도 쉽다.

다음은 우연히 보존되어 내려온, 화이하이전투 때 화둥야전군 8종대 68연대 2중대 지휘관과 전투원이 문공단 지도자에게 쓴 칭찬하는 내용의 편지이다.

선(야웨이)·딩(차오) 단장, 리(융화이) 지도원께,

귀 문공단의 마쉬엔·황스원 동지의 활동 상황을 다음과 같이 보고합니다.

마쉬엔·황스원 동지는 스스로 중대에 와서 일을 돕고 있는데, 아주 적극적이며 일을 대단히 잘하고 있습니다. 특히 마쉬엔 동지는 가장 먼저 왔으며, 막 왔을 때 마침 전선의 공적을 평가하고 있었는데, 그는 직접 분대에 가서 상황을 알아보았고 분대 업무회의에 참석했으며, 동지들의 공적을 평가하고 공로를 축하하고 별 모양의 공로패를 만들어 동지들에게 달아주었으며, 각 분대에 가서 바이올린을 연주했고 노래를 불렀습니다. 비행기의 폭격과 적들의 포화 속에서도 한결같이 일했고, 큰눈이 내리는 날에도 차가운 흙탕물과 많은 눈 따위는 아랑곳하지 않고 변함없이 각 분대를 찾아다녔으며, 최전방 진지에서 일했고 적에게 투항하라고 외쳤습니다. 그리고 당 기관지 통신원을 전형적으로 양성했습니다. 예를 들면 우아스는 쑨위엔량이 포위망을 뚫었을 때 마쉬엔이 해방시켰으며, 마쉬엔은 또 그를 훌륭한 당 기관지 통신원으로 양성했습니다. 마쉬엔은 노래를 가장 많이 만들었고, 원고를 가장 많이 썼으며…… 그는 잠시도 쉬지 않았고 끈기 있게 부대원에게 노래를 가르쳤으며, 일할 때는 대담하면서도 유능했고 갖은 고생을 잘 참아 견뎌냈으며, 분대의 모든 동지에게 다 똑같이 대했습니다. 중대 전체는 그의 공로를 이등공(二等功)으로 인정해 주어야 한다는 의견입니다.

황스원 동지는 분대 업무회의에 적극적으로 참석했으며, 매번의 회의 상황에 따라 콰이반을 만들어 모두에게 불러주었고 벽보를 만들고 만화를 그렸으며, 문예 간부를 도와 인재를 전형적으로 양성했습니다. 1소대의 전투 모범 사례는 그가 사기를 진작시켜 얻은 결과입니다. 이 두 사람의 업적은 같으며 활동도 함께했습니다. 삼등공(三等功)에 동의합니다.

상술한 두 사람의 업적은 간단하고 대체적인 것에 불과합니다. 상세한 내용은 쓰지 않았습니다. 중대 전체는 그들의 공적에 동의했고 가결되었습니다. 반드시 이 두 사람의 공로를 인정해 주어야 합니다. 이번 단계에서 두 사람의 활약은 대단했습니다.

68연대 2중대[6]

리시셴, 판쯔구이, 왕쩌위 및 동지 일동[9]

둥베이야전군 제2종대 정치부가 편집·등사한 간행물 ≪수훈증간≫ 제4기에, 제2종대 선전대 대원 첸수룽[7]이 쓴 「중대의 여자 선전대원: 생활의 이모저모」라는 작은 기사가 실렸다.

---

6) 원문에는 64연대 2중대라고 적혀 있으나 글의 앞뒤가 맞지 않아, 이 장 주 9)의 책『중국인민해방군문예사료선편: 해방전쟁시기(中國人民解放軍文藝史料選編 ― 解放戰爭時期)』상(上)을 구하여 확인해 본 결과 68연대 2중대로 판명되어 이에 따라 정정했음을 밝힌다.

7) 첸수룽(錢樹榕, 1928~1983)은 저장성 항저우 출신으로, 1945년 신사군에 들어가 문공단 배우로 활약했고, 1954년부터는 중국 인민해방군 정치부 화극단(話劇團) 배우로 활동했으며, 가극 〈백모녀〉·〈류후란(劉胡蘭)〉, 화극 〈만수천산(萬水千山)〉, 영화 〈비밀 도면(秘密圖紙)〉 등에 출연했다. 참고로 첸수룽은 이 책의 원저자 첸리췬 선생의 둘째 누나이다. 그의 저서 『우리 가족 회고록(我的家庭回憶錄)』(灘江出版社, 2014)을 참고하기 바란다.

"집합, 노래 시간이다!" 주번 분대장이 외쳤다. 잠깐 사이에 100여 명
이 질서정연하게 줄지어 섰고, 샤오왕이 대열 앞으로 뛰어나와 진지하
게 말했다. "오늘 우리는…… 배웁니다." 그러고는 발돋움을 하고서
몸을 낮췄다 폈다, 날렵하게 팔을 춤추듯 움직이면서 가르치기 시작했
다. 병사들은 키가 거의 자기 반밖에 되지 않는 그를 바라보니 절로 웃
음이 흘러나왔고, 입을 크게 벌리고서 음을 하나도 놓치지 않고 열심
히 배웠다. 여성의 목소리가 하늘 높이 울려 퍼지면, 묵직하고 우렁찬
남성의 목소리는 그 뒤를 따랐다.

"보이지 않습니다!" "지휘하는 것이 보이지 않습니다!" 뒤쪽에 있는 병
사들이 소리쳤다.

"뒤로 돌앗! 3보 앞으로 갓!" 마치 작은 사령관처럼 그는 구령을 붙이
면서 사람들이 잘 볼 수 있도록 저쪽 흙더미 위로 뛰어 올라갔다.

"물 좀 마시고, 목 좀 축이십시오." 휴식 시간에 병사들이 그에게 물을
들고 왔다. "보통 일이 아닙니다. 가르친다고 목도 쉬어버렸군요." "좀
앉아 쉬십시오." 그들은 또 그를 걸상에다 앉혔다.[10]

이미 누렇게 바랜 이런 역사 자료들을 보고 나면, 누구라도 부대 문
예 활동에 대한 당시 사람들의 다음과 같은 총결산에 동의하게 될 것이
다. 이것은 "군인을 위해 봉사"하는 문예이며,[11] 오늘날 익숙한 말로 표
현하자면 중국 인민해방군 문공단(선전대)이 문예는 전쟁을 위해 봉사한
다는 원칙을 실천함으로써, 문예는 정치를 위해 봉사한다는(마오쩌둥의 관
점에 따르면, 전쟁이야말로 가장 큰 정치였다) 마오쩌둥의 사상을 최고의 경지
로 끌어올렸고, 그것을 완벽하게 실현했다.

이것은 적어도 다음 몇 가지를 포함하고 있다. 첫째, 문예는 당의 절
대 지도하에 놓여 진정으로 당의 사업의 한 부문이 되었다. 이것은 사상

과 노선의 지도를 의미할 뿐만 아니라, 조직상의 구체적인 보장도 있었다. 다시 말해 부대의 문공단은 각급 당 위원회 정치부의 지도자에 직속되어 있었을 뿐만 아니라 자체적으로 당 지부도 설치했고, 정치 지도원[정치 교도원, 정치 협리원(政治協理員)이라고도 한다]도 두었다. 둘째, 각 문공단원(선전대원)은 누구 할 것 없이 당의 정치 역군, 당의 실제 일꾼이 되는 것이 우선이었으며, 그런 후에 문예 일꾼이 되고, 명실상부한 '문예전사'가 되었다. 셋째, 문예는 공농병(工農兵)을 위해 봉사한다는 당의 방침을 완전히 자각적으로 관철했다. 즉, "'군인'(무장한 노동자와 농민)을 위한 봉사"는 "군인을 쓰고, 군인을 연기하고, 군인에게 공연하는 것"으로 구체화되었다. 내용상으로는 "부대의 당면 임무와 기본 임무에 접목하여", 부대와 당의 중점 사업을 중심으로 창작하고 공연했다.[12] 넷째, "상하를 모두 철저히 파악"하여, 당과 지도부의 정책·의도와 부대원의 사상·생활을 실제로 결합하려고 노력했다.[13] 다섯째, 부대의 정치적 요구에 부응하는 창작 양식과 예술 형식 및 풍격을 차차 만들어나가기 시작했다. 구체적으로 말하자면 짤막하지만 힘이 있는, 노래·춤·연극이 결합한, 광장에서 공연하는, 재미있는(부대원들에게 환영받는), 현장을 들썩일 수 있는 것이었다.[14] 이것 역시 일종의 정치적이고 대중적이고 행동적이고 열광적인 광장 예술이었다. 여섯째, 당의 대중 노선을 관철하고 "군인이 군인을 쓰고, 군인이 군인을 연기한다"라는 원칙을 실행에 옮겨 "문예 사업을 대중운동으로 바꾸었다".[15] 일곱째, 결국에 가서는 문공단원 자신의 혁명화와 정치화였는데, 한편으로는 남아 있는 "소자산계급의 나쁜 근성"을 극복하고, "사상과 감정에서 진정으로 군인과 하나가 되어, 우선 전쟁에 대한 감성적 인식에서 군인들과 일치되어, 군인이 사랑하는 것을 사랑하고 군인이 미워하는 것을 미워하고 군인이 즐기는 것을 즐기고 군인이 걱정하는 것을 걱정"해야 했으며,[16] 다른 한편으로는 당의 사상을 진정으로 자기의 피와 살이 되게 하여, 조직의 기강을 강화하고 군인처럼 당의 집중적이고 통일된 의지에 절대복종하며 자발적으로 당의 도구가 돼야 했다.

결국 추구했던 것은 바로 문학예술과 문예 종사자의 '정치화[당화(黨化)]'였다. 마오쩌둥의 표현에 따르면, "'화(化)'라는 것은 머리끝에서 발끝까지 속에서 겉까지 철저하다는 뜻"[17]이며, 이것도 부대 문예 사업이 제공한 문예의 새로운 틀이었다.

1949년 7월 6일 개최한 전국 문예 종사자 대표 대회의 정치 보고에서 저우언라이가 한 말에 따르면, 당시 "인민해방군 4대 야전군에 직속 병단[8])을 보태고, 5대 군구[9])를 더하면, 문예 사업에 참여한 사람은 선전대와 합창대를 포함해 2만 5000명에서 3만 명에 달한다. 해방구의 지방 문예 종사자도 2만 명 이상으로 추정된다. 이 둘을 합하면 6만 명가량 되고", "이전의 국민당 통치구의 새 문예 종사자 수는 계산하기 어려운 편이지만 대충 1만 명은 넘는다".[18] 이것에 따라 계산하면, 해방군의 부대 문예 종사자가 전국 새 문예 종사자[당시에 일컫던 "옛 예인(藝人)"은 포함하지

---

8) 이쯤에서 중국 해방전쟁 시기의 군 편제에 대해 알아볼 필요가 있겠다. 1948년 11월, 중국 인민해방군 전군은 편제를 다음과 같이 통일했다. 종대(縱隊)를 군(軍)으로 바꾸고, 군 위에 병단(兵團)을 두고, 그 아래에 師(사단), 團(연대), 營(대대), 連(중대), 排(소대), 班(분대)의 순으로 두었다. 참고로, 해방전쟁 후기에는 집단군에 상당하는 병단 17개를 설치하여 야전군 아래에 두었다. 그리고 중국공산당은 해방전쟁의 대규모 작전을 수행하기 위해 각 지역에 야전군을 설치했는데, 1949년 1월 15일 중앙군사위원회는 서북야전군(西北野戰軍)을 제1야전군으로, 중원야전군(中原野戰軍)을 제2야전군으로, 화동야전군(華東野戰軍)을 제3야전군으로, 동북야전군(東北野戰軍)을 제4야전군으로, 그리고 화북군구(華北軍區)의 부대를 화북야전군(華北野戰軍)으로 바꾸도록 명령을 하달했다. 이렇게 야전군은 다섯 개인 데도 불구하고 일반적으로 4대 야전군이라 부르는 이유는 화북야전군의 규모가 작아서였다.

9) 5대 군구는 서북군구(西北軍區), 중원군구(中原軍區), 화동군구(華東軍區), 동북군구(東北軍區), 화북군구(華北軍區)를 말했다.

않는대 7만 명 중에서 40% 이상을 차지한 데다 많은 부대 문예 종사자가 그 후에 각종 문예 부문의 지도자가 되었으니, 그 영향력은 당연히 과소 평가할 수 없다.

더 중요한 것은, 중화인민공화국 건국 후 마오쩌둥은 전쟁 시기에 자리 잡은 정치·경제·문화의 틀을 국가의 틀로 바꾸고, 전국을 해방군 식의 '큰 학교'로 바꾸려고 계속 시도했다는 점이다. 이리하여 앞서 말한 부대 문예의 새로운 틀은 피할 수 없을 정도로 줄곧 신중국의 문예 발전 에 심각한 영향을 끼쳐왔다. 사실 1948년에 샤오쥔을 비판할 때 이미 어 떤 사람은 중국공산당이 이끌던 홍군[10] 시대까지 거슬러 올라가, 그때의 부대 문예와 소비에트 구역[11] 문예야말로 "신문학운동의 원류"이며, 더 욱이 항일전쟁 후 부대 문예를 포함한 혁명 근거지 문예는 "중국 문예운 동의 주력"이자 "정통"이 되었다고 주장했다.[19] 그렇다면 부대 문예의 틀 의 보편화도 필연적이었던 것 같다.

앞에서 이미 언급했던 '군인이 군인을 쓰는' 대중운동에 관해 몇 마 디 덧붙이고자 한다. 이것은 1940년대 말 중국공산당이 이끌던 해방구에 서 일었던 공농병(工農兵) 대중 창작 열풍의 중요한 부분이었다. '군인이 군인을 쓰는' 것은 원래 부대 문예 사업의 전통이었지만, 정말 최고조에 달했던 것은 1948년부터 1949년에 걸친 3대 전투[12]의 역사적인 대결전

---

10) 홍군(紅軍)은 중국의 제1차 국공 내전 당시 중국공산당이 이끌던 중국 공농 홍군(中國 工農紅軍)의 약칭으로 중국 인민해방군(中國人民解放軍)의 전신이며, 중일전쟁과 제2 차 국공 내전 중에는 팔로군(八路軍), 신사군(新四軍)으로 불렸다.

11) 소비에트 구역[蘇維埃區域(약칭은 蘇區)]은 중국의 제1차 국공 내전 시기에 공산당이 통치한 지역, 즉 홍군이 점령하고 있던 지역이며, 당시 이곳의 정권이 소비에트(蘇維 埃)의 형식을 취했기 때문에 붙인 이름이다.

12) 중국 인민해방군이 국민당 군대와 벌였던 결전으로, 랴오선전투(遼瀋戰役), 화이하이 전투(淮海戰役), 핑진전투(平津戰役)를 아울러 가리킨다.

때였으며, 같은 시기에 전개되었던 "군대 내부의 민주 운동"[20]과는 분명히 내적인 연관이 있었다. "자기의 일을 자기가 쓴다"라는 것 자체가 곧 자기 교육 운동이었다. 이 시기에 가장 성행했던 것은 '총대시 운동'이었는데, 병사들은 끊임없이 자신들의 전투 결심과 공을 세울 계획을 콰이반으로 써서 총포에 붙여놓고, 자신을 일깨우기도 했고, 사기를 북돋우기도 했다. 예를 들면, 화중해방군 모 부대의 병사는 그들의 82 박격포 위에 이렇게 썼다.

> 82포야,
>
> 네 나이 정말 적지 않은데,
>
> 네 위신 그다지 높지 않으니,
>
> 이번 반격 때는,
>
> 더 이상 뒤처지면 안 되는 거야

전 분대는 이때부터 밤낮으로 연구하여 마침내 그 효과를 증대할 수 있는 다양한 방법을 생각해 냈다. 병사 선훙하이는 그의 소총에, "나의 79 소총 잘 닦아 번쩍번쩍하네. 이번 반격 때 목숨 걸고 장(將)을 쳐부숴야지"라고 써 붙였다. 그 후 그는 매일 총을 닦고 훈련을 했다. 어느 전투에서 공격 명령이 떨어지자마자 그는 진지를 박차고 나가, "번쩍번쩍 빛나는 나의 79"를 외치며 쏜살같이 앞으로 돌진해 나갔다.[21] 이런 대중 창작 운동 중에 중대에서 많은 "콰이반 전문가(콰이반 왕)"[22]가 배출되었으며, 이런 기초 위에서 비거페이 같은 부대 콰이반 시인이 나왔고, 『콰이반 시선』도 출판되었다. 부대에서 널리 유행했던 적이 있는 「수송대장' 장제스」를 여기에 옮겨 적어본다.

'수송대장' 성은 장 씨, 열성적으로 일하니 칭찬해야지,

수송력 크게 증강되어,

우리에게 미국 총 무더기 무더기로 보내주네,

빛나구나 번쩍번쩍 빛나는구나

'수송대' 규칙 좋아, 총포·인마 일제히 지급하네,

한 번에 10만씩이나,

보병·기병·공병 모두 모두 보내오네,

승전보가 바로 영수증이라지

우리 장비 너무 좋아, 참신한 기관총은 미제,

트럭이 끄는 것은 유탄포,

'수송대장' 공로 없다 누가 말했나?

다들 훌륭하다 말하는데

2년에 500만씩이나 보내, 이제 쥐꼬리만큼 남았구나,

기왕에 보내는 거 깡그리 보내줘야지,

너는 뒤에서 지휘 게을리하지 않으니,

수송대장 계속 맡아 하려무나

강북은 벌써 다 보내가고, 강남에 또 수송 기지 설치했구나,

베이징 상하이 광저우에서 타이완까지,

길을 따라 마지막 중계 기지 설치해 놓고,

전부 다 보낼 것을 약속하고 있네[23]

사람들은 이런 부대 콰이반 시의 유머러스함에 쉽게 주의를 기울이게 된다. 이것은 확실히 민간 문예를 어느 정도 흡수했고, 혁명 이념 중의 혁명적 낙관주의와 혁명적 영웅주의도 가미되었다. 바로 이 두 측면이 부대 대중 창작의 뚜렷한 특색이 되었다.

같은 시기에 북방 농촌을 떠들썩하게 했던 연극과 시 창작 운동 또한 민간예술에 대한 이용 및 개조 운동이었다. 작가 자오수리의 말대로, 농촌 예술 활동은 나름대로 전통이 있었는데, 조금 큰 마을에는 거의 다 극단이 있었으며, 더욱이 양거는 특정 계절이 되면 크고 작은 모든 마을에서 즐겼다. 그러나 과거에는 이 두 놀이를 "지주는 경시했고 가난한 사람은 돈이 없어 즐길 수 없어서 흔히 부농층이 주관하고 중농층이 참가했으며, 공연은 내용과 형식을 막론하고 완전히 옛것으로, 그저 그들이 즐기기만 하면 그만이었다".[24] 이제는 토지개혁을 거친 농민들도 정치·경제적으로 해방되어, 자연히 즐기고 싶어졌다.

하지만 그의 말에 따르면 해방된 농민들은 전통극과 양거에 대해 "조금 불편함을 느꼈는데, 첫째, 그들은 자신을 예찬하고자 했지 옛사람과 옛일에 대해서는 별 흥미가 없었으며, 둘째, 그런 옛 장면과 옛 가락은 보기에는 늘 봐왔던 것이지만 배우려면 다시 많은 공을 들여야 했고, 그런 낡은 관습에 구애받으면 마음껏 즐길 수가 없어서", "대담하게 개조"하려 했다[25]고 한다.

자오수리는 농민의 요구라는 관점에서 말했지만, 혁명 정당과 신정권도 민간 공연이라는 형식을 통해 농민에게 새로운 이념을 주입할 필요가 있었다. 그래서 농촌 문화 영역을 차지하고 있던 전통극을 개조하고자 했는데, 우선 "단순 오락이라는 개념을 극복하고", "당장 효력을 발휘할 수 있는 선전과 교육의 무기"[26]로 삼으려고 했다.

이 외 내용에 대한 개조도 있었다. 전통극에는 "봉건적 독소"가 많고, 농촌 속요는 "대부분이 흥얼거리는 사랑 노래들이어서",27 "옛 병"에 "새 술"을 부어 담을 필요가 있었다. 또한 농촌에서의 당의 중점 사업을 중심으로 당의 사상·방침·정책을 선전했으며, 어떤 극단에서는 "신문에서 중대하게 거론하는 것을 쓰자"라는 구호를 내걸었고, 그 창작 방식도 "간부가 먼저 주제를 정하면, 단체로 자료를 수집하고 구상에 대해 의견을 교환한 다음, 개인이 제일 마지막에 집필했다"28라고 한다. 사람들은 또 "대중이 단체로 창작한 것은 적은 편이었고, 지식분자 개인이 만든 것이 많은 편이었다"29라고 경험을 총정리하기도 했다.

이 밖에, 농촌 극단은 "조직과 지도에서 독자성을 내세우지 않고, 촌 (村) 정부의 지도자에게 복종했다"30라는 경험담도 있는데, 사실상 이것이 제일 중요한 대목이다. 모든 농촌 대중 문예 활동은 당의 지도하에 있었다. 당과 정권의 의도적이고 계획적이고 조직적인 지도가 있었기 때문에, 이 시기의 농촌 대중 문예운동이 농민의 자발적인 전통 오락 활동으로서는 상상할 수 없는 전대미문의 규모에 달할 수 있었다. 타이웨 지역 22개 현의 통계만 해도, 임시 양거대가 2200여 개, 농촌 극단이 700여 개, 농촌 극단의 배우가 1만 2400여 명이었다.31

줘취엔현의 우리허우는 146가구에 인구 609명밖에 되지 않는 작은 마을로, 구정 때 〈해방의 기쁨〉이라는 제목의 대형 광장 양거극을 공연했는데, 공연에 참여한 집이 122가구로 마을 전체 가구 수의 84%를 차지했고 출연자는 273명으로 전 동민의 45%를 차지했다. 그중에는 할머니, 할아버지가 12명, 남녀 청장년이 208명, 아동이 53명이었으며, 전 가족이 함께 출연하기도 했고, 시아버지와 며느리, 남편과 아내, 아버지와 아들, 선생과 학생이 함께 출연하기도 했다. 사람들은 다음과 같이 묘사했다.

그것은 광희의 바다였다. 그리고 거의 모든 출연자가 다양한 투쟁의 성과물을 입거나 들었기 때문에 광희의 색채가 더욱 농후했다. 보고 있는 사람은 자신의 감정을 억제할 수가 없고 가슴이 마구 뛰어, 즉시 그 바닷속으로 뛰어 들어가 한바탕 놀아야만 시원해질 것 같았다. 원래 오락을 좋아하지 않아 양거대가 마을에서 공연할 때면 멀찍이서 구경만 하던 바이린장과 류커시 같은 사람들도 갑자기 뛰어 들어가 흔들고 두드리기에 이르렀다.[32]

이것은 또 하나의 혁명의 카니발이었다. 혁명을 통해 해방감을 맛본 농민은 이런 전통적인 민속 명절 때 자신의 억눌려 있던 감정을 남김없이 다 발산하려 했다. 어떤 의미에서 이것은 민간 언어와 혁명 언어의 결합이라 할 수 있으며, 혁명 언어의 민간 언어에 대한 성공적인 침투와 개조라고도 할 수 있다.

이 시기에 농촌 극단이 공연했던 극본은 대부분이 전해지지 않고 있는데, 이것은 아마도 공연 준비 때 요강만 있고 극본이 없었던 것과 상관 있는 것 같다. 오늘날 비교적 쉽게 찾아볼 수 있는 것은 당시의 가요로, 1950~1960년대에도 계속해서 선집들이 나왔으며, 예를 들면 '중국인민 문예총서'에 포함된 『동방홍』(중국인민문예총서사 엮음, 신화서점 출판), 황차오와 징푸가 편집한 『인민 전쟁 시가선』 상·하(전 2권)(상하이잡지사 , 1950, 1951), 상하이문예출판사가 편집해 1961년에 출판한 『해방전쟁 시기의 가요』 등이 있다. 이런 가요들은 어떤 것은 서명했고(이들은 군인이거나 농민이나 노동자거나 문공단원이었으며, 일부 전업 시인도 있었다), 어떤 것은 서명하지 않았지만 대부분 가공을 거쳤기 때문에 "유사 민요"라고밖에 할 수 없으며, 여전히 혁명 이념의 민간 시가 형식에 대한 이용과 개조였다.[33]

이것은 대약진 시기의 「홍기가요」처럼 건국[13] 후 역대 운동 중의 가요들과 기본적으로 같은 유형에 속한다. 이것의 역할은 민심을 보여주고 혁명 여론을 조성하는 것 외에, 주로 일반 대중이 쉽게 받아들일 수 있는 민요체 시가의 낭독을 통해 아직도 문맹 또는 반(半)문맹 상태인 공농병(工農兵)에게 혁명 계몽 교육을 하는 것이어서,[34] 혁명 문화와 혁명 문학의 보급이었지 진정한 민간 문예였다고는 할 수 없다.

그런데도 여전히 사람들은 민중이 창작한 시가에 대해 혹은 민간 시가의 형식으로 혁명 사상의 정서를 표현한 시가에 대해 대단한 열정과 기대를 표했으며 "5·4 운동 문화혁명 이래 이것은 시가 발전사에서도 새로운 시기의 새 방향을 의미하고 있다"라고 공공연하게 주장했고, 또 이것은 "장차 시가의 주류가 될 것이다"라고 예언했다.[35]

물론 의문을 제기하는 사람도 있었는데, 후펑은 「노동자 문예를 논함」이라는 글에서, 농민을 주체로 하는 중국 전통 민간 형식이 "현실 생활을 자유롭게 표현함"에 있어 "한계"가 있을 수 있다는 점을 사람들에게 상기시켰다.[36] 마오둔도 양거극의 형식상의 한계를 이야기했으며, "이것이 다양한 형태의 생활을 자유자재로 표현할 수 있을 정도로는 아직 발전하지 못했다"[37]라고 생각했다. 여기서 제기한 것은 사실상 "농촌 속에서 생겨난 것", "농민이 가장 잘 알고 가장 좋아하는 형식"이 "도시인에게 친숙해져 그들의 사랑을 받게" 될까, 그리고 도회지의 "현대 생활"을 표현할 수 있을까 하는 이런 근본적인 문제였으며, 마오둔은 이것이 "연구할 가치가 있다"라는 식으로 함축적으로만 말했다.[38] 또 도시 "소시민의 기호와 취향"에 어떻게 응할 것인가 하는 문제도 제기했는데, 마오둔의 태도는 매우 모호했으며, 심지어 자기가 이 문제를 제기한 것 자체가 "소시민의 기호와 취향을 지나치게 존중하는 잘못을 저지른 것 같다"라고 인정했을 만큼 이것은 하나의 성역과도 같았다.[39] 다른 논자들의 태도는

---

13) 중국은 '중화인민공화국 건국'을 종종 '건국'이라고 표현한다.

더욱 엄격해서, 도시인의 기호를 모조리 "모리배의 저속한 기호"로 매도했을 뿐 아니라 "정서적으로나 기호에서" "도시인이 잘 알고 있는 그런 것"에 관심을 보이기만 하면 "복고사상"으로 간주했다.[40]

1948년의 중국 문단은 분명 도시인을 주체로 하는 도시 민간 문화를 냉정하고 객관적으로 평가할 조건이 아직 갖춰져 있지 않았다. 농민문화에 대한 숭상 내지 신성화와 시민문화에 대한 거부가 이 특수한 시대 문화의 양극을 이뤘다.

그러나 이론상의 거부와 배척이 도시인의 문학에 대한 희구라는 저 객관적인 사실을 바꿔놓을 수는 없었다. 그래서 사람들이 1940년대 말 도시 문학 시장에서의 베스트셀러는 이론가들이 타락하고 퇴폐적이라며 매도했던 쉬쉬와 무명씨의 소설이었고,[41] 무협소설의 기세도 여전히 꺾이지 않았으며 1948년에만 해도 정정인의 『철사표』(5월, 상하이 삼익서점), 왕두루의 『철기은병』(5월, 여력출판사), 환주러우주의 『운해쟁기기』(9월, 정기서점), 정정인의 『대협철비파』(11월, 정기서점) 등이 연이어 출판되었다고 말했을 때도 이것이 조금도 이상하지 않았다. 1948년, 시민 독자와 진보 문예계가 다 받아들일 수 있었던 작품은 황구류의 『하구전』으로, 어떤 의미에서 이것은 시민 문학 시장을 점령하려는 혁명적인 문예 종사자의 자각적인 노력이었다. 마오둔은 이 작품이 "홍콩 소시민들이 잘 알고 있는 인물"을 묘사했다고 평했으며, 또 주인공은 "결국 광명의 길로 나아갈 것"이라고 말했는데,[42] 이것도 혁명 사상과 시민의 생활·기호의 결합이라고 할 수 있을 것이다. 그러나 이론가는 오히려 『하구전』의 성공은 "대중을 위하는 태도"였으며, 작가가 "마오쩌둥 선생이 지시한 '환영받는 (문예)'라는 원칙을 잘 파악하고 있었던" 결과였음을 강조했다.[43] 여기서 마오쩌둥이 중시한 '공농병(工農兵)'이라는 대중과 작품이 관심을 쏟은 '소시민'이라는 대중의 경계를 애써 모호하게 처리했는데, 이것 자체가 흥미로운 일이다.

이 시기의 농민문화 숭상에 관해 이야기할 때면 자연히 자오수리를 가장 먼저 떠올리게 된다. 그는 1947년, 1948년에 글 두 편(「예술과 농촌」, 「농촌 전통극 개혁에 대한 몇 가지 건의 사항」)을 잇달아 써서 '문학예술'의 '농민'과의 관계와 '농촌'에서의 운명에 관한 문제를 예리하게 제기했다. 그는 다음과 같이 지적했다.

> 예술이 정신적 양식임을 인정한다면 이것은 물질적 양식과 마찬가지로 누구에게라도 없어서는 안 되는 것이며, ……
> 역사상 대대로 내려오는 선비 집안의 지주들은 차 마신 후나 식사 후의 한가한 시간에 거문고 타고 바둑 두고 글씨 쓰고 그림 그리는 것을 즐겼고, 마을에서 제일가는 토착 지주는 집안 가득 유리 족자를 걸어 놓고 압도당하는 사람들에게 잘사는 티를 내고, 압도당하는 사람들은 물질적 양식은 배불리 먹지 못할지라도 기회가 되면 시간을 내어 사당에 가서 밤 공연을 보았다는 것은 농촌 사람들의 예술적 요구가 예로부터 보편적이었음을 충분히 말해준다.

이것은 자오수리가 농민(과 농촌)을 깊이 이해하고 있었음이며, 그런 까닭에 농민문화(농민을 주체로 하는 민간 문화)와 문학예술에 대한 농민의 요구를 강력하게 변호했다. 여기에는 사실 5·4 신문학에 대한 자오수리의 반성도 담겨 있다. 그가 보기에 농민 민간 문화에 대해 소홀했고, 농민의 문학예술에 대한 요구를 만족시킬 수 없었을 뿐만 아니라 만족시키려고 신경도 쓰지 않았고, 문학 계몽이 가장 광대한 농민과는 동떨어져 있었고, 봉건 문화의 농촌 점령을 그대로 뒀다는 것은 바로 5·4 신문학의 근본적인 결점이었다.

자오수리도 이런 반성 속에서 자신의 위치를 찾았으며, 듣건대 그는 일찍이 1932년부터 1934년 사이에 "문단이 너무 높아 일반 대중이 올라갈 수 없으므로 허물어 노점을 만드는 것이 가장 좋겠다"라는 생각을 그때 이미 했고, "노점 문학가"가 되어 "90%의 일반 대중을 위해 글을 쓰겠다"라고 자청했으며, "『소림광기』와 『칠협오의』 속으로 비집고 들어가야만 '쟁취'에 대해 말할 수 있다"라는 말을 했다고 한다.[44] 「샤오얼헤이의 결혼」 등의 작품이 바로 이런 자각적인 시도였으나, 처음에는 타이항산 문예계로부터 인정받지 못하다가, 나중에 펑더화이의 직접적인 관여로 비로소 출판하게 되었다(이것은 앞 장에서 말했던 딩링 작품의 출판과 비슷한 점이 많다). 출판 후에도 여전히 이 작품을 "저속한 통속문학" 또는 "상하이풍"의 작품으로 취급하는 신문예 종사자가 있었다.[45] 이런 "인정받지 못한" 경험은 확실히 자오수리에게 강한 자극을 주었으며, 그는 농민을 주체로 하는 민간 문예의 푸대접받는 운명을 더욱 실감하게 되었고, 신문예에 대해 심리적으로 어떤 적대감마저 가지게 되었다.

　　당 선전 부서의 지지를 얻은 데다, 신화서점으로 옮겨 가서 뜻을 같이하는 사람과 "오직 이 출판사뿐"이라는 출판의 큰 권력을 거머쥔 후에는, 옌안과 기타 혁명 근거지에서 나온 문예 출판물 중에서 자신과 언어가 비슷한 작품을 골라 선집 몇 부를 만들었고, 그 외 서구화한 글과 시는 모조리 출판해 주지 않았다. 친구들은 자오수리를 위해 "영도권을 쟁취하고, 지위를 쟁취하려는" 마음이 있었으나 작가 본인은 절대 동의하지 않았는데, "변구(邊區)의 문풍(文風)"을 지배하려는 생각은 일치했다고 한다.[46] 이것 또한 분명히 '언어 주도권 쟁탈'을 위한 투쟁이었다. 자오수리는 그 후 1950년대에 5·4 신문예와 민간 문예는 서로 대립하는 "두 전통"·"두 진영"임을 제기했고,[47] 문화대혁명 초기에 썼던 자기비판 글에서는 "민간 전통을 으뜸으로 삼아야 함"[48]을 언급했는데, 사실상 일관적이

었고, 작가 자신이 말했듯이 그의 사상과 창작은 "시종 스스로 하나의 체계를 이루고 있었다".49

하지만 자오수리를 민간 문예의 보수주의자로 본다면 이것 또한 옳지 않다. 사실 그는 민간 문예의 개조에 바탕을 두고 있었다. 앞에서 언급했던, 그가 1947년, 1948년에 썼던 두 편의 글의 주요 논지는 농촌 전통극에 대한 과감한 '개혁'이었으며, "내용상으로는 큰 규모의 극이든 작은 규모의 극이든 제왕을 위해 봉사하는 정치성이 강하지만", "형식만은 경시할 수 없는데, 큰 규모의 극이든 작은 규모의 극이든 또는 어떤 지방 곡조든 간에 나름의 제대로 갖춰진 격식이 있다"라고 말했다.50 그래서 개혁의 방향도 혁명 이념을 민간 형식 속에 주입해 혁명적인 정치 내용과 민간 형식의 통일을 끌어내는 것이었으며, 다시 말해 혁명 언어의 민간 언어에 대한 이용과 개조였다. 이 점에서 자오수리의 주장은 주류 이념과 완전히 일치했으며, 그가 "방향"이 된 것이 근거 없는 일은 아니었다.

이리하여, 자오수리가 자신의 창작 추구를 "일반 대중이 즐겨보고, 정치적으로 역할을 하는 것"51으로 귀결시킨 것은 바로 그의 이중적 신분과 이중적 처지를 밝힌 것으로 이해할 수 있다. 그는 중국의 혁명가이며 중국공산당 당원으로서 자각적으로 당의 이익을 대표하고 옹호해야 했기 때문에 그가 쓴 작품은 "정치적으로 (당의 주장과 정책을 선전하는) 역할을 해야" 했다. 또 한편, 중국 농민의 아들로서 자발적으로 농민의 이익을 대표하고 옹호해야 했기에 그의 작품은 농민의 요구를 만족시켜야 했고, "일반 대중이 즐겨볼 수" 있어야 했다. 자오수리의 이런 양면성을 올바르게 이해하는 것은 자오수리와 그의 작품을 정확하게 파악하는 관건이다. 과거에는 사람들이 이 양자의 통일성에 대해 비교적 주의를 기울이고 강조했는데, 이것이 일리가 없는 것은 아니지만 이 때문에 양자의 대립을 보지 못하거나 인정하지 않는다면 이해의 단순화를 초래하게 되어 자오수리의 작품을 해석할 수 없고 그 운명의 복잡성을 알 수 없게 될 것이다.

자오수리는 건국 직전(1949년 6월)에 그의 창작 경험을 일종의 "문제" 의식으로 귀결한 적이 있으며,[52] 중국 농촌(및 농민)에 대한 그의 관찰과 표현에는 핵심적인 문제, 즉 중국 농민은 중국공산당이 주도하는 사회 변혁 속에서 실질적인 이익을 얻었는가, 다시 말해 중국공산당의 정책이 이론상으로만이 아니라 실제로 중국 농민에게 이득을 안겨주었는가 하는 문제가 확실히 들어 있었다. 그가 중국공산당이 이끄는 농촌 토지개혁 중에 농민이 확실히 정치적·경제적으로 어느 정도 해방되었고, 사상적·문화적으로도 큰 변화가 있었음을 발견했을 때, 그의 예찬은 진심에서 우러나왔고 생기와 활력이 넘쳐났으며, 당의 정책과 농민 이익이 상대적으로 일치한다는 기초 위에서 자오수리의 창작도 내적인 조화를 이뤘다.

그러나 당의 정책이나 당 간부의 행위가 농민의 이익에 어긋났을 때, 자오수리는 농민을 위해서 이치에 근거하여 힘을 다해 싸우고자 했기에 그의 작품은 비판의 목소리를 냈다. 구체적으로 창작에 임할 때 언제나 자오수리는 당 스스로가 정책 중 오류를 바로잡는다거나 아니면 외부의 개입 등을 설정하여 원만한 결말을 도출해 냄으로써, 작품의 객관적인 효과를 거두고 당의 입장과 농민의 입장에 대한 자신의 심리적 균형을 유지하려 했지만, 이런 내적인 비판성은 앞 장에서 분석했던 사회주의적 사실주의 문학 양식에 오히려 어긋나는 것이었다.

그래서 이론가들은 자오수리를 "방향"으로 정해놓고, 그의 작품 속 예찬적인 요소를 부각하는 동시에 그의 비판성은 희석할 필요가 있어 고의로 소홀히 하거나 곡해까지 했다. 예를 들면, "아주 열정적인 몇몇 젊은 동료들이 농촌의 실태는 잘 알지 못하면서 표면적인 실적에만 눈이 멀어 있어서, 나는 「리유차이의 콰이반」을 쓰게 되었다"[53]라고 자오수리

자신이 설명한 적이 있지만, 이론가는 오히려 간부 중의 주관주의와 관료주의를 비판하는 소설의 선명한 주제나 일부 농촌 간부의 변질 현상에 대한 작품의 폭로는 보고도 못 본 체하고, 작품이 "지주 계급과 농민 간의 근본적인 갈등을 반영"함으로써 "아주 강한" "정치성"을 표출했다고 떠들었다.[54]

저우양도 그 당시 아주 영향력 있는 평론을 썼지만, 1980년대에 이르러서야 자오수리가 일부 기층 간부들이 새로운 지주 불한당이 되었음을 발견하고 그것을 폭로한 깊은 뜻을 십분 긍정적으로 받아들였으며, 자신이 그 당시 이 점을 인식하지 못한 것에 대해 유감스럽게 생각했다.[55] 이런 유감은 사실상 "반드시 예찬 위주여야 한다"라는 문학 관념을 고수한 나머지, 문학 및 지식인의 비판적 기능을 차단해 버린 쓰라린 결과였다.[56]

그리고 이론가들이 이구동성으로 하는 비평, 즉 자오수리는 잘 알지 못하는 까닭에 "새로운 인물" 다시 말해 충분히 혁명화한 새로운 농민 영웅을 써낼 수 없었다[57]는 말은 더더욱 앞에서 말했던 사회주의적 사실주의 양식에서 출발하여 제기한 요구였고, 이것은 작가 쑨리가 말했듯이, "작가가 생활 속에 있는 것을 쓰고 그들이 아는 것을 쓰는 것에 반대하고, 그들에게 생활 중에 없는 것이나 그들이 알지 못하는 것을 쓰라고 명령하는 것"[58]이었으며, 이런 비평과 비판은 자오수리에게는 당치도 않았고, 심각한 오독과 엄청난 정신적 스트레스만 초래했다. 그리고 이것은 자오수리의 파란 많은 인생길을 운명적으로 결정짓고 말았다.

이 파란은 바로 1948년부터 시작되었다. 이 책의 시작 부분에서 언급했듯이, 자오수리는 연초에 허베이 자오쫭의 토지개혁에 참여했으며, 농촌 현실에 대한 그의 깊은 이해와 농민 이익에 대한 특별한 관심과 민감함으로 인해, 그는 토지개혁 과정에서 다음과 같은 농촌 각 계층의 처지와 태도의 복잡함을 재빨리 발견하게 되었다. "① 중농은 적당히 관망만 한다. ② 빈농 중 열성분자와 일부 간부는 성과물 분배 때 부당한 이득을 취한다. ③ 일반 빈농도 대체로 해방되었으나 정치적으로는 아직 중시받지 못하고, 대부분 정치 생활에 참여할 기회가 없다. ④ 일부 빈농은 소외되어 여전히 가난하고 고달픈 생활을 하고 있다. ⑤ 불량배는 기회를 틈타 횡재를 했으며, 정치적으로는 양쪽으로 관계를 맺고 있다."[59]

다시 말하자면, 토지개혁 때 일반 빈농은 어떤 면(주로 경제적인 면)에서는 부분적으로 해방되었으나, 주로 이득을 본 사람은 오히려 농촌 간부와 불량배들이었다. 이로 인해 "불량배들이 간부와 열성분자 무리 속에 섞여 들어가 여전히 민중 앞에서 위세를 부리고", "민중이 아직 충분히 동원되기도 전에 권력을 잡은 소수 간부가 쉽게 나쁘게 변해버리는"[60] 결과를 낳게 되었다. 이런 심각한 현실에 직면한 자오수리는 조금도 주저하지 않고 농민의 편에 섰으며, 1948년 9월에 「사불압정」을 써서, 10월 13일부터 10월 22일까지 ≪인민일보≫에 연재했다. 소설은 당이 토지개혁 중 오류를 바로잡음으로써 "정(正)"으로 "사(邪)"를 제압하는 것으로 끝나지만, "초점을 올바르지 않은 간부와 불량배에 맞췄을 뿐만 아니라, 억울함을 당한 중농의 소감이 어떠했는지를 설명하고자 했기"[61] 때문에, 그의 작품 속 비판성은 새로운 수준으로까지 크게 발휘되었으며, 앞서 말했던 딩링과 저우리보의 예찬 위주 소설과는 달리 토지개혁의 또 다른 경관을 제공해 주었다. 이것도 이 소설의 운명을 결정짓고 말았다.

1948년 12월 21일 ≪인민일보≫는 글 두 편을 동시에 발표했는데, 그중 한 편은 이 소설이 "당의 정책이 운동 중에 어떻게 오류가 발생했으며, 또 어떻게 바로잡아졌는지를 체현"했기 때문에, "오늘날 농촌의 당풍 쇄신에 긍정적인 교육 효과가 있다"라며 찬양했고, 다른 한 편은 이 소설이 "농촌의 각 방면의 변혁 중에 당이 했던 결정적인 역할을 등한시했고", 소설 속의 긍정적인 인물 샤오바오를 "패기 있는" "우수한 공산당원"으로 묘사하지 않았다며 호되게 비판했다.[62]

그 후 ≪인민일보≫는 또 토론하는 글 네 편과 작가의 답변을 실었는데, 자오수리는 자기는 결코 긍정적인 인물을 소설의 "주인공"으로 쓸 뜻이 없었음을 강조했다.[63] 그러나 1년 후 ≪인민일보≫가 실은 결론적인 글에서도 여전히, 작가는 "긍정적이고 주요한 인물, 그리고 갈등의 긍정적이고 주요한 면을 등한시했고", "갈등의 양면 중에서 낙후된 면을 표현하는 데 능하고, 전진적인 면을 표현하는 데 능하지 못했으며", "전체적인 역사의 흐름을 종합하여 합리적인 해결 과정을 써내지 못했다"라며 질책했다.[64] 바꿔 말하면 작품은 "전진적인 면"을 대표하는, "역사의 흐름"을 장악하고 있는 "당"에 대해 최선을 다해 예찬하지 않았다는 뜻인데, 이것이야말로 핵심이었으며, 사회주의적 사실주의 문학의 기본 요구이기도 했다.

자오수리의 양면성으로 인해 그의 작품은 이런 요구를 충분히 만족시키지 못하고 부분적으로만 만족시킬 수 있었기 때문에, 그의 작품은 특수한 처지에 놓이게 되었다. 같은 1948년 한 해에, 자오수리는 한편으로는 해방구 문학의 대표와 기치가 되어 해방구와 (홍콩을 포함한) 해방구가 아닌 지역에까지 널리 알려졌고, 외국에도 소개되기 시작했지만,[65] 또 한편으로는 당 기관지의 호된 비판을 받았다.[66] 정말 대변동의 시대여서 자오수리 같은 농민화한 작가마저도 굴곡진 인생 드라마를 피하기 어려웠고, 그를 비롯한 같은 부류의 지식분자에게 이것은 겨우 시작에 불과했다.

제10장

북방 교수의 선택

1948년 11월

- 선충원의 문학에 대한 꿈.
- "미적 교육으로 종교를 대신하자"라던 5·4 선구자 차이위엔페이 사상의 계승과 발전, '20세기 최후의 낭만파'라는 역사적 자리매김.
- 「무지개」: '추상적 서정'을 소설의 서사 속으로 끌어들인 자기 극복, 하지만 잇단 비판들.
- 1940년대 말 선충원을 주축으로 탐구와 실험을 추구하던 북방 청년 작가군, 또한 잊히다.
- 선충원의 '깨달음': 시대의 변동에 따라 자신을 바꿀 수 없으니, '앞당긴 죽음'에 직면할 수밖에
- "바위에 몸 던진 사향노루 향을 환원하네": 선충원과 그의 친구들의 '문물 보호' 호소.
- 대다수 지식분자는 좌익으로 기울고, 소수는 사상·문화상의 자유주의로 물러나다.
- '오늘날 문학의 방향'이라는 좌담회에서 선충원·페이밍·주광첸·펑즈 등이 '교통신호등의 지시에 어떻게 대처할 것인가' 등의 문제를 토론하다.

선충원
문인 이상주의에 입각해 1948년 10월에 여러 차례 글을 써서 국공 양
당의 전쟁은 국가의 복이 아니라고 비평했다가 온갖 비판을 받을 대로
다 받고 끝내 절필을 선언했다.

예성타오 1948년 11월 일기(발췌)

5일(금)   요즘 쉬저우 병부 구간에 또 긴장감이 돌고 유언비어도 많다. 국군은 이제 더 이상 싸울 능력이 없다는 것이 보편적인 인식인 것 같다. 그들이 앞으로 계속 불행을 당하게 될 것도 뻔하다. 저녁에 바이천과 커자가 왔다. 사팅이 병(아마도 위궤양)이 심각하지만 곤궁해 치료할 길이 없으니 친구들이 힘닿는 대로 돕자고 했다. 나는 30위엔을 냈다. 두 사람이 돌아가고, 설서[1] 1회를 들은 후 잠을 잤다.

6일(토)   저녁 먹고 목욕하러 나갔다. 지난번에는 0.8위엔이었는데, 이번에는 6위엔을 냈으니 몇 곱절이나 오른 셈이다. 오늘 저녁 다잉 담배 한 갑에 5위엔이었다고 하는 소리를 목욕탕에서 들었다.

8일(월)   쌀을 강탈하는 일은 이미 들은 바 있다. 쌀 살 방도가 없는데도 쌀값은 들을 때마다 오르지 않은 때가 거의 없다. 8·19 가격 제한 때, 쌀 한 섬에 21위엔으로 규정했다. 그런데 오늘 오전에는 600위엔에 이르렀고, 오후에는 1200여 위엔이라는 소문이 들렸다. 위퉁의 말에 의하면 퉁지대학이 푸단대학에 쌀을 빌리려 했으

---

1)   설서(說書)란 강담(講談)을 뜻한다. 송대(宋代) 이래 통속 문예의 하나이다. 옛날에는 '강사(講史)'라고도 했으며, 창(唱)과 대사를 사용하여 『삼국지연의(三國志演義)』, 『수호전(水滸傳)』 등의 시대물이나 역사물을 이야기했다.

나 푸단대学이 빌려주지 않자, 퉁지대学 학생들은 줄을 지어 푸단 대학에 밥 먹으러 가겠다고 했다고 한다. 쏸관의 학교는 이미 죽을 먹고 있으며 총장과 학생들이 오랫동안 논의했으나 아무런 결과도 없었다. 우선 돈이 있어야 하는데 가난한 학교와 가난한 학생들이 어디에서 돈을 구한단 말인가? 설령 돈을 조금 마련한다고 하더라도 1200위엔이나 하는 쌀을 얼마나 살 수 있을지. 게다가 사는 비결을 모르니 큰돈을 들여도 쌀을 구할 수가 없다. 학교가 이 지경인데 빠듯하게 살아가는 일반 대중은 어떠할지 알 만하다.

9일(화)   오늘 철도 노동자들의 태업으로 기차 운행이 몇 시간 중단되었는데, 쌀과 돈을 나눠 준 다음에야 해결되었다. 야간에는 수도·전기 노동자들이 파업할 것이라는 소문이 퍼졌고, 그 소식을 들은 주민들은 일어나서 물을 저장했다.

10일(수)   즈줴가 와서 최근의 일들을 물었다. 그는 파짱사에서 거친 밥이 목에 넘어가질 않고, 식용유를 쓰지 않은 나물은 맛이 없다고 했다. 채식을 대접하려고 채식 전문점에 가보니 문이 닫혀 있었다. 결국 그를 그렇게 보내는데, 저마다 아쉬워했다. 보샹이 특히 애통해했다.

15일(월)   천부레이가 그저께 사망했다. …… 그는 장(蔣) 씨의 오래된 막료였지만 이미 광대 취급을 받고 있었고, 지금 위급함을 느끼고 갑자기 자살한 것을 보면 다른 사람에게 말할 수 없는 무언가를 보고 들었음이 틀림없다. 그의 불운한 처지가 너무나 비통하다. 장랑성(장쭝샹)의 만장(挽章)이 신문에 실렸는데, 감정이 북받쳐 오르고 후세에 전할 만한 글이라 급히 기록한다. "동해에 몸 던져 절명했단 이야기 예전에도 들었지만, 중서(中書)의 붓을 잡고 있었으니 그 재능이 애석하도다."

16일(화)　　　난징 쪽에는 쉬벙전쟁이 긴박하여 사람들은 불안에 떨고, 정계의 사람들과 부유한 사람들은 모두 피난 갈 궁리를 하고 있다. 이들은 세 층으로 나뉘어, 상층은 미국으로, 중층은 홍콩으로, 그다음은 타이완으로 간다는 소문이 들린다.

18일(목)　　　여동생 성난이가 우리 집에 쌀 한 섬을 사주었는데 380위엔이었다니 참 싼 편이다.

28일(일)　　　식사 후, 모와 얼관과 함께 청황묘의 췬위러우에 설서를 들으러 갔다. 왕윈펑은 〈금창전〉을, 첸옌추는 〈서상기〉를, 양전숭은 〈장생전〉을 각각 1시간씩 공연했다. 양 씨의 설서는 평소에 라디오에서 듣곤 했는데, 오늘 얼굴을 직접 마주하고 들으니 정말 좋았다. 손님 중에는 특별히 양 씨의 것을 들으러 온 사람이 유난히 많았는데, 1층은 만석이었으며, 대략 250명쯤 되었다. 5시에 끝났다.

　　다음은 46세 성인 남자와 11세 남자아이, 즉 아버지와 아들의 대화로, 이미 대성한 듯한 작가와 아직 아무것도 시작하지 않은 미래의 엔지니어가 나눈 이야기이다. 시기는 시국이 매우 불안정한 때였고, 포성이 대지를 뒤흔들던 해였다. 그러나 눈앞에는 조용한 정원, 고요한 밤, 그리고 촛불이 하늘거리는데 …….

"아빠, 사람들이 아빠를 중국의 톨스토이라고들 해요. 공부한 세상사 람 중 열에 하나 정도는 톨스토이를 알고 있는데, 아빠의 이름은 모르 는 거로 봐서 제 생각에 아빠는 그 사람만 못한 것 같아요."

"네 말이 옳아. 나는 그 사람만 못해. 나는 말이야, 결혼하여 좋은 아내 가 생기고 너희들이 태어나고 또 전쟁까지 일어나, 요 십여 년 동안은 먹고살기에 바빠서 뭘 쓰지를 못했단다. 성적이 별로 안 좋아. 그 사람 만 못해."

"그렇다면 빨리빨리 써야 하잖아요."

"그래, 노력해야 하고말고. 나도 열심히 써보려고 지금 네 엄마와 의논 중이란다. 열 권, 스무 권은 써야지."

"어머나, 그렇게나 많이요?"

"쓰겠다고 마음만 먹으면 그만큼 쓰는 것도 어렵지 않아. 그러나 잘 쓰 기란 어려운 일이지. 안데르센처럼 되기란 쉽지 않은 일이야."

"안데르센 동화를 일고여덟 번 읽고 나니, 이제 책 속의 사람들도 훤해 요. 역시 안데르센이 최고예요, 『사랑의 학교』도 좋고."

1분 후, 나지막이 코 고는 소리가 모기장 안에서 새어 나왔고, 아주 달게 잠이 든 것이 틀림없었다. 어른의 마음도 훈훈해졌다. 그래서 그는 자기 "셋째 누나", "엄마"[2]에게 편지를 썼다. 그녀는 "아주 멋진" 이 대화 를 접하고는 어떻게 생각했을까?[1]

아이와 함께 미래를 상상하고 설계하고 있던 이 작가는 두말할 것도

---

2)   선충원은 평소에 자기 아내 장자오허를 '셋째 누나' 또는 '엄마'라 불렀다.

없이 바로 선충원이었다. 그는 이 모든 것이 마치 "꿈을 꾸고" 있는 것 같고, "신기"한 꿈 같다고 말했다. 그는 벌써 그의 꿈의 세계와 현실 세계 간의 부조화를 느꼈던 것일까? 아니면, 현실 세계의 불편함 때문에 그런 꿈의 세계에 더욱 연연했던 것일까?

아무튼, 그런 나날들 속에 그는 끊임없이 사람들에게 그의 여러 가지 계획을 밝혔다. 그는 일찍이 전쟁 기간에 친구에게 쓴 편지에서 "20세기의 새로운 '경전'"을 만들고 싶고, "30년 동안 열심히 써서 20세기 말이 되어서도 독자가 있기를 희망한다"라고 말했다. 이제 그는 탐방 기자에게 더 구체적으로 내비쳤다. "그는 후난 10성(城)의 이야기를 쓸 생각인데, 『변방 마을』, 「운려 이야기」, 「작은 산채 마을」은 벌써 썼고 …… 앞으로 기회가 있으면 여행을 하고, 여행하는 김에 여행기를 좀 써볼 생각이며", "그는 쿤밍의 팔준도(八駿圖) 속편을 쓰고자 했고", "마오둔의 『청명 전후』를 거론하며 극본을 쓰기로 이미 마음먹었다고 하고, 또 꼭 ≪대공보≫에 연재도 하고 ……"라며 기뻐했다.

이 기자가 쓴 도시 속의 시골 사람은 이러했다. 그는 "그물자루를 메고서, 회색이 아니면 담갈색의 모직 장삼을 입고, 자그마하고 야윈 체구에 서생의 얼굴을 하고 실눈을 뜨고 노점에서 고서를 찾기도 하고, 문패 번호를 찾기도 하고, 후난·베이핑·윈난 말씨가 섞인 표준말을 쓰고", 그러면서도 끊임없이 "어리숙한 티를 내고", 기자에게 창작의 꿈을 한 보따리 털어놓는 것도 부족해서, "딩링 그들은 왜 갔을까, 되레 별 작품도 나오지 못했잖아?"라는 "어리석은 말"까지 했다.[2] 한마디로 정말 순진했고 사리에 밝지도 못했다.

그의 학생도 선충원은 벌써 전쟁 전부터 역사극을 쓸 생각을 하고 있었으며, "쿤밍에 있을 때도 거듭 언급했고 그와 가까이 지내는 학생들에게 구상을 들려주었다"라고 회고했다. 이 학생의 말에 따르면, "그의 그 극본 속 영웅은 목천자(穆天子)[황제(黃帝)]가 아니다와 치우(蚩尤)이며, 성공과 실패, 대립과 조화는 역사의 무대에서 나왔다"라고 하며, 또 경극 중의 상징 수법과 "말은 모두 노래로 하고, 동작은 모두 춤으로 표현하는" 전통을 참고할 생각이었으며 …… 「긴 강」을 완성하는 것 외에 시도 쓸 생각이었다고 한다. 예궁차오는 전쟁 전에 이미 "시적 소양이 부족하면 선충원을 이해할 수 없다. 선충원은 언어 표현이 절묘하고, 그의 붓끝에는 그림이 있다"[3]라고 말했다.

선충원이 어린애처럼 안달하는 데는 그 나름대로 충분한 이유가 있었고, 더구나 그런 생각을 품은 것은 이미 오래전의 일이었다. 그는 진작부터 자기 생명과 예술 생명의 돌파구를 마련해 놓고 있었는데, 1948년부터 대략 십여 년 거슬러 올라가게 된다. 선충원의 창작에 관심이 있는 사람들은 그가 1934년 10월에 그의 향토 소설의 대표작인 『변방 마을』을 쓴 후 거의 2년 동안 침묵했던 것을 알고 있을 텐데, 작가는 어느 글에서 "나는 창작은 하지 않고, 창작이 우리 생명에 대해 지니는 의의 및 훗날 이 사회에 미칠 수도 있는 의의에 대해 깊이 생각하고 있었다"[4]라고 설명했다. 이어서 전쟁이 발발했고, 선충원은 그가 말했던 것처럼 "상당히 길고, 상당히 적막하고, 상당히 쓰라린" 인생 여정을 또 보냈다.[5] 쿤밍의 교외에서 그는 오랜 시간 동안 자연과 함께하면서 "자연 그 자체의 존재와 우주와의 미묘한 관계를 홀로 묵묵히 터득했는데", "생명의 장엄함이 느껴지지 않는 것은 하나도 없었다". 선충원은 그의 심혼과 생명의 변화에 대해 "생명체의 미와 사랑에서 얻은 깨달음 속에서 차분히 자라난 종교적 정서를 귀납할 방법이 없어서, 내 생명의 일부는 모든 자연에 완전히 귀의하고 말았다"[6]라고 표현했다. 그는 자기의 세계관을 세우고자 했으며, "생명"·"사랑"·"미"라는 자신의 기본 개념을 제시했고, "신(神)은 생명 속에 있다"라는 명제를 제시했다.[7] 또한, 그는 전쟁이 인간의 생명을 학살하고, 정치적 압박이 생명을 억압하고, 상품경제가 인간의 생명을 좀먹는 현실에 직면하지 않을 수 없었다. 선충원은 이렇게 이상과 생명이 현실과 충돌하는 속에서 "창작이 생명에 대해 지니는 의의"를 자신이 마침내 발견했음을 느꼈다.

그는 이렇게 생각했다.

> (문학예술을 통해) 미와 사랑이라는 새로운 종교를 만들어서 더 젊은 세대의 인간으로서의 열정을 불러일으키고, 그 생명의 추상적인 탐색을 자극하면, 인류 앞날의 발전적이고 합리적인 모든 설계에 대해 숭고하고 장엄한 마음이 생기게 될 것이고, 국가 민족의 재건 문제가 비로소 사문(死文)이 되지 않고 공염불이 되지 않을 것이다.

이리하여 선충원은 몇 년 전 전쟁 중에 쓸쓸히 세상을 떠난, "미적 교육으로 종교를 대신하자"라고 주창했던 차이위엔페이 선생이 생각났고, 그는 자각적으로 5·4 선구자의 미완성 사업을 "더욱 발전시키고" 있었다.[8] "문학예술의 종교와 같은 역할을 통해 인간의 정신을 개조하고 승화시켜, 국가 민족의 재건을 실현"하려는 그의 생각은 근본적으로 5·4 계몽주의 언어 범주에 속하는 것이었다. 다만 그는 차이위엔페이의 뒤를 이어 "이야기를 계속해 나갔던 것"이고, 자각적으로 루쉰을 계승한 같은 시기의 후펑과는 다소 달랐다. 선충원 개인에게 더욱 의미 있는 것은 아마도 그가 이로부터 자신의 역사적 위치를 찾았다는 점일 것이다. 선충원은 다음과 같이 적었다.

> 나는 '신'이 해체되는 시대에 신을 새로이 찬송해야겠다. 고전적이고 장엄하고 우아함으로 충만한 시가 찬란한 빛과 의미를 잃어갈 때 조심

스럽게 마지막 한 편의 서정시를 쓰고 …… 한 자루의 붓으로 최후의
낭만파가 20세기에 생명으로 이뤄낸 형식을 잘 보존하고, 또 이 시대
의 이런 감정이 곪아가는 증상을 종식해야겠다.

선충원은 깨어 있는 사람이어서, 그는 '20세기 최후의 낭만파'라는
역사적 역할을 선택함과 동시에 생활 속에서는 "사회와 단절하고", 창작
에서는 "사회의 요구와는 괴리가 있는" 그런 제한된 삶을 선택할 줄도 알
았다. 이것도 일종의 숙명이었다. 즉, "오로지 생명만을 믿고", 그래서 현
실 생활 속에서 "일체에 대해 믿음이 없는" 생명체는 고독하고 고통스러
울 수밖에 없었다.[9]

그러나 선충원은 변함없이 끈질기게 세계적인 대작가의 꿈을 향해 곧
장 나아갔다. 어떤 젊은 연구자가 말했듯이, 그는 "시인의 기질을 지닌 사
상 체계를 확립하려고 노력했고, 세계의 실체(생명의 실체)와 심미의 주체에
심취한 상태에서 사회 문화를 비판한다든지 할 때는 자신만의 독특한 표
현 방식을 구사했으며", "이뿐만 아니라 적합한 표현 방식을 찾기 위해 그
는 다양한 텍스트적 실험을 했는데",[10] 이것이 그의 1940년대 창작의 주체
가 되었다. 이런 실험 중에 그는 개인의 생명 체험에서 출발해 그가 그 훗
날 말한 바 있는 "추상적인 서정"을 추구하는 것에 더 중점을 두었으며, 또
언어 문자의 한계 때문에 초조해했고, "추상적인 아름다운 인상을 표현하
는 데 문자는 회화(繪畵)만 못하고 회화는 수학만 못하고 수학은 음악만 못
함"을 탄식했으며,[11] 그는 "추상 때문에 발광했고", 생명의 "형식"에 도취
했으며,[12] "어떻게 쓰느냐"는 그의 최대 관심사였다고 말했다.

1941년 7월에 창작하여 다시 고쳐 쓴 후 1943년 7월 구이린의 ≪신문
학≫ 창간호에 발표한 「무지개」는 바로 이런 실험적인 작품이다. 소설의
핵심 부분(제2장)은 보기에는 3인칭의 사랑 이야기 같지만 모호하게 썼다.

예를 들면 이름도 신분도 알 수 없는 남녀 한 쌍이 "세상과 단절된 공기로 가득 찬" 작은 방에서 미묘하고도 암시적인 눈 내리는 밤을 보내게 되는데, 남자 주인공이 눈 속에서 사슴 잡는 이야기를 하다가, 갑자기 여자 주인공이 또 포도, 도자기, 태초의 풍경, 조각, 백합꽃 …… 을 이야기한 남자 주인공의 편지를 읽고 있다. 이 소설에는 '한 인간의 24시간 동안의 삶의 형태'라는 부제가 달려 있고, 또 '바깥 이야기3)'(제1장, 제3장)가 있는데, "나"라는 사람이 어느 날 밤부터 다음 날 밤까지 계속해서 "기이한 책"(즉, 소설의 제2장)을 읽고 있다가, 긴장감 도는 생명의 체험과 사색 속으로 빠져들며, "나"는 "허공을 응시하고", "추상적인 것으로 자기 육체와 영혼을 학대하고", "마지막에 나는 이야기 속으로 사라진다". 이렇게 소설 전체가 은유적이고, 작가가 공을 들여 묘사한 여인과 사슴의 육체는 분명 육욕의 대상이 아니라 '신성(神性)'의 응결이자 '고전적이고 장엄하고 우아한 미'의 '형식'으로 추상화되는데, 이것이 바로 작가가 심혈을 기울여 이 세기를 위해 보존하고자 했던 것이다. 그리고 소설 전체를 휩싸고 있는 초조하고 혼란한 정서는 작가의 추구와 현실의 부조화를 암시한다.

이 소설은 아마도 아주 성공적으로 썼다고는 할 수 없으며, 곳곳에 실험의 흔적이 보이는 등 성숙한 작품과는 거리가 멀다. 그러나 작가가 '추상적인 서정'을 자신이 잘 알고 있는 소설의 서사 속으로 끌어들이려고 한 노력은 비록 새로운 부조화를 낳긴 했지만, 자신을 극복하고자 하는 성숙한 작가의 배짱과 끊임없는 탐구 정신을 보여줌으로써 선충원과 현대문학 발전에 새로운 가능성을 열어놓았다.

하지만 더욱 성숙하지 못했던 중국 문예계로서는 작가의 이런 고심을 도저히 이해할 수 없었고, 그들은 관성(일종의 역사적 타성)에 젖어

---

3)   액자소설에서 속 이야기의 상대 개념을 가리킨다.

지나치게 경솔하고 가혹하게, 또 지나치게 성급하게 작품에 사형을 선고했다. 제일 먼저 ≪신문학≫의 편집인이 이 소설은 작가의 "일관된 육욕의 추구"를 표현했다며 주관적인 지적을 한 데 이어, 비평가 쉬제는 「무지개」를 "색정 문학"에 포함하고는 이것이 "젊은이를 해친다"라고 질책했으며,[13] 끝으로 귀모뤄는 의심할 여지도 없는 권위적인 위치에서 "분홍색의 반동 문예"라는 죄명으로 치명적인 일격을 가했다. 그는 또 얼마나 무심했던지 제목 '무지개'를 '구름(看雲錄)'이라고 했다. 모든 논자는 문예와 정치상의 이색분자를 어떻게 공격할 것인가에만 신경 썼고, 작가가 했을 예술상의 탐구에 대해 생각해 보고자 했던 사람은 단 한 명도 없었다. 이 사실이 어쩌면 더욱 슬픈 일인지도 모르겠다. 이것은 선충원이 열중했던 실험소설이 적어도 1948년을 전후한 중국 문단에서는 아직도 시의에 맞지 않는 사치였음을, 심지어 위험했음을 말해준다.

　　그러나 예술적 암시에 심취해 있던 선충원은 앞에서 말한 정치상의 암시와 경고에 대해서는 조금도 알아차릴 수가 없었거나, 아니면 알아봐야겠다는 생각 자체를 아예 하지 못하고, 여전히 자신이 하고 싶어 하고 또 해야 한다고 생각하는 일을 흥미진진하게 하고 있었다. 전쟁 후 민심이 불안정한 가운데, 그는 베이징대학에서 강의하고 작품을 쓰는 것 외에 놀랍게도 혼자서 신문의 문예란 네 개, 즉 ≪대공보≫의 '일요문예'와 '문예', ≪익세보≫의 '문학주간', ≪평명일보≫의 '문학부간'을 책임편집했으며, 게다가 아무런 거리낌 없이 독자와 젊은 작가들에게 자신이 추구하는 문학을 다음과 같이 고취했다(좀 더 정확하게 말하자면, 토로했다).

　　진정한 현대 시인이라면 좀 폭넓어야만 사상가로 출발할 기회를 얻을 수 있게 되어, 압운이 있고 압운이 없는 작품은 몇 마디 말로 압축된 인생에 대한 관조가 되고, 일의 성과는 조금씩 쌓여 새로운 정서 철학 체계를 만들어낼 수 있게 된다. 이것이 정치와 관련될 때는 반드시 심오하고 순수한 사상가의 품성과 추상적인 것을 추구하는 그 용기에 기초해야 하고, 직장인들의 사교 처세술로써 당면한 현실에 적응하는 것으로 만족해서는 안 되며,[14] ……

시는 정서와 사상의 종합이어야 하고, 사상과 정서의 형상화 원칙에서 나온 표현이어야 하며, ……

시는 시어야 하고, 독자 정복은 강요에 있지 않고 자연 귀의에 가깝다. 시는 '민주'를 위해 '사회주의' 또는 모든 고상한 인생의 이상을 위해 선전할 수 있지만, 좋은 시고 아니고는 그 작품 자체에 달려 있으며,[15] ……

전통을 천천히 광범위하게 흡수하고 소화하고 종합도 하고 또 이 전통을 버리기도 하면서, 여러 가지 방식을 시험 삼아 사용해 봄으로써 내가 접해본 인생을 형상화하고 재현하는 갖가지 시험을 해야 하며,[16] ……

30년 동안 이론은 이미 충분할 만큼 많지만, 30년의 세월을 투자하여 실험해 보려는 시인은 적다. …… 더욱 폭넓은 태도로 시험하고 탐색할 대담하고 세심하고 열성적이고 용감한 소장파들이 필요하다. 작품을 평이하게 현실 정치와 더욱 긴밀하게 결합하려 하는 것도 괜찮은데, 이것은 원래 대단히 장엄한 과제이다. 작품을 통해 자연과 생명에 대한 개인의 깊은 관조에서 비롯된 신선한 공기를 가져오려 하는 것도 좋은데, 이것은 더욱 장려할 만한 탐험이다. …… [17]

선충원이 꾸준하게 추구했던 것은 더 높은 차원에서의 사상가와 시인·소설가의 통일이었고 추상과 구상의 통일이었으며, 또 다각적 흡수라는 기초 위에서 개성 있는 다양한 탐구와 실험을 할 것을 주창했음을 알 수 있다.

게다가 그의 주위에는 꽤 실력을 갖춘 "소장파"들이 이미 집결해 있었다. 선충원은 어느 편지에서 시인 무단·정민·위엔커자·리잉, 비평가 사오뤄, 번역가 성청화 등의 이름을 거론하면서, 그들이 "활기찬 청춘의 마음과 손으로 노련한 문장을 써냈다"라고 말했다.[18] 앞서 말했던 기자와의 대화에서도 그는 끊임없이 그의 "젊은 친구"들을 언급했는데, 가장 치켜세웠던 사람은 바로 소설가 왕쩡치였다.[19] 1980년대 말 위엔커자의 회고에 따르면 이 외에도 시인 두원셰·커위엔, 소설가 류베이쓰, 번역가 왕줘량·진디, 문학연구계의 우샤오루·샤오왕칭·뤼더중 등이 있었다고 한다.[20] 그들은 사상과 예술의 진지한 탐구자들이었다. "현실·상징·현학의 종합"이라는 현대 시학을 제창했거나(위엔커자·무단·두원셰 등),[21] 단편 소설을 "일종의 사유 방식, 일종의 감정 형태, 인류 지혜의 모습"으로 여겼거나(왕쩡치)[22] 간에 그들이 모두 선충원의 영향을 받았던 건 분명하지만, 자신들의 독자적인 창조도 있었다. 그들은 창작 실천에 더 치중했고 상당한 실적도 있었다.

1948년을 놓고 보면, 이해에 출판된 무단의 시집 『기』(2월, 상하이문화 생활출판사), 성청화의 논문집 『지드 연구』(12월, 상하이삼림출판사), 잇따라 발표된 왕쩡치의 소설 「닭과 오리의 명수」(≪문예춘추≫ 제6권 제3기, 3월)와 「남다른 재주」(≪문학잡지≫ 제2권 제10기, 3월), 위엔커자의 시론 「신시의 극화」(≪시창조≫ 제12집, 6월)와 「시와 민주」(톈진 ≪대공보≫ '일요문예', 10월 30일) 등은 이 시기뿐만 아니라 현대문학 전반에 걸쳐 중요한 수확이다. 조금도 과장 없이 말하자면, 1940년대 말 선충원을 주축으로 '탐구와 실험'을 추구하는 북방 청년 작가군이 형성되고 있었다. 그들은 선충원의 동년배인 주쯔칭·펑즈·페이밍·주광첸·리광톈 같은 선생들과 함께 전쟁의 폐허와 국민당 통치하의 정치 억압 및 경제 혼란 속에서 문학예술의 진지를 굳게 지켰고, 성실한 노동으로 강인한 민족문화 정신을 보여주었다.

그러나 고도로 정치화한 그런 시대에는 그들의 문학예술에 대한 충정은 오히려 혁명 정치에 대한 일종의 소극적인 저항으로 간주되기 일쑤였고, '(인민을 위한) 비혁명(非革命)은 곧 반혁명[反革命, 반인민(反人民)]이다'라는 논리에 의해 비판을 받았다.

「1948년 소설 조감」이라는 글은 "선충원을 대표로 하는 모더니즘의 환상미를 추구하는 경향"을 노발대발 질책했고, 또 구체적으로 이름까지 밝혀 왕쩡치의 「닭과 오리의 명수」는 "민간에서 특별한 재주꾼을 발굴하여 미화시켜", "환상미의 마력"으로 "사람들의 현실 보는 눈을 가렸다"라고 비판했고, 1948년도 ≪문학잡지≫(주필 주광첸)에 연재된 페이밍의 「막수유 선생이 비행기를 탄 후」는 "염세주의와 신비주의"의 "대표작"이라는 지적을 받았다.[23] 이 시기에 영향력이 컸던 실험적인 소설 『포위된 성』(첸중수 작)도 "완전무결하여 흠잡을 데 없는 춘화도"로 간주되어 맹렬한 비난을 받았다.[24] 이리하여 이런 작가들의 예술적 실험은 끝내 계속되지 못했고, 심지어는 앞서 말했던 이미 이뤄놓은 그런 성과마저도 점점 잊혀서 1950년대, 1960년대의 문학사 서술 밖으로 사라졌다가, 세기말이 되어서야 다시 발굴되었다. 문학사에서의 이런 중단(시대를 앞서간) 현상이 오늘날의 문학사가(文學史家)의 흥미를 끄는 것은 자연스러운 일이다. 이런 현상을 전부 외부의 압력으로 돌리면 물론 간단명료하겠지만, 내부적인 원인, 예를 들어 선충원이 진작부터 의식하고 있었던 "사회의 요구와는 괴리가 있는" 이런 유의 문제도 있었던 것은 아닌지에 대해 문학사가들이 지금 고찰하고 있으므로, 여기서 더 말할 필요는 없겠다.

선충원 개인에 대해서 말하자면 일은 더 복잡해진다. 그는 문학에 관심이 있는 것 외에 정치에도 관심이 있었다. 물론 선충원은 정치를 하는 사람도 아니었고 정치도 정말 잘 몰랐지만, 중국의 전통적인 문인들처럼 정치를 논하기를 좋아했다. 『선충원전』을 쓴 진제푸[4]는 이렇게 썼다.

자기 자신을 정신적으로는 19세기 사람이라 생각하면서도, 20세기가 축적해 온 병을 치료하고자 했다. 그는 1940년대 중국의 살육을 일삼는 풍조와 물욕주의는 현대의 도덕적 타락의 표현이며, 세계 문명의 철저한 실패라고 생각했으며, (그래서 그는) 미적 교육(문학예술)으로 정치를 대신하고 전쟁을 대신하여 모든 것을 뛰어넘으려고 했다.[25]

이런 이상에서 출발하여, 선충원은 여러 차례 글을 써서 지금 진행 중인 국공 양당의 전쟁을 맹렬히 비판했다. 1948년 10월에 이르러서도 여전히 그는 "국가의 장기적인 유혈을 합리적이라고 생각하고, 전쟁에서 한쪽이 승리하는 것을 국가의 복이라고 믿는" 시각을 비판하고 있었는데, 그 화살이 가리키는 바는 물론 명확했다.[26]

이처럼 선충원은 어떤 정치 집단과도 관련이 없었고 기본적으로 정당 정치를 혐오했음에도 불구하고, 전쟁을 반대하는 태도를 견지했기 때문에 정치 사상적으로 '인민혁명전쟁'을 반대하는 '제3세력'의 대표로 간주되어 더욱 맹렬한 반격을 받았다. 원래 이런 반격은 순전히 정치적이었지만 선충원은 작가였기 때문에 필연적으로 그의 문학과 연관 지어졌고 귀모뤄처럼 무심하게 글의 제목마저도 잘못 말하는 일이 벌어졌으며, 앞서 말했던 대로 선충원이 청년 작가 양성을 위해 기울인 심혈마저도 영도권을 쟁탈하려는 것으로 의심받았다. 이런 오해가 생긴 데는 이유가

---

4) 본명은 제프리 C. 킨클리(Jeffrey C. Kinkley, 1948.7.13 ~ , 중문명 金介甫)는 미국 뉴욕 세인트존스대학(St. John's University)에 역사학과 교수로 재직했다. 1972년부터 선충원을 연구했고 문학계에서는 처음으로 선충원에게 존엄한 지위를 부여했으며, 해외 선충원 연구가 중의 제일인자라는 명성을 얻었다. 1977년 논문 "Shen Ts'ung-wen's Vision of Republican China(선충원이 그린 중국 공화국)"으로 하버드대학에서 박사학위를 취득했다.

있다고 말하겠지만, 선충원이 정신적으로 받은 상처는 대단히 심각했다.

그러나 가혹한 현실은 마침내 선충원에게 새로운 '깨달음'을 주었는데, 다음은 그가 어느 젊은 친구에게 쓴 편지에 드러난 내용이다.

대세가 아직 확정되지 않았지만 …… 모든 것은 결국 변하게 되어 있다. 거시적으로 바라보면 중국이 머잖아 참신한 시대로 접어들게 되리라는 것은 의심의 여지가 없다.

글을 쓰는 사람이 자신의 글이 가치 있고 쓸모 있기를 바란다면, 전통적인 창작 방식과 사회적 태도에 대해 엄격하고 진지하게 검토해 볼 필요가 있고, 다소 선택을 해야 한다. 과거의 것들은 버리고 새로 시작한다는 마음으로 배워야만 한다. 이 새로운 시작은 반드시 목전의 요구에 잘 부합할 수 있는 것도 아니며, 진보적인 원칙을 파악함으로써 찬성하고 완성하고 추진할 수 있는 것도 아니다.

사람이 중년이 되니 감정이 메마르고, 또 내성적인 탓인지 사교 능력도 떨어지고, 글을 쓰는 방식은 이삼십 년을 모두 '사(思)'에서 출발했지만 지금은 반드시 '신(信)'으로 시작해야 하니 바꾸기도 쉽지 않을 것 같다. 이제 얼마 안 있으면 붓을 놓으라고 강요하지 않아도 결국에는 붓을 내려놓게 될 것이다. 이것은 우리 세대 몇몇 사람의 필연적인 결말이다.

한창 청춘이어서 융통성 있고 적응력 강하고, 인격과 관념도 아직 완전히 형성되지 않아 새로운 관점에서 글 쓰는 것을 배워 진보적인 원칙을 위해 일할 수 있다면, 반드시 공평하고 합리적인 새로운 사회의 조기 도래를 더 쉽게 추진할 수 있을 것이다.[27]

사람들은 20년 전 주쯔칭과 그의 친구들이 직면했던 선택이 이내 떠오를 텐데, 그들은 시대가 급변할 것이라고 확신했다. 주쯔칭 그들이 "개인 사상이 자유로운" 시대에서 "당이 모든 것을 통치하는" 시대로 바뀌리라 생각했던 것28과 선충원이 여기서 말한 "사(思)"의 시대에서 "신(信)"의 시대로의 전환은 놀랍게도 일치하고 있으며, 게다가 그들은 이런 변화에 대해 결코 반대하거나 저항하는 태도를 보이지 않았고 "공평하고 합리적인 새로운 사회의 조기 도래"를 기대하고 있었으나, 그들은 자신들이 적응할 수 없다는 것을 인정하고, '물러남'을 선택해야 했다.

그렇다면 어디로 물러나야 했을까? 그는 아마도 "붓을 내려놓게 될 것이다", 즉 자신이 몇십 년 동안 심혈을 기울여 온 창작을 포기해야 할 것이라는 말만 했지만, 이것은 자연히 그가 그토록 빠져들어 '세계적인 대작가, 중국의 톨스토이가 되고자 했던' 문학에의 꿈의 완전한 파멸을 의미했다. 이 장 시작 부분에서 언급했던 그 잊지 못할 밤이 있은 지 겨우 몇 달밖에 되지 않는데, 이 같은 변화는 정말 무정하기 짝이 없다. 세기말의 학자들은 조금도 녹록지 않은 역사의 이 부분을 다시 들여다볼 때, 이것을 창조적인 작가 선충원의 '생명의 소실', 즉 '앞당긴 죽음'이라 일컫는다. 이 "소실"(죽음)은 "느리고도 고통스러운 것"29이었으며, 당장은 시작에 불과했다.

사람들은 선충원이 이 무렵에 썼던 「파괴 수습」과 「베이핑 특종 수공예 전람회에 관한 약간의 의견」이라는 글에 주목했는데, 이 글에서 그는 역사학자 샹다(선충원과는 동향으로 샹시 사람이다)의 "포화와 폭격 속의 역사 문물을 위한 호소"를 언급했으며, 이것을 "많은 국내 학자들의 공통된 염원"이라 여겼다. 이리하여 선충원은 "문물 보호"를 제기했고, 고궁박물관의 개조와 특종 수공업의 육성과 새로운 문물·미술 교육의 개척을 통해 "국가에 진정한 '문예부흥'을 안겨줄 수 있기를" 기대했다.30 선충원은 글에서 "전통에 대한 인식과 이해가 깊은 학자와 전문가들도 대부분

연로해서, 국가를 위하고 인민을 위하고 문화를 위하여 정말 일을 하고 자 한다면 지금이 적기이며, 더 망설이면 늦을 것이다"[31]라고 강조했다.

그는 이때 자기 자신도 생각했던 것일까? 단언하건대 선충원 후반 생의 선택은 이때 이미 서서히 무르익어 가고 있었으며, 그가 최후에 붓을 내려놓을 결심을 하긴 했지만 그래도 한 차례 더 시련을 겪어야만 했다. 만년에 선충원은 그의 시난연합대학 학생에게 옛날에 같이 읊었 던 "바위에 몸 던진 사향노루 향을 환원하네"라는 이의산의 시구를 거 론한 적이 있다. 듣건대 "사향노루는 천성적으로 자신의 향을 매우 사 랑하며, 사람에게 긴박하게 쫓길 때는 발톱으로 자기의 향낭을 척출하 여 향을 대지에 환원한 후, 높은 바위에 몸을 던져 자신의 생을 마감한 다"라고 하는데, 선충원은 "사향노루가 향을 환원하는 것은 아마도 생 명에 대한 보상일 것이다"[32]라고 설명했다. "사람에게 긴박하게 쫓기 는" 사향노루의 자부심 때문에 "향 환원"을 선택함은 확실히 사람들에 게 더욱 비장함(처량함?)을 느끼게 한다. 하지만 그의 학생은 "선충원이 우리에게 무엇을 빚졌습니까? 그는 너무나 많은 것을 주지 않았습니 까? ……"[33]라고 묻고 있다.

국가와 민족을 위해 마지막 남은 문물들을 보존해야 한다는 생각이 선충원에게만 있었던 것은 아니었던 것 같다. 여성 작가 자오칭거가 1948년 말에 '북행'했을 때 저명한 문화계 인사를 많이 만난 적이 있는데, 량스추가 그와 이야기할 때 가장 관심을 보였던 것도 문물의 보호와 구 출이었다고 한다.[34] 좀 더 넓게 말하자면 문화 전선으로 물러남이 1948 년 말에는 중국 자유주의 지식분자의 최후 선택이었다. 그들은 '새 시대 가 문화의 파멸을 초래할 것이다'라는 이런 하이네식의 두려움과 불안에 싸여 최후의 구출과 사수를 시도했다.

일찍이 이해 6월 20일 중국에서 보내온 ≪뉴욕 타임스≫의 특별 기사에 다음과 같은 정보가 공개되었다.

> 베이핑의 각 대학과 관계가 있는 중미 인사의 추정에 따르면 베이핑의
> 1만여 명 대학생 중 절반가량이 1년 전에 공산당 쪽으로 기울었고, 이
> 비율은 올여름에 70%로 늘어났다고 한다. 교수 중에도 많은 사람이
> 공산당에 찬성하고 있다. 교수 대부분이 원래는 정부 쪽으로 약간 기
> 울었지만 지금은 또 정부를 증오하고 있으며, 공산주의를 받아들이려
> 는 각오가 이미 되어 있다.[35]

더욱이 1948년 연말에 이르러서는 "공산주의를 받아들이려는 각오"
가 대세의 흐름이 되어버렸다. 이런 상황에서 여전히 자유주의 입장을
견지하는 일부 대학교수들의 거취는 사람들의 더 큰 관심사가 되었다.
물론 이때도 여전히 정치상의 자유주의 이상을 견지하는 사람이 있었다.
예를 들면, 주광쳰 선생은 이해 10월에도 글을 써서, 국민당이 "이른바
사회의 현달과 자유주의자를 포함"한 "제3당"을 "선의로 육성하여" 난국
을 타개해 줄 것을 호소했지만,[36] 대부분의 자유주의 지식분자들은 이미
정치상의 자유주의에서 사상, 문화상의 자유주의로 물러났다.

사실, 장둥쑨 선생은 일찍이 이해 초(2월)에 출간된 ≪관찰≫ 제4권
제1기에서 "정치상의 자유주의는 이제 이미 과거가 되어버렸다", 즉 자산
계급의 자유 민주 공화국을 건설하려는 이상은 이미 물거품이 되어버렸
다는 의견을 내놓았고, 지금 쟁취하고자 하는 것은 "계획적인 사회와 문
화의 자유"이며, 이른바 "문화의 자유"는 곧 "비판 정신과 용인하는 태도"
라고 말했다.[37]

그리고 "공산주의와 자유주의의 관계" 문제도 제기되었다. 일부 지
식분자들은 자유주의 자체의 결함에 대해, 예를 들면 "많은 인민 특히 많

은 농민 속에 뿌리를 내리지 못했고", "다수의 복리를 등한시했다"라는 등에 대해 반성하기 시작했으며, 한 걸음 더 나아가 "중국에서 자유주의자와 공산주의자 간의 거리를 최대한으로 좁힐 수 있을지"에 대해 깊이 토론했는데, 논자는 프랑스 공산당을 예로 들어 "사회주의로 통하는 길은 모스크바에만 있는 것이 아니다"라고 생각했으며, 중국공산당이 소련 공산당과는 달리 더욱 관용적인 정책을 취함으로써 자유주의의 발전을 위해 얼마간 여지를 남겨놓으리라는 데 희망을 걸었다.[38]

이것은 물론 일방적인 꿈에 불과했다. 영향력이 대단했던 또 다른 자유주의 지식분자 량수밍은 중국민주동맹이 조사를 받고 활동이 금지되자마자 "정치 문제의 근본은 문화에 있으며", "앞으로 문화 연구에 힘쓸 것이고 계속해서 사상과 견해와 주장으로 국민에게 이바지할 것이며 시국에 대해서는 필요시에는 몇 마디 하겠지만, 어떠한 행동도 취하지 않을 것이다"라고 밝혔는데, 그는 그 후 아니나 다를까 「중국공산당에게 삼가 아룁니다」를 써서 "모든 이색분자의 존재를 반드시 허용하고", "제발 국민당의 전철을 밟지 말며", 자유주의자에 대한 비판을 재고하고 또 바로잡아 줄 것을 "공산당에 정중히 요청했다".[39]

이런 요청은 물론 소용도 없고 힘도 없었지만, 장둥쑨이 "장래의 국면이 학술 자유와 사상 자유를 완전히 상실케 할까 봐 두렵다"[40]라고 말했던 것처럼 자유주의 교수들의 우려를 확실히 반영하고 있었다. 장둥쑨은 "나 개인은 생활 방면에서는 계획 사회 속에서 계획에 부합하는 성원이 되길 원하지만, 사상 방면에서는 생명과도 같은 자유를 여전히 사랑하고 있다"[41]라는 말도 했는데, 이것은 일부 교수들의 마음속 갈등을 상당히 진술하게 털어놓은 것이다. 그들은 '반드시 공산당 통치하의 공민이 되어야 하는' 현실을 받아들이지 않을 수 없었지만, '사상·문화의 자유'라는 최후의 공간을 여전히 남겨놓고 싶어 했다.

바로 이런 사상 배경하에 1948년 11월 7일 겨울 저녁, 사탄의 베이징대학 차이제민 선생 기념관에서 좌담회를 열어 '오늘날 문학의 방향'에 대해 토론했다. 주최자는 학생 문학 단체인 방향사였으며, 회의에 참석한 사람은 대부분이 문예계의 선배로, 주광첸·선충원·펑즈·페이밍 등 저명한 자유주의 교수들이었다(그러나 이때 그들 각자의 입장과 태도에 이미 미묘한 변화가 생겼는데, 다음 글을 보면 바로 알 수 있다). 회의 의장 위엔커자가 제시한 의제는 사회학·심리학·미학의 측면에서 '오늘날 문학의 방향은 어디인가'를 토의하는 것이었으나, 토론은 자연히 문예·문학가와 정치와의 관계에 집중되었고 특히 '교통신호등의 지시'에 어떻게 대처할 것인가 하는 문제가 제기되었는데, 이것은 모두 발표자 저마다의 곧 도래할 신중국에서의 선택(입장, 태도 등등)과 관계가 있었다. 역사의 진실을 남겨놓기 위해 그대로 좀 기록해 보겠다.

진디 문학은 반드시 도(道)를 실어야 합니까? 요즘, 문학이 정치적인 '도'를 싣지 않으면 안 된다고 생각하는 사람이 있습니다. 여러 선생님의 견해는 어떠하십니까?

펑즈 문학사에서 일류의 글은 모두 도를 실은 글입니다. 한퇴지의 글과 두보의 시처럼 말입니다. 작가가 어떤 '도'에 대하여 믿음이 있으면 자신의 신념이 되는 것입니다. 남에게 같은 '도'를 강요하고 안 하고는 별개의 문제입니다.

페이밍 진디가 말한 것은 사회에 대한 작가의 태도를 가리키지, 작가 자신의 '도'를 가리키는 것이 아닙니다. 나는 문학가들이 남은 지도하면서, 남의 지도는 받지 않으려 한다고 생각합니다. 그들은 자신을 지도하는 한편, 남도 지도합니다. 이 회의에 참석하러 올 문학가는 없습니다. 왜냐하면 그들은 남의 지도를 받을 리 없기 때문입니다. 나는 요즘의 문학가는 사회를 지도할 수 없고, 심지어 자신도 지도할 수 없음을 절감하고 있습니다. 나는 이미 문학가가 아니므로 회의에 참석한 것입니다(모두 한바탕 웃음). 역사상 다른 사람이 그에게 이렇게 써라 저렇게 써라 일러준 그런 문학가가 어디에 있습니까? 문학이 선전이라는 것은 잘 알고 있습니다. 하지만 그것은 자신을 선전하는 것이지 남을 대신해서 말하는 것은 아닙니다. 문학가에게는 반드시 도가 있어야 하지만, 반드시 그 사회에서 인정받을 수 있는 것은 아닙니다. 위대한 문학가는 천재, 호걸, 성현이라는 세 가지 조건을 꼭 갖춰야 합니다. 천부적인 재능이 없으면 표현할 수 없지만, 재능이 있다고 해서 반드시 호걸인 것은 아닙니다. 천부적인 재능은 있으나 명리와 주색에 굴복하는 사람들이 있는데, 그래서 호걸이 아닙니다. 만약 성현이라면 반드시 천재이고 호걸입니다. 이 삼자가 하나가 될 때 비로소 초인이며, 세인과 타협하지 않습니다. 훌륭한 문학가는 모두 현실에 반항했습니다. 공개적으로 대항하지 않는다고 하더라도, 사회는 그를 환영하지 않을 것입니다. 셰익스피어처럼 말입니다. 사회의 멸시를 받지 않았던 천재, 호걸, 성현이 어디 있었습니까?

선충원 운전자는 반드시 경찰의 지휘를 받아야 하는데, 그가 신호등을 무시해도 되겠습니까?

펑즈 신호등은 좋은 것이지요. 신호등을 무시한다는 것은 옳지 않습니다.

선충원 만약 어떤 사람이 신호등을 제어한다면 또 어떻게 해야 합니까?

펑즈 그 길을 가야 하는 이상 신호등을 지켜야 합니다.

선충원 신호등이 없다면 다니기에 더 좋으리라 생각하는 사람도 있겠지요?

왕쩡치 그 비유는 합당하지 않습니다. 왜냐하면 그에게 신호등을 제어
할 권리가 있다고 인정하는 것은 곧 그것이 합법적이고 옳다는
것을 인정하는 것이기 때문입니다. 그렇다면 당연히 신호등을
지키면서 길을 가야겠지요. 그런데 만약 그렇지 않다면 어떻게
해야 할까요? 선배님들께서 저희에게 자신의 경험을 말씀해 주
셨으면 합니다.

선충원 문학은 자연히 정치적인 제약을 받습니다. 그렇지만 비평과 수
정의 권리를 좀 남겨둘 수는 없을까요?

페이밍 제1차 세계대전 후 동서양 모두 좋은 작품이 없습니다. 문학이
변했습니다. 제1차 세계대전 이전의 문학가들은 분명히 사회
를 움직일 수 있었습니다. 러시아의 소설가들처럼 말입니다.
지금은 달라졌습니다. 빨간불이 켜지고 못 가게 하면 그냥 가
지 않습니다.

선충원 문학이 정치의 영향을 받는 것 외에 정치를 수정할 수도 있는
지, 오직 일방적으로 규칙을 지켜야만 하는지, 이것이 저의 의
견입니다.

페이밍 이 규칙은 그런 뜻이 아닙니다. 그를 십자가에 못 박으면 그는
반항할 수 없겠지만, 그를 진정으로 복종하게 할 수도 없습니
다. 문학가에게는 마음속에 밝은 빛이 있나 없나 하는 문제만
있을 뿐, 다른 것은 없습니다.

선충원 그런데 어떻게 밝은 빛을 더 밝게 빛나게 하지요? 이것이 바로
문제입니다.

페이밍 자고로, 성현에게는 지금까지 이런 문제가 없었습니다.

선충원 성현이 방방곡곡을 돌아다닌 것은 또 무엇 때문입니까?

페이밍 문학은 그것과 다릅니다. 문학은 타고난 재능의 표현이며, 자
　　　　　신의 고통을 기록할 뿐, 사회에 대해서는 영향이라고 할 게 없
　　　　　습니다.

첸쉐시 선충원 선생께서 말씀하신 문제는 대단히 실제적인 문제입니
　　　　　다. 나는 열쇠는 자신에게 있다고 생각합니다. 자신의 방향이
　　　　　옳다고 생각되지만, 실제와 충돌이 있을 시는 선택할 수 있는
　　　　　길이 두 가지 있습니다. 하나는 아무것도 생각하지 말고 총살
　　　　　당할 때까지 앞만 보고 걸어가는 것입니다. 다른 하나는 타협
　　　　　의 길인데, 잠시 붓을 내려놓았다가 나중에 다시 생각하는 것
　　　　　입니다. 사실상 타협은 자신을 총살하는 것과 같습니다.

선충원 한편으로는 신호등의 통제가 있고, 한편으로는 자기는 그래도
　　　　　걸어가고 싶은 거지요.

첸쉐시 방금 우리는 충돌하는 상황을 가정했습니다. 사실상 충돌이 있
　　　　　을까요? 자신의 방향은 반드시 옳을까요? 만약 옳다고 생각되
　　　　　면 희생도 감수할 수밖에 없지요. 그러나 방향이 틀림없는지는
　　　　　반드시 곰곰이 생각해 봐야 합니다.

펑즈 그것은 확실히 생각해 봐야 할 것입니다. 일상생활 속에 취사
　　　　　선택의 문제가 없는 데가 없습니다. 취사선택의 결정만이 인
　　　　　간에게 삶의 의미를 느끼게 해줍니다. 작가는 중심 사상이 없
　　　　　으면 성공할 수 없습니다.[42]

　여기서는 문학과 문학가가 '오늘날'(즉 새 시대)에 있을 수 있는 각종
의 선택, 그리고 각각의 선택이 초래할 수 있는 곤경과 가져다줄 수 있는
후과에 대해 이야기했다. 그러나 이후에 벌어진 현실은 이런 예측보다
훨씬 복잡했으며, 훨씬 가혹했던 것 같다.

제11장

남하와 북상

1948년 12월

- 마오쩌둥이 핑진전투 전방 지휘부에 세 차례 긴급 전보를 보내다: 반드시 문물과 지식분자를 보호하라.

- 장제스가 친히 학계 저명인사 '긴급 구출'을 계획하다.

- '배가 곧 침몰'하려는 말세의 모습과 더 이상 유지할 방법이 없는 옛 질서.

- 지식인은 조국을 떠나기 아쉬워하며 "그를 위해 기꺼이 초췌해지다".

- 물고기를 깊은 연못으로 내모는 국민당의 탄압 정책.

- 비행기에서 내린 사람은 후스 등 몇 명뿐.

- 량스추: 전란 중의 생이별.

- 총성과 포성 속에 맞이한 베이징대학 개교 50주년.

- "세상이 어지러울수록 내 마음은 더욱 태평스럽다": 아무도 신경 쓰지 않는 가운데 학술 견지

- 「푸장청 일기」 속의 '국공 모두 관할하지 않는' 지대에 속한 칭화대학.

- 띄엄띄엄하고 허겁지겁한 '남하'와 위풍당당하고 질서 있는 '북상': 지식분자의 두 갈래 흐름

- "나는 지금 정말 해방되었네": 궈모뤄가 북상 중에 큰소리로 노래하다.

- 벤즈린 등이 먼 곳에서 돌아오다: 사념 없는 백성의 경건함.

저우언라이
1948년 12월 중앙군사위원회 부주석 겸 참모총장인 저우언라이가 작전명령을 내렸고, 마오쩌둥도
전선에서는 반드시 문물과 지식분자를 보호할 것을 지시했다.

예성타오 1948년 12월 일기(발췌)

10일(금)　　　밤에 각 잡지사의 편집인들이 우리 출판사에 모여 함께 식사를 했다. 자카이지가 전국(戰局)을 분석했는데 아주 상세했다. 9시가 넘어서 돌아왔다.

14일(화)　　　모와 함께 시(洗)·산(山)·빈(彬)을 대동하고 진(金) 씨 댁 노부인을 뵈러 갔다. 노부인께서 내일 아침 배를 타고 홍콩으로 가시기 때문에 작별인사를 드렸다. 중화는 이미 먼저 홍콩에 도착해 있다. ……

요즘 베이핑은 공군[1]에 포위되어 있고, 포탄이 칭화대학 안에 떨어졌다. 오늘 오후 누군가가 그곳이 이미 넘어갔다는 소문을 퍼뜨렸다. 홍자오가 일전에 전화를 걸어와 둥관이 몹시 걱정이라고 했다. 내 생각에는 안전할 것 같으나 그의 근심을 풀어줄 길이 없다.

15일(수)　　　여동생 집에 가서 어머니께 문안 인사를 드렸다. 여동생이 오후 1시에 베이핑에 전화를 해보니 둥관이 이미 성안에 들어와 거주한다고 하여 마음이 좀 놓였다. 그래서 베이핑이 넘어갔다는 설은 정확한 것이 아님을 알게 되었다. 신문보도에만 따르면 베이핑은 이미 빈틈없이 포위되었다고 한다.

---

1)　　공군(共軍)은 중국공산당군의 약칭이다.

19일(일)　　쮀눙이 와서 먼 곳을 대신하여 인사를 하기에 나는 거듭 감사의 뜻을 표했다.

21일(화)　　출판사로 돌아와 글을 쓰려고 해도 모두가 시국을 이야기하는 바람에 마음이 안정되지 않아 글을 쓸 수 없었다.

22일(수)　　퇴근 후 모와 함께 궈타이에서 〈누구를 위하여 종은 울리나〉를 보았다. 이것은 헤밍웨이의 소설을 영화화한 것인데, 나는 예전에 이 소설의 번역본을 읽었다. 남자 주인공 역은 게리 쿠퍼, 여자 주인공 역은 잉리드 베리만이 맡았으며 둘 다 유명한 배우이다. 배경이 산야인 데다 천연색이라 매우 보기 좋았다. 영화가 길어서 두 시간 반 동안 상연되었지만 길게 느껴지지 않았다. 집에 도착하니 벌써 8시 반이었다. 오늘도 한잔했다.

23일(목)　　아침에 허난로에 이르렀을 때, 금은을 바꾸러 모여든 사람들에게 가로막혀 차가 15분 동안 움직이지 못했다. 금은을 바꾸는 것은 경제정책이 바뀐 뒤에 나온 방책으로 진위엔의 신용을 유지하기 위함이지만, 실제로는 말도 안 되는 조치이다. 이것이 시행된 후 사람들은 은행으로 몰리고, 이득을 챙기려는 사람은 금을 손에 넣은 후 그것을 암시장에 내다 팔아 1.5배 이상의 수익을 올리고 있다. 공무원과 교원은 금은을 바꿀 수 있도록 조례에 규정되어 있으니, 정부가 나머지 장물을 동업자에게 나눠주는 것과 다를 바 없다. 오늘 은행으로 몰려든 사람이 최고에 달해 10만 명 이상이 은행가에 운집했으며, 모두 새벽 4시에 온 사람들이었다. 석간신문을

보고서야 일곱 명이 압사하고 20여 명이 다쳤음을 알았다. 이 방법
은 아마도 계속되지 못할 것 같다.

29일(수)　　　　쌴관이 내일 여행 가기로 했는데, 이번에는 1년 반
은 걸릴 것 같다.

30일(목)　　　　퇴근하여 귀가하니 쌴관과 그의 동료가 막 삼륜차
에 오르고 있었다. 공교롭게도 이번 여행에는 비가 오랫동안 내리
고 있다. 강변이 질퍽거려 이동하기에 쉽지 않을 것 같다.
〈장생전〉 1회를 들었다.

　　12월 15일 중국공산당 중앙군사위원회의 배치에 따라 베이핑 포위
를 완성하려고 한창 준비 중이던 둥베이야전군 지휘관 린뱌오 등은 군사
위원회 주석 마오쩌둥의 긴급 전보를 받았는데, "부대에 통지하여 칭화·
옌징 등의 학교와 명승고적 등의 보호에 주의를 기울이도록 하라"라는
내용이었다. 이틀 후, "사허·칭허·하이뎬·시산은 중요한 문화 고적지이
니 원래의 모든 관리자는 그대로 두도록 하고, 우리 군은 보호 병력만 파
견할 테니 사람을 보내 연락을 취하고 특히 칭화·옌징 등의 대학 교직
원·학생과의 연락에 신경 쓰고, 어떻게 하면 작전 시 손실을 줄일 수 있
을지 그들과 함께 상의하라"라는 더욱 상세한 전보 지시를 받았다.
　　12월 27일, 마오쩌둥은 중국공산당 중앙위원회가 펑전·예젠잉(이들
은 막 명령을 받고 베이핑을 인수하여 관리하려던 참이었다)·린뱌오 등에게 하달
하려고 저우언라이가 기안한 지시문에다 이렇게 덧붙였다.

옌징은 스튜어트(주중국 미국 대사 레이턴 스튜어트를 가리킨다)가 설립
한 학교이니 루즈웨이(당시 옌징대학 총장)는 당연히 스튜어트와 연관이
있겠지만, 옌징의 교직원 중에는 진보 성향의 사람이 적지 않고, 루즈웨
이의 태도 또한 비교적 민주적이어서 우리는 보호 정책을 써야 한다.[1]

반 달 동안에 명령을 연거푸 세 차례나 내릴 정도로 마오쩌둥을 수
뇌로 하는 중국공산당 중앙위원회는 핑진전투가 벌어지자마자 문물 고
적 보호와 지식분자 보호와 확보에 대단한 관심을 기울였다. 이것은 승
리자의 멀리 앞을 내다보는 전략적 결정이었다.

패배자 쪽에서도 최후의 노력을 기울이고 있었다. 이해 9월에 개최
된 제1차 중앙연구원 원사 회의 개막식에서 원사 중 최고 연장자이자 상
무인서관 이사장인 장위엔지 선생은 격앙된 어조로 국정을 비판하여 최
고 당국을 큰 충격에 빠뜨렸으며, 지식분자 확보에서 중국공산당에 훨씬
뒤처져 있음을 통감하게 했다고 한다.[2] 사실, 손 놓고 있었던 것은 아니
며, 1946년 장제스는 저명한 학자 슝스리가 철학 연구소를 개설하는 데
두 차례나 후원하려 했으나 슝 씨에게 거절당했다.[3]

1948년 12월에도 장제스의 기획과 지도로 국민당 정부는 '핑진[2] 학
술 교육계 저명인사 긴급 구출' 계획을 세웠다. 각 대학과 연구소 등의 행
정 책임자, 정치적인 관계로 반드시 떠나야 하는 자, 중앙연구원 원사, 학
술상 공헌이 있는 자가 그 대상이었으며, 천쉐핑·장징궈·푸쓰녠으로 이
루어진 3인조도 결성되어 구체적인 집행을 맡았다. 12월 13일, 즉 마오
쩌둥이 전령을 내리기 이틀 전에 장제스의 특사 천쉐핑은 이미 베이핑에
도착했다.[4] 중국공산당 측에서는 학생 당원과 열성분자(그들 중에는 재덕을

---

2) 베이핑과 톈진을 아울러 이르는 말이다.

겸비한 우수 학생이 많았고, 그런 만큼 이름난 교수들의 애제자들도 있었다)를 이용하여 스승 설득 작전을 폈으니 자연히 한층 더 힘이 있었다.[5]

이렇게 1948년 연말에 이르러 국공 쟁탈전이 군사와 정치 면에서는 승부가 거의 확정적이었기 때문에, 사상·문화와 지식분자에 대한 쟁탈이 오히려 날이 갈수록 두드러졌다. 어떤 의미에서 이것은 미래에 대한 쟁탈이었다.

이제 중국의 지식분자, 특히 그때까지도 망설이고 있던 그런 자유주의 교수들도 국공 양당에 대해 마지막 선택을 하고, 곧 출현하게 될 새로운 인민공화국에 대해 자신의 태도를 밝힐 때가 되었다. 일반 대중에 대해 말하자면 그들은 시국에 따라 쉽게 움직이지 않지만, 일부 국가 공무원과 군정 요원들도 "정부를 따라가느냐, 아니면 남아서 '해방'을 기다리느냐" 하는 갈림길에 서게 되었다. 이리하여 보존되어 내려오는 그해의 신문·잡지에서 우리는 다음과 같은 「옛 도읍지의 초겨울 풍경」을 볼 수 있다.

> 사람들이 만날 때 하는 인사말이 '어때, 가니 안 가니?'로 변해버렸고, 신문을 펼치면 '빈집 급매', '싸고 좋은 집'이라는 광고가 널려 있다. 부동산 가격은 최근 반 달 새 30%나 폭락했다. 꽤 괜찮은 사합방[3] 한 채가 '(황금) 한 조각'으로 매매가 성사된다고 한다. 중고품의 거래도 대성황을 이룬다. 둥단과 쉬엔와이 일대의 작은 시장에 중고 가구가 산처럼 쌓였는데 싸기 짝이 없다.[6]

---

3) 사합방(四合房)은 가운데 '정원'을 두고, 그 북쪽에 '본채', 동쪽에 '동편 곁채', 서쪽에 '서편 곁채', 남쪽에 '사랑채'가 입 구(口) 자형으로 둘러싸고 있는 베이징의 전통 주택 양식으로 사합원(四合院)이라고도 한다. 이런 사합원에는 단독가구가 거주하기도 하고, 여러 가구가 한 울타리 안에서 함께 거주하기도 한다.

이 책 제10장 시작 부분에서 언급했던 당시 쿵더학교 저학년 학생이 었던 그 선 씨 집안의 "새끼 호랑이(虎雛)"[4]는 40년이 지난 후에도 그해의 정경을 또렷하게 기억하고 있었다.

베이핑에 전쟁이 일어날 것 같아서 친구들과 나는 몹시 흥분했다. 우리 형제 둘은 미농지를 몇 권씩이나 사용해서 유리마다 영국 국기를 붙였다.[5] 어렵사리 완성해 놓고 뛰어나가 한 바퀴 빙 둘러보고는 풀이 죽어 돌아왔다. "천(陳) 씨 아저씨 집 창문에는 종이로 글자를 만들어 붙였는데, 풍우동주(風雨同舟), 또 뭐 다른 글자도 있었다."
다위엔[6]은 집집이 상의하여 비교적 넓은 동쪽 정원에 구덩이 몇 개를 팠다. 나는 이 기회를 틈타 문 앞에다 대규모 토목공사를 벌였다. 첫 3년 동안 이미 우물 팔 뜻을 세우고 원난 땅에 두 척 깊이로 팠으나 물이 나오지 않았다. 그래서 물 두 통을 길어다 붓고는 마음을 달랬다. 이번에는 다섯 척 깊이로 팠더니 어머니께서 "석유통을 거기에 감춰라, 안전하게"라고 말씀하셨고, 나의 공로를 무시하지는 않으셨다.
6학년 교실은 강당 뒤쪽에 자리 잡고 있었는데, 낯선 노랫소리가 들려왔고 정말 듣기 좋았다! 창문 틈새로 들여다보니 강당 안에는 중학생

---

4) 선충원에게는 두 아들이 있는데, 그는 자신의 소설 속 인물의 이름(소설 제목이기도 하다)을 따서 장남에게는 龍朱, 차남에게는 虎雛라는 이름을 지어주었다.

5) 햇빛도 들어올 수 있고, 포탄이 떨어져도 흔들려 부서지지 않도록 집집이 유리창에 종이를 쌀 미(米) 자 모양으로 붙였다고 하는데, 그 모양새가 영국 국기 같아서 이렇게 표현한 것 같다.

6) 여기서 다위엔(大院)은 한 울안에 여러 가구가 모여 사는 사합원을 일반적으로 일컫는 말로, 1946년부터 1952년까지 베이징대학 교수 사택으로 사용되었던 베이징의 징산둥가(景山東街) 중라오후퉁(中老胡同) 32호를 가리킨다. 선충원을 비롯해 중국의 유명한 지식인들이 이곳에 살았다.

들이 선생님 없이 자기들끼리 노래 연습을 하고 있었다. "산 너머 저쪽은 좋은 곳이라네, 벼 심은 들판은 노랗고도 노랗구나! 모두 노래하며 논밭을 갈고 있네, 널 위해 마소가 돼줄 사람은 없다네. …… " 아! 팔로군의 노래가 아닌가! 우리 몇 명은 비집고 들어가 칠판 위의 가사를 베껴 썼는데 상급생들은 언짢아하지 않았다.

거리는 온통 군인들이었고 헌병대는 큰 칼을 메고 순찰을 했다. 포성이 들려오더니 마침내 쿵더에도 군인으로 가득 찼다. 학교는 휴교했고 정말 신이 났다! 다위엔의 아이들은 날마다 모여 논다고 정신없었고, 어른들은 서로 왔다 갔다 하며 계속 바뀌고 있는 정보를 교환하기에 바빴다. ……

베이징대학의 무슨 책임자가 집에 와서 아버지에게 빨리 짐을 챙겨 남하할 준비를 하라며, 가족을 데리고 갈 수 있고 곧 비행기에 탈 수 있으며 현재는 성안의 임시 비행장에만 의존하고 있다고 했다. 우리 사는 곳 부근에 항상 포탄이 떨어졌는데, 한 번에 두 발씩 떨어졌고 황청건 일대에도 떨어졌고 인자 골목에도 떨어졌다. 소문으로는 결핵 예방협회에 탄약고가 있어서 대포를 그쪽을 향해 쏜 것이라고 했다. 아이들은 무서운 줄도 모르고, 팔로군의 포탄은 왜 항상 명중을 못 하는지에 대해 이러쿵저러쿵 이야기했다.

아버지의 여러 친구들이 끊임없이 드나드는 것을 보니, 어른들은 중요한 일을 상의하고 있는 것이 분명했으며, 집안은 어수선했다.

어쩌면 비행기를 한번 타볼 수도 있겠다는 생각에 나는 은근히 신이 나면서도, 이 전쟁도 끝까지 지켜보고 싶었다. 베이핑은 얼마나 좋아! 우리 집이 도망갈 필요가 뭐 있어? 이렇게 갈등하면서 허튼 생각을 하고 있었다. 하지만 나에게 생각할 시간을 이틀도 주지 않고, 우리는 떠나지 않기로 결정이 나버렸다. 아버지의 친구 양전성 아저씨와 주광첸

아저씨들도 모두 떠나지 않기로 했다. 집안은 예전의 질서를 회복했고, 손님이 없을 때 아버지께서는 책상에 엎드려 계속 일을 하셨다. 다들 반드시 오고야 말 그날을 기다리고 있었다.[7]

나중에 선충원은 그와 그의 친구들의 결정에 대해 다음과 같이 설명했다. "나는 결국 희생해야 했다. 내가 남쪽으로 가지 않고 여기에 남은 것은 아이를 새로운 환경에서 교육받게 하기 위함이었고, 스스로 희생하기로 결심했다! 난파선에 대한 희망은 버리고 사랑을 차세대에 주어야 했다."[8]

선충원 세대는 5·4의 영향을 많이 받아 대체로 역사의 중간물이라는 인식이 강했고 이 시대의 전환점에서 차세대를 위해 희생할 마음을 먹었으며, 이에 따라 자신의 선택을 결정하는 것은 자연스러운 일이었다. 한편으로, 그들(적어도 선충원)은 '바야흐로 태어날 것(이른바 새 사회·시대·국가)'에서의 자신의 운명에 대해 절대로 환상을 품지 않았고 이미 '사라질' 준비가 되어 있었으며, 다른 한편으로, '장차 죽을 것(옛 사회·시대·국가)'에 대해서는 더더욱 어떠한 희망도 품지 않았으며, 그것은 난파선이어서 조만간 시대의 세찬 조류 속으로 침몰할 것이라고 그들은 진작부터 확신하고 있었다. 자신은 이 난파선과 역사적 갈등이 있었기 때문에 반드시 그 대가를 치러야 한다손 치더라도 차세대까지 함께 순장될 필요는 없으며, 희생해야 하는 사람은 오직 자신의 세대였고 오직 자신의 세대로 한정되어야 했다. 역사가 다른 방향으로 전개될 가능성에 대해서는 당시로서는 거의 아무도 예견하지 못했던 것 같다.

공교롭게도 1948년 12월 5일, 상하이 우쑹커우 밖에서 장야룬이 폭발하여 침몰하는 사건이 발생하여, 여행객 1600여 명이 실종되고 살아서 상하이로 돌아온 사람은 900여 명에 불과했다.[7] 이 참사는 상하이는 물론이고 전 중국을 뒤흔들어 놓았다.[9] 많은 사람이 불길한 조짐 내지는 상징이라고 생각했다. 이로부터 '난파선'에 대한 인상은 지워버릴 수 없는 어두운 그림자가 되어 (지식분자뿐만 아니라 보통 사람들까지도 포함한) 많은 사람의 가슴속에 깊이 남게 되었으며, 역사적인 사건이 되었다.

1948년 특히 하반기의 신문·잡지를 펼치면, 사람들은 '배가 곧 침몰'할 것 같은 느낌을 곳곳에서 받게 될 것이다. 정말 절망적인 시대였다.

한쪽에서는, 대다수 사람이 가장 기본적인 생존 조건을 상실하고 말았다. 다음은 톈진 ≪대공보≫ 기사 내용이다.

후난에서는 40개 현이 재해를 입어 이재민이 800만 명 발생했다. 푸저우에는 폭우로 인해 무너진 집이 5000채, 사망자가 1000여 명이나 되었다. 광둥에서는 장마에 태풍까지 합세하여 판산·카이핑 두 개 현이 수몰되고, 신후이·쓰핑 두 개 현은 절반이 침수되었다. 장시에는 비가 계속 내려 46개 현이 재해를 입었는데, 30년 만에 처음 있는 일이었다. 안후이는 안칭 하류의 제방이 터져 강 인근 13개 현의 40만 무(畝)의 토지가 침수되었다. 먼 국경 지대 윈난에는 큰비가 억수같이 쏟아져 두 개 현이 물바다가 되었으며, 20여 개 현에 재해가 발생했다(9월 4일).

톈진에는 이재민이 12만 명에 달했고, 피난민은 살아갈 방도가 없었으며(10월 28일),

7) 장야룬(江亞輪)은 상하이와 닝보(寧波) 간을 운항하던 여객선으로, 사고 당시 상하이 스류푸(十六鋪) 부두를 출발하여 닝보로 가던 중, 상하이 우쑹커우(吳淞口) 밖을 지날 때 갑자기 폭발이 일어났고 그 후 배는 침몰했다. 승객 대부분은 닝보 사람들이었으며, 동지를 맞이해 조상에게 제사 지내는 전통이 있어 귀향하려는 사람들과 전쟁을 피해 고향으로 돌아가려는 사람들이 한꺼번에 몰렸다고 한다.

상하이의 시장(市場)은 상태가 몹시 험악하여, 쌀값은 순식간에 폭등하고 암시장에서의 가격은 1섬에 1800위엔이었으며, 식량과 밥의 강탈이 극심했고(11월 8일),

남쪽으로 도피한 학생은 고생이 이만저만이 아니었는데, 구걸로 연명하고 솜이불을 감고 수업했으며, 학질과 이질이 유행하여 이미 많은 사람이 사망했고(11월 12일),

베이핑의 학생들은 개떡으로 배고픔을 달랬으며, 윈난대학에서는 며칠 전부터 거의 밥을 짓지 못하고 있었으며, 우한의 학생들은 한양먼의 폐허에서 살기 위해 경매 행사를 했고, 샤먼대학의 한 여교수는 수은을 먹고 자살했으며, 노랫소리가 끊이지 않는 배움의 전당은 비극 공연을 연습하는 무대와 같았고, 학문에 정진하려는 학자와 학생은 거의 거지가 되어버렸으며 …… (12월 2일).

또 다른 한쪽에서는, 아무 의미 없이 흥청망청 최후의 광란에 빠져 있었다.

상하이는 돈을 물 쓰듯 하는 불야성(으로), 재정국 통계에 따르면 8월분 유흥세는 10여만 위엔이었고, 9월에는 이미 30여만 위엔에 달했으며, 여성 의류 회사 란링·훙샤·란뎬은 옷감이 부족한데도 불구하고 눈코 뜰 새 없이 바빴고(10월 13일),

상하이 여자들은 유행을 좋아하여 올해 가을옷은 또 길어졌고, 봉황 꼬리 모양의 헤어스타일에 구슬 박힌 나무 빗핀을 꽂고 깃은 높고 허리는 꽉 끼는 검은색이 가장 유행이며, 귀걸이는 크고 꽃잎 모양이 유행이고 …… (9월 22일).

황당무계한 각종 사회 뉴스가 떠돌았다. 1948년에 떠들썩했던 것 중에 "쓰촨의 양메이가 9년 동안 먹지 않았다"라는 '촌극'보다 더한 것은 없었다. 국민당 정부의 중앙통신사는 취재기자의 특별 전문을 보도하면서 "세상에서 식량난을 제일 두려워하지 않는 사람"을 발견했다며 떠벌렸고 충칭시 위생국은 아주 그럴듯하게 "과학적인 검증"까지 했고, 게다가 양메이에게 구혼 편지를 보낸 대학생도 있었다고 하는데,[10] 결국에는 내막이 밝혀지고 사기극으로 판명되었다.

이와 같은 '해괴한 일은 해마다 있었지만 이해에는 특히 많았으며', 12월 1일 톈진 ≪대공보≫는 또 다음과 같은 '광둥의 희극(喜劇)'을 보도했다. 한 청년이 자신에게는 나라를 구할 수 있는 비상한 재주가 있다며 모 신문사에 편지를 보내왔는데, "외국에서 차관하지 않고 두 달 안에 전국의 금융을 영원토록 안정시킬 수 있고(권문세가의 자본을 청산하려는 계획이 아니다), 한 발의 포탄도 사용하지 않고 석 달 안에 중국 내전을 즉시 멈추게 할 수 있으며(공산 체제를 가동하려는 계획이 아니다), 두 달 안에 면직물을 전 중국에 공급하여 동포들이 안정된 생활 속에서 즐겁게 일할 수 있고, 길에 물건이 떨어져 있어도 줍지 않을 정도로 치안을 잘 유지할 수 있다"라는 내용이었다. 국민당 홍콩 마카오 지부 집행위원회 예(葉) 모 서기는 그 말을 곧이듣고 직접 만나보았는데 그 청년은 정신병자였으며, '급하면 지푸라기라도 잡는' 격이 되어 웃음거리가 되고 말았다.

'종막'에는 종종 희극이 상연된다. 출판업이 심각하게 불경기였던 1948년, '유머'를 표방한 ≪논어≫는 시종 양호한 판매 추세를 유지하고 있었다. 편집인 사오쉰메이는 잡지의 정기 구독자가 "기관, 학교, 은행,

상점에서 사원, 절로까지 확대되었다"라며 조금은 득의양양하게 발표했으며, 어느 한 장로는 놀랍게도 몸소 외진 발행소에까지 와서 구독 신청을 했다고 한다.[11] 편집인도 말했듯이 "지금의 상황은 정말 너무 유머러스하다. 예전에는 유머를 아는 사람이 유머도 있었지만, 지금은 누구를 막론하고 유머가 넘친다".[12]

≪논어≫의 유머는 확실히 모두 생활에서 나왔다. 예를 들어, 다음과 같은 제149기의 '소품'은 거의 있는 그대로를 묘사한 것이었다.

> 정강이가 파묻힐 정도로 파비가 땅바닥에 널려 오가는 사람에게 밟혀도 몸을 굽혀 그걸 줍는 사람이 없는데, 이것을 일러 '길에 물건이 떨어져 있어도 줍지 않는다'고 하면 누가 잘못되었다고 하겠는가!

신문에서 발췌한 것도 있었는데, 예를 들면 이런 것이다.

> 핑현의 어느 종이 가게는 근년에 기상천외하게도 통용되지 않는 1위엔짜리 지폐를 은행에서 대량으로 사들여 '저승은행 100위엔'이라는 도장을 찍어 한 장에 파비 100위엔에 팔아 이윤이 100배가 되었고, 부근의 선남선녀들이 앞다퉈 샀다 ― 돈 버는 재주가 정말 대단하다![13]

매기 실리는 속요(예를 들면 제153기의 「물가 속요」 "그대로 그대로 오르고 오르다 그대로, 오르고 그대로 오르고 오르다 그대로, 오르고 그대로 그대로 오르고 오르고, 그대로 그대로 오르고 오르다 그대로", 같은 기의 「교수 속요」 "강의는 구걸만 못하고, 구걸은 이발만 못하고, 이발은 입법만 못하고, 입법은 사법만 못하고, 사법은 감찰만 못하고, 감찰은 경찰만 못하다"), 대련(對聯)(예를 들면 제165기의 「재정 당국 예찬」 "자고로 인분에 세금 있단 말 못 들었는데, 지금은 방귀에 세금 없단 말만 하고 있네"), 해학시(打油詩)(예를 들면 제165기의 「창안죽지시」 "시가지 송두리째 처량함 감돌고, 여기는 점포 수리 저기는 시골행이라. 해 솟아 중천이나 문 아직 닫혔고, 군경 은 자꾸자꾸 단장을 재촉하네")들은 많은 것이 일찍부터 민간에 널리 퍼져 있었다.

일반적인 광고조차도 유머가 넘친다. ≪논어≫가 연속 게재했던 펑 쯔카이의 '서화 윤필료 표준'을 예로 들면, 서화첩(가로세로 한 자)이나 만 화(가로세로 한 자 미만)나 부채의 한 폭당 윤필료가 6월에는 200만 위엔, 7월 에는 400만 위엔, 8월에는 또 600만 위엔으로 매월 '재조정'되었는데, 이 렇게 계속해서 올려도 물가상승 속도를 여전히 따라잡을 수 없었다. 이 것 자체가 만화의 더할 나위 없이 좋은 소재였다.

말세의 또 다른 현상은 문인의 자살이었다. 11월 13일, 국민당 중앙 정치회의 비서장이면서 장제스 측근의 '대단한 수재'였던 천부레이의 자 살이 조정과 재야를 뒤흔들어 놓았다. 그가 남긴 유서 중의 "아무런 쓸모 없는 서생", "명이 다된 목숨", "출구라곤 없다", "무능하다", "나라 망친 죄, 몸이 100개라도 속죄할 길이 없다", "병이 무너졌으니 그것을 쌓은 것 이 부끄럽다"라는 등의 글귀는 당시 사람들을 탄식하게 했다.[14]

사실, 이 일이 있기 전인 7월 3일, 찬바람 불고 궂은비 내리던 밤, 구 쑤창 문밖의 메이춘교에서 투신자살한 문인이 있었다. 이 사람은 바로 '시, 사, 문장, 전각에서 모두 탁월하게 자성일가한' 차오다좡으로, 그가 베 이양정부(北洋政府) 교육부에서 일하고 있을 때 루쉰의 부탁으로 썼던 「이 소」 집구8)는 오늘날까지도 루쉰 고거에 걸려 있다. 쉬서우창이 연초에

---

8) 집구(集句)는 이미 있던 시구(시, 사(詞)뿐만 아니라 부(賦), 문장, 비문, 종교 경전, 성 어, 속담 등 그 인용 대상이 광범위하다)를 모아 새로이 만든 시나 대련을 가리키며, 동 일 작가의 작품 중에서 취할 수도 있고, 동일 작가가 아닌 작품 중에서 취할 수도 있는 데, 의미, 대구, 음률, 평측(平仄) 등을 고려한 집구는 원문의 구절을 그대로 유지하면

비참하게 암살당한 후, 그는 타이완대학 중문과 학과장을 맡았지만 여름
방학 때 해임되었다. 그는 시국에 대해 진작부터 불만이 있었고, "국민의
피땀을 뭐? 1억이나 썼다고? 천하의 머저리 한자리에 다 모였네!"라는 대
련을 지어 장제스 정부의 '국민대회당(國民大會堂)'에 보내기도 했다. 자살
하기 전에 친구에게, 항일전쟁 때 두 아들을 공군(空軍)에 보냈는데 뜻밖
에 지금은 자기편을 폭격하고 "살인 행위가 너무나도 심각하다"라는 이
야기를 했으며, 그는 나라와 자신을 구할 힘이 없음을 깨닫고 마침내 굴
원을 본받아 다음과 같은 절명시 한 수를 남겼다. "백유는 종종 조유와
대적했고, 업하와 강동에서 술잔을 기울였네. 비바람 부는 저녁 쑤저우
에서, 이 시로써 하직을 고하노라."9) 이해 11월에 출간된 ≪문학잡지≫

서도 다른 맛의 작품이 되어 청출어람의 멋을 느끼게 한다.

루쉰은 굴원의 「이소」 중의 두 구절인 "吾令羲和弭節兮, 望崦嵫而勿迫"과 "恐鶗鴂之
先鳴兮, 使夫百草爲之不芳"에서 각각 반 구절을 취하여 "望崦嵫而勿迫, 恐鶗鴂之先
鳴"이라는 집구를 만들고, 1924년 차오다창에게 부탁해 대련을 써서는 자신의 서재에
걸어두고 선현을 본받아 시간을 소중히 여기며 끊임없이 분발했다고 한다. 「이소」의
"吾令羲和弭節兮, 望崦嵫而勿迫"에서 羲和(희화)는 신화에 나오는 인물로 태양의 수
레를 끄는 사람이며, 弭節(미절)은 수레의 속도를 늦춘다는 뜻이고, 崦嵫(엄자)는 신화
속의 산 이름으로 해가 지는 곳이다. 이 구절은 "나는 태양의 수레를 끄는 희화에게 수
레의 속도를 늦추게 하여, 태양이 해가 지는 곳에 금방 다다르지 않게 하고 싶다"라는
뜻이다. "恐鶗鴂之先鳴兮, 使夫百草爲之不芳"에서 鶗鴂(제결)은 두견새로 이 두견새
가 울 때면 봄이 가고 꽃이 시드는 계절이다. 그래서 이 구절은 "시간이 아직 일러 일을
좀 더 할 수 있지만, 두견새가 시간을 앞당겨 울어 화초들의 향기가 사라질까 봐 걱정된
다"라는 뜻이다. 루쉰의 「이소」 집구의 뜻은 "시간이 천천히 흘러 더 많은 일을 할 수
있기를 바라지만, 시간은 한정되어 있으니 세월이 빨리 흘러 해야 할 일들을 완성할 수
없을까 봐 걱정된다"라는 뜻이다. 루쉰은 시간은 곧 생명이라고 말했을 정도로 시간을
소중히 여겼다.

9) 원문 "白劉往往敵曹劉, 鄴下江東各獻酬. 爲此題詩眞絶命, 瀟瀟暮雨在蘇州"의 앞 두
    구는 시국에 대한 감회이며, 마지막 구는 태풍이 올라온 쑤저우의 7월 3일 당일을 묘사
    한 것으로 생각된다.

제3권 제6기에 '쾅후이'라고 서명한 사람의 추도문이 특별히 실렸는데 왕귀웨이의 자살에 대해서도 언급했다. 필자는 다음과 같이 말했다.

지금은 왕조의 교체가 아니라 두 시대, 두 문화가 각축전을 벌이고 있다. 옛것은 반드시 멸망하고 새것은 반드시 성장한다. 옛 문화 속에서 자란 사람은 과거를 아쉬워하고 미래에 의문을 품기 때문에, 아니면 새것에 대한 사랑이 아예 없고 옛것에 대해서도 의심하고 증오하기 때문에 이런 갈등과 이런 옭매듭을 풀 방법이 없다. 은둔의 길은 이미 끊

백유(白劉)는 중당(中唐) 시인 백거이(白居易)와 유우석(劉禹錫)을 함께 칭하는 말이다. 이 두 사람은 만나지는 못하고 서로 흠모하며 서신 왕래만 있다가, 826년 유우석은 화주자사(和州刺史)에서 물러나 고향인 뤄양(洛陽)으로 돌아가고, 백거이는 병으로 소주자사(蘇州刺史)를 그만두고 장안(長安)으로 돌아가던 중에 양저우(揚州)에서 처음으로 만났다고 한다. 조유(曹劉)는 후한의 3조(三曹) 중의 조식(曹植)과 건안7자(建安7子) 중의 유정(劉楨)을 일컫는다. 업하(鄴下)는 지금의 허베이성(河北省) 한단시(邯鄲市) 린장현(臨漳縣)과 허난성(河南省) 안양시(安陽市) 일대로 옛날 조조(曹操)가 웅거했던 곳인데 당시 건안7자를 비롯하여 많은 시인이 그의 주변에 머물렀다고 한다. 강동(江東)은 중국 고대에 장강(長江)의 동쪽을 지칭하던 말로, 장강이 구강(九江)과 난징(南京) 구간에서는 남서쪽에서 북동쪽으로 흘러 동서의 구분이 뚜렷하여 강의 남동쪽이 강동이 되며, 장강 하류의 우후(蕪湖)와 난징 아래쪽의 남쪽 연안을 지칭한다고 보면 된다. 당대(唐代)부터는 강동을 강남으로 부르기 시작하면서 강동이라는 이름은 사라졌다.
아무튼 시, 사, 문장에 두루 뛰어났던 차오다좡은 그날 쑤저우에서 시인 백유와 조유가 생각났고, 백유가 상봉했던 양저우와 자신이 위치했던 쑤저우를 두루 연관 지을 수 있는 강동이라는 옛 이름과 조유가 함께 활약했던 업하라는 옛 지명을 선용하여 자신의 심정을 표현하는 시 한 수를 남기고 이 세상을 하직했다. 차오다좡의 딸 차오우장(喬無疆)의 말에 따르면 차오다좡은 죽기 하루 전인 1948년 7월 2일 저녁에 자신과 밤을 새워가며 이야기를 나누면서, "이 사회가 나에게 오로지 내전에 참가하여 국가에 이롭지 못한 일만 하도록 하는데, 내가 죽으면 죽었지 어찌 입에 풀칠하기 위해 의롭지 못한 일을 하겠는가?"(林天宏, 「喬大壯: 刀石其人」, 2006년 5월 31일 ≪중국청년보≫에서 재인용)라는 말을 했다고 한다.

어졌고 지금 도망갈 곳이라곤 아무 데도 없으며, 어찌할 방법이 없으니 부득이 자신을 파멸시켜 풀리지 않는 옭매듭에서 벗어나는 수밖에 없다. 왕징안[10] 선생과 차오따 선생은 모두 생활 태도가 엄격하고 진지했고 행동거지가 대단히 신중한 사람이었는데, 요즘 세상에서는 유독 엄격하고 진지하게 생활하는 사람이 살아가기가 어렵다. 그래서 우리는 왕 선생과 차오 선생의 죽음에 대하여 그 뜻을 존중함과 동시에 그 운명을 슬퍼한다. 때를 잘못 타고났다는 말은 이런 경우를 두고 하는 말일 것이다.[15]

상황은 확실히 이러했으며, 1948년 연말, 신구가 교체하는 이 역사적인 순간에, '새것'에 대하여 사람들은 희망을 걸거나 심지어는 환상에 빠져 있다든지 결사반대하거나 의구심을 품는다든지 아니면 아직 확정된 입장이 없다든지 각기 다른 견해를 가지고 있었겠지만, 옛 질서가 이제 더는 유지될 수 없음은 기정사실이 되어버렸다. 점점 침몰해 가는 배를 두 눈으로 지켜보면서 모든 중국인은 '한 시대가 끝이 났다'고 마음속으로 되뇌고 있었다.

그러나 한 개인이 시대의 전환 속에서 어떻게 처신해야 할지 여전히 선택이 필요했다. 특히 정권 교체란 장차 승리자가 중국 전체를 통치함을 의미하기 때문에, 이런 통치를 받아들이기 싫거나 이것에 대해 의심하거나 염려하는 마음이 있다면 반드시 타향, 이국에서의 유랑을 선택해야 했다. 이것은 이 땅과 밀접한 관계가 있는 중국인, 특히 지식분자에게는 너무나도 받아들이기 어려운 선택이었다.

1948년 중국 문화계에서 줄곧 사람들의 주목을 받아왔던 자유주

---

10) 왕징안은 왕궈웨이를 일컬으며, 징안은 그의 자(字)이다.

작가이면서 기자였던 샤오첸은 수면제를 세 번이나 먹었는데도 잠을 이룰 수 없었던 그날 밤을 만년에 이르러서도 기억하고 있었다. 자정 전에는 영국 국적의 체코 한학자와 그 밖의 친구들 충고("지식분자와 공산당의 밀월은 오래 가지 못한다" 등등)가 마치 수십 마리의 뱀처럼 마구 가슴속을 파고들었다. 근년 들어 좌익 지식분자들과 계속 충돌하고 있는데 정말로 케임브리지대학의 초빙을 거절하고 대륙에 남는다면 중국공산당은 소련과 동유럽처럼 대대적인 "숙청"을 감행하지나 않을까, 만약에 정말로 그런 날이 온다면 나는 모면할 수 있을까? …… 그러나 자정이 지나면서 눈만 감았다 하면 한 폭의 그림이 떠올랐고, 그것은 가슴속 깊이 새겨진 어린 시절의 기억이었다. 낡아빠진 돗자리 아래쪽으로 두 발이 나와 있던 그 객사한 주검은 바로 러시아 "코쟁이"였는데, 담뱃대를 문 어떤 할아버지가 "허, 제집에서 살지 못하고, 온 세상천지를 떠돌아다녔구먼!"이라며 한숨을 쉬었다. …… 타향이 좋다 하더라도 고향은 버리기가 어려운 법인데 자신도 "조국 없는 사람"이 될 것이라는 상상을 어떻게 할 수 있었겠으며, 게다가 타국에서 객사하는 그런 운명이 자기를 기다리고 있지 않으리라고 누가 장담할 수 있었겠는가? …… 날이 밝자, 샤오첸은 대륙에 남겠다며 후반생에 관해 결정을 내렸다. 그리고 얼마 후, 그는 중국공산당 지하당을 따라 칭다오를 거쳐 북상하여 건국을 앞둔 베이징에 도착했다. 그 후 많은 고난을 겪긴 했지만, 그날 밤의 선택을 유감으로 생각하지 않았다.[16]

'조국을 사수하겠다'고 결정을 내리는 것은 중국의 많은 지식분자에게는 지극히 자연스러운 일이었다. 첸중수는 그 당시 다른 사람에게 "이곳은 나의 조국이다. 이곳에 지금 거대한 변화가 일어나고 있지만, 나는 그래도 여기에 남아 나의 몫을 하는 것이 좋겠다"라고 말했으며, 말투는 상당히 차분했다.[17] 그는 "의대 날로 헐거워져도 끝내 후회하지 않고, 그를 위해 이 한 몸 기꺼이 초췌해지리"라는 유영(柳永)의 사(詞)를 자주 인용해 자신의 심정을 피력하기도 했다. 양장[11]은 후에, "'그', 즉 '우리'를 내팽개칠 수 없었다, 무수히 많은 '우리' 중의 사람들은 비록 서로 일면식도 없는 사이이긴 했지만. 결국에는 다 같이 하나 되어 고통을 함께하고 호흡을 함께하며 모두가 떼어버릴 수 없는 자신의 일부였다"라고 설명했다. 1950년대 전기에 천인커[12]도 그해의 떠나고 남는 문제에 대해 왕리와 이야기할 때, "구태여 조국을 떠날 필요가 있겠는가"라는 한마디 말을 했다고 한다.[18] 이 전통은 아마도 굴원에서부터 시작되었을 것이다.

어떤 지식분자는 핍박에 못 이겨 양산박으로 도망가는 격이었다. 국민당은 대륙 통치 후반기에 민간 언론에 대해 줄곧 탄압 정책을 폈다. 1948년만 보더라도 다음과 같은 기록들이 있다. 1월 12일, 생활, 독서, 신지, 이 세 출판사[13]를 강제로 폐쇄했다. 4월 9일, 잡지 ≪국신≫을 폐간시켰고, 홍콩판 ≪국신≫도 수입이 금지되었다. 6월 5일, 상하이 ≪시대일보≫가 강제 폐간당했으며, 죄명은 "노사 분규와 학생운동 선동, 금융 교란, 군정(軍情) 왜곡"이었다. 7월 8일, 내무부는 "출판법에 위반되는 글을 여러 번 실었다"라는 이유로 난징 ≪신민보≫를 영구 폐간시켰다. 7월 16일과 19일, ≪중앙일보≫는 ≪대공보≫의 왕윈성이 ≪신민보≫를 변호한 것과 「출판법」을 비판한 것을 겨냥해 사설을 연달아 발표했고, 왕윈성에 대하여 "삼사(三查)"를 실시해야 한다고 목소리를 높였다. 8월, 중앙 선전부는 영화사에 "화폐제도 개혁"이 진행 중일 때는 영화 속에 "물가상승과 관련된 것을 묘사하거나 진위엔권의 가치하락을 풍자하는

---

11) 첸중수의 아내이다.
12) 恪(삼갈 각)의 발음을 놓고 커(ke)가 맞다, 췌(que)가 맞다 하며 지금도 의견이 분분하다.
13) 생활, 독서, 신지, 이 세 출판사는 1948년 10월에 합병하여 생활·독서·신지 삼련서점 (生活·讀書·新知三聯書店)이 되었다.

내용"을 담지 못하도록 훈령했다. 9월 24일, 주간지 ≪시대와 글≫은 "언론이 과격하다"라는 이유로 강제 폐간되었다. 10월 2일, 내정부(內政部)는 "국가총동원법에 따라 뉴스·신문·잡지의 기사에 대하여 필요시에는 규제를 가하라"라는 밀령을 하달했다. 10월 14일, 생활서점[14] 사장 쉐디창과 수습생 천정다가 체포되었으며, 특종 형사 법정은 이 출판사가 "반동" 서적을 주문하고 "공산주의"를 선전했다는 이유로 "국가 위해죄"에 따라 공소를 제기했다. 10월, ≪시칭조≫와 ≪중국신시≫가 동시에 출간 금지되었다. 11월 26일, 내정부는 상하이시에 전보를 보내 이른바 "사설(邪說)을 고취"하는 학생 잡지 64종에 대해 출간을 금지했다. 12월 25일, "정부를 공격하고, 국군을 풍자 비난하고, 빨갱이를 선전하고, 민심을 교란하고, 동원 감란 정책을 위반했다"라는 죄명으로 ≪관찰≫에 "영구 폐간"을 명령했다. 12월 30일, 충칭시 사회국은 충칭판 ≪대공보≫의 10대 죄상을 열거하여 법원에 공소를 제기했다.[19]

이런 모든 강제 명령과 금지는 "물고기를 깊은 연못으로 내몰고, 참새를 숲속으로 내쫓는"[15] 역할을 했다. 추안핑이 주관한 ≪관찰≫이 바

14) 서점(書店)이라는 단어는 건륭(乾隆) 연간에 처음으로 등장했으며, 중국 근대사에서 보면 서국(書局)으로도 불렀다. 지금은 서점이라고 하면 일반적으로 서적 등을 판매하는 상점을 가리키지만, 이 생활서점(生活書店)은 이 책 제1장에 나오는 카이밍서점(開明書店)과 마찬가지로 출판사이다. 중국에서 이렇게 서점이라 불리는 출판사는 책을 발행하기도 하고 책을 판매하기도 한다. 신화서점(新華書店), 생활·독서·신지 삼련서점(生活·讀書·新知三聯書店), 상하이서점(上海書店) 등이 그 예이며, 그 외 상무인서관(商務印書館), 중화서국(中華書局) 등으로 불리는 출판사도 있다.

15) 『맹자』, 「이루상(離婁上)」의 "爲淵敺魚, 爲叢敺爵"을 인용한 것으로, 원래는 자기편일 수도 있는 사람을 적에게로 내몰아 자신한테 불리하게 만든다는 뜻이다. 맹자(孟子)는 "걸주(桀紂)가 천하를 잃은 것은 백성의 지지를 잃었기 때문이고, 백성의 지지를 잃은 것은 민심을 잃었기 때문이다. 백성의 지지를 얻으면 천하를 얻을 수 있고, 민심을 얻으면 백성의 지지를 얻을 수 있고, 백성이 원하는 것을 주고 그들이 싫어하는 것은 하지

로 그 예이다. ≪관찰≫을 창간할 때 「창간사」에서, "우리는 대체로 평범한 자유사상가를 대표하고, 선량한 대중을 대신해 말하는 것 외에 우리의 배후에 결코 어떠한 조직도 없다. 우리는 정부·집권당·반대당, 이 모두에 대해 조금도 편파적이지 않은 논평을 할 것이다"[20]라며 기본 입장을 확고히 했다. 추 씨는 또 "솔직하게 말해 우리는 지금 자유를 놓고 다투고 있는데, 국민당 통치하에서는 이 '자유'가 '많고' '적고'의 문제지만, 만약 공산당이 집권하게 되면 이 '자유'는 '있고' '없고'의 문제로 변하고 만다"[21]라는 명언을 남기기도 했다. 이것은 적어도 추안핑은 확실히 공산당을 두둔하지 않았으며, 심지어는 의구심까지 품고 있었음을 말해준다.

그러나 국민당은 그가 자기네도 함께 비판했고, 또 대중에 대한 ≪관찰≫의 영향력이 날로 확대되었기 때문에(발행량이 처음에는 400부였던 것이, 마지막에는 10만 500부로까지 증가했다), 매우 꺼림칙하여 절대로 공존할 수 없다고 생각했으며, 사지로 몰아넣지 않고는 마음이 후련하지 않았다. 추안핑은 「정부의 예리한 칼날, ≪관찰≫을 겨누다」라는 글에서, 박해받은 사실을 다음과 같이 열거했다.

발매 금지를 당하거나 압류 처분을 받았고 ≪관찰≫ 판매상은 위협을 받았으며, ≪관찰≫을 읽는 것은 이미 금기 사항이 되었고 심지어 본사가 출간한 '관찰총서'마저도 금서가 되어버렸으며, 몇몇 우편물 검열

않으면 민심을 얻을 수 있다. 물이 아래로 흐르고 짐승이 광야로 달려가는 것처럼 백성은 어진 마음을 따른다. 그래서 물고기를 깊은 연못으로 내모는 것은 (물고기를 잡아먹으려던) 수달이고, 참새를 숲속으로 내쫓은 것은 (참새를 잡아먹으려던) 매이며, 백성을 탕왕(湯王)과 무왕(武王)에게로 내쫓은 자는 걸(桀)과 주(紂)이다"라고 했다. 통치자가 폭정을 하면 민심은 흩어지고 백성은 적에게 투항하게 되며, 인정을 펼치면 백성은 자연히 모여들어 따르게 된다는 뜻이다.

당국은 일률적으로 압수해 갔다.[22]

그러나 이런 것은 거센 반항만 불러일으켰을 뿐, 추 씨의 언사는 더욱 날카로워졌다.

우리는 지금 이 정부를 비판할 의욕마저도 없다.
(이 지경에 이르렀으니) 이 정부도 퍽 비참한 일이다.
폐간되든, 되지 않든 우리는 이런 걸 진작부터 도외시하고 있었다. 만약 폐간되더라도 다들 애석해하지 말기 바란다. 피비린내가 진동하는 이런 시대에 얼마나 많은 생명이 희생되었는지 모른다. …… 이 조그만 잡지가 설령 폐간당한다고 하더라도, 국가의 큰 재난을 놓고 보면 별것이겠는가!

그러면서 글의 맨 마지막 부분에, "박해 앞에 몸과 마음을 바쳐 나라에 충성할 것이다. 오늘 만약 이 방식이 통하지 않는다면 내일은 또 다른 방식으로 계속 노력해 나갈 것이다"[23]라고 밝혔다. 국민당 정부와 결별하겠다는 뜻을 굳혀놓고도 ≪관찰≫은 여전히 공산주의를 비판하는 글을 수시로 발표했다.[24] 그러나 국민당 측의 박해는 증가하면 했지 감소하지 않았는데, "한 달에 한 번 조사"라는 옐로카드 제시를 시작으로 마지막에는 폐간시켰고 편집장을 추적하여 체포했고 관계자를 포위하여 체포했으며, 잡지 발행 책임자를 체포해 감옥에 넣었다.[25] 이때 추안핑 같은 자유주의 지식분자에게는 신중국에 의탁하는 것 외에 다른 길이 없었다.

이 모든 것은 최후의 결과를 낳았다. 1948년 12월 15일 저녁 6시 반, 평진 학술 교육계의 지명인사를 '긴급 구출'하기 위해 베이핑으로 보냈던 전용기 두 대가 난징 밍구궁공항에 착륙했고, 장제스가 특파한 왕스제·

주자화·장징궈·푸쓰녠·항리우 등의 요원이 가서 영접했다. 제일 먼저 비행기에서 내린 사람은 후스였고, 뒤이어 천인커·마오쯔쉐이·첸쓰량·잉첸리 등이 내렸는데 25명에 불과했다. 이 사람들이 '남하'한 사람의 전부는 아닐지라도 대표성 내지는 어떤 상징성을 띠고 있었다. 즉, 국민당은 지식분자 확보에서도 실패자였다.

『후스전론』의 설명에 따르면 그때 중국공산당 측에서도 후스를 상대로 설득 공작을 펴고 있었으며, 시산의 방송을 통해 후스가 떠나지만 않는다면 베이핑이 해방된 후 그에게 계속해서 베이징대학 총장과 베이징도서관 관장을 맡게 하겠다고 분명하게 밝혔다고 한다. 베이징대학 동료와 아랫사람 중에도 남으라고 권한 이가 있었으나 후스는 웃으면서 고개를 내젓기만 했다. 권유가 다급해지자, "소련에는 빵은 있고 자유가 없고, 미국에는 빵도 있고 자유도 있으나, 그들이 들어오면 빵도 없고 자유도 없다"[26]라는 이 세 마디를 남겼다고 한다. 이것은 그냥 입소문일 수도 있으나, 자유주의를 견지하고 공산주의를 반대하는 그의 입장은 그 당시 그의 각종 강연과 글에 여러 번 잘 나타나 있으며,[27] 그가 한 선택, 즉 "국가가 가장 위급하고 어려울 때는 반드시 총통 장 선생과 함께하겠다"라고 거듭 밝힌 바 있다.[28]

하지만 그는 결코 남하하고 싶었던 것은 아니었다. 아니 적어도 당장 남하하려고 했던 것은 아니었다. 왜냐하면 그는 "베이징대학을 버리고 모르는 척"하려 하지 않았고, 이미 11월 24일에 베이징대학 교수회의에서도 "절대로 남쪽으로 옮기지 않는다"라는 결정을 했기 때문이다.[29] 그는 그때 베이징대학 개교 50주년 행사와 『수경주』 판본 전람회 준비로 눈코 뜰 새가 없었다. 그러나 남아서 베이징대학을 지키고 있던 탕융퉁과 정톈팅에게 다음과 같은 편지 한 통만 남겨놓고 결국에는 황급히 남하하고 말았다.

오늘 아침과 오늘 점심때 정부로부터 즉시 남하하라는 전보를 연달아 몇 통씩이나 받았소. 그래서 나는 아무런 준비도 없이 가나이다. 모든 일은 당신들 몇몇 동료들에게 부탁할 수밖에 없구려. 나는 비록 멀리 있어도 베이징대학을 절대 잊지 않을 것이외다.

큰 나무 상자 100여 개에 이미 다 꾸려놓은 책도 가져갈 길 없이, 작은 아들에게조차 통지할 겨를도 없이, 부랴부랴 아내만 데리고 집을 나섰는데, 손가방에는 교감 중이던『수경주』원고와 목숨처럼 여기던 16회 잔본 『갑술본 지연재 중평 석두기(甲戌本脂硯齋重評石頭記)』가 들어 있었다.

천인커가 남하하는 비행기 안에 모습을 드러내 사람들의 이목을 끌었다. 당시 칭화대학 중문과에서 교편을 잡고 있던 푸장칭은 3일 전(12월 12일)에 그를 방문했고, 대화한 내용을 그날의 일기에 다음과 같이 적었다.

천 선생은 …… 그는 비록 두 눈을 실명했지만, 기회가 주어진다면 당장 떠나고 싶어 했다. 칭화가 해산되려 하지만, 학교 이전은 불가능하고 감히 공개적으로 제안하는 사람도 없으며, 어떤 사람들은 암암리에 떠나려고 한다. 지금은 좌와 우가 분명해서 이쪽도 저쪽도 아닌 사람은 발붙이기가 어렵다. 그는 공산주의를 반대하지 않지만, 소련식 공산주의는 찬성하지 않았다. 나는 그에게 모두가 중국 사람인데 중국 공산주의자가 반드시 소련 공산주의자인 것은 아니지 않으냐며, 학교는 단체여서 대다수 사람이 떠나지 않는다면 안전이 보장될 뿐만 아니라 손실과 파괴도 피할 수 있을 거라고 말했다. 그는 나의 견해를 환상이라고 생각했다.[30]

이것은 어쩌면 천인커의 진솔한 사상과 태도를 반영해 주고 있겠지만, 그는 여전히 조국이 그리워서 결국 대륙에 남았다.

또 다른 유명한 자유주의 작가이자 학자인 량스추는 후스와 천인커보다도 더 일찍 12월 13일에 기차를 타고 베이핑을 떠났다. 베이핑은 그가 태어난 곳인데 이번에 멀리 떠나면 돌아올 날을 기약할 수 없으니 자연히 발걸음이 떨어지지 않았다. 게다가 장녀를 남겨놓고 가려니 이 혈육의 이별은 더욱 가슴을 갈기갈기 찢는 듯했다. 몇십 년 후, 대륙이 마침내 량스추의 현대문학에서의 역사적 지위를 인정하자, 온갖 풍파를 다겪은 량원첸 여사는 그제야 오랫동안 닫아두었던 기억의 갑문을 조심스럽게 열었다.

> 아주 또렷하게 기억하고 있다. 나는 기차 타고 떠나시는 아버지를 배웅하러 갔다. 여동생 원창은 고개를 들지 못할 정도로 울었고 남동생은 멍하니 말이 없었으며, 아버지는 눈물을 글썽인 채 차창 너머로 나에게 손을 흔들며 "몸조심하거라"라는 한마디만 하셨다. 안경 너머로 나도 아버지의 붉어진 눈시울에서 눈물이 흘러내리는 것을 보았다. 기차는 움직이기 시작했고 갈수록 빨라졌다. 이때 나는 문득 또 할 말이 생각나 기차를 쫓아 필사적으로 뛰고 또 뛰어, 기차를 따라잡고는 큰소리로 외쳤다. "아버지, 위가 안 좋으시잖아요. 앞으로는 술 많이 드시지 마세요!" 아버지께서는 큰소리로 대답하셨다. "알았다." 기차는 갈수록 멀어져, 한 가닥 푸른 연기를 내뿜으며 유유히 남쪽으로 달려갔는데, 이 이별이 40년이 될 줄이야 누가 생각이나 했겠는가 ······.[31]

그 후 아슬아슬한 위기를 많이 겪었다. 원래는 량스추가 아이들을 데리고 먼저 톈진에 가 있으면 그의 아내가 집을 정리하고 곧 뒤따라오기로 약속되어 있었는데, 예상과 달리 아내가 하루를 더 지체하는 동안

베이핑과 톈진 사이의 교통이 끊겨버렸다. 량스추는 자녀 둘과 함께 처량하게 톈진을 떠나 남하할 수밖에 없었고, 탕구를 지날 때는 또 해안에서 군인들이 총격하는 바람에 삼등실에 웅크리고 누워 있어야 했으며, 14일에 비로소 홍콩에 도착하여 다시 광저우로 갔다. 베이핑에 발이 묶였던 량스추의 아내는 다행히 15일 비행기를 탈 수 있었으며, 난징에 도착하자마자 곧바로 상하이로 직행했고, 다시 배를 타고 홍콩을 거쳐 광저우로 가서, 또 한 번 이산가족이 되는 것을 면할 수 있었으니 천만다행이었다!32 량스추는 유명한 문학가이기 때문에 자기 본인이나 이후의 전기 작가가 다방면으로 역사 자료를 조사하여 이런 전란과 민족 분열 중의 이별을 기록했지만, 더 많은 일반 대중과 일반 지식분자의 가정에 발생한 너무나도 처참한 인생 비극은 역사의 먼지 속에 묻혀버렸고, 기껏해야 몇몇 가족 중에 나날이 희미해져 가는 기억과 어슴푸레해지는 슬픔이 남아 있다가 금세기말에 이르러 다시 들춰지고 있다.

1948년 12월 17일, 베이징대학은 전란 중에 개교 50주년을 맞이했다. 신문은 다음과 같이 보도했다.

베이핑 교외의 전쟁은 17일 새벽에 더욱 치열해져 총성과 포성이 가까이서 빗발쳤다. 베이징대학의 훙러우 지붕에 오색찬란한 교기 하나만이 더 보태졌다. …… 모두 모자를 벗고 차이(위엔페이) 선생 동상 제막식을 거행했다. 백발에 흰 수염이 난 대선배 동문 저우양안이 맨 앞줄에 서 있었고 두 눈에는 뜨거운 눈물이 가득했다. 차이 선생 동상도 안경 너머로 의미심장한 눈빛으로 후세들을 주시하고 있었다. 탕융퉁 학장은 작은 목소리로, "베이징대학은 무술정변의 산물이며, 5·4 시기에 이르러 새로운 활력을 얻었습니다. 이 50년 동안 많은 난관을 넘겼습니다. 지금 또 포성이 그치지 않는 가운데 베이징대학을 기념하게 되니 감개가 무량합니다. 이 다사다난한 시대를 베이징대학은 계속해서 헤쳐나갈 수 있을 것이며, 우리는 미래를 향하여 힘껏 나아갈 것입니다"라고 말했다. ……

이 보도는 끄트머리에 베이징대학 이과대학 라오위타이 학장이 "최근 들어 학생들이 심기는 불편하지만 공부는 여전히 열심히 하고 있으며, 토요일과 일요일에도 실험실을 예전처럼 개방해 달라고 요구합니다"[33]라고 기자들에게 한 말을 특별히 언급했다. 이것은 중요한 정보이며, 사람들은 1년 전에 중국 지식분자 사이에서 한 세대 위인 장위엔지 선생이 후스에게 써 보낸 편지 중 한 단락, 즉 "자네 편지에, 이 난리 통에 나는 소소하게 교감(校勘) 작업이나 하고 있다고 생각하니 자신이 우습기만 하다고 했는데, 이것은 정말 세상이 어지러울수록 내 마음은 더욱 안정적이라는 뜻이구려"[34]라는 대목이 자연스레 떠오를 것이다. 여기에 나타난 것은 적극적인 문화 건설 정신으로서, 전란 중이어서 더욱 값지다.

그래서 사람들은 동란 중인 1948년에도 기본적인 학술 문화 건설이 소수의 손에서 꾸준히 유지되고 또 계속되고 있었음에 주의를 기울이게 된다. 1947년 『중국 역사 참고 도보』(일부분)의 출판에 이어, 1948년 정전뒤 선생은 또 『역외 소장 중국 고화집』 24집을 영인 출판했고, 미국 현대문학 총서를 공동 번역했다.[35] 1948년에 출간된 중요 학술 저서로는 페이샤오퉁의 『향토 중국』(상하이관찰사 초판, 4월), 첸중수의 『담예록』(카이밍서점 출판, 6월), 펑즈의 『괴테 논평』(정중서국, 8월), 리창즈의 『사마천의 인격과 풍격』(카이밍서점, 9월), 왕야난의 『중국 관료 정치 연구: 중국 관료 정치의 경제적 역사적 해석』(시대문화출판사, 10월), 우쩌의 『캉유웨이와 량치차오』(화사서점, 11월), 자오위엔런 등의 『후베이방언 조사 보고』(중앙연구원 역사 언어 연구소 특집, 상무인서관, 1948년) 등이 있다. 이 모든 것을 눈부신 업적이라고 하기에는 역부족이지만, 아무도 신경 쓰지 않는 가운데 꿋꿋이 지켜나가고 있었다는 데 그 가치가 있다.

이때쯤 되자, 가고 싶은 사람과 갈 수 있는 사람은 모두 갔고, 가고 싶지 않은 사람과 갈 수 없는 사람은 모두 남았다. 생활은 기다림 속에 계속되었다. 앞서 말한 푸장칭의 일기는 이 시기의 일반 대학교수들과 학생들의 생활을 충실히 기록한 글이니 우리는 또 한 번 '표절자'가 되어 보자.

(12월) 13일(월요일) 맑고 따뜻함. 오전 10시에 중국 문학사 수업이 있었다. 결석한 학생은 없었다. 『초사』의 「천문」과 「구장」의 내용을 계속 강의했다. 학생들이 불안해하는 것이 분명했다. 학교를 성내로 옮겨 베이징대학과 합병해 수업할 것이라고 들었는데 이 말이 사실인지를 묻는 학생이 있었다. …… 또 어떤 학생은 우리 이곳이 해방된다면 중앙의 공군(空軍)이 우리를 폭격할 것인지를 물었다. …… 어느 한 여학생은 감정을 억제하지 못하고 눈물을 훔치고 있었다.

오후에는 포성이 빗발치더니 기관총 소리까지 들렸다. 칭허강에서 퇴각하여 …… 칭화대학 북쪽에서 전쟁이 벌어지고 있으며, 낙농장에 이미 포탄이 떨어졌음을 알았다. 학생들은 기숙사 문밖에 서 있었고, 높은 곳에서 쳐다보는 학생도 있었다. 매우 긴장되었다. 우리는 바로 이불을 들고 도서관으로 들어갔다. …… 중문과 동료들도 속속 들어왔다. 학생들도 많이 왔다. 복도에는 이불이 빼곡히 깔렸다. 중앙의 포병 연대가 학교에 들어왔고 기상대에 대포 세 문을 설치했다는 소식이 전해져 왔다. 체육관 서쪽 일대에 계엄령이 내려졌다.

전깃불이 없다. 밤이 되자 석유등을 켜기 시작했다. 사람들은 흥분하여 잠을 이루지 못했다. …… 천멍자가 와서, 성인위엔과 신린위엔[16]

동료들은 평소처럼 차분하고 이사 가는 사람도 거의 없으며, 교정은 고요하고 달빛은 그림 같다는 말들을 했다. 멍자의 태도는 여유가 있어 보였고 말도 아주 시적이었다. …… 오늘 밤은 칭화대학이 최고로 긴장한 밤이다. 밤중에는 쾅쾅대는 포성이 끊이질 않고 …….

16일(목요일)　　맑음. 성 안팎의 교통이 끊겼다. …… 교내 분위기는 학생들 대다수가 원래 좌경이었고, 그들은 해방을 갈망하며, 소수의 학생들도 이제는 어떻게 되든 상관없다는 식으로 바뀌었다. 당초에 떠나려고 했던 극우파 동료 교수들도 지금은 갈 수 없게 되자 대부분 개의치 않아 했다. 아무튼, 스승과 제자가 일치단결하여 학교를 지키겠다는 마음만은 하나이다. ……

교정은 즐거움으로 가득 차 있다. 이런 대전환 속에서도 아무 일도 없으니 칭화대학은 그야말로 천당이라고 어느 부인이 말했다. 하이뎬과 청푸의 교통은 평소와 같고, 국군이 물러나고 공군(共軍)이 들어왔는데도 혼란스럽지 않다. 상점들이 서서히 문을 열기 시작했고 물건들은 아주 비싸다. 공군이 사용하는 창청은행의 지폐가 등장했다.

17일(금요일)　　맑음. …… 학생 뤼(呂) 군이 와서 하는 말이 공군은 기율이 잘 잡혀 있고 주민을 괴롭히지 않으며, 일반 주민들을 만나면 어르신·아주머님이라 부르고, 자기가 가지고 있는 좁쌀로 만든 건량을 먹고 찬물을 마시며, 고기와 채소는 모두 돈으로 사고 강제로 빼앗지 않으며, 사람과 말은 모두 비쩍 말랐다고 했다.

일없이 집에 있으려니 갑갑해서, 미국인 존 스타인벡이 저술한 『소련

---

16)　성인위엔(勝因院)과 신린위엔(新林院)은 당시 칭화대학의 교수 사택 구역이었다.

기행』을 읽었는데 …… 책 속에는 자유 민주주의자인 어느 한 미국인이 국가 지도자를 마치 신처럼 숭배하고 또 엄격하게 통제하는 소련의 풍조에 대해 느끼는 이상함과 어색함이 곳곳에 나타나 있었다.

19일(일요일) 맑음. 오후 4시에 중앙의 비행기 한 대가 칭화대학 상공에서 폭탄을 투하했는데, 궁쯔팅 앞에 하나, …… 푸지위엔과 성인위엔 사이에 하나를 떨어뜨렸다. 또 옌징대학 웨이슈위엔에도 하나를 떨어뜨렸다. 폭탄을 왜 투하했는지 잘 모르기는 하나, 아마도 공산당 측에서 칭화대학과 옌징대학이 해방되어 평안 무사하게 평소처럼 수업하고 있음을 선전한 것이 국민당 정부의 노여움을 산 것 같다. 폭탄 몇 발이 다행히 모두 공터에 떨어져 다친 사람은 없었다. 평온하고 유쾌하던 칭화대학은 이리하여 또 한바탕 소동이 일어났으며, 근심과 공포에 휩싸였고…….

21일(화요일) 맑고 추움. 린경 교수가 와서 옌징대학의 근황을 전하고, 칭화대학 친구들의 안부도 물었다. 옌징대학에서는 어제 오후 공군(共軍) 13사단 정치부 주임 류다오성의 초청 강연이 있었는데, 공산당 측은 인민공화국을 만들 계획이지만 소비에트 제도는 아니라고 했고, 말하는 것도 보통 사람들이 생각하는 공산당 간부의 말투와는 아주 달랐으며, 공산당 측의 정책은 이미 바뀌어 나라의 정세에 적합했고, 타도하고자 하는 대상은 오직 장제스 정권과 4대 부호였으며, 문화기관과 공무원·교원·노동자·농민·상업인 등 각계를 보호한다고 했다.

22일(수요일) 맑고 추움. 저녁 7시에 중문과 학생들이 교수·학생 좌담회를 마련했다. …… 저녁이 되어서야 전깃불이 들어왔는데 공군(共

軍)의 조치로 복구되었다. 중문과의 교수와 학생 전원이 출석하여 한자리에 모였다. 학생들은 해방 후의 낙관적인 기분을 표출했다. 광명의 길로 어떻게 나아갈 것인지 토론했고 각자의 생활을 반성했으며 대학교육의 방침과 중문과 교과 과정의 개선을 토론했다. 모두 굵직한 문제들이었으며 발언자도 많았다. …… 중년층은 종종 현실 문제에 주의를 기울이고, 의기소침하면서도 대단히 이지적이며, 회의적이고도 신중한 태도를 보인다. 현재 우리 대학은 아직도 전투 구역 중 국공 모두 관할하지 않는 지대에 속해 있다고 할 수 있다. 우리는 12월분 급료를 받았지만 진위엔권으로는 이미 채소를 살 수 없고 어쩌다가 살 수 있다해도 굉장히 비싸다. 돼지고기는 500g에 60위엔, 달걀은 한 개에 십몇 위엔, 채소는 500g에 3~4위엔, 동두부(凍豆腐)는 한 모에 3~4위엔 한다. 그래서 며칠 안 가서 우리의 진위엔권은 바닥이 나고 말았다. 지금은 밀가루밖에 없어서 밀가루로 채소를 바꿔야 하니 하루가 1년 같다. 공군이 언제쯤이나 베이핑을 점령하여 안정을 찾을 수 있을지 모르겠다. 또 국군이 돌격해 와 서쪽 교외가 일진일퇴의 접전지가 될지도 모르겠다. 그리고 인민 정부가 언제쯤 칭화를 접수하여 우리가 월급을 받을 수 있을지도 모르겠다. 이런 문제들이 우리 머릿속을 맴돌고 있어서 별로 힘이 나지 않는다. ……

28일(화요일)　맑고 따뜻함. 오전에 치뤄와 함께 하이뎬에 가보았다. …… 상점 문은 대부분 닫혀 있었고 몇 집만 영업했다. 돼지고기는 60여 위엔, 궐련은 20개비에 40위엔 했다. 우리는 팥과 파란 콩, 노란 콩을 사려고 여러 집을 둘러보았으나 결국 산 것은 노란 콩(500g에 18위엔)과 검은 콩(콩소를 만들 수 있는 것으로, 500g에 20위엔)이었다. 땅콩은 500g에 50~60위엔이었는데 우리는 아까워서 사지 못했다.[36]

북방의 고성(古城)이 겹겹이 포위되어 고생하고 있을 때, 남방의 홍콩은 오히려 다른 모습, 다른 기분이었다. 멀리 앞을 내다보면서 주도면밀한 계획을 세우고 있던 중국 공산주의자들은 1947년 하반기에 이미 자기편과 자기들 쪽으로 기울고 있던 문화계·교육계·학술계의 지명인사들을 계획적으로 홍콩으로 옮겨 일찌감치 국민당의 통제에서 벗어나게 했다. 유연하면서도 성과가 탁월한 통일전선을 통해 홍콩에 집결해 있던 이런 민족문화 엘리트들은 아주 자연스럽게 중국공산당 주변에 뭉쳤다. 이 시각 그들은 1948년 5월 1일 중국공산당의 노동절 호소에 발맞춰, 머잖아 해방을 맞게 될 베이핑에 가서 신정치 협상 회의에 참석하고 신중국의 탄생을 영접하기 위해 배를 타고 북상할 때를 초조하게 기다리고 있었다.

이리하여 1948년 말 중국의 강토에 '남하'하고 '북상'하는 지식분자의 물결이 극적으로 두 갈래를 이뤘는데, 전자가 띄엄띄엄하고 허겁지겁하면서 절망적이었다면, 후자는 규모가 크고 위풍당당했으며, 질서 있고 (중국공산당은 산만한 지식분자 앞에서 처음으로 놀라운 조직력을 보여주었다) 희망으로 가득 차 있었다. 비교적 일찍 북상한 사람은 궈모뤄·마오둔 등인데, 1948년 11월 23일 밤에 홍콩을 떠나, 12월 1일 둥베이 해방구 단둥 스청다오에 도착해 바로 선양으로 갔다. 궈모뤄는 낭만주의적 재능을 다시 한번 발휘해 떠나기 전에 시를 지어 아내 위리췬에게 '이별의 선물'로 주었다.

이 몸은 내 몸이 아니라 그대의 것이로다. 아낌없이 인민에게 바치도록 그대가 날 보내주어 감사하오. 나에게 회중경을 선사했으니, 거울 속에 사진이 들어 있네. 그대의 웃는 얼굴, 고생을 잊게 하는구려. …… 중국이 완전히 해방되는 데 1년이 채 필요치 않으리라. 마오공(毛公)께서 이미 선언하셨네, 순식간에 다시 만나게 될 거라고.[37]

닻을 올려 북상할 때는 가는 동안 더욱 큰소리로 읊었는데, 매 수는 모두 "나는 지금 정말 해방되었네"로 끝맺었다. "나는 지금 정말 해방되었네, 다시 어린 시절로 돌아온 것처럼", "나는 지금 정말 해방되었네, 먼지와 때는 매미 허물처럼 벗어버렸네", "나는 지금 정말 해방되었네, 알몸으로 인간 세상에 왔네", "나는 지금 정말 해방되었네, 기쁨이 그 무엇과 같으리오", "나는 지금 정말 해방되었네, 너무 미쳤다고 나무라지 마오".[38] 정말이지 궈모뤄 자신과 상당수의 진보적인 지식분자가 이 역사의 전환 속에서 맛본 해방과 신생의 희열을 남김없이 다 표현했다. 이것과 밀접하게 연결되어 있었던 것은 절실하게 자신을 개조하고 갱신하려는 욕망이었다. 궈모뤄는 둥베이 해방구에 도착한 지 얼마 되지 않았을 때 해방구 작가 차오밍(그는 1948년에 노동자의 생활을 반영한 장편 소설 『원동력』을 출간해 목소리가 한창 클 때였다)에게 보내는 편지에서 "내가 장제스 통치 지역에 있은 것은 10여 년 동안 수용소에 앉아 있은 것이나 다름없어서, 지금 해방되었으니 열심히 공부하지 않으면 안 되는데", "앞으로 당신과 모든 문예해방전사에게 경건하게 배우겠다"[39]라고 말했다. 이런 '경건함'은 그때에도 그 이후에도 상당히 대표성을 띠고 있었으며, 거의 한 시대 지식분자의 정신적 특징이 되었다.

1948년 12월 20일, 시인이자 번역가인 볜즈린은 부랴부랴 여객선을 타고 영국을 떠나 4주 후 홍콩에 도착했다. 그는 신중국의 문화 건설에 참여하기 위해 서둘러 왔으며, 여행 가방에는 영어로 써서 막 중국어로 번역한 『산과 물』이라는 소설이 들어 있었다. 이 작품은 이 시인이 쓴 소설로 실험적인 성격을 띠었는데, 영국의 소설가 이셔우드(볜즈린은 그의 『프레이터 바이올렛』을 번역하여 소개한 적이 있다)가 이 소설을 상당히 높이 평가했다고 한다. 그러나 볜즈린은 이런 실험이 신중국의 문화적 분위기에 전혀 어울리지 않음을 이내 발견하고는 자발적으로 원고를 불태워 버렸는데, 이것은 물론 몇 년 후의 일이었다.

벤즈린과 마찬가지로 황급히 귀국하려 했던 해외동포는 더 많이 있었다. 그들 중 빙신·라오서·리쓰광 등은 신중국이 수립되고 얼마 지나지 않아 서둘러 돌아왔다. 이것도 일종의 '경건함'이다.

결말이 아닌 결말

- 예성타오는 마침내 '원행'을 함으로써 유리 상태에 마침표를 찍었다.

- 정전둬가 『화몽록』을 다시 읽었다.

- 후펑은 상인이 몸부림치며 물건 팔던 소리가 떠올랐으며, 그는 홍콩에서 '정죄'하지 못했다.

- 루링은 「위루일기」를 써서 '시대의 종말'을 충실히 기록했다.

- 딩링은 신중국 여성작가의 자격으로 국제무대에 모습을 드러냈으며, 그는 비길 데 없는 자부심을 느꼈다.

- 「가보」: 여전히 농촌 현실 속의 '문제'에 관심을 기울이는 자오수리, 그리고 그의 입성의 의의와 곤혹.

- 샤오쥔이 사라졌다: 또 하나의 '앞당긴 죽음'.

- 칭화대학 중문과 교수·학생 단합대회 곳곳에서 '그'의 존재를 느꼈다.

- 소리 없는 정치 포탄, 선충원의 절망과 떨쳐버릴 수 없는 박해감.

- "지금 또 어찌 후회하리오": 후스와 푸쓰녠이 처량하게 대작하며 도연명의 시를 읊었다.

- 국민당 정부의 '최후의 만찬'.

- 장다오판이 모친의 묘소에 절하고 조용히 난징을 떠났다.

- '북방'의 소리에 귀를 기울였다: 마오쩌둥의 '혁명은 끝까지'라는 새로운 시대가 시작되었다.

1948년 12월 31일 장제스가 하야를 선언함으로써 한 시대가 막을 내렸다. 1949년 1월 베이핑의 각 대학 학생들이 인민해방군의 입성을 열렬히 환영했으며, 마오쩌둥이 평화 여덟 개 조건을 포함한 시국 성명을 발표했고 학생들이 거리에서 선전 활동을 펼쳤다.

역사는 흘러 마침내 1948년 마지막 날에 이르렀다.

예성타오는 늘 그래 왔듯이 이날도 일기를 썼다.

31일(금)　샤오셴이 쓴 역사 교과서를 손보았다. 오후에는 윈빈이 만든 초등학교 고학년 국어 교과서의 글 10여 편을 보았다. 밤에는 출판사 전 직원이 송년회를 했다. 10명이 한자리에 모여 앉아 제비뽑기도 하고 노래도 부르면서 대단히 흥겨웠다. 즈이는 술에 취해 계속 울었다. 그의 말을 들어보니 모두가 청년들의 가슴에 맺힌 응어리들이었다. 샤오모가 그를 위로했다.

여기에 예성타오 일기 중 어떤 은어들에 대해 약간의 주석을 달아야 할 것 같다. 이 책의 제일 마지막 장에 수록한 12월 29일과 30일(즉 하루 이틀 전) 일기에서 "쌴관이 여행 간다"라고 한 것은 실제로는 당시 상하이연극전문대학 학생이었던 예성타오의 셋째인 예즈청이 학생운동에 적극적으로 동참하는 바람에 당국의 주의를 받게 되어, 지하조직이 그를 쑤베이 해방구로 철수시키는 것을 가리키는데, 당시로서는 위험이 따르는 일이었다. 그래서 이날 밤 예성타오의 아내(일기 속의 "샤오모")는 그 사람을 "위로"할 때 자신의 마음도 대단히 아팠다. 예성타오는 이 점을 잘 알고 있었지만 드러내 놓고 말하고 싶지 않았던 것은, 이런 난세에는 가정마다 반드시 대가를 치러야 했기에 여러 말이 필요 없다고 생각했는지도 모른다.

게다가 예성타오 자신의 오랜 평화도 깨지기 직전이었다. 그가 일기에 "줴눙이 와서 먼 곳을 대신하여 인사를 했다"라고 썼었는데, "먼 곳"은 중국공산당을 가리키며, "인사를 했다"라는 것은 그에게 홍콩으로 간 다음 다시 북상하여 신정치 협상 회의에 참석해 달라고 요청했다는 말이다. 예성타오는 오랜 생각 끝에 동의했고, 며칠 후 출발하기로 했다. 이럴 때 그의 마음이 평온하지 못했으리라는 것은 짐작할 수 있는 일이다. 이번의 원행은 정말이지 인생의 대전환점이었다. 예성타오는 홍콩에 도착한 후 일기에 이렇게 썼다.

> 항일전쟁 때 일군의 사람들이 처음에 구이린에 모였고 이어서 충칭에 모였으며 승리 후에는 모두 상하이로 돌아왔는데, 지금은 또 경유지인 홍콩에 집결했다. 나는 원래 이런 조류 속에 있지 않았다. 그러나 시국이 변하여 또 이 대열에 끼지 않을 수 없으니, 자신이 우습기만 하다.[1]

원래 예성타오는 나랏일에 관심이 있고 정치도 절대 외면하지 않으며, 해야 할 말은 꼭 하고 해야 할 일은 반드시 하지만, 조류의 중심과는 적당히 거리를 유지하는 지식분자였다. 지금 1940년대 말의 '형국', 즉 전대미문의 격렬한 사회 모순과 신구 시대의 급격한 교체가 그들에게 국공 양대 정치세력 중에서 이것 아니면 저것을 분명하게 선택하게끔 강요했기 때문에(그 시대에는 이것을 '줄서기'라고 불렀는데, 그 후에도 이런 줄서기 문제는 계속 있었다), 동떨어져 있으므로 비교적 독립적이었던 기존의 상태를 계속 유지하기란 사실상 힘들었다. 예성타오가 "자신이 우습기만 하다"라고 한 것은 이렇게 자기 뜻대로 하지 못하는 자신을 비롯한 같은 부류의 지식분자에 대한 조소였으며, 그 마음은 복잡했다.

이 시기에 예성타오는 많은 글을 썼는데, 보기에는 상황을 설명하는 것 같지만 자신의 견해도 들어 있었으며, 결코 무턱대고 부화뇌동하지는 않았다. 예를 들면 그는 "혁명"의 목표는 "모두가 잘살도록 하는 것"임을 거듭 강조했고, 또 "이른바 '모두'는 육체를 가진 모든 사람을 두루 지칭하는 것이지 소수의 사람이나 어떤 계층의 집단을 가리키는 것이 아니며, '잘산다'는 것은 물질적인 면과 정신적인 면을 모두 포함하며, 잘산다는 것도 극히 잘사는 것이 아니라 비교적 점진적으로 잘 살아가는 것을 의미한다"[2]라고 구체적으로 설명했다. 이런 아주 소박한 말은 당시나 그 이후에 성행했던 혁명가들의 호언장담과는 다르며, 혁명 지도자의 혁명에 대한 설명과도 상당한 차이를 보이지만, 시간의 시련은 더 잘 견뎌낼 수 있을 것 같다. 우리는 여기서 "정권이 갑 집단에서 을 집단의 손으로 넘어갔다고 해서 다 혁명은 아니며", "모두가 잘살고 있는지를 살펴보아야만 혁명이 이루어졌는지 판단할 수 있다"[3]라는 결론을 얻었다.

예성타오가 보기에, 국민당이 중국을 몇십 년 통치하는 동안 백성은 안심하고 생활할 수 없게 되었으나(그의 일기 중에 이것에 대한 큰 불만이 드러나 있다), 지금 중국공산당은 해방구 인민을 이미 잘살도록 해놓았으며, 전국의 인민도 머잖아 잘살게 해줄 것이기 때문에, 국민당을 버리고 공산당을 받아들이는 것은 아주 자연스러운 일이었다. 역사적인 이 시점에 예성타오 같은 지식분자가 중국공산당을 선택한 것은 진심에서 우러나온 선택이었고 자기 나름의 원칙도 있었으며 결코 무조건적 맹종이 아니었음을 알 수 있다. 하지만 그는 이미 조류의 중심 속으로 들어와 버렸으니 자기 뜻대로 하지 못하는 상황이 앞으로 더 많이 발생할 테지만, 당시로서는 이런 것도 예측할 수 없었다.

예성타오와 사정이 비슷했던 사람으로는 그의 친구 정전둬도 있었는데, 그도 조금 후에 홍콩에 도착했다. 정전둬는 상하이를 떠나기 전에 친구들에게 그가 허치광의 『화몽록』을 특별히 다시 한번 읽어보았다며, "딩링웨이가 학이 되어 돌아와 보니 성곽은 이미 예전의 모습이 아니었지. 앞으로 내가 이 이야기를 다시 써볼까 해. 학이 되어 돌아오니 성곽의 모습은 완전히 새로워지고 ……"[4]라는 의미심장한 말을 했다고 한다.

어쩌면 새 시대의 '화몽록'은 이때부터 그리고 여기에서부터 시작되었는지도 모른다.

후펑은 이 시각 홍콩에서 초조하게 기다리고 있었다. 그는 12월 9일 상하이를 떠났다. 그는 주류 속으로 들어가고 싶지 않았던 것은 아니지만, "'늪'에서의 몸부림과 투쟁"을 더 원했기 때문에 그렇게 마음이 내켜 떠난 것은 아니었다. 국민당의 추격으로 떠나지 않을 수 없었고, 그가 꾸물거리며 가지 않는 것은 "독립성을 주장"하기 위함이라는 등의 터무니없는 소문도 그를 가지 않으면 안 되게끔 몰아붙였다. 10월 19일 루쉰 서거 12주년 그날, 그는 메이즈와 함께 만국공동묘지에 성묘를 하러 갔는데, 감개무량했음은 당연한 일이다. 왜냐하면 1948년에 발생한 여러 가지 일들이 이 5·4 선구자를 생각하지 않을 수 없게 했기 때문이다. 떠나기 직전, 후펑은 상하이에서 보낸 이 2년 반의 세월이 문득 떠올랐다. "처절하리만큼 우렁차게" 외쳐대는 어떤 상인의 물건 파는 소리를 늘 들어왔는데, 그는 그 속에서 "삶을 요구하는 부르짖음"을 느꼈으며, 슬픔이 엄습해 옴을 금할 수 없었다(독자는 어쩌면 새해 첫날 새벽에 시인 펑즈가 들었던 기침 소리가 떠오를 것이다).

떠나던 그날 강변에서 기다릴 때, 그는 며칠 전에 침몰한 장야룬을 보았다. 4일 후, 동녘이 채 밝기도 전인 새벽 5시쯤, 작은 배의 갑판 위에서 홍콩 산꼭대기의 등불을 보고 후펑은 대단히 흥분했는데, 심지어 "지옥 밑바닥을 헤매고 난 뒤 마침내 정토를 보는 것 같은" 느낌이었다. 그는 자기 자신에게 "지금 막 '뜨기' 시작했으니 지옥의 가장자리에 있다고 생각해야 한다"[5]라고 즉시 경고했다. 훗날 후펑의 말에 의하면, 원래 그는 홍콩에서 "죄를 깨끗이 씻으려는 마음"을 가지고 있었는데, ≪대중문예총간≫의 비판자들과 몇 차례 접촉이 있고 난 뒤로는 거리감을 느꼈으며, 심지어 더 이상 말하고 싶지 않아 집안에 조용히 틀어박혀 사람들과의 접촉을 피했다고 한다.[6] 이런 태도는 자연히 비판과 협력을 거부하는 것으로 여겨졌지만, 후펑은 그런 데까지 신경 쓸 여유가 없었다. 그는 1949년 새해 첫날 홍콩에서 배를 타고 북으로 가도록 계획되어 있었기 때문에, 1948년 마지막 날 그의 머릿속에는 오로지 '북방', 그가 마음속에 그리던 진정한 '정토'뿐이었으며, 이제 악몽은 끝나가고 모든 것이 다시 시작되려 하고 있었다.

그런데 '정토'가 후펑과 그의 젊은 친구들을 받아들일까? 다시 말하면, 수호신이라 자처하는 사람들이 그렇게 많은데 후펑 그들이 들어갈 수 있을까? 이 문제는 당사자들이 생각했을 리 없고, 사람들이 (지금처럼) 사후(事後)에 제기한 것이다.

후펑의 친구이자 학생이면서 1948년의 중요한 소설가 중 한 사람이었던 루링은 이해에 『부잣집 아들딸』을 출간한 것 외에도 장편 소설 『불타는 황야』와 「애민대회」·「평원」·「흙」 등 여러 편의 단편소설도 썼으며, 그 시각까지도 난징의 '위루(危樓)'를 사수하고 있었다. 그곳은 그가 잠시 거주했던 작은 다락방으로, "케케묵은 옷상자와 궤짝으로 가득 차 있었으며, 방안에서 걸으면 궤짝에 달린 나뭇잎 모양의 황동 고리가 댕그랑댕그랑 소리를 냈다"라고 한다. 그래서 루링은 아나톨 프랑스의 『펭귄의 섬』에 나오는 포화 속에서 경전을 옮겨 적던 그 수도승이 떠올랐고, 위대한 시대가 이미 선명하게 눈앞에 다가왔으니 "깨진 벽돌, 도깨비 그림자, 흙, 인형, 슬픈 울음, 즐거운 웃음, 무도 등의 대략적인 모습을 기록하여", "다가오는 시대에 약간의 즐거움을 더해주고, 좀 더 많이 알고 싶어 하는 미래의 사람들에게는 우리가 이곳에서 어떻게 생활했는지를 보여주고 싶다"[7]라는 강렬한 '소망'이 피어오르기 시작했다.

작가는 그리하여 이 시대의 충실한 기록자로서 자신의 위치를 굳히게 되었다. 12월 15일 그날을 보자.

1000명이나 되는 사람들이 번화가에서 황금을 바꾸려고 야단들이다. …… 제거할 수 없을 만큼 단단하고 거대한 무슨 힘이 이 도시를 누르고 있고, 사람들은 생활과 득리(得利)의 보장을 위해 미쳐가고 있다. …… 은행 입구에 줄이 늘어서 있다. 사람마다 어깨에는 경찰이 분필로 써준 번호가 적혀 있다. 이 분필이라면 우리도 경험한 적이 있다. 지난달 서로 앞다퉈 물건을 사겠다고 야단일 적에 공정 가격으로 쌀을 사기 위해 경찰을 찾아가 번호 하나를 써달라고 할 생각이었으나 여의치 않아, 위엔(園) 형은 자기가 분필로 어깨에 한 자를 써서는 뛰어 들어갔었다.

심란해서 야외로 나가 걸으며 북풍을 쐬려고 했으나 또 끝내 가지 못했다. 거리에서 석간신문 한 부를 샀다. 이때 한 행렬이 다가왔다. 양복을 입은 남녀 기독교인들이었다. 그들은 빨간 글씨로 "죄", "어서 예수를 믿으시오" 등이 크게 적혀 있는 흰색 조끼를 입고 있었고, 북을 치면서 나팔을 하나씩 들고서 외쳐댔다. "금덩어리도 믿을 수 없고, 집도 믿을 수 없다! 신만 믿을 수 있다!" 경건한 노예 같은 그 꼬락서니를 보니 나는 갑자기 분노가 치밀어 소리쳤다. "뻔뻔스럽구나!" 그러나 주위의 사람들은 나를 바라보고 있었다. 가만히, 그런 신도들을 쳐다보듯이. 나는 내가 전율하고 있음을 느꼈다. ……

하지만 신도들은 연설을 하고 있었다. "사람들은 누구나 죄가 있다! 돈 있는 사람도 죄가 있고, 가난한 사람도 죄가 있다! 문화인도 죄가 있고 야만인도 죄가 있다! 왕조만 바뀌면 된다고 생각하지 마라. 왕조는 바뀌어도 죄가 있다! 중국은 5000년 동안 왕조가 얼마나 많이 바뀌었는지 모른다. 그러나 여전히 죄가 있다!" 알고 보니 그들은 중국의 마지막 전제 폭군을 엄호하고 있었던 것이 아닌가! ……

나는 심기가 편안해졌다. 북 치는 사람, 선교하는 사람, 도망가는 사람,

대성통곡하는 사람, 가슴을 치며 발을 동동 구르는 사람 등 이 다채로운 것들을 차분하게 다시 보았다. 그런데 이 도시를 누르고 있는 거대하고 파괴할 수 없는 그 단단한 것을 누가 들어 올릴 수 있단 말인가?

이런 '시대 종말'의 모습은 정말 사람을 전율케 한다.

31일 그날의 「위루일기」는 남아 있지 않다. 반달 정도 뒤, 루링은 이런 한마디를 썼다.

새 시대는 선혈로 목욕해야만 탄생할 수 있고, 시간은 힘겹게 전진하고 있다.[8]

북방의 '정토'에서는 딩링이 자기 일생 중 황금기를 보내고 있었다. 이해 9월에 『태양이 쌍깐허를 비추다』를 출간한 후, 11월에 그는 헝가리 부다페스트에 가서 세계민주부녀연합회 제2차 대표 회의에 참석했으며, 물론 그의 새 작품도 가지고 갔다. 12월에 그는 또 소련을 방문했다. 이번에 그는 머잖아 탄생할 신중국의 대표로서 그리고 막 '해방'된 중국 여성과 중국 작가, 지식분자의 대표로서 국제무대에 모습을 드러냈으며, 생각지 못한 열렬한 환영을 받았다. 이해 말에 중국으로 돌아온 딩링은 아들 장쭈린과 전쟁 중에 귀한 상봉의 시간을 가졌는데, 그는 평생 잊을 수 없는 인상, 즉 중국 대표단은 어디를 가든 열정적인 사람들에게 에워싸여 "'중국!'을 외쳐대는 놀라운 소리를 항상 들었으며, 눈물 머금은 눈으로 그들이 '당신들은 장제스를 아주 멋지게 물리쳤다!', '미제국주의를 두려워하지 않는다, 최고이다!', '당신들은 모두 영웅이다. 중국 해방구의 여성들은 모두 영웅이다!', '마오쩌둥은 대단하다!', '중국 만세!', '마오쩌둥 만세!'라고 하는 것을 항상 보았는데, 우리는 지금까지 사람들에게 이렇게 사랑을 받아본 적이 없고, 이렇게 사람들의 아낌과 부러움을 받아본 적이 없으며 ……"[9]라고 아들에게 흥미진진하게 이야기했을 것이다. '마침내 일어섰다'는 이런 자부심도 그 시대의 것이었다.

자오수리는 이해 말 국민당 비행기의 폭격으로 핑산을 떠나 처자를 데리고 농촌 샹위엔으로 갔으며, 거기서도 변함없이 현실 생활 중의 '문제'에 관심을 쏟았다. 훗날 「샹위엔에서 온 소식」이라는 제목의 보고문을 써서 ≪신대중보≫에 실어 "농촌의 노동력 결핍이 생산 발전에 영향을 주고 있으니, 여성의 농업 노동 참여가 시급하다"라는 점을 제기했으며, 그의 단편소설 「가보」도 이를 따라 무르익어 갔다. 그는 처자를 다시 고향 웨이츠촌에 데려다주러 가서 고향 사람들과 두 달 동안 함께한 후, 1949년 4월 단신으로 베이징에 왔다. '농민 작가'로 불리던(그 자신도 반대하지 않았던 것 같다) 자오수리가 도시로 온 것 자체가 상징적이었다. 그러나 또 다른 해방구 작가 쑨리는 이것이 자오수리에게는 도리어 "원래 그를 배양했던 토양을 떠나, 다른 곳으로, 다른 기후와 환경과 토양 속으로 이식되었음"[10]을 의미한다고 보았다.

그런데 샤오쥔이 사라져 버렸다. 이해 겨울 그는 출판사 문을 닫고, 신문 발간을 중단하고, 출판사의 자산 전액을 공공기관에 넘기고는 맨몸으로 하얼빈을 떠나 선양으로 갔다. 나중에 샤오쥔은 "축객"의 심정으로 떠났다고 그때를 회고했다.[11] 이것 또한 작가 생명의 앞당긴 죽음이었다. 이리하여 평범한 누군가가 어느 해 어느 날 무엇을 했는지 관심을 기울일 사람이 없듯이, 샤오쥔이 1948년의 마지막 날을 어떻게 보냈는지 언급하거나 묻는 사람은 아무도 없었다. 민간 속으로 사라진 데는 또 다른 의미가 있을지 모르나, 자존심 세고 승부욕 강한 샤오쥔은 생명의 강제적 소멸이 달갑지 않아, 1949년 봄 푸순 노동조합 총연합회에 배치되어 자료실 일을 맡아 하게 되었을 때 또 슬슬 새로운 창작에 들어갔다.

비록 '국공 모두 관할하지 않는' 상태에 처하긴 했지만, 칭화대학 중문과는 1948년 12월 31일 변함없이 교수·학생 단합대회를 했다. 앞서 말했던 푸장칭 선생의 일기에 "저녁에 중문과 교수·학생 단합대회를 하면서 위관잉의 집에서 해를 넘겼다. 각종 놀이와 단체 게임, 개인기 등이 있었으며, 신나게 놀았다"[12]라고 적혀 있다. 이런 때는 누구나 그 사람이 생각났을 것이고, 곳곳에서 그의 존재를 느꼈을 것이다. 하지만 푸장칭 선생은 아무것도 적지 않았다.

'떠나지 않는다'고 결정한 후로 겉으로 보기에 선충원은 평온했으며, 계속 자기 일을 해나갔다. 1948년의 마지막 날을 그는 자신의 저서들을 정리하면서 보냈던 것 같다. 그러나 이틀 후, 즉 1949년 1월 2일, 선충원은 『칠색엽집』의 목록을 작성하면서, 「녹엽」을 수정한 본문에 "나는 쉬어야 한다. 신경은 이미 내가 적응할 수 있는 최고점에 도달해 있다. 나는 파멸되지 않는다손 치더라도 미치게 될 것이다"[13]라고 적었다.

이것은 불길한 조짐이었다. 얼마 지나지 않아, 베이징대학 캠퍼스에 궈모뤄의 「반동 문예를 질책함」을 옮겨 적은 대자보가 등장했다. 사실, 이미 1948년 5·4 기념행사 때 이 격문을 낭독한 적이 있긴 하지만, 이번에는 특별히 선충원을 겨냥한 것이었고, "신월파·현대평론파·제3노선의 선충원을 타도하자"라는 대형 표어도 뒤따라 나붙었다.

선충원의 아들은 이렇게 말했다.

이 소리 없는 정치 포탄의 작렬은 타이밍도 절묘해서 그를 벌벌 떨게 만들더니, 그는 그만 병이 나고 말았다.

…… 고립무원의 절망 속으로 빠져들어 갔다.

"청산이 시작되었다!"

그는 감시당하는 것 같아 목소리를 낮춰 이야기했고 벽에도 귀가 있나 걱정했으며, 많은 사람들이 가담해 큰 그물망을 계획에 따라 조여와 …….

그는 한동안 홀로 앉아 탄식하며, "생명은 너무나 약하다, 선량한 생명
은 정말 연약하다 …… "라고 중얼거렸다.

'앞당긴 죽음' 앞으로 또 한발 성큼 다가섰지만 시작에 불과했고, "박
해감은 아무래도 평생토록 쉽게 지워지지 않을 것 같다 …… "[14]라던 선
충원의 직감은 빗나가지 않았다.

후스가 1948년 설날의 일기에 쓴 것은 "고탱대변(苦撑待變)"[1] 이 넉
자였다. 그런데 1년 후의 일기에, "난징에서 '도망병'이 되고 난민이 된
지 벌써 17일이나 되었다!"라고 썼다. 1948년 최후의 순간을 그는 푸쓰
녠과 함께 보냈다. 그들은 처량하게 마주 앉아 술을 마시면서 도연명의
「의고」 제9수를 읊었다.

> 뽕나무 강변에 심고, 3년이니 뽕 딸 때가 되었구나
> 가지 무성해지려 하는데, 갑자기 산하가 바뀌었네
> 가지와 잎 절로 꺾이고, 밑동은 바다에 떠 있네
> 봄누에 먹을 게 없는데, 겨울옷 무엇을 기다릴꼬?
> 원래 고원에 심지 않았으니, 지금 또 어찌 후회하리오!

이때도 '후회 없다'며 스스로 위로하고 격려할 수밖에 없었다.

이날 밤, 장제스의 황푸로 관저에서는 재경(在京) 상무위원회와 정치
위원회 위원이 참석한 간단한 연회가 열렸다. 이것은 국민당 정권의 대
륙에서의 최후의 만찬이었다. 내일 발표하게 될 「새해 통지문」을 연회

---

1) 고통을 애써 견디며 상황이 변해 기회가 오기를 기다린다는 뜻이다.

석상에서 낭독했으며, 내외의 압력으로 장제스는 하야를 선포했다. 들리는 말에 의하면 이 연회에서 목 놓아 통곡한 사람이 있었다고 한다.[15]

20여 일 후, 이 책 제1장에서 언급한 국민당 문화 방면 최고 지도자 장다오판은 조용히 난징을 떠났다. 그는 떠나기 전에 먼저 쑨중산의 영전에 고별인사를 했고, 또 급히 융안공동묘지 맞은편 도로의 고갯마루에 올라 멀리 모친의 묘소를 향해 절을 했다고 한다. 그는 여자 친구에게 보낸 편지에서 "어떤 심정인지 아예 표현할 수가 없고, 전신이 모두 마비된 느낌이다"[16]라고 말했다.

한 시대의 통치는 이렇게 끝이 났다.

이날 밤, 더 많은 사람이 '북방'의 소리를 찾았고 경청했다. 아니나 다를까 그들은 신화사에서 방송하는 마오쩌둥이 기초한 사설「혁명은 끝까지」를 들을 수 있었다(이때부터 중국 사람들은 사설에 근거해 '중앙의 정신'을 터득하는 데 익숙해졌다). 이 사설은 우선 승리자의 자세로써 "중국 인민은 위대한 해방전쟁에서 최후의 승리를 눈앞에 두고 있으며, 이제는 우리의 적마저도 이 점을 의심치 않는다"라는 의심할 수 없는 사실을 선포했다. 그런 후에 의심할 여지없는 권위적인 어조로, "지금 중국 인민·각 민주당파·각 인민 단체 앞에 놓여 있는 문제는 혁명을 끝까지 할 것인가, 아니면 혁명을 중도에서 포기할 것인가 하는 것이다"라고 밝혔다.

결론은 이미 그 물음 속에 들어 있었다. "혁명을 끝까지 하고", "전국적으로 국민당 반동 통치를 뒤엎고, 전국적으로 무산계급이 영도하고 노동자·농민 연맹이 주체가 되는 인민민주독재[2]의 공화국을 건설"하기만 하면, "중화민족은 반식민지에서 진정한 독립국으로의 대전환을 맞이할

---

2) 여기에서 독재는 통치 계급이 국가기관에 의지하여 적대 계급과 적대 분자에 대해 실행하는 강력한 통치를 말한다.

수 있으며, 중국 인민은 자신들이 직면한 봉건사상의 압박과 관료자본(즉 중국의 독점 자본)의 압박에서 벗어날 수 있을 뿐만 아니라 이로부터 통일되고 민주적인 평화 국면이 조성되고, 농업국에서 공업국으로 변신하는 선결 조건이 마련되며, 인간이 인간을 착취하는 사회에서 사회주의 사회로 발전할 가능성을 창출할 수 있게 될 것이다"라고 말했다. 이 말은 곧 최대한 전 민족을 총동원하여 독립적이고 통일되고 민주적인 부강한 현대 민족국가를 건설하고, 착취를 없애고자 하는 사회주의 이상을 실현하기 위해서는 반드시 "무산계급의 (그 정당을 통한) 영도"와 "인민민주독재"를 실시해야 한다는 뜻이다. 그 논리는 명료했으며, 1948년·1949년의 중국에서 지식분자를 포함한 대다수 중국인도 받아들일 수 있었던 것 같다.

이리하여 사설은 또 '농부와 뱀'의 우화를 거론하며 사람들에게 "뱀 같은 악인을 절대로 동정하지 말라"라는, 고대 그리스 노동자의 유언이라고들 하는 이 말을 기억하라고 당부했고, "대부분의 중국 땅에 도사리고 있는 큰 뱀과 작은 뱀, 검은 뱀과 흰 뱀, 독니를 드러낸 뱀과 미녀의 모습을 한 뱀들이 벌써 겨울의 위협을 느끼고는 있지만, 아직 뻣뻣하게 얼지는 않았음"을 잊지 말라고 했으며, "혁명의 절정기를 맞은 중국 인민은 자신의 친구를 기억하는 것 외에, 자신의 적과 적의 친구까지도 똑똑히 기억해야 한다"[17]라고 마지막으로 충고했다. 이때부터 이 그리스 우화는 몇 세대에 걸쳐 중국인의 가슴에 단단히 각인되어, 신중국의 어린이들은 거의 철이 들면서부터 사람을 '악인'과 '호인'으로 나누는 것을 배웠으며, '악인'으로 널리 알려지기만 하면 '절대로 동정하지 않았고', 앞에서 말한 형형색색의 '뱀'(적과 적의 친구)에 대해서는 전 민족이 더욱 경계심을 가졌다.

새로운 시대, '혁명은 끝까지'를 주제로 하는 시대가 시작되었다.

연표

(1946~1949)

1946년

1월 　『리자좡의 변천』(자오수리)이 화베이신화서점(華北新華書店)에서 출판되었다.

1월 10일 　월간 ≪문예부흥≫이 상하이에서 창간되었다. 정전뒤와 리젠우가 편집을 맡다.

3월 　저우얼푸가 책임편집 한 『북방문총』이 홍콩 해양서옥(海洋書屋)에서 출판되었다. 전 3집 17종이다.

4월 　「승관도」(천바이천)가 충칭췬이출판사(重慶群益出版公司)에서 출판되었다.

5월 　『과수원성 이야기(果園城記)』[스튀(師陀)]가 상하이출판사(上海出版公司)에서 출판되었다.

7월 15일 　원이뒤가 쿤밍에서 국민당 첩자에게 암살당했다.

9월 1일 　잡지 ≪관찰≫이 상하이에서 창간되었다.

9월 　『오자서(伍子胥)』(펑즈)가 문화생활출판사(文化生活出版社)에서 출판되었다.

10월 　「백모녀」가 지난서점(冀南書店)에서 출판되었다.

11월 　자오자비(趙家璧)가 책임편집 한 『천광문학총서(晨光文學叢書)』가 천광출판사(晨光出版公司)에서 출간되기 시작했다. 이 총서에는 라오서의 『사세동당(四世同堂)』(제1부와 제2부), 바진의 『한야(寒夜)』, 첸중수의 『포위된 성』, 리광톈의 『인력』 등 39편이 포함되었다.

1947년

1월 『나의 한평생(我這一輩子)』(라오서)이 상하이후이췬출판사(上海惠群出版社)에서 출판되었다.
『혼돈(混沌): 장부웨이의 가족사(姜步畏家史)』(뤼빈지)가 상하이신췬출판사(上海新群出版社)에서 출판되었다.

3월 『한야(寒夜)』(바진)가 천광출판사에서 출판되었다.

5월 『장야(長夜)』(야오쉐인)가 상하이화이정출판사(上海懷正出版社)에서 출판되었다.
『산수(山水)』(펑즈)가 문화생활출판사에서 출판되었다.
『포위된 성』(첸중수)이 천광출판사에서 출판되었다.
『무단시집(穆旦詩集)』(무단), 작가 스스로 인쇄했다.

6월 장러핑의 만화 〈삼모유랑기〉가 상하이 ≪대공보≫에 연재되기 시작했다.

7월 「바람에 날리는 솜꽃(風絮)」(4막극, 양장)이 상하이출판사에서 출판되었다. 월간 ≪시창조≫가 상하이에서 창간되어, 시창조사가 편집을 맡고 상하이싱췬출판사에서 간행했다.

8월 진지루위(晉冀魯豫) 문예 종사자 좌담회에서 천황메이(陳荒煤)가 「자오수리가 향하는 방향으로 나아가자(向趙樹理的方向邁進)」를 발표했다.

9월 『해방구 단편 창작선(解放區短篇創作選)』 제1집(딩링·쑨리·캉줘·류바이위(劉白羽)·쿵쥐에(孔厥) 등이 저작하고, 저우양이 편집)이 둥베이서점(東北書店)에서 출판되었다.

10월 월간 ≪중국작가(中國作家)≫가 상하이에서 창간되어, 문협 중국작가 편집위원회가 편집을 맡고, 수서위(舒舍予, 즉 라오서)가 발행인이며, 카이밍서점이 판매를 총괄했다.
이해에 차례로 상영된 영화로는 〈야점(夜店)〉[커링(柯靈) 각본, 황쥐린(黃佐臨) 감독], 〈팔천 리 길 위의 구름과 달(八千里路雲和月)〉[스둥산(史東山) 각본·감독], 〈동으로 흐르는 봄날의 강물(一江春水向東流)〉[차이추성(蔡楚生)·정쥔리(鄭君里) 각본·감독] 등이 있다.

1948년

2월 『부잣집 아들딸』(하권)(루링)이 상하이희망사(上海希望社)에서 출판되었다. 『하구전』(제1부)(황구류)이 홍콩 신민주출판사(新民主出版社)에서 출판되었다.

『새로운 대중의 시대를 표현하라(表現新的群象的時代)』(저우양)가 홍콩 해양서옥에서 출판되었다.

『재난 시대(災難的歲月)』[다이왕수(戴望舒)]가 상하이싱췬출판사(上海星群出版社)에서 출판되었다.

3월 《대중문예총간》이 홍콩에서 창간되어, 제1집 《문예의 새로운 방향》은 「목전의 문예 운동에 대한 의견」(사오취엔린 집필)과 「반동 문예를 질책함」(궈모뤄) 및 「루링의 단편소설을 평함」(후성) 등의 글을 게재했다.

《개미문집》이 난징에서 창간되어, '화시대학(華西大學)·쓰촨대학 개미사(螞蟻社)'의 명의로 편집 출판되었다. 제1집 《많은 도시가 진동했다(許多都城震動了)》에 아룽의 「시론 두 편(형식론과 형상론)[詩論二則(形式片論·形象片論)]」이 실렸다.

4월 『폭풍취우』(상권)(저우리보)가 자무쓰둥베이서점(佳木斯東北書店)에서 출판되었다(하권은 같은 해 5월에 출판되었다).

5월 『고상하면서도 통속적인 것에 대하여(論雅俗共賞)』(주쯔칭)가 상하이 관찰사에서 출판되었다.

《대중문예총간》 제2집 《인민과 문예(人民與文藝)》는 차오무(차오관화)의 「문예 창작과 주관」과 사오취엔린의 「주관 문제를 논함」을 실어 후펑에 대한 비판을 또 한 번 전개했다.

6월 이달에 출판된 《시창조》 제1년 제12집 《엄숙한 별들》은 위엔커자의 「신시의 극화」, 탕스의 「엄숙한 별들」, 천징룽의 「팡징과 나눈 시 이야기(和方敬談詩)」 등의 글을 게재했다.

6, 7월 《시창조》는 조직을 개편하고, 항웨허 등 시인이 따로 월간 《중국 신시》를 만들어 '모더니즘 시 운동'을 제창했다.

7월	≪소설월간≫이 홍콩에서 창간되어, 마오둔이 편집장을 맡고, 바런·

7월   ≪소설월간≫이 홍콩에서 창간되어, 마오둔이 편집장을 맡고, 바런·
저우얼푸·이췬(以群)·러우스이 등이 편집위원이 되었다.
≪문학전선≫이 하얼빈에서 창간되고, 저우리보가 편집장을 맡았다.

8월   주쯔칭이 병사했다.
둥베이 문예계가 중국공산당 둥베이국 선전부의 지도로, 샤오쥔에 대
한 비판을 전개했다.
주광첸의 「자유주의와 문예(自由主義與文藝)」가 ≪주론(周論)≫ 제2권
제4기에 게재되었다.

9월   ≪대중문예총간≫ 제4집에 후성의 「루쉰 사상이 발전해 온 길」이 게
재되었다.
『태양이 쌍간허를 비추다』(딩링)가 하얼빈 광화서점에서 출판되었다.
『사실주의의 길을 논함』(후펑)이 청림사에서 출판되었다.
「단련(鍛煉)」(마오둔)이 이달 9일부터 홍콩 ≪문회보≫에 연재되기
시작하여 12월 29일에 끝났다.

10월   「사불압정」(자오수리)이 ≪인민일보≫에 연재되었다(10월 13일~22일).

11월   선충원·펑즈·주광첸·페이밍 등 베이징대학 교수들이 '오늘날 문학의
방향'에 대해 좌담했다(기록이 11월 14일 톈진 ≪대공보≫에 실렸다).

12월 21일 ≪인민일보≫는 「사불압정」을 토론하는 글을 게재했다.
이해에 차례로 상영된 영화로는 〈쑹화강에서(松花江上)〉(진산(金山)
각본·감독), 〈만가등화〉(양한성·선푸 각본, 선푸 감독), 〈샹린아주머
니(祥林嫂)〉[전통극 영화, 위엔쉐펀(袁雪芬)과 판루이쥐엔(范瑞娟) 주
엔], 〈화창한 봄날〉(차오위 각본·감독), 〈대단원(大團圓)〉[황쭝장(黃宗
江) 각본, 딩리(丁力) 감독] 등이 있다.

1949년

4월   「가보」(자오수리)가 이달 19일에서 22일까지 ≪인민일보≫에 게재되
었다.
『해후집(邂逅集)』(왕쩡치)이 문화생활출판사에서 출판되었다.

『시집(詩集)(1942~1947)』(정민)이 문화생활출판사에서 출판되었다.

5월 『마부전(赶車傳)』(톈젠)이 톈진신화서점에서 출판되었다.

7월 중화 전국 문학예술 종사자 대표 대회(中華全國文學藝術工作者代表大會)가 베이핑에서 열렸다. 궈모뤄가 「신중국의 인민 문예를 건설하기 위해 분투하라(爲建設新中國的人民文藝而奮鬪)」를, 저우양이 「새로운 인민의 문예(新的人民的文藝)」를, 마오둔이 「반동파의 탄압 속에 투쟁하고 발전하는 혁명 문예(在反動派壓迫下鬪爭和發展的革命文藝)」를 발표했다.

8월 『두 씨 아주머니(杜大嫂)』[천덩커(陳登科)]가 둥베이 신화서점 랴오둥 분점에서 출판되었다.
   상하이 ≪문회보≫는 '소자산계급'을 문예 작품의 주인공으로 삼을 수 있는지에 대해 토론했다.

9월 『새로운 청춘남녀영웅전(新兒女英雄傳)』[쿵줴·위엔징(袁靜)]이 상하이 하이옌서점(上海海燕書店)에서 출판되었다.

   ≪문예보(文藝報)≫가 베이핑에서 창간되었다.

10월 ≪인민문학≫이 창간되었다.

12월 「시간은 시작되었다」(후펑)가 ≪문예생활≫(해외판) 제20기에 실렸다.
   이해에 차례로 상영된 영화로는 〈삼모유랑기〉(양한성 각색), 〈희망찬 세상(希望在人間)〉(선푸 각본·감독) 등이 있다.

어떻게 이 책을 구상하고 썼는가
후기를 대신하여

1)

나에게 이 책의 집필은 완전히 뜻밖이었다. 모든 일은 1995년 11월 8일 오전 10시쯤 일어났으며, 나는 그날의 일기에 이렇게 썼다.

멍판화가 와서, 셰몐이 주관하는 '100년 중국문학총서' 중에서 '1948년 문학' 한 권을 책임지고 써달라고 부탁했다. 나는 잠시 생각한 뒤 흔쾌히 동의했다. 그리하여 함께 셰몐 집으로 가서 계획을 논의했다. 돌아오자마자 「1948년 연표」 작성에 들어갔으며, 흥분해 마지않았다.

사실 그날 나는 막 집에 가려던 참이었으며, 그리고 곧바로 마오쩌둥에 관한 연구와 집필에 들어갈 생각이었다. 여러 해 동안 나는 줄곧 차근차근 준비해 왔고 1994년 9월부터 1995년 7월까지 한국에서 강의하는 동안 정력을 집중하여 1000여만 자의 자료를 읽었으며, 기록도 많이 남겼다. 7월 말 귀국 후 각종 잡무를 처리하는 한편, 전서(全書)[잠정적으로 '마오쩌둥: 세기의 중국 유산(毛澤東: 世紀中國遺産)'으로 명명했다]의 '집필 구상'을 대략 작성했다. 마침 처리하려던 각종 잡무를 전날에 거의 끝내고 일단락지었기 때문에, 다시 시간을 집중하여 내가 가장 중시하며 심지어 가장 소중히 여긴다고 할 수 있는 연구과제를 할 수 있게 되었다. 즉, 새로운 구상에 따라 이미 읽은 자료를 다시 훑어보고 새 자료(새로 찾은 연구 성과물도 포함한다)를 보충해서 더 읽은 다음, 집필에 들어갈 수 있게 되었다. 그러나 이 젊은 친구의 갑작스러운 방문은 나의 계획을 단번에 중단시켜 버렸고 연구 방향을 바꿔놓았을 뿐만 아니라 방향 전환도 그렇게 자연스러웠으며, 나를 당장 새로운 집필에 깊이 빠져들게 했다. 나는 며칠 동안 나의 장서를 샅샅이 뒤졌고 유관 작품·전기·연보·일기·회고록 등을 찾아냈는데, 자료들이 이처럼 많음에 나 자신도 놀랐다. 낮에는 도서관 자료실에서 당시의 신문과 정기간행물을 뒤졌고 밤이나 기타 한가한 시간에는 이런 장서 속에 파묻혀 있었으며, 날마다 새로운 것을 발견하면서 나는 기뻐 어찌할 바를 몰랐다. 그 기간에 손님이 오기만 하면 잘 아는 사람이든 처음 만나는 사람이든 간에 이런 새 자료들에 대해 꼭 이야기하는 등 그토록 한 달 넘게 도취해 있었다. 이런 상태는 『수많은 아픔』을 쓸 때 경험해 보고는 정말 오랜만이었다.

조금 진정된 후 이런 돌발적인 열정은 도대체 어디서 나오는 걸까 되짚어 보았다. 이번에 갑작스레 집필 계획을 바꾼 것이 우연처럼 보이지만, 실은 내재된 단서가 있음이 그제야 떠올랐다. 비록 '1948년 문학 연구'라는 과제를 과거에는 생각해 본 적이 없지만, 1940년대 문학 및 1940년대 사상·문화에 관한 연구는 1989년 『저우줘런전』을 다 쓴 후 준비와 진행이 이미 시작되었으니, 지금까지 거의 7년이 된다. 그동안 여러 권으로 된 '1940년대 문학사'를 쓸 계획도 있었으며, 이를 위해 연구 기금을 신청했고 '집필 구상'도 세웠으며, 자료를 찾고 책을 사는 등 갖가지 준비를 했고, 수업 시간에 학생들에게 강의도 했다. 그러나 결국에는 집필에 대한 흥미와 열정을 잃어 그것을 한쪽에 밀쳐놓고 말았다. 왜 그렇게 되었을까? 그래서 나는 또 그해의 '구상'을 찾아보았다. 다음에 옮겨 적어본다.

1. 전서(全書)의 집필은 '21세기를 앞두고, 20세기를 총결산한다'는 것을 기본 이념으로 한다.

2. 전서를 5권으로 나눌 계획이다.

제1권, 연표: 이 시기의 '작가와 작품'을 중심으로 가능한 한 광범위한 자료를 포함한다. 예를 들면 작품 발표, 출판, 번역, 각색, 평론, 문인의 행적, 일화, 교분, 동아리, 집회, 활동 등등.

제2권, 문학사조와 문화 배경: 문학 발전에 영향을 주는 사회·역사·철학·문화 …… 사조, 사회 심리, 사유 방식의 변화. 예를 들면 이 시기의 국공 양당의 문화정책, 문학과 정치의 관계, 이 시기의 큰 사조들(민족주의, 인민 본위주의, 계몽주의, 자유주의, 생명철학과 실존주의 ……)과 문학의 관계, 작가의 다른 선택들, 이 시기의 사유 방식의 변화(집단의식과 개인의식의 증감, 사유 방식에 대한 전쟁의 영향, 전쟁 낭만주의·영웅주의·회의주의), 이 시기의 출판문화(출판사, 서점, 신문, 잡지)와 문학의 관계, 문학작품의 생산과 유통 등등.

제3권, 작가의 생활과 정신에 관한 연구: 전쟁 초기 전 민족의 대대적인 유랑 중의 유랑자와 그 문학, 옌안과 적진 후방 근거지의 신민주주의적 새 생활, 작가(지식분자)의 정신적 환골탈태, 후방의 생활 방식(경보가 울리면 숨고, 찻집에 틀어박혀 있고, 정치적 억압과 상품 경제의 충격을 받는 등), 작가(지식분자)의 생존적·정신적 이중 위기, 피점령지의 특수한 생활 방식과 작가의 선택 등등.

제4권, 문학 자체의 발전에 관한 연구: 이 시기 문학 발전에서의 서로 다른 경향의 상호 대립과 침투, 사실 기록과 허구, 사실(寫實)과 상징, 일상생활화와 전설화, 범인화(凡人化)와 영웅화, 산문화와 극화(劇化)·시화(詩化), 객관화와 주관화, 민족화와 현대화, 고상과 통속, 문학 언어의 변화 등등.

제5권, 주요 작가와 작품 논평: 이 시기의 소설가 루링·샤오훙·장아이링·자오수리, 시인 아이칭·무단·펑즈, 희곡 「베이징 사람」, 소설 『태양이 쌍깐허를 비추다』 등등.

3. 이 책의 문학사 집필상의 요구

일차자료의 폭넓은 접근에서부터 시작하여 새로운 자료를 많이 발견하고 발굴하며, 묘사 위주로 하고, 이론 분석은 간단명료하게 살짝 언급만 한다. 그리고 보고문학의 작법을 참고한다. 즉, 문학적 허구를 그대로 사용하는 것이 아니라 그와는 반대로 자료마다 근거가 있어야 하며, 서술의 현장감을 강조하기 위해 역사적 분위기를 이용한 부각과 세부적인 역사적 사실(특히 전형적 의의가 있는 부분)의 적극적인 운용에 주의를 기울인다.

원래의 '구상'을 읽어보니, 그 당시 정했던 연구의 범위와 내용이 지금도 내게는 매력적일 뿐만 아니라 나의 이 새 책의 주요 구성 요소가 되겠다는 것을 알게 되었다. 내가 못마땅하게 생각하는 것은 문학사의 구성 방식으로, 이런 여러 권으로 된 문학사의 구상은 비록 규모가 크고 이것저것 다 언급한다지만 여전히 '문학 배경 + 작가·작품'이라는 낡은 틀에서 벗어날 수 없어서 나는 더욱 참신한 구성 방식을 갈망하고 있었으며, 더욱 실험적이고 더욱 도전적인 문학사 연구를 기대하고 있었음을 알게 되었다. 다시 말하자면 여러 권으로 된 문학사의 구상은 나름대로 가치가 있긴 하지만 그것이 나의 내면의 추구를 만족시킬 수는 없었는데, 이것은 곧 내가 아직도 자신에게 적합한 문학사 구성 방식을 찾지 못했기 때문에 자연히 나의 집필 충동을 불러일으킬 수가 없었으며, 결국 그것을 제쳐둘 수밖에 없었음을 의미하고 있다. 그 후 나의 연구 관심 분야와 연구과제에 모두 변화가 일어나긴 했지만, 지금 보니, 내 마음 깊은 곳에서는 예전에 나를 사로잡기도 했고 또 이미 많은 준비도 했던 이 연구 계획을 아직도 잊지 않고 있었다. 그래서 그날 친구들이 제시한 '100년 문학사'라는 주제는 숨어 있던 나의 이런 갈구를 대번에 충동질했으며, 나는 이것이야말로 내가 원하던 문학사 구성임을 바로 직감했다. 내가 그 당시 '단번에 의견 일치'라고 말한 것도 바로 이런 의미였다.

'100년 문학사'의 구상이 가장 매력적이었던 것은 면면을 다 언급하면서 평범하게 서술하는 것이 아니라 '한 점'을 뚫고 들어가 '전체 모습'을 본다는 점인데, 옛날에 '한 사람을 통해 한 세상을 본다'라는 말이 있듯이 지금은 '한 연대를 통해 한 시대를 보는 것이다'. '한 연대'에 주목하게 되면 더욱 집중할 수 있고 역사를 더 구체적으로 들여다볼 수 있으며 다루기도 더 쉬워져 '방대한 문학사'가 등한시하거나 생략하기 쉬운 역사의 세부적인 것들(사람들의 일상생활 등 본디 형태 그대로의 것도 포함한 것들)을 시야 속으로 끌어들일 수 있다. 그러나 연구하는 눈은 '한 연대'를 통해 '한 시대'를 보아야 하고, '한 연대'의 역사적 사건이나 인물의 자초지종과 전후 사정에 대해 훤히 알고 있어야 하며, 시공(時空)상의 사유(思惟) 확장(즉, 편집장 셰옌 선생이 말한 "아코디언식의 사유와 작법")에 능해야 할 뿐만 아니라 예리한 사고력과 통찰력으로 세부적인 것 이면의 역사적 의의와 가치, 즉 세부적인 것의 전형성을 간파하고 판단할 수 있어야 한다. 이런 의미에서 이런 식의 문학사 구성은 일반적으로 말하는 '편년사'와는 다르며, 내가 일관되게 추구해 온 '전형적 현상'에 대한 연구의 새로운 시도와 새로운 발전이며,[1] 마침내 찾아낸 나에게 적합한 문학사 구성 방식이라 할 수 있다. '한 해로써 한 시대를 쓰는' 이런 작법은 본보기로 삼은 것이 있고 분명 황런위 선생의 『만력 15년』을 참고하기는 했지만, 일단 빌려 쓰기만 하면 바로 변화가 일어나기 때문에 원본으로써 규범화하고 평가할 수 없음은 말할 필요도 없다. 내게서 이런 문학사 구성에 대한 탐색은 물론 한 번에 완성되는 것도 아니고 고정불변한 것도 아니다. 사실상 문학사가로서는 매번 문학사를 쓸 때마다 기술할 내용을 고려해야 할 뿐만 아니라 그 내용에 알맞은 형식, 즉 문학사 구성과 서술 방식(서술 시각, 서술 어조 등을 포함한다)을 열심히 모색해야 하는데, 이 점은 작가의 창작과 별반 차이가 없다. 그래서 앞에서 말한 것처럼, 나의 이번 집필 충동은 바로 문학사 집필 형식(구성과 서술 방식)을 시험해 보려는 욕구에서 비롯되었으며, 사람들이 종종 문학사의 집필 형식을 등한시하는 마당에, 이것이 의의가 없지는 않을 것이다.

2)

나는 '1948년'이라는 이 연구과제에 몰입할 때부터 가능한 한 당시의 역사 분위기 속으로 들어가려고 노력했으며, 이것은 결코 어려운 것 같지 않았다. 오래된 신문·잡지의 먼지 속으로 파고들 때마다 마치 그해의 상황 속으로 걸어 들어가는 것 같았고, 이 때문에 흥분해 마지않았다. 그러나 시간이 지나면서 자신의 또 다른 심리를 발견하게 되었다. 역사 자료를 읽을 때면 언제나 '이후'(현재도 포함한다)에 발생한 많은 일이 떠올랐다. 그래서 나의 일기에 이런 기록들이 자주 등장한다.

11월 12일　　예성타오 선생의 일기를 읽었는데, 그중에서 이 대목이 흥미를 끌었다.

"싼관과 이야기를 하는데 그의 태도가 불손하여, 나는 몹시 화가 나서 주먹으로 몇 방 때려주었다. …… 그는 친구가 돈이 급히 필요하다며 제 어머니한테 1000여만 위엔을 빌려달라고 억지를 부렸다. 나는 그에게 우리 집에 급히 돈이 필요하면 그 친구에게 1000여만 위엔을 융

통해 보라고 할 열의가 있느냐고 물었다. 그는 내 말이 뭔 말인지 알수 없고 이해할 수 없다고 말했는데, 태도가 오만한 것이 마치 혁명분자가 관리나 군경에 맞서는 것 같아서 나를 화나게 했다. …… 밤중에 생각해 보니, 이 아들이 그리 밉지는 않았지만 나와는 거리감이 생기고 말았다."

이것은 격동기의 전형적인 부자간의 충돌이다. 그때 '싼관'(예 선생의 셋째 예즈청)은 분명히 이미 지하 혁명 활동에 참여하고 있었다. 그 당시 부친 앞에서 '마치 혁명분자 같은' 우월감을 드러냈던 그였지만, 혁명이 승리를 거둔 뒤 자신이 '우파'로 몰릴 줄은 꿈에도 생각지 못했을 것이다. 이후의 역사가 뜻밖에도 이렇게 전개되어 정말 개탄스럽다.

12월 5일　　　미국 기자 벨든이 1946년 자오수리를 방문했던 기록을 읽었는데, 자오수리는 그에게 "나는 농민을 위하여 글을 쓴다"라고 말했다. 이 말은 보기에는 평범하지만, 자오수리의 그 이후부터 즉 해방 후부터 '문화대혁명'에 이르기까지의 온갖 곤혹·불운들과 연관 지어보면, 자오수리의 이 말은 사실상 일종의 선택을 표명한 것이고 상당히 많은 것을 내포하고 있어서, 자세히 분석해 보면 자오수리의 '수수께끼'가 바로 여기에 숨어 있을지도 모른다.

1월 7일　　　국민당 계열의 잡지 ≪문예선봉≫을 읽다가 뜻밖에 그들의 일부(물론 전부가 아니다) 문예관이 의외로 좌익 작가의 어떤 관점과 대단히 유사함을 발견했다. 이 점에 대해 루쉰도 말했던 것 같다. 내가 흥미를 느끼는 것은 다른 측면이다. 즉, 왜 이런 유사점이 당시에는 사람들의 주목을 받지 못했는데, 오늘날에는 이다지도 눈에 띄는 것일까? 그간의 시차가 어떤 작용을 한 것일까?

1월 18일   1940년대 말 학생운동 때 한때 유행했던 단체 낭송시
「죽음과 사랑」을 가까스로 찾았고, 나도 모르게 낭독하기 시작했는데,
힘과 패기가 느껴졌다. 1950, 1960년대 시단에서 주도적 지위를 차지
했던 정치 서정시가 아주 자연스럽게 떠올랐다. 이 둘 사이에 무슨 내
적인 관계가 있는 것일까? 깊이 생각해 볼만하다.

사실, 이것은 절대 심오하지 않은 상식이다. 역사는 그때 그곳에서
발생한 것이고 역사를 쓰는 사람은 이때 이곳에서 생활하고 있으며 거기
서 여기까지는 시차가 존재하는데, 이것은 역사를 쓸 때 반드시 직면해
야 하는 일이면서 역사 집필이 이뤄질 수 있는 기본 전제와 조건과 특징
이기도 하다. '시차'는 무엇을 의미할까? 이것이야말로 깊이 생각해 봐야
할 문제이다. 역사의 당사자는 그때 그곳의 구체적인 상황에 따라 어떤
선택을 함으로써 어떤 역사를 창조했다. 이런 선택은 맹목적이고 무의식
적일 수도 있고 어떤 사전 판단이 깔려 있어서 의식적인 자각 행위가 될
수도 있으며, 이른바 거기에서 여기까지라는 것은 사실상 이런 의식적이
거나 무의식적인 선택(이것은 어떤 역사의 '명제'가 된다)의 전개와 실현의 과
정이다. 이 전개와 실현의 '결과(후과)'는 역사의 당사자(선택을 한 사람)로
서는 미리 알 수 없는 것이며 그 예측과는 거리가 멀거나 심지어 반대일
수도 있지만, 이때 이곳에서 생활하는 역사의 서술자(연구자)는 파악할 수
있는 것이다. 즉, 이런 역사의 후과는 바로 그가 지금 직면한 현실이다.
이리하여 이른바 '역사 집필'은 사실상 끊임없이 왕복하는 쌍방향 운동이
다. 여기에서 거기에 이르기 위해서는 열심히 역사의 상황 속으로 들어
가서 처지를 바꿔 생각한다는 태도로 그때 그곳의 사람(개인과 집단)은 어
떻게 그리고 왜 이런 혹은 저런 선택을 했는지, 다시 말해서 어떤 역사 명
제는 어떻게 생겨난 것인지를 세심하게 살펴보고 이해해야 하고, 또 거

기에서 여기에 이르기 위해서는 선택(명제)의 전개 과정과 실현 과정 중에 출현한 냉엄하고 복잡한 모든 사실과 후과를 조금도 회피하지 말고 직시하고 밝혀야 한다. 이렇게 보면 이 책을 집필하는 과정 중에 앞서 말했듯이 당시의 상황 속으로 들어가기도 하고, 이후에 발생한 모든 것을 끊임없이 연상하기도 하는 것은 역사 집필의 특징에 부합한다. 그리고 '처지를 바꿔 생각한다'와 '조금도 회피하지 않는다'라는 이 두 가지는 반드시 지켜야 하는 기본 원칙이다.

연구가 점점 무르익어 가면서, 나는 또 자신의 심리와 정서상의 어떤 변화를 발견하게 되었다. 원래 '1948년'이 나에게는 까마득하게 멀면서도 낯선 과거였지만, 내가 점점 배역(연극에서 말하는 정해진 상황) 속으로 빠져들면서 이미 희미해진 나의 기억을 되살리게 되었고, 사라진 것 같지만 틀림없이 존재하는 나와 그 시대와의 관계를 찾게 되었다. 또 일기를 옮겨본다.

12월 20일 량스추의 딸이 그해 자기 부친과 이별할 때의 정경을 회상한 글을 읽었다.

" …… 나는 문득 또 할 말이 생각나 기차를 쫓아 필사적으로 뛰고 또 뛰어, 기차를 따라잡고는 큰소리로 외쳤다. '아버지, 위가 안 좋으시잖아요, 앞으로는 술 많이 드시지 마세요!' 아버지께서는 큰소리로 대답하셨다. '알았다.' 기차는 갈수록 멀어져, 한 가닥 푸른 연기를 내뿜으며 유유히 남쪽으로 달려갔는데, 이 이별이 40년이 될 줄이야 누가 생각이나 했겠는가."

여기까지 읽자 갑자기 마음이 흔들렸다. 그 '회상' 속의 '여자아이'가 나 자신인 것만 같았다. 나도 1948년에 부친과 영원한 이별을 하지 않았던가! 그렇지만 분명 내가 아니었다. 그해 나의 아버지는 조용히 떠났으며, 이런 참담한 이별의 기억마저도 남겨놓지 않았고, 거의 잊은 상태이다. 생각이 여기까지 미치자 형용할 수 없는 슬픔이 솟구치고…….

1월 18일　　　넷째 형[1]이 난징에서 부쳐준 자료 한 보따리를 받았는데, 전부 항일전쟁과 해방전쟁 시기의 상하이와 난징의 학생운동에 관한 회고였다. 넷째 형은 그 당시 지하당원이었으며, 그 회고 중에는 그가 쓴 글도 있었다. 이런 자료들을 읽을 때면 언제나 넷째 형의 모습이 눈앞에 어른거리는 것만 같고 어린 시절의 기억도 떠오르곤 한다. '5·20' 유혈 사태 때 나는 중앙대학 딩자차오 부속초등학교에 다니고 있었는데, 선생님이 우리를 데리고 병원으로 가서 국민당 군경에게 맞아 부상한 학생을 위문한 적이 있다. '큰 형님'의 격앙된 표정이 아직도 얼마쯤 기억에 남아 있는 것 같고…….

2월 1일　　　많은 '난민'이 상하이로 몰려들고 있다는 ≪대공보≫의 기사를 읽는데 마치 나와 우리 가족을 그 속에서 보고 있는 것 같았다. 기차가 매우 붐비고 아주 느렸다는 것만 기억날 뿐, 그 외에 아무 것도 기억나지 않는다.

2월 21일　　　오늘은 정월 초사흘, 관례대로 라오딩(매형) 집에 다 모였는데, 나는 다른 목적이 있었다. 내가 당시의 해방군 문공단의 활동에 대해 알고 싶어 하니, 매형은 소중히 간직하고 있던 자료를 한 보

---

1)　첸리췬 선생의 셋째 형 첸수바이(錢樹柏)를 가리킨다. 형제 중 차례가 네 번째여서 그렇게 불렀던 것 같다.

따리 안고 나왔는데, 그 속에서 뜻밖에도 둘째 누나가 쓴 극본과 현지 보고 기사를 찾아내어 대단히 기뻤다. 집에 돌아와 누렇게 바랜 역사 자료를 훑어보면서 회상 속으로 빠져들었다. 1946년 부모님을 따라 내가 태어났던 충칭을 떠나 상하이로 돌아왔는데, 둘째 누나는 이때 이미 신사군에 들어갔고 우리 남매의 상봉은 해방 후였으며 그때 부친 과 셋째 형은 이미 타이완으로 가고 없었다. 이렇게 해서, 우리 전 가 족은 영영 한자리에 모이지 못했고 …… 갑자기 슬픔이 복받쳐 말을 이을 수가 없다.

'1948년'의 집필이 내가 오래전에 깊이 묻어버린 가족의 아픈 기억을 되살아나게 할 것이라고는 생각지도 못했다. 그런데 나는 이런 기억이 결코 나 개인과 우리 가정에만 국한된 것은 아니라고 생각한다. 나는 몇 년 전에 부친을 추모하는 글을 잡지에 실은 적이 있는데, 글이 게재되자 마자 어떤 사람이 편지를 보내와, 나의 글이 그의 기억을 불러일으켰고 마음을 뒤흔들어 놓았다고 했다.

저와 저의 부친도 난징에서 기약 없는 이별을 했습니다. 1948년 겨울 이었는데, 부친은 상하이로 가시고 저는 배를 타고 우한으로 갔었답니 다. 그때 화이하이대전(국민당은 '쉬벙회전'이라고 일컬었다)은 패색이 이미 완연했으며 난징에서는 쌀을 강탈하는 풍조가 생겨났고 이미 공 부는 하기가 어려워져, 부친은 군복 몇 벌을 팔아서 저를 후난의 고향 으로 보냈고, 부친과 새어머니는 타이완으로 갈 생각이었습니다만 결 국에는 왜 가지 못했는지 모르겠으며 …….

나는 그 시대를 겪은 모든 중국인은 나이가 많고 적음을 막론하고(나는 그 당시 겨우 9세였다), 또 구체적인 상황이 어떠했든 무슨 배역을 맡았든 간에 그들에게 '1948년'은 평생 잊을 수 없는 기억일 것으로 생각한다. 두 시대의 교체라는 역사의 대변동은 개개인과 가정과 집단에 반드시 어떤 선택을 하도록 압력을 가했으며, 또 이후의 긴 세월 속에서 심지어 지금까지도 그해의 선택으로 인한 후과까지 감당하게 했다. 그래서 나같이 그 시대를 몸소 체험한 사람이 그 시대의 역사를 쓴다는 것은 사실상 일종의 회고이고 일종의 성찰일 뿐만 아니라, 뼈에 사무치고 마음에 걸리는 일이 아닐 수 없다. 나는 이번 집필은 다년간 지속해 왔던 주체가 투입된 연구 방식에서 어느 정도 벗어날 수 있고 이것을 위해 나는 너무 많은 대가를 치렀으니 정말 좀 홀가분해질 수 있으리라 생각했는데, 결국에는 주체와 객체의 교전에 말려들어 스스로 헤어나지 못할 줄은 생각지도 못했다. 이것은 아마도 바꾸기 어려운 천성이며 또한 숙명인 것 같다.

물론 이것은 좁은 의미의 회고에 불과하다. 그렇지만 넓은 의미에서도 역사의 집필을 회고로 간주할 수는 없을까? '1948년'을 다룬 이 책에 대해 말할 것 같으면, 기술하고자 하는 대상은 20세기 역사상의 두 시대, 즉 곧 멸망하겠지만 아직 멸망하지 않은 하나와 곧 탄생하겠지만 아직 탄생하지 않은 하나이며, 이들이 사투를 벌인 끝에 최후 선택으로서의 결과는 1949년 새로운 국가(역사) 실체의 탄생이며, 새 시대(나는 이것을 '마오쩌둥 시대'라고 부르고 싶다)의 시작이다. 근 50년간의 발전을 거쳐, 지금 이 실체는 성장하여 또다시 역사의 새로운 시기로 탈바꿈하기 시작했다. 이런 때에 1948년의 역사를 다시 기술한다는 것은 사실상 '성년'기의 '유년' 시절에 대한 회상이며, "이미 사라진 생명에 대한 '회고'"이다. 그리고 내가 이해하고 있는 '회고'라는 것은 "이미 돌이킬 수 없는 '과거'와 '현재' 간의 융화와 상생"이어서, "이미 사라진 것과 곧 다가올 '먼 곳'이 함께 몰려오게 된다".[2] 그래서 우리는 연구 과정 중에, 구시대와는 다른 새로운 역사 실체의 관념·사유·언어·생활 방식 …… 이 옛 몸에서 잉태되고 탄생한 '과거'와, 이런 관념·사유·언어·생활 방식 …… 에 내재하는 모순 및 긍정적·부정적인 뜻이 충분히 펼쳐지고 드러난 '현재', 이 양자 간의 충돌과 융화에 늘 직면하지 않을 수 없다. 사고(思考)는 바로 이런 충돌과 융화 속에서 행해지는 동시에, 곧 다가올 '먼 곳'을 마주하고서 이미 첩첩의 곤혹 속에 빠져 있는 이 역사 실체의 미래에 대한 조바심과도 이어져 있다. 따라서 '회고'로서의 역사 서술은 반드시 '과거'·'현재'·'미래'라는 삼차원 시점(視點)을 찾으려고 노력해야 하고, 그뿐만 아니라 이 삼자 사이에서 옮겨 다니고 미끄러지듯 움직이는 유연성을 발휘할 수 있어야 한다. 이것은 역사나 문학사 서술학상의 또 하나의 난제이다. 나는 자료 수집을 일단락 지은 후(자료의 발굴은 끝이 없는 작업이다) 거의 한 달 동안 붓을 들 수 없었는데, 적절한 서술 시점과 서술 어조를 찾지 못했기 때문이다.

한때 나는 심지어 이 책 집필에 대한 자신감과 흥미를 잃었는데, 이 과제를 가지고 학생들에게 강의해야 하는 것이 아니었더라면 아마도 이 걸림돌 때문에 붓을 놓았을 가능성이 크다. 솔직히 나는 이 서술학상의 난제를 지금도 흡족하게 해결하지 못했으며, 나중에 간신히 그런대로 마음에 드는 해결책을 하나 찾았을 따름이다. 즉, 두 개의 시점(시각)을 설정했는데 그 하나는 월별로 장절을 만들어놓고, 각 장의 시작 부분에 '당시 사람의 생활 기록'(즉, 예성타오 선생의 그달의 일기)을 옮겨 적어 그때 그곳 작가의 실제 생활 모습 및 그들의 현실 상황과 느낌을 보여줌으로써 '과거' 시점(시각)을 형성한 것이고, 또 다른 하나는 삼인칭으로 등장하는 역사 서술자의 시점(시각)인데, 그는 전지전능하기 때문에 말투·각도·언어(시대 관용어, 문형의 선택 등등)·표현 방식(서술, 묘사, 의론)의 끊임없는 변환을 통하여, '과거'와 '이후' 및 '현재' 사이를 자유롭게 드나들 수 있음과 동시에 '미래'('먼 곳') 시점을 그 뒤에 숨겨둘 수도 있다. 이렇게 설정하긴 했지만 실제로 작업을 할 때는 여전히 많은 어려움을 느꼈으며, 만족할 만한 효과를 거두기란 쉽지 않았다. 나는 적어도 이미 쓴 부분에 대해서는 만족스럽지 않다. 어쩌면 탐색 과정이 더 필요할지도 모르겠는데, 일반적으로 말하듯이 붓이 잘 나가게 되면 나아지리라 생각한다. 보아하니 문학사의 관념 문제를 해결하는 것 외에 확실히 문학사의 집필 형식도 끊임없이 탐구해야 하며, 이를 위해서는 큰 힘을 들여 장기적으로 노력해야 할 것 같다. 이 책의 집필은 이런 중요성을 인식하고서 문학사 구성과 서술, 이 두 방면에서 자각적인 시험을 해봤을 뿐이다. 그 득실에 대해서는 작업의 결과를 지켜볼 수밖에 없다. 나는 이미 충분한 자신감이 있노라고 지금은 아직 말할 수 없다.

마지막으로 한 가지 설명해야 할 것은 이 책을 탈고한 후 일부 장절을 홍콩의 ≪21세기≫, 베이징의 ≪독서≫, 장쑤의 ≪동방문화주간≫, 창춘의 ≪문예쟁명≫, 하이난의 ≪천애≫ 등에 실었는데, 특별히 해당 잡지사에 감사를 드린다. 물론, 가장 감사드려야 할 분은 산둥교육출판사 직원들이며, 이분들의 노력이 없었다면 앞서 말한 나의 집필 구상(추구)은 실현 불가능했다.

끝으로, 이 책은 국가교육위원회 '팔오(八五)' 연구 항목 '1940년대 문학 연구'의 성과임을 밝힌다. 유관 부문의 재정적인 도움을 받아 지금에 이르러서야 완성하게 되었는데, 이 점에 대해 늘 송구스럽게 생각하고 있음을 특별히 여기에 덧붙이고 싶다.

재판 후기

　　이 책은 '끝자리가 8'인 연도 세 개와 관련이 있다. 1948년도에 발생한 일을 썼으며, 집필과 초판은 1998년도에 이루어졌고, 지금 2008년에 또 재판이 나오게 되었으니 전후 꼭 60년의 세월이다.

　　이것의 배후에는 중화인민공화국의 역사가 있고, 중국 현대 지식분자의 정신사가 있다. 1948년은 바로 두 개의 중국, 이른바 '신중국'과 '구중국'이 생사존망을 판가름 지을 대결전을 벌이던 때이자 중국의 지식분자들이 역사의 대전환 속에서 자신의 운명을 결정지을 선택을 해야 했던 시기이기도 한데, 바로 이런 때에 여러 부류의 지식분자들의 각기 다른 선택을 둘러싸고 발생한 매우 복잡하고 아주 다양한 사회·사상·문화·심리 현상이 이 책 『1948: 천지현황』의 기본 내용을 이루고 있다. 그리고 1998년은 '신중국'이 우여곡절 끝에 1978년을 시작으로 '개혁·개방'이라는 새로운 역사적 전환에 접어든 지 20년이 되는 해이며, 2008년에는 이런 전환이 아직 완성도 되지 않은 채 또 30주년을 맞이하게 되었다. 요며칠간 나는 이 책을 다시 읽으면서 지난 60년의 '천지현황'을 뒤돌아보지 않을 수 없었는데 몇 번의 전환, 몇 번의 선택, 정말 만감이 교차하여 이루 형언할 수가 없다.

　　이 책의 배후에는 나 자신의 역사도 있다. 1948년에 나는 아홉 살밖에 되지 않은 아이였지만, 이미 뼈에 사무친 기억들이 있어서 이 책의 여러 장절 속에 명시적으로나 암시적으로 흔적을 남겼다. 그리고 이 책을 썼던 1998년은 내 나이 육십으로, 사상과 학술에서 모두 성숙기에 접어들었다. 그래서 자각적으로 추구하는 바가 있게 되었으며, 『1948: 천지현황』이 나에게는 '중간을 집어 들어 양 끝을 끌어 올린다'는 글쓰기 책략[1]으로 집필한 '20세기 중국 지식분자 정신사' 연구 중 제1부인 동시에, '문학사 서술학'의 시험이기도 한데, 이 책의 후기 「어떻게 이 책을 구상하고 썼는가」에 상세한 설명이 있다. 2008년에 내가 이 책을 다시 읽으며 검토하고 있을 때, 퇴직 후에 쓴 『내 정신의 자서전』[2]이 막 출간되었다. 이 책은 계획하고 있었던 '20세기 중국 지식분자 정신사'의 마지막 1부이며, 『1948: 천지현황』이 '끌어' 올린 '끝자락'에 해당하는 작품이다. 그리고 1956년부터 1966년 사이의 민간 사상가의 정신적 역정을 담은 『망각을 거부하라: '1957년학' 연구 기록』[3]을 탈고하여 출간하기도 했다. 10년 동안에 세 시기(20세기의 1940년대 말, 1950~1960년대, 1980~1990년대)의 '정신사'를 썼으며, 이 세 권의 책은 자연히 내적인 연관성이 있고, 나의 이후의 연구와 집필을 위한 기초도 다져주었다. 따라서 이 책의 재판은 이 「재판 후기」와 함께 10년 동안의 연구에 마침표를 찍었으며, 또 새로운 시

---

1) "從中間拾起, 帶動兩端." 이것을 글자대로 해석하자면, 마치 목깃을 당기면 양 소매를 포함한 옷 전체가 끌려오듯이 '중간을 집어 들어 양 끝을 끌어 올린다'는 뜻이다. 작가는 '기승전결'로 이루어진 '20세기 중국 지식분자 정신사' 3부작 중에서 '기'에 해당하는 『1948: 천지현황』을 제일 먼저 집필하고, 이 책이 나머지 2부('승·전'에 해당하는 『1949~1976: 창상의 세월』과 '결'에 해당하는 『1977~2005: 절망 속의 지킴과 바람』)를 끌어오는 방식으로 이 3부작을 완성했다.

2) 이미 우리말로 번역되어 출판된 책의 이름을 따랐다[첸리췬, 『내 정신의 자서전』, 김영문 옮김(글항아리, 2012)].

3) 이미 우리말로 번역되어 출판된 책의 이름을 따랐다[첸리췬, 『망각을 거부하라: '1957년학' 연구 기록』, 길정행·신동순·안영은 옮김(그린비, 2012)].

작도 예고하고 있다. 이 시각, 나의 시선은 이미 1960·1970년대 '문혁' 시기의 민간 사상사와 정신사 분야의 개척과 연구로 옮겨 갔으며, '앞쪽의 그 목소리'가 언제나 나를 재촉하고 있어서 나는 멈출 수 없고, 계속 써나갈 수밖에 없다.

2008년 1월 29일

홍콩판 후기

독자가 보고 있는 『1948: 천지현황』은 제3판이다. 2008년 재판이 나오고 꼭 9년 만이다. 「재판 후기」에서 1998년에 쓴 이 책은 나의 '중국 지식분자 정신사'의 제1부라고 소개했으며, 또 마침 2008년에 제3부 『내 정신의 자서전』이 출간되었음을 특별히 언급했다. 그 후 또 많은 새로운 연구과제들이 생겨 제2부 『1949~1976: 창상의 세월』은 2015년에 비로소 완성되었고, 2016년 대륙의 동방출판중심에서 일부가 삭제된 채 출간되었다. 지금 홍콩시티대학 출판사의 두터운 사랑에 힘입어 '3부작'을 한 꺼번에 그것도 무삭제로 출간하게 되었다. 대륙에서 나온 『내 정신의 자서전』도 삭제된 부분이 있는데 지금은 원고의 전문을 실었고, 3부작의 나머지 책들과 짜임새를 통일시키기 위해 제목을 『1977~2005: 절망 속의 지킴과 바람』으로 고쳤다. 이렇게 하여 1998 - 2008 - 2017년에 이르는 근 20년의 노력과 우여곡절을 거쳐 나의 '중국 지식분자 정신사'가 드디어 독자들에게 전체 모습을 선보일 수 있게 되었다. 정말 감개무량한 일이 아닐 수 없다. 이것 자체로도 '역사'의 의미가 있다.

『1948: 천지현황』의 「재판 후기」에서 나는 '민간 사상사' 3부작도 언급한 적이 있다. 나의 저술에 관심이 있는 독자에게 지금 말할 수 있는 것은, 2007년 홍콩 옥스퍼드대학 출판사에서 출간된 제1부 『망각을 거부하라: '1957년학' 연구 기록』에 이어, 2017년에 홍콩 옥스퍼드대학 출판사에서 제2부『횃불은 꺼지지 않는다: 문혁 민간 사상 연구 기록』이 출간될 예정이며, 제3부『아직 못다 이룬 길: 1980년대 민간 사상 연구 기록』은 지금 집필 중이며 내년이나 후년쯤에 완성되어 출간할 수 있을 것 같다. 이것도 10년의 세월이다.

그렇다. '앞쪽의 그 목소리'가 언제나 나를 재촉하고 있어서 어떤 일이 닥치더라도 나는 이렇게 써나갈 것이고 걸어 나갈 것이다. 그리고 곁에는 언제나 나를 부축해 주고 지지해 주는 사람이 있을 테니까. 그래서 이 책의 인쇄를 앞두고, 나는 특별히 홍콩시티대학 출판사의 편집장과 편집 담당자에게 충심으로 감사드린다. 중국과 홍콩의 출판 조건이 날로 심각해지는 상황에서 이 같은 책 세 권을 출판한다는 것은 정말 쉬운 일이 아니라는 것도 나는 잘 알고 있다.

내가 아마도 2000년쯤에 말한 적이 있는 이 구절이 또 생각난다.

"나는 존재한다. 나는 노력한다. 우리는 또 서로 부축한다. ─ 이만 하면 족하다."

2017년 6월 7일

미주

내용 중 *는 옮긴이의 부연 설명이다.

들어가며

1   『葉聖陶集』, 第21卷(江蘇敎育出版社, 1994), p.248.
2   『胡風回憶錄』(人民文學出版社, 1993), p.407.
3   胡風, 「靑春底詩」, 『胡風評論集』, 下(人民文學出版社, 1985), p.90.
4   『朱自淸全集』, 第10卷(江蘇敎育出版社, 1997), p.487.
5   宗誠, 『風雨人生: 丁玲傳』(中國文聯出版公司, 1988), p.222, pp.223~224.
6   「新年獻詞」, ≪文化報≫(哈爾濱, 1948.1.1).
7   楊俊, 「我所看到的趙樹理」, 『趙樹理硏究資料』(北岳文藝出版社, 1985), p.27.
8   董大中, 『趙樹理評傳』(百花文藝出版社, 1986), p.186.
9   大朋, 「'新旅'在解放戰爭中前進」, 『中國人民解放軍文藝史料選編(解放戰爭時期)』, 上 (解放軍出版社, 1989), pp.277~278.
10 茅盾, 「訪問蘇聯·迎接新中國 — 回憶錄(三十三)」, ≪新文學史料≫, 1986年 第4期.

제1장

1   이것은 1947년 12월 중국공산당 중앙회의의 결의이며, 마오쩌둥의 「지금의 형세와 우리의 임무」는 바로 이 회의 석상의 보고문이다.
2   茅盾, 「祝福所有站在人民這一邊的」, 『茅盾全集』, 第17卷(人民文學出版社, 1989), p.110.
3   1990년대 출간된 덩마오마오(鄧毛毛)의 『나의 아버지 덩샤오핑(我的父親鄧小平)』이라는 책의 맺음말 중에서 이 점을 확인했으니 참고하기 바란다.
4   郭沫若, 「尾巴主義發凡」·「關於'尾巴主義'答某先生」, 『迎接新中國 — 郭老在香港戰鬪時期的佚文』[復旦學報(社會科學版) 編輯部 印(內部資料)], p.3, pp.4~5.

5 같은 책, pp.9~10.

6 周揚, 「關於政策與藝術」, 『周揚文集』, 第1卷(人民文學出版社, 1984), p.476.

7 于勁, 『上海: 1949年大崩潰』, 上(解放軍出版社, 1993), 第4章 참조. 글 중 인용문은 p.144 참조.

8 「文學再革命綱領(草案)」, ≪文藝先鋒≫, 第12卷 第1期(1948.1.31).

9 張道藩, 「文藝作家對於當前大時代應有的認識和努力」, ≪文藝先鋒≫, 第11卷 第2期(1947. 8.31).

10 「文學再革命綱領」; 張道藩, 「文藝作家對於當前大時代應有的認識和努力」; 余公敢, 「我們需要戡亂文學」, ≪文藝先鋒≫, 第12卷 第3·4期(1948.4.25) 참조.

11 「我對中國詩歌的意見」, ≪文藝先鋒≫, 第12卷 第1期(1948.1.31).

12 趙友培, 「這一期」. ≪文藝先鋒≫, 第12卷 第1期.

13 朱光潛, 「世界的出路 — 也就是中國的出路」, 『朱光潛全集』, 第9卷(安徽敎育出版社, 1993), p.525.

14 ≪大公報≫, 1948년 1월 19일 사설 「國際第三方面勢力的抬頭」.

15 于懷, 「追擊'中間路線'」, ≪自由叢刊≫ 第11期 ≪統一戰線諸問題≫(1948.1.28); 『中國現代史資料選輯』, 第6冊 補編(中國人民大學出版社, 1993), p.405.

16 楊西孟, 「九年來昆明大學敎授的薪津及薪津實値」, ≪觀察≫, 第1卷 第3期(1946.9.14).

17 주 15), p.406.

18 ≪大公報≫, 1948년 1월 8일 사설 「自由主義者的信念」.

19 중국공산당이 토지개혁을 주도하던 중에 편향적인 일이 발생한 적이 있는데, 국민당 통치구에도 전해져 의구심을 불러일으켰다. 1946년 10월에 출판된 ≪관찰≫ 제1권 제6기에 주둥룬(朱東潤)은 「나는 타이싱에서 왔다(我從泰興來)」라는 글을 발표하여, 타이싱 공산당 "그들이 지금 지식계급 타도를 부르짖고 있지만, 타이싱 공산당의 주요 간부 중 가장 많이 배운 사람이 대부분 중등교육을 받은 사람이다. 그래서 시대의 흐름에 역행하는 이런 원시적인 행위들을 하는 것을 면할 수 없다"라고 말했다. 그 후 중국공산당은 많은 힘을 들여서 이런 편향적인 잘못을 바로잡았다.

20 郭沫若, 「人民至上主義的文藝」, 『郭沫若全集』(文學編), 第20卷(人民文學出版社, 1992), pp.254~258 참조.

21 당시 좌익 문단에서는 궈모뤄(郭沫若)와 마오둔(茅盾)을 '궈 어르신(郭老)'과 '마오 공(茅公)'이라 불렀다. 나중에 샤오첸의 설명을 들어보면 "생일잔치를 성대히 치렀다"라는 것은 연극계의 일부 사람들이 톈한(田漢)의 50세 생일을 축하한 것을 놓고 한 말이라 한다. 그러나 이 이전에 좌익 문단에서도 궈모뤄와 마오둔의 생일을 축하한 적이 있었기 때문에 "생일잔치를 성대히 치렀다"라는 이 말은 궈모뤄와 마오둔을 가리키는 것

으로 오해받기 쉬웠다. 그 예로 일본 학자 마루야마 노보루(丸山升) 선생은 「건국 전야 문화계의 한 단면(建國前夕文化界的一個斷面)」이라는 글에서 "우리가 중국 현대 사상과 이론 문제를 탐구할 때, 종종 그것은 결코 단순한 사상·이론 문제가 아니라 구체적이고 심각한 개인 간의 문제와 서로 얽혀 있다. 그뿐 아니라 당사자들이 때로는 후자를 아주 강하게 의식하고 있음을 발견하게 된다"(≪新文學史料≫, 1993年 第1期에 번역문이 실렸다)라고 말했다.

제2장

1   周而復, 「回憶荃麟同志」, ≪新文學史料≫, 1980年 第3期.

2   주 1)과 같다.

3   林黙涵, 「胡風事件的前前後後」, ≪新文學史料≫, 1989年 第3期.

4   우리가 이렇게 말하는 것은 ≪대중문예총간≫의 문예운동에 대한 고려와 이에 따라 채택한 방침과 전개한 비판이 중국공산당 당 중앙위원회 혹은 중앙 지도자의 지지를 받았는지에 대해 현재로서는 아직 설명할 수 있는 충분한 자료가 없기 때문이다. 그러나 중국공산당의 당 조직 원칙에 근거하면, 이같이 중대한 조치는 상급 지도자의 승인을 거치지 않을 수 없는 것이었다.

5   邵荃麟, 「飢餓的郭素娥」, 『邵荃麟評論選集』, 下(人民文學出版社, 1981), p.496.

6   邵荃麟, 「伸向黑土地深處」, 『邵荃麟評論選集』, 上, p.78.

7   胡風, 「文稿三篇·關於喬冠華(喬木)」, ≪新文學史料≫, 1995年 第2期 참조.

8   胡繩, 「評姚雪垠的幾篇小說」, ≪大衆文藝叢刊≫ 第2輯 ≪人民與文藝≫; 楊建業, 『姚雪垠傳』(北岳文藝出版社, 1990), pp.79~81 참조.

9   「對於當前文藝運動的意見」, 『邵荃麟評論選集』, 上, p.135, 136, 141.

10 주 9)와 같다.

11 "당성 원칙"은 레닌이 「당의 조직과 당의 출판물(黨的組織與黨的出版物)」이라는 글에서 제기한 것이다. 레닌이 가리킨 것은 "당의 출판물"이었으나, "당의 문학"으로 번역되었고, 또 국가의 문화(문학) 발전의 기본 방침으로까지 확대되었다.

12 邵荃麟, 「論主觀問題」, 『邵荃麟評論選集』, 上, p.208, 220, 228.

13 이후에 발전하기 시작한 '대비판(大批判)'적 글에서는 '내가 너를 틀렸다고 하면 너는 그냥 틀린 것이다'라는 논리로 변해버렸다.

    * 대비판(大批判)은 관계자 전원이 참석한 가운데 총괄적으로 행해지는 대규모의 비판 또는 광범위한 계층에 걸친 대중에 의한 비판, 특히 중화인민공화국에서는 혁명 노선에 반대하는 우파 내지는 극좌파의 사상에 대해 행해지는 대규모 비판을 지칭한다.

14 39년 후 '우리'와 관련된 토론이 벌어졌다. 작가 샤오첸은 1986년 5월 12일 ≪인민일보≫에 「'나'와 '우리'」라는 글을 발표하여 "이론(또는 평론)적인 글을 쓰는 동지는 앞으로 발표하는 글이 개인적인 소견일 뿐 결코 조직을 대표하지 않는다면 '나'자만 쓰고 '우리'라는 말은 함부로 쓰지 말기 바란다"라고 말했다. 그리고 또 "나는 아마도 신경쇠약인 것 같다. 논쟁을 벌이는 한쪽이 '우리'라는 단어를 쓰기만 하면 그 사람 뒤에는 반드시 천군만마가 있는 것 같아서 나도 모르게 매우 거만스럽다고 느껴진다. 만약에 '우리 마르크스주의자'라는 말을 듣고 나오면 마치 '법정'의 명의로 판결문을 낭독하는 것만 같아서 더욱 놀라게 되며, 이것은 동등한 위치에서 문제를 토론하는 태도가 아니다. '나'라는 글자가 '우리'라는 단어로 바뀌기만 하면 높은 곳을 강점하고는 군림하게 되어, '나'라고 자칭하던 사람은 필마단기, 적수공권의 신세가 된다"라고 말했다. 6월 2일 ≪인민일보≫는 또 잡문가 셰윈의 「'우리'라고 한들」이라는 글을 발표하여 "문제는 결코 '나'와 '우리'라는 칭호에만 있는 것이 아니라 '나' 또는 '우리'의 손안에 권력이 있는지, 그리고 이런 권력을 분동으로 삼아 학술 토론과 논쟁의 천칭 위에 올려놓는지에 있으며", 결론적으로 말하자면 "권력의 간섭을 배제하는 것이 가장 중요하다"라고 지적했다.

15 이런 자부심과 자신감은 '우리' 속에서야 획득할 수 있고, 자아 소멸의 대가이기 때문에 '우리'에 대한 의존을 초래하게 되었는데, 이것은 '양날의 검'의 또 다른 일면이다.

16 郭沫若, 「屈原·蘇武·陰慶」, ≪光明報≫, 第1卷 第2期; 『迎接新中國』[復旦學報(社會科學版) 編輯部 印](內部資料), p.44.

17 이 글이 이처럼 격렬할 뿐만 아니라 이치가 타당하고 신랄해서 사람들은 그 배경을 알고 싶어 한다. 이 방면에 관해서는 지금 현재로서는 아직 확증이 없다. 그러나 우리는 최근 몇 년 전에 출간된 『마오쩌둥 연보(毛澤東年譜, 1893~1949)』, 하(中共中央文獻研究室 編, 人民出版社·中央文獻出版社, 1993)로부터 다음을 알 수 있다. 1948년 1월 14일 마오쩌둥은 중국공산당 중앙위원회가 홍콩 분국, 상하이국 및 각 중앙 분국에 보내는 전보를 초안했는데, 거기서 그는 "미제국주의와 국민당 반동파에 대하여 망상을 품고 있거나, 인민 민주 혁명을 반대하거나, 공산당을 반대하는 일부 중산계급 우익분자들의 공개적이고 심각한 반동 경향에 대해 공개적으로 비판하고 폭로하는 글을 신문과 잡지에 실어야 하며, 글은 분석적이어야 하고 설득력이 있어야 하며 이치에 맞아야 한다"라고 말했다. 궈모뤄의 글은 이것과 관계가 있는 것일까? 저우언라이는 1946년 12월 31일 옌안에서 궈모뤄에게 편지를 보냈는데, 그 편지에서 그는 "그 반동 독재자를 고립시키려면 안팎이 서로 호응하는 투쟁이 필요한데, 당신은 바로 그 안쪽에 서 있습니다. 민주 애국 전선의 구축과 확대가 필요한데, 당신은 바로 전선의 앞쪽에 서 있습니다. 어렵고도 막중한 직책을 당신이 맡고 있으며, 수천, 수만의 민심이 모두 당신을 열망하고 있습니다. 한 해쯤 지나면 당신은 양에서 질로 변한 우리의 눈부신 발전을 볼

수 있을 것입니다. 그때 우리는 또 서로 손잡고 함께 전진하든지, 아니면 안팎이 호응하는 웅장한 사극을 공연합시다"라고 말했다『文獻與硏究』(1983年 彙編本), p.73;『中國現代史資料選輯』, 第6卷(中國人民大學出版社, 1989), p.102에서 재인용]. 그렇다면 귀모뤄의「반동 문예를 질책함」이라는 이 격문은 안팎이 호응한 한차례의 공연이었던가?

18 제1차는 1945년 충칭에서 있었으며, 허치팡은「사실주의에 관하여(關於現實主義)」라는 장문의 비판 글을 썼다.

19 주 12), p.220.

20 주 12), p.228.

21 蕭愷,「文藝統一戰線的幾個問題」,≪大衆文藝叢刊≫ 第2輯 ≪人民與文藝≫.

22 胡繩,「評路翎的短篇小說」(≪大衆文藝叢刊≫ 第1輯 ≪文藝的新方向≫); 黙涵,「評臧克家『泥土的歌』」(≪大衆文藝叢刊≫ 第1輯 ≪文藝的新方向≫); 乃超,「略評沈從文的「熊公館」」(≪大衆文藝叢刊≫ 第1輯 ≪文藝的新方向≫); 胡繩,「評姚雪垠的幾本小說」(≪大衆文藝叢刊≫ 第2輯 ≪人民與文藝≫); 胡繩,「關於「北望園的春天」」(≪小說月刊≫, 第1卷 第2期); 無咎,「讀『圍城』」(≪小說月刊≫, 第1卷 第1期); 無咎,「讀『引力』幷論及其他」(≪小說月刊≫, 第1卷 第3期); 何其芳,「關於『家』」(何其芳,『關於現實主義』); 何其芳,「評『芳草天涯』」(『關於現實主義』) 참조.

23 無咎,「讀≪引力≫幷論及其他」.

24 주 7)과 같다.

25 邵燕祥,「斷憶」,『長河不盡流 ― 懷念沈從文先生』(湖南文藝出版社, 1989), p.231.

26 주 9), p.152.

27 郭沫若,「當前的文藝敎育」,『迎接新中國』, p.40.

28 주 9), pp.142~143.

29 나중에 사오취엔린은 또 특별히「羅曼·羅蘭的『搏鬪』― 從個人主義到集體主義的道路」(≪大衆文藝叢刊≫ 第4輯 ≪魯迅的道路≫)를 써서, 로맹 롤랑의 나쁜 영향을 일소했다. 이것은 사실상 자기반성과 자기 경고였다. 왜냐하면 사오취엔린 자신이 바로 로맹 롤랑의 숭배자였기 때문이다. 사오취엔린 같은 비평가한테는 개인('나') 언어와 계급('우리') 언어의 첨예한 모순이 실제로 존재하고 있었다. 그래서 그 당시 그들은 대단히 자각적이면서도 진지하게 계급 언어와 부합하지 않는 개인 언어를 극복하고자 했다. 그리고 자신을 개조함과 동시에 이색분자를 비판하고 심판하는 역까지 맡아서 했다. 그러나 그들은 여전히 도리를 설명하고자 했고, 발견해 낸 편파성을 바로잡는 데 주의를 기울였다. 예를 들면 1948년 사오취엔린은 "혁명적인 소자산계급 문학"을 전면 부정하는 "편향"을 비판하고, "반우경 투쟁(反右傾鬪爭)" 중 "극좌 편향"에 주의해야 한다는 글을

쓰기도 했다「一種偏向」, 香港 ≪華商報≫(1948.2.12);『邵荃麟評論選集』, 下, pp.682~ 683]. 그러나 1960년대에 이르러 사오취엔린은 날이 갈수록 '좌'로 기우는 계급 언어에 직면하면서 결국 개인 언어를 견지하게 되었고 다른 목소리를 내게 되었는데, 이때 그 는 당내의 '우경 기회주의 분자'가 되고 말았다.

30 주로 소련·일본·프랑스 공산주의자의 글을 번역하여 소개했는데, 예를 들면 科爾瑙의 「論西歐文學的沒落傾向」(≪大衆文藝叢刊≫ 第1輯 ≪文藝的新方向≫), 加薩諾瓦의 「共産 主義思想與藝術」(≪大衆文藝叢刊≫ 第1輯 ≪文藝的新方向≫), 藏原惟人의 「現代主義及 其克服」(≪大衆文藝叢刊≫ 第5輯 ≪怎樣寫詩≫), 法捷耶夫의 「展開對反動文化的鬪爭」 (≪大衆文藝叢刊≫ 第5輯 ≪怎樣寫詩≫), 塔拉辛可夫의 「論社會主義現實主義」(≪大 衆文藝叢刊≫ 第6輯 ≪論電影≫) 등이 있다.

31 여기에는 즈다노프의 영향을 받은 흔적이 뚜렷하다. 즈다노프는 무산계급이 상승기의 자본주의 문화(예를 들면 문예부흥기와 18, 19세기의 낭만주의와 사실주의 문학)는 비 판·계승해도 되지만, 몰락 시기인 19세기 말과 20세기의 서양 모더니즘 문학은 단호히 거절해야 한다는 유명한 이론을 내놓은 적이 있다. 이 이론은 이후에 신중국 문화의 향 방에 막대한 영향을 미쳤다.
  * 안드레이 즈다노프(Andrei Zhdanov, 1896~1948, 중문명 日丹諾夫)는 소련 공산당 의 지도자로 스탈린의 뒤를 이을 것으로 생각되었으나 스탈린 이전에 사망했다.

32 郭沫若, 「人民至上主義的文藝」, 『郭沫若全集』(文學篇), 第20卷(人民文學出版社, 1992), pp.254~258 참조.

33 건국 후에는 '공농병 문예(工農兵文藝)'라고 불렸지만, 그 본질은 다르지 않았다.

34 예를 들면 류스(劉石)의 「眞假李板頭」(≪大衆文藝叢刊≫ 第1輯 ≪文藝的新方向≫), 자오수리(趙樹理)의 「催糧差」(≪大衆文藝叢刊≫ 第5輯 ≪怎樣寫詩≫), 시룽(西戎)의 「喜事」(≪小說月刊≫ 창간호), 저우얼푸(周而復)의 「白求恩大夫」(1948년부터 ≪小 說月刊≫에 연재하기 시작했다) 등이 있다.

35 郭沫若, 「「板話」及其他」, ≪文匯報≫(1946.8.16);『趙樹理研究資料』(北岳文藝出版 社, 1985), p.175.

36 邵荃麟, 「新形勢下的文藝運動上的幾個問題」, ≪大衆文藝叢刊≫ 第6輯 ≪論電影≫;『邵 荃麟評論選集』, 上, p.245.

37 '송가 문학'이 인민을 칭송한 것 외에 또 다른 중요한 일면은 인민의 지도자, 즉 당과 영 수에 대한 칭송이다. 1948년 3월 홍콩 해양서옥(海洋書屋)에서 출판했으며, 펑나이차 오가 편집하고 아이칭 등이 쓴 「마오쩌둥송(毛澤東頌)」이 바로 이런 송가의 자각적인 제창이다. 펑나이차오는 「편집 후기(編後記)」에서 "이런 위대한 주제는 무수한 시인들 의 주의를 끌게 될 것이다. 인민들도 자연히 적당한 말을 찾아내어 이 신중국의 창조자

에 대한 송가를 만들어 부르게 될 것이다"라고 내다봤다. 이 글에서 또 "모 신문의 주필"(≪대공보≫의 편집장 왕윈성을 가리킨다)은 마오쩌둥의 「심원춘(沁園春)」에 근거하여 "그에게도 제왕적 사상이 있음을 심혈을 기울여 증명했고", "일부 마음 착한 사람들은" "인민들이 혁명 영수를 추앙하는 진실한 감정에 대하여 오히려 낯 뜨거워하는데, 사실 이것은 일부 지식분자들이 아직도 낡은 사상과 감정에서 벗어나지 못한 나머지, 인민들과 함께 호흡하고 함께 느낄 수 없음을 설명하는데 지나지 않으며", "또 어떤 사람은 누구를 칭송하는 것은 자신을 모욕하는 일이라고 생각하는데, 이런 '고신얼자(孤臣孽子)'의 마음도 아마 시대의 산물로서, 옛것이 모두 썩어 문드러져 찬미할 만한 것이 없어지자 차라리 '자기' 하나를 간직한 채 찬미의 가락은 접어두고 만가(挽歌)의 정(情)을 읊조리는 것일 게다"라고 말했다[『馮乃超文集』, 下(中山大學出版社, 1991), pp.348~349].

* 고신얼자(孤臣孽子)는 임금의 신임이나 사랑을 받지 못하는 신하와 어버이의 사랑을 받지 못하는 서자(庶子)를 아울러 이르는 말이다.

38 靜聞, 「方言文學的創作」, ≪大衆文藝叢刊≫ 第3輯 ≪論文藝統一戰線≫.

39 주 36), pp.246~247.

40 茅盾, 「再談方言文學」, ≪大衆文藝叢刊≫ 第1輯 ≪文藝的新方向≫. 이것과 동시에 ≪大衆文藝叢刊≫은 또 「參軍 - 墻頭詩選」(≪大衆文藝叢刊≫, 第1輯)과 「武池村農民的詩」(≪大衆文藝叢刊≫ 第5輯 ≪怎樣寫詩≫) 같은 공농병(工農兵)의 대중 창작을 대대적으로 발표했다. ≪大衆文藝叢刊≫은 또 '실재의 이야기(實在的故事)'라는 칼럼을 신설하여, 전쟁과 생산의 일선에서 온 '실록' 보고문을 실었다[편집인은 "옛날 중국에 이른바 '필기소설(筆記小説)'이라는 것이 있었는데, 이것도 같은 부류에 속한다"라고 말했다. 예를 들면 제2집에 발표한 「桌上的表」의 필자 장밍(張明)은 화둥야전군의 전투 영웅이었으며, 전쟁터에서 이 글을 썼다. 이 시기에 홍콩에서는 '방언문학'에 관한 토론이 벌어졌는데, 앞서 말한 마오둔의 「再談方言文學」이 ≪大衆文藝叢刊≫에 발표된 것 외에, 궈모뤄도 「當前的文藝諸問題」를 써서 '방언문학의 문제'를 논했고(≪文藝生活≫, 海外版 第1期), 사오취엔린과 펑나이차오가 공동으로 「方言文學問題論爭總結」을 썼다(『邵荃麟評論選集』, 上, pp.125~133). 홍콩 문협은 '方言詩歌工作組'까지 설립하여 방언 시가의 창작과 활동을 체계적으로 해나갔다. 시인 단무(丹木)·러우치(樓棲)·사어우(沙鷗)·리칭(犁青)은 각각 차오저우(潮州)·커자(客家)·쓰촨(四川)·샤먼(廈門) 방언시를 썼다(犁青, 「從'南來作家'到'香港作家'」, ≪新文學史料≫, 1996年 第1期 참조). 1948년 홍콩에서는 또 〈백모녀〉의 공연을 둘러싸고 '예술의 민족화와 현대화의 관계'에 대해 토론했는데, 펑나이차오의 「從〈白毛女〉的演出看中國新歌劇的方向」(≪大衆文藝叢刊≫ 第3輯 ≪論文藝統一戰線≫)과 사오취엔린의 「藝術的民族化與現代化的

關係」(『邵荃麟評論選』, 上, pp.159~170)을 참조하기 바란다.

41 黎紫, 「評柯蘭的『紅旗呼拉拉飄』」, ≪大衆文藝叢刊≫, 第1輯.

42 茅盾, 「關於「李有才板話」」[≪群衆≫, 第12卷 第10期(1946.9);『趙樹理硏究資料』(北岳文藝出版社, 1985), pp.139~140]; 邵荃麟, 「評「李家庄的變遷」」[≪文藝生活≫ 光復版 第13期;『邵荃麟評論選集』, 下, pp.512~516].

43 邵荃麟, 「五四的歷史意義」, 香港 ≪群衆≫, 第2卷 第17期;『邵荃麟評論選集』, 下, pp.690~699. 마오쩌둥 사상의 권위를 확립하는 것도 당시의 자각적인 노력이었다. 앞서 말한 강령 격인 글「목전의 문예운동에 대한 의견」은 마오쩌둥의「지금의 형세와 우리의 임무」에 대해, 이것은 "현재 중국의 모든 운동의 지표이며", "문예운동은 오직 이 총체적인 방향을 따라 나아가야 한다"라고 이미 명확하게 언급했다(『邵荃麟評論選集』, 上, p.147). 민감한 궈모뤄는 더욱더 여러 번 언급했는데, 반드시 마오쩌둥의 이 보고문으로써 "자신을 무장해야 하고, 우리 몸의 세포 하나하나까지 무장해야 한다"라고 했으며[「當前的文藝敎育」, ≪華商報≫(1948.3.14);『迎接新中國』, p.37], 그는 '영수'에 대한 언급을 '기피'하는 일부 지식분자들에게 이렇게 힐문했다. "구정협(舊政協)에서 우리는 장제스가 당연히 영수임을 인정했으면서, 지금은 왜 마오쩌둥이 인민의 영수임을 인정하지 못하는가? 중국인 중에 마오쩌둥만 한 사람이 몇 명이나 있는가? 중국인 중에서 마오쩌둥 같은 사람이 나왔다는 것은 우리의 영광이다. 마오쩌둥은 쑨중산의 진정한 계승자이다"(「新政協催生」, ≪自由叢書≫ 第15期 ≪論新政協≫;『迎接新中國』, p.109).

* 마지막 인용문의 출처는 여러 자료에서「爲新政協催生」, ≪自由叢刊≫, 第15種 ≪論新政協≫;『迎接新中國』, p.109로 확인되었으니 참고하기 바란다.

44 邵荃麟, 「新形勢下的文藝運動上的幾個問題」, ≪大衆文藝叢刊≫, 第6輯;『邵荃麟評論選集』, 上, p.251. 이 글은 또 신중국 수립 후의 '미래'에 대한 일부 작가들의 구상과 계획을 다음과 같이 언급했는데 꽤 흥미롭다. "우리 중에는, 새로운 환경 속에서 앞으로 일생일대의 걸작을 어떤 식으로 써야 할까 생각하는 사람도 있을 것이고, 신중국의 모습을 관찰하려면 앞으로 전국을 어떻게 여행해야 할까 생각하는 사람도 있을 것이고, 아니면 우리는 이미 10~20년 동안 간난신고를 겪었으니, 앞으로는 자신의 창작 생활을 잘 계획해야 한다고 생각하고 있을 것이다"(같은 책, p.240).

제3장

1 베이징대학 역사과의 「北京大學學生運動史」 編寫組, 『北京大學學生運動史(1919~1949)』(修訂本)(北京出版社, 1988), pp.269~271.

2 '5·20' 운동, 1947년 5월 20일 난징 학생들이 '반기아·반내전(反內戰)·반박해' 시위를
　벌이다가 국민당 군경의 진압을 받았다.

3 당시 베이징대학 일반 직원 중 월급이 제일 많은 사람은 500만 위엔, 제일 적은 사람은
　380만 위엔이었고, 학교 경비원은 고작 월 138만 위엔이었는데, 제일 적은 사람은 115만
　위엔이었다. 당시의 물가로 하루에 옥수숫가루 2근을 산다면 한 달에 140여만 위엔이
　었다. 『北京大學學生運動史』, p.268.

4 『北京大學學生運動史』, pp.263~285; 『解放戰爭時期上海學生運動史』(上海飜譯出版
　公司, 1991), pp.149~157 참조.

5 陳良, 「風暴之歌 ─ 解放戰爭時期的歌咏運動」, 『解放戰爭時期上海學生運動史』, p.453;
　陳良 外, 「發揮音樂的戰鬪作用」, 『戰鬪到黎明』(上海飜譯出版公司, 1991), p.442; 于
　勁, 『上海: 1949年大崩潰』, 上(解放軍出版社, 1993), pp.353~357 참조.

6 韋克甫 外, 「光輝的一頁 ─ 中華工商專科學校的學生運動」, 『解放戰爭時期上海學生
　運動史』, p.335.

7 傅家駒, 「回蕩在心中的一支歌 ─ 在交大參加上海學聯成立一周年紀念大會」, 『火紅
　的靑春 ─ 上海解放前中學學生運動史實選編』(上海外語敎育出版社, 1994), pp.527~528.

8 이 노래는 당시에 유행했던 곡으로 기본 곡조는 같고, 가사는 공연하는 현장의 상황에
　따라 수시로 바뀌었다.

9 陳良, 「風暴之歌」, 『解放戰爭時期上海學生運動史』, p.452.

10 余健行, 「暨南大學學運片斷」, 『解放戰爭時期上海學生運動史』, pp.329~330.

11 『解放戰爭時期上海學生運動史』, p.151, 153.

12 『北京大學學生運動史』, p.281.

13 이것은 옥중의 학생이 당시에 유행하던 노래 「넘어지는 게 대수냐(跌倒算什麼)」라는
　곡에 새로 가사를 붙인 것이다.

14 姚芳藩, 「八二六'鬪爭凱歌」, 『解放戰爭時期上海學生運動史』, pp.481~482.

15 예를 들면 상하이실험희극학교(上海實驗戱劇學校)의 학생들이 초청을 받아 차오허징
　(漕河涇) 부근 교외의 농민 집회에서 공연한 적이 있었는데, "국민당이 내전을 하다 돈
　이 모자라니 지폐를 찍어대네. 5만 위엔! 10만 위엔! 어~휴, 물가가 날마다 오르네!"라
　고 노래 부르자, 농민들이 열렬히 환호했다(「艱難鬪爭憶當年」, 『戰鬪到黎明』, pp.464~
　465).

16 『淸華大學史料選編』, 第4卷(淸華大學出版社, 1994), pp.494~495에 수록되어 있다.

17 주 16), pp.495~517.

18 『北京大學學生運動史』, pp.256~260.

19 俯爲, 「在江灣田野上前進」, 『解放戰爭時期上海學生運動史』, p.310, 317.

20   주 10), p.329.

21   錢樹柏,「五二O時期的金陵大學」,『南京黨史資料』(內部發行), 第17輯(中共南京市
     委黨史資料徵集編研委員會辦公室·南京市檔案局 編), p.29, 43.

22   [부표] 1946~1948년 사이의 베이핑, 상하이, 난징 학생운동 중의 문예 활동

     1946년 1월 13일: 상하이 각계의 1만여 명이 쿤밍 '12·1' 사건 때 희생된 위란(于冉)
     등 열사의 추모식을 옥불사(玉佛寺)에서 거행하면서 「安息吧, 死難的同學」·「自由公
     理在哪裏」등의 노래(상하이세인트존스대학 錢春海·任策 작곡, 成幼殊·朱良 작사)를
     다 같이 합창했다(『解放戰爭時期上海學生運動史』, p.446에 근거한다).

     1946년 3월 8일: 상하이 학생들과 각계 여성들이 3·8 여성의 날을 기념하기 위해 2만
     여 명이 시위하면서 「姐妹進行曲」(上海音專 陳良 작곡, 金沙 작사)을 소리 높여 불렀
     다(『解放戰爭時期上海學生運動史』, p.447에 근거한다).

     1946년 봄: 상하이 학생들의 대대적인 학자금 원조 운동 기간에 상하이음악전문대학
     (上海音專)과 신음악회(新音樂會)가 장학금 모금 음악회를 여러 차례 열었는데, 셴싱
     하이(冼星海)의 「黃河大合唱」, 허뤼팅(賀綠汀)의 「遊擊隊之歌」·「嘉陵江上」, 황쯔
     (黃自)의 「抗敵歌」·「旗正飄飄」등을 공연했다(『解放戰爭時期上海學生運動史』, p.447에
     근거한다).

     1946년 6월 16일: 상하이 학생들이 톈찬무대(天蟾舞臺)에서 사은회를 했는데, 참석자
     들은 상하이음악전문대학 학생 천량(陳良)의 지휘에 따라 「反對內戰要和平」(「打倒列
     强」의 곡에 가사를 붙였다)을 제창했다(『解放戰爭時期上海學生運動史』, pp.447~448
     에 근거한다).

     1946년 6월 23일: 상하이 학생과 각계 인사 5만여 명이 북부역(北站)에서 상하이인민
     평화청원단(上海人民和平請願團)을 환송했는데, 백화점 업계 직원으로 구성된 군악대
     의 반주에 맞춰 전원은 「反對內戰要和平」과 "총을 밖으로 겨누고, 발맞춰 전진하자",
     "중화민족 지켜서, 영원한 자유인 되자"라는 「救國軍歌」를 크게 불렀다(『解放戰爭時
     期上海學生運動史』, p.448에 근거한다).

     1946년 가을: 시난연합대학이 베이핑으로 다시 옮겨 온 후 베이핑합창단(北平歌咏團:
     星海合唱團이 전신이다), 베이핑연극2대(北平演劇二隊), 연대고성합창대(聯大高聲唱
     歌咏隊)가 시산(西山)에 함께 모였고, 「黃水謠」·「茶館小調」등의 노래가 산골짜기에
     울려 퍼졌다(『北京大學學生運動史』에 근거한다).

     1946년 10월 4일: 상하이 톈찬무대에서 거행된 리궁포(李公朴)·원이둬(聞一多) 추도
     회에서, 상하이음악전문대학(上海音專)과 연극학교(劇校) 학생들이 선열을 추도하는
     대합창(田漢·安娥 작사)을 공연했다(『戰鬪到黎明』, p.451에 근거한다).

     1946년 10월 19일: 루쉰 서거 10주년 추모회 때 옌안에서 온 리리롄(李麗蓮)과 어우양
     산쭌(歐陽山尊)이 〈兄妹開荒〉을 공연했고, 해방구의 양거춤(秧歌舞)은 상하이의 각

대학과 중고등학교에 신속하게 퍼져 나갔다(『解放戰爭時期上海學生運動史』, p.449에 근거한다).

1946년 11월 1일: 복원 후 처음 맞이하는 시난연합대학 개교기념일 날에, 베이징대학 쓰위엔(四院) 강당에서 연대극예사(聯大劇藝社)가 후방의 희극 〈禁止小便〉과 〈未婚夫妻〉(陳白塵 作)를 공연했다. 이후에 칭화극예사(淸華劇藝社)와 베이다극예사(北大劇藝社)가 각각 창립되었다(『淸華大學史料選編』, 第4卷, p.508에 근거한다).

1946년 12월 30일: 베이핑의 학생들이 둥단(東單) 광장에서 미국의 폭력에 항의하는 집회를 열었으며, 베이다신시사(北大新詩社)의 한 여학생이 「給受難者」를 낭송했고, 또 미군의 만행을 규탄하는 활보극도 공연했다(『北京大學學生運動史』, pp.230~231에 근거한다).

1947년 1월 1일: 상하이 1만여 명의 대학생들이 폭력에 항의하는 대규모 시위를 벌였고, 「赶不走那美帝心不甘」(무명씨 작사·작곡)·「大家起來赶走美國兵啦」(復旦大學司徒漢 작사)·「起來, 把美軍赶出去」(音專 학생 張月 작사·작곡)을 소리 높여 불렀다(『解放戰爭時期上海學生運動史』, p.450에 근거한다).

1947년 5월 4일: 난징 중앙대학(中央大學)이 학교 강당에서 문예의 밤을 개최했는데, 난징연극전문대학(南京劇專)의 '문예연구회'를 초청하여 활보극 〈萬元大鈔〉, 시낭송 「火把」(艾靑 作), 연극 〈鐵飯碗〉을 공연했다(『南京黨史資料』, 第17輯, pp.53~54에 근거한다).

1947년 5월 4일: 베이다극예사(北大劇藝社)가 베이징대학(北京大學) 싼위엔(三院) 강당에서 활보극 〈開羅以前〉을 공연했다(北平學生劇聯이 펴낸 『獨幕劇選』 1948년 8월에 근거한다).

같은 날: 베이다신시사(北大新詩社)가 국회가(國會街) 쓰위엔(四院) 강당에서 「爲五四而歌」 낭송회를 열었는데, 일부는 원래 시난연대고성합창단(西南聯大高聲唱合唱團)과 원래 베이핑싱하이합창단(北平星海合唱團)이었던 단원들로 구성된 사탄합창단(沙灘合唱團)과 다이합창단(大一合唱團)이 함께 무대에서 「黃河大合唱」 완창했다(『北京大學學生運動史』, p.237에 근거한다).

같은 날: 칭화대학 '다 같이 노래해(大家唱)'합창단이 「民主大合唱」을 공연했다(『淸華大學史料選編』, 第4卷, p.501에 근거한다).

이날 밤 베이징대학 학생들이 민주광장에서 캠프파이어를 했으며, 징과 북소리에 따라 수백 명의 양거대(秧歌隊)가 춤을 추며 광장 안으로 들어왔다(『北京大學學生運動史』, p.237에 근거한다).

1947년 5월 5~7일: 베이다극예사와 다이극단(大一劇團)이 연극의 밤을 개최했는데, 싼위엔(三院) 기숙사에 임시로 만든 〈一袋米〉·〈一個女人和一條狗〉(袁牧之 作)·〈凱旋〉 등의 연극을 공연했다(『北京大學學生運動史』, p.238에 근거한다).

1947년 5월 15일: 난징 학생들이 대규모 반기아 시위를 벌였는데, 행정원(行政院) 정문과 가림벽에 '民脂民膏'라는 제목의 만화를 그렸으며, 활보극 〈內戰內行〉과 〈社會賢達〉을 공연했고, 「你是個壞東西」를 제창했다(『南京黨史資料』, 第1輯, p.74에 근거한다).

1947년 5월 19일: 상하이 7000여 명의 학생들이 반기아·반내전 시위를 벌이면서, 길거리에서 활보극 〈你是個壞東西〉를 공연했고, 〈向炮口要飯喫〉 등의 만화를 붙였으며, 「大家起來要求喫飽飯哪」·「團結就是力量」[미국 남북전쟁 때의 전투가 「John Brown's Body」(約翰·布朗的身軀)에 가사를 바꿔 넣은 것이다] 등의 노래를 불렀다(『解放戰爭時期上海學生運動史』, p.323, pp.451~462에 근거한다).

1947년 5월 20일: 난징·상하이·쑤저우·항저우 학생들이 난징에서 반기아·반내전 시위를 했으며, 겹겹의 군경 포위 속에서도 「團結就是力量」·「前進, 中國的青年」 등의 노래를 소리 높여 불렀다(『解放戰爭時期上海學生運動史』, p.452; 『南京黨史資料』, 第1輯, pp.79~83에 근거한다). 이날 밤 상하이 학생 대표들이 상하이로 돌아온 후, 음악전문대학 학생들은 난징 유혈 사건을 반영한 노래를 밤새껏 지어 각 학교에 가서 가르쳤는데, 「珠江路上的血沒有白流」·「鐵流進行曲」 등이 있다(『戰鬪到黎明』, p.437에 근거한다).

같은 날: 베이핑 학생들의 반기아·반내전 대규모 시위 중 베이다극예사(北大劇藝社)는 〈凱旋〉·〈反內戰〉 등의 단막극을 공연했고, 선전대원들은 선전 차량 위에서 「告市民」·「告胴胞」 등을 노래했으며, 「反內戰」·「一粒子彈一粒米」 등의 시도 낭송했다(『北京大學學生運動史』, pp.243~244에 근거한다).

1947년 5월 22일: 난징연극전문대학(南京劇專) 학생 황더언(黃德恩)이 낭송시 「死和愛」를 창작하여 학생들 사이에 널리 퍼졌으며, 학생들의 각종 집회에서도 공개적으로 낭송되었다(『南京黨史資料』, 第17輯, p.59에 근거한다. 시는 『南京黨史資料』, 第1輯에 수록되어 있다).

1947년 5월 23일: 상하이 40여 개 대학과 중고등학교가 동맹 휴업을 했고, 음악전문대학 학생들은 학교마다 찾아다니며 노래를 가르치고 공연도 했는데, 활보극 〈萬元大鈔〉(楊與石 作), 동작을 곁들인 노래 「王大娘補缸」·「朱大嫂送鷄蛋」, 독창 「老天爺」·「老母親刺瞎親子目」 등이 있다(『戰鬪到黎明』, p.437에 근거한다).

1947년 5월 26일: 상하이 자오퉁대학(交通大學) 학생들이 자체적으로 학생 첩자 두 명을 공개 재판했으며, 수천 명의 학생이 「你是個壞東西」를 소리 높여 불렀고, 합창단원도 첩자를 손가락으로 가리키면서 새로 만든 「狗仔小調」(音專 학생 朱鏡淸 작곡, 劉詩嶸 작사)를 불렀다(『解放戰爭時期上海學生運動史』, p.452에 근거한다).

같은 날 밤: 푸단대학(復旦大學)이 5월 문예의 밤을 개최하여, 각 합창단이 「學生運動大聯唱」을 합동 공연했으며, 그중에서 풍자 가요 「古怪歌」는 대단한 반향을 불러일으

컸다(『解放戰爭時期上海學生運動史』, pp.452~453에 근거한다).

1947년 5월 30일: 난징 국립음악원(國立音樂院) 학생들이 저녁에 '붉은 5월(紅五月)'을 개최하여, 학생들은 허빈(何彬) 열사의 유작 「奴隸戀歌」를 공연했고, 현악대의 반주 아래 고리키의 「海燕」을 4부 합송 형식으로 낭송했으며, 「茶館小調」·「古怪歌」와 자신들이 창작한 「拿飯來喫」·「反動派壞東西」 등을 공연했다. 연극전문대학 학생들도 단막극 〈麵包〉를 공연했다(『南京黨史資料』, 第17輯, p.68에 근거한다).

1947년 5월: 베이다극예사가 단체로 단막으로 된 활보극 〈夜歌〉를 창작하여 민주광장, 칭화대학, 베이징대학 쓰위엔 등지에서 여러 차례 공연했다(北平學生劇聯이 펴낸 『獨幕劇集』에 근거한다).

1947년 6월 2일: 베이징대학 민주광장 명명(命名)대회에서 칭화대학 '다 같이 노래해' 합창단이 「光明贊」을 불렀다(『北京大學學生運動史』, p.248에 근거한다).

1947년 여름: 상하이학련(上海學聯)이 펼친 학자금 원조 운동 중에 상하이연극학교 (上海劇校) 학생들은 「大走鋼絲」·「馬凡陀山歌」 등의 낭송과 콰이반 및 새로 가사를 붙인 「梨膏糖小調」 등을 거리에서 공연했다(『戰鬪到黎明』, p.461에 근거한다).

1947년 여름: 상하이시 학교 복지회가 상하이시의 각 학교 학생들을 조직하여 푸둥다러우(浦東大樓)에서 대형 문예 공연을 했는데, 활보극 〈他在哪裏〉, 〈測字先生〉과 동작을 곁들인 노래 「道場」, 「王大娘補缸」 등이 있다(『火紅的靑春』, p.212에 근거한다).

1947년 여름: 칭화대학·베이징대학·옌징대학(燕京大學), 이 세 대학의 극단이 장학금 모금을 위하여 〈升官圖〉(陳白塵 作) 합동 공연을 했는데, 이 세 학교에서 12일 동안 연달아 15회를 공연했다.

1947년 11월 6일: 5000명의 베이징 학생들이 베이징대학 민주광장에서 위쯔산于子三: 저장대학(浙江大學) 학생자치회 회장이었으며, 10월 29일 옥중에서 국민당에게 참살당했다 추도회를 열었고, 학생들은 격앙된 목소리로 「獨裁政府要垮臺! 要垮臺」 등의 노래를 불렀고, 활보극도 공연했다(『北京大學學生運動史』, p.263에 근거한다).

1947년 겨울: 상하이 '중화 기독교청년회 소년민주공화실험국(中華基督敎靑年會少年民主共和實驗國)'이 저녁에 청년회 강당에서 청년친목회를 열었고, 민가(民歌) 외에 「你這個壞東西」·「茶館小調」 등 시대의 병폐를 규탄하는 노래도 불렀다(『火紅的靑春』, p.545에 근거한다).

1947년 12월 31일: 상하이연극학교(上海劇校) 학생들이 초청을 받아 퉁지대학(同濟大學)에 가서 활보극 〈天下爲此公〉을 공연하여 장내를 뒤흔들어 놓았다. 이리하여 상하이 시청은 극 중에서 장제스 역을 맡았던 학생을 체포했다(『火紅的靑春』, pp.463~464에 근거한다). 이 시기 상하이연극전문대학(上海劇專) 학생은 푸단대학의 연극 동아리 '무사사(繆司社)'의 연극 〈夜店〉·〈萬世師表〉의 무대 연습도 지도했고, 거리와 농촌에서 경기병식의 공연도 펼쳤다(같은 책, pp.464~465에 근거한다).

1948년 1월 1일: 상하이중정학교[上海中正學校: 쑹메이링(宋美齡)이 명예 교장이었고, 장제스가 명예 이사장이었다]가 사은회를 했는데, 이 사은회에서 장제스를 풍자한 활보극 〈他在哪裏〉를 공연했다(『火紅的青春』, pp.473~474에 근거한다).

1948년 1월 17일: 상하이 학생들이 주룽폭행(九龍暴行) 항의 시위 중에 「九龍對唱」(上海音專 학생 劉福安·張利娟 작사·작곡)을 노래했다(『解放戰爭時期上海學生運動史』, p.453에 근거한다).

1948년 1월 29일: 상하이 학생들이 퉁지대학의 반박해 투쟁 시위를 지지하기 위해 체육관에서 공연했는데, 여자사범학교 학생들은 합창하다가 군경에게 쫓겨났다(『戰鬪到黎明』, p.260에 근거한다).

1948년 2월: 근로 학생의 학자금 원조를 위하여 상하이실험희극학교(上海實驗戲劇學校) 학생들이 고골의 「검찰관(欽差大臣)」을 각색한 〈狂歡之夜〉와 단막극 두 편을 공연했다(『戰鬪到黎明』, p.460에 근거한다).

1948년 3월 19일: 지난대학(暨南大學) 학생들이 이위엔(一院) 강당에서 교수·학생·직원 친목회를 열면서 활보극 〈茶館小調〉를 공연하고, 「團結頌」·「光明頌」·「山那邊呀好地方」을 합창했다(『解放戰爭時期上海學生運動史』, pp.329~330에 근거한다).

1948년 3월 28일: 베이징대학 민주광장에서 平津 지역 학교들의 캠프파이어가 있었는데, 1만여 명이 「光明頌」을 제창했다(『北京大學學生運動史』, p.265에 근거한다).

1948년 3월 29일: 상하이 학생들이 황화강(黃花崗) 72열사를 추모하기 위해 여자사범학교에서 문예의 밤을 개최하여, 〈抽丁〉·〈告狀〉·〈算命〉·〈張開熙(蔣介石)競選〉 등의 활보극을 공연했다(『戰鬪到黎明』, p.260에 근거한다).

1948년 4월 1일: 반미부일 선전 중에 푸단대학의 '무사사(繆司社)'·'단성합창단(旦聲合唱團)'·'음악감상회(音樂欣賞會)'가 「黃河大合唱」을 합동 공연했다(『解放戰爭時期上海學生運動史』, p.310에 근거한다).

1948년 4월 3일: 반기아·반박해를 위해 베이핑 학생들이 동맹 휴업했고, 만화·민요·방송 등의 형식으로 길거리 돌격 선전을 펼쳤다(『北京大學學生運動史』, p.267에 근거한다).

1948년 4월 5일: 한 무리의 첩자가 베이징대학 민주광장에 불쑥 들어와 민주벽(民主墻)에 붙여놓은 표어와 공고문을 찢어버렸고, 홍러우(紅樓) 지하실에 있던 '대지합창단(大地歌咏團)'의 옷가지도 깡그리 빼앗아 갔다(『北京大學學生運動史』, p.267에 근거한다).

1948년 4월: 상하이 만화공학단(漫畵工學團)이 '월간 만화전(漫畵月展)'을 열었으며, 대학·중고등학교·기업체를 순회하면서 전시했다(『上海革命文化大事記』에 근거한다).

1948년 봄: 칭화극예사가 반기아·반박해 운동 중에 단막극 〈控訴〉를 제작하여 시연했다(北平學生劇聯이 펴낸 『獨幕劇集』에 근거한다).

1948년 5월 4일: 난징의 대학생과 중고등학생 근 1만 명이 중앙대학(中央大學) 광장에서 캠프파이어를 했는데, 연극전문대학 학생이 활보극 〈民主商店〉과 동작을 곁들인 노래 「王大娘進國大」를 공연했다(『南京黨史資料』, 第17輯, p.82에 근거한다).

같은 날: 상하이 120개 대학과 중고등학교 학생 1만여 명이 자오퉁대학(交通大學) 민주광장에서 캠프파이어를 했으며, 「從五四到五四」를 시와 노래의 메들리로 대대적으로 공연했다(羅宗熔과 楊與石이 낭송 가사를 지었다)(『戰鬪到黎明』, p.442에 근거한다).

같은 날: 청화대학 '다 같이 노래해'합창단이 「黃河大合唱」을 완창했다(『淸華大學史料選編』, 第4卷, p.501에 근거한다). 그리고 '5·4 기념 주간' 중에 칭화극예사가 〈新原野〉[차오위(曹禺)의 〈原野〉를 재구성한 것이다]를 공연했고, 베이다극예사가 〈記者生涯〉(즉, 소련 작가 시모노프의 〈러시아 문제〉)를 공연했다. 이 이전에 칭화극예사가 〈淸明前後〉(茅盾 作)를 공연했고, 옌다해연극단(燕大海燕劇團)도 〈重慶二十四小時〉(沈浮 作), 〈家〉(曹禺 作), 〈夜店〉(師陀가 고리키의 동일 제목의 극본을 고쳐 썼다), 〈風雪夜歸人〉(吳祖光 作) 등의 명극을 공연했다[구체적인 공연 시간은 미상이다][베이핑학생극련(北平學生劇聯)이 펴낸 『獨幕劇集』에 수록된 魯의 「置身在民主的鬪爭裏」에 근거한다].

1948년 5월 20일: 상하이 만화공학단이 자오퉁대학에서 제2차 '월간 만화전'을 열었으며, 나중에는 다른 대학에서도 순회 전람을 했다(『上海革命文化大事記』에 근거한다).

1948년 5월 22일: 상하이 각 학교 학생들이 자오퉁대학 민주광장에서 '5·20' 1주년과 상하이시학련(上海市學聯) 창립 1주년 기념 대회를 거행했으며, 중화공상학교(中華工商學校) 학생 40여 명이 대형 단체 낭송 「怒吼吧, 中國!」을 공연했고, 광장에 모인 근 2만 명이 「你是燈塔」을 합창했다(『解放戰爭時期上海學生運動史』, p.335에 근거한다).

1948년 5월 28일: 상하이세인트존스대학 학생회는 미국의 대일 원조 정책에 반대하는 취지로 '민족전람회'를 열었고, 전시품에는 목각·만화·사진 등이 있었다(『解放戰爭時期上海學生運動史』, p.335쪽에 근거한다).

*『解放戰爭時期上海學生運動史』를 확인해 본 결과 p.335에는 이런 내용이 없었고, p.151에 있었음을 밝히니 참고하기 바란다.

1948년 5월 30일: 상하이법과대학(上海法學院)의 10여 개 학생 동아리가 '시사만화 전람'을 하다가 상하이 시청의 제지를 받았다(『解放戰爭時期上海學生運動史』, p.335에 근거한다).

*『解放戰爭時期上海學生運動史』를 확인해 본 결과 p.335에는 이런 내용이 없었고, p.151, 153에 관련 내용이 있었음을 밝히니 참고하기 바란다.

1948년 6월 5일: 상하이의 5000여 명의 중고등학생과 대학생이 군경의 봉쇄를 뚫고, '반미부일' 노래를 부르면서 시위행진을 했다. 첩자가 느닷없이 미술전문대학(美術專科學校)에 뛰어 들어와 학생들이 시위에 쓰려고 준비한 만화와 플래카드를 전부 찢어버렸다.

난양여중(南洋女中) 학생 항관화(杭冠華)가 시위에 참여한 후 낭송시 「六·五」這個血腥的日子」를 써냈다(『解放戰爭時期上海學生運動史』, pp.154~155과 『戰鬪到黎明』, pp.71~73에 근거한다).

1948년 6월 9일: 베이핑 학생들이 대규모 반미부일 시위를 하면서 거리에서 활보극을 공연했고, 시민들의 강렬한 반향을 불러일으켰다(『北京大學學生運動史』, p.281에 근거한다).

1948년 여름: 상하이시 학자금 원조 운동 공로 축하회에서 진더여중(進德女中) 학생 천밍주(陳明珠)와 린후이팡(林惠芳)이 '鳳陽花鼓'를 공연하여 많은 박수를 받았다(『解放戰爭時期上海學生運動史』, p.430에 근거한다).

1948년 8월 17~20일: '5·7' 유혈 사건(이해 5월 7일, 탄원하는 둥베이 유랑 학생에게 국민당 군경이 총을 쏘며 진압하다가 벌어진 사건)을 기리기 위해 베이핑극련사(北平劇聯社)가 단막극 〈大江日夜流〉를 제작하여 공연했다(北平學生劇聯이 펴낸 『獨幕劇集』에 근거한다).

* 자료를 찾아본 결과 '여기의 5·7 유혈 사건'은 '7·5 유혈 사건'을 잘못 적었다고 생각되며, 이 책 본문에서도 이 사건이 7월 5일 발생했음을 언급한 부분이 있다(이 책 109쪽 참조). 참고로, 중국에서는 이 사건을 '베이핑7·5사건(北平七五事件)', '베이핑7·5참안(北平七五慘案)', '베이핑7·5혈안(北平七五血案)' 등으로 일컫는다.

1948년 9월 4일: 상하이의 '8·26' 때 체포된 학생들이 티란차오(提籃橋) 감옥에서 '문예의 밤'을 개최했고, 각 감방에서 교대로 「坐牢算甚麼」·「團結就是力量」·「山那邊呀好地方」 등의 노래를 제창했다(『解放戰爭時期上海學生運動史』, p.481에 근거한다).

1948년 9월 17일: 중추절 밤, 체포된 학생들이 제4차 '문예의 밤'을 개최했다. 상하이음악전문대학 학생 장리쥐엔(張利娟)이 소프라노로 독창을 했고, 다샤대학(大夏大學) 학생 주싱타오(朱杏桃)와 주핑잉(朱萍影)은 「靑春舞曲」을 공연했으며, 또 「九一八'小調」를 제창했다(『解放戰爭時期上海學生運動史』, pp.481~482에 근거한다).

23 列寧, 「歐仁·鮑狄埃」, 『列寧論文學與藝術』(人民文學出版社, 1983), p.334.

24 何其芳, 「從成都到延安」, ≪文藝陣地≫, 第2卷 第3期(1938.11.16). 錢理群, 『豐富的痛苦』(時代文藝出版社, 1993), pp.274~276 참조.

25 吳伯簫, 「歌聲」, 『北極星』, 人民文學出版社, 1978年.

26 『解放戰爭時期上海學生運動史』, pp.65~66; 陳良, 「風暴之歌」, 같은 책, pp.446~447, p.449 참조.

27 여기에 또 한 예가 있다. ≪大衆文藝叢刊≫ 第3輯 ≪論文藝統一戰線≫에 발표한 「不屈的人們 — 申新九廠罷工鬪爭日記」에 중국공산당 지하당이 지휘한 파업 중에 '노래'가 한 역할을 다음과 같이 언급했다. "조사(粗紗) 작업장에서 노래를 먼저 부르자, 모든

작업장에서 곧바로 부르기 시작했다. 정말 이상하다. 노래를 부르자마자 사람들은 몹시 흥분했고, 모두 얼굴이 발개질 정도로 불렀다."

28 『解放戰爭時期上海學生運動史』, p.127.

29 주 28), p.454.

30 傅家駒,「回蕩在心中的一支歌」,『火紅的靑春』, p.527, 528.

31 노랫소리에 환기된 격정은 또 다른 상황에서 잔인한 광분으로 변하기도 한다. 예를 들면 '문화대혁명' 때 홍위병은 「반란의 노래(造反歌)」를 부르면서 '온갖 사람들을 소탕해 버렸다'.

32 錢理群,『大小舞臺之間 — 曹禺戲劇新論』(浙江文藝出版社, 1994), p.43, pp.133~134, 162~163, p.253, 286, pp.318~319 참조.

33 曹禺,「編劇術」,『曹禺硏究專集』, 上(海峽文藝出版社, 1985), pp.43~55.

34 베이징대학 도서관에서 '기증본', 즉 베이핑학생극련(北平學生劇聯)이 펴낸『獨幕劇集』(1948년 내부 출판)을 찾아냈는데, 거기에「開羅以前」(北大劇藝社),「夜歌」(北大劇藝社),「控訴」(淸華劇藝社),「大江日夜流」(燕大海燕劇團),「第四十一」(燕大海燕劇團) 등이 수록되어 있었다.

35 魯,「置身在民主的鬪爭裏」,『獨幕劇集』, p.4.

36 광장에서 공연한 것으로는 학생들 자신의 작품 외에 전업 작가의 작품도 있는데, 천바이천의 「승관도」 등의 희극을 가장 많이 공연했다. 이 시기에 극작가가 창작한 풍자극에는 우쭈광의 「착귀전(捉鬼傳)」(1947년 카이밍서점 출판)과 쑹즈더의 「군마(群魔)」(1948년 광화서점이 출판한 극본집『사람과 짐승(人與獸)』참조) 등도 있다. 광장 공연의 오락성에 대해 그 당시 비판하는 사람도 있었다. '위젠(兪堅)'이라고 서명한 어떤 학생은 ≪개미문집≫ 제4집에서, 베이징대학의 5·4 기념행사 때 마판퉈 산가(山歌) 시 공연은 "심각한 증오가 피상적인 즐거움이나 심지어 경쾌함으로 바뀌어, 원래의 용감한 전투력이 크게 약화됐다"라고 질책했다.

37 郭沫若,「新繆司九神禮贊」(1947年 2月 5日 作),『郭沫若全集』(文學編), 第20卷(人民文學出版社, 1992), p.218.

38 沈從文,「談朗誦詩」,『沈從文文集』, 第11卷(三聯書店香港分店, 1984), pp.249~255.

39 朱自淸,「論朗誦詩」,『朱自淸全集』, 第3卷(江蘇敎育出版社, 1988), pp.253~262.

40 周西,「關於劇專學運的一些回顧」,『南京黨史資料』, 第17輯, p.59.

41 주 40), p.54.

42 黃德恩,「死和愛」,『五二O血案畵册·拿飯來喫』,『南京黨史資料』, 第1輯, pp. 90~93.

43 주 39), p.256.

44 주 39), p.257.

45 朱光潛, 「詩的格律」, 天津 ≪民國日報≫(1948.5.11); 『朱光潛文集』, 第9卷(安徽教育
    出版社, 1993), pp.419~420.

46 예를 들면 1947년 중앙대학이 개최한 5·4 문예의 밤 행사 때 난징연극전문대학(南京劇
    專) 학생 천치(陳奇) 등 다섯 명이 아이칭의 「횃불」을 단체 낭송했는데, "낭송은 거센
    소리·조용한 함성·광희·큰 외침 등을 잘 운용하여 수많은 혁명 청년들의 투쟁 열정을
    표현했으며, 이것은 훌륭한 예술적 효과를 거두었다"(『南京黨史資料』, 第17輯, p.54).

47 후펑은 1947년 7월 뤼위엔에게 써 보낸 편지에서 이런 말을 한 적이 있다. "내가 알고
    있는 바로는 「복수(復仇)」·「누구(誰)」·「미국(美國)」·「기점(起點)」 등이 각지에서 낭
    송되고 있는데, 「복수」는 베이징대학에서 분장까지 하여 낭송한 적이 있다. 어젯밤 청
    년들(그들 중에는 공장 노동자와 점원 등도 있었다)의 어느 작은 집회에서 있었던 「누
    구」의 낭송은 대단히 힘차고 감동적이었다"[綠原, 「胡風與我」, 『我與胡風』(寧夏人民
    出版社, 1993), p.518에서 재인용].

48 앞서 말한 ≪개미문집≫ 제4집에서의 글은 학생 집회에서 마판퉈의 산가를 낭송하던
    정경을 이렇게 묘사했다. "낭송자가 나폴레옹 모자를 쓰고, 치수도 맞지 않는 양복 차
    림으로 무대 뒤에서 양반걸음으로 천천히 걸어 나와서는, 나폴레옹 모자를 벗어 무대
    아래를 향해 익살스럽게 절을 하고는 낭송하기 시작했다. 상하이말로 했고, 목소리는
    날카롭고, 갖가지 익살스러운 몸짓까지 하는 바람에 모두가 배를 잡고 웃었다."
    * 산가(山歌)는 형식이 짧고 곡조가 명랑하면서도 소박하며 리듬이 자유로운 중국 민
      요의 일종으로 주로 고원, 산지, 내륙, 농촌, 어촌 등지에 집중적으로 분포되어 있으
      며, 주로 길을 갈 때, 나무를 할 때, 방목을 할 때, 풀을 벨 때, 고기를 잡을 때 등에 부
      르는 노동요 전부를 가리킨다.

49 리잉(李瑛)은 「뤼위엔의 길을 논함(論綠原的道路)」에서 "시대도 전진하고 있고 시도
    전진하고 있으며, 아이칭·톈젠·마판퉈는 시 탐험대의 용감한 대원들인데, 우리는 더
    젊은 시인 중에서는 뤼위엔을 특히 좋아한다"라고 말했다[≪詩號角≫, 1948年 第4期;
    『綠原研究資料』(河南大學出版社, 1991), p.193]. 그리고 ≪詩創造≫, 第2年 第2輯의
    「人民喜聞樂見的詩」(작자: 莊稼)라는 '보고문'에, "샹후이대학(相輝學院) 학생들이
    (충칭)베이베이도서관(北碚圖書館)에서 ≪중국작가(中國作家)≫ 제1기에 실린 「넌 누
    구냐(你是誰)」라는 시를 본 뒤, 앞다퉈 베껴 적는 학생이 적어도 이삼십 명은 되었다"
    라는 내용이 있다.

50 鐵馬, 「詩的步伐」, ≪文萃≫, 第8期(1946.11.28); 『綠原研究資料』(河南大學出版社,
    1991), p.167.

51 李瑛, 「論綠原的道路」, 『綠原研究資料』, p.193.

52 鐵馬, 「詩的步伐」, 『綠原研究資料』, p.167; 方亮, 「片感 — 關於『又是一個起點』」, 『綠原

研究資料』, p.209.

53 水門, 「綠原片論」, 『綠原硏究資料』, p.176.

54 路翎, 「關於綠原」, 『荒雞』文藝叢書之一(1947); 『綠原硏究資料』, p.165.

55 鐵馬, 「詩的步伐」, 『綠原硏究資料』, p.167.

    * 원저에는 출처가 p.68로 되어 있으나, 자료를 확인해 본 결과 p.167이 분명하여
     p.167로 수정했다.

56 綠原, 「你是誰」, 『人之詩』(人民文學出版社, 1983), p.149.

57 綠原, 「詩人們」, 『人之詩續編』(人民文學出版社, 1984), p.120.

58 주 56), p.154.

59 주 50), p.168.

60 예를 들면 테마(鐵馬)는 「詩的步伐」에서 "뤼위엔은 사상 내용상으로는 먼저 시와 인민
    의 결합을 표현하고 있지만, 언어 형식 측면에서는 아직 지식분자 티를 많이 내고 있고,
    마판퉈는 형식 작풍 측면에서는 먼저 시와 인민의 결합을 표현하고 있지만, 사상 내용
    상으로는 아직 소홀한 데가 있다"라고 말했다(『綠原硏究資料』, p.168).

61 주 53), p.180.

62 문화혁명 때 선전대의 수많은 각양각색의 문예 공연이 있었는데, 유행했던 문예 형식으
    로는 민중가요·시 낭송·춤이 주를 이뤘고 만화도 종종 볼 수 있었으나, 나중에는 '혁명
    표준 연극'만 공연'하는 것으로 변해버렸으며 이런 공연은 신념의 맹종과 파괴적인 반란
    행위를 부추겼다. 세계 역사를 보면 카니발도 종종 가학적이고 난폭했다(帕特里奇, 『狂
    歡史』(上海人民出版社, 1992) 참조).

    * 혁명 표준 연극: 문화대혁명 때의 혁명 표준 연극(革命樣板戲)을 가리키는데, 이것은 문
     화대혁명 때 생겨난 특수 단어이며, 혁명 표준 연극 몇 개를 정해놓고 그것만 공연했다.

63 그 당시 물가가 껑충 뛰어오르자, 국민당 정부는 교사들에게 배급물자구매권(配購證)
    을 나눠주고, 이것으로 헐값의 미국 원조 밀가루를 살 수 있게 했다.

64 『解放戰爭時期上海學生運動史』, pp.156~157.

65 許紀霖·陳達凱 主編, 『中國現代化史』(上海三聯書店, 1995), p.593 참조.

66 曹伯言·季維龍, 『胡適年譜』(安徽教育出版社, 1986), p.677.

67 朱光潛, 「談群衆培養怯懦與凶殘」, 『朱光潛全集』, 第9卷, pp.355~357.

68 胡適, 「國際形勢裏的兩個問題 ─ 給周鯁生先生的一封信」, 이 글은 궈모뤄의 「駁胡適「國
    際形勢裏的兩個問題」」의 부록으로 『郭沫若全集』(文學編), 第20卷(人民文學出版社,
    1992), pp.360~365에 수록되었다.

69 傅斯年 外, 「我們對雅爾達秘密協定的抗議」(1946.2.24); 『中國現代史資料選輯』, 第6
    册(中國人民大學出版社, 1989), pp.64~66.

70　郭沫若, 「駁胡適「國際形勢裏的兩個問題」」, 『郭沫若全集』(文學編), 第20卷(人民文學出版社, 1992), p.350.

71　『北京大學學生運動史』, p.224에서 재인용.

72　1948년 3월 31일에 이르러서도 레이턴 스튜어트는 국무장관에게 보내는 글에서 "만약 우리가 계속할 수 있고, 또 가능한 상황에서 우리의 현재의 지지를 확대할 수 있다면, 판국은 영 만회할 수 없는 것도 아니다"라는 점을 여전히 강조했다(『中國現代史資料選輯』, 第6冊, p.105). 또 1948년 3월 15일 중국 인민해방군이 공포한 「美帝援蔣初步統計」에 따르면 "전쟁 후 빌린 자금과 물자의 합계가 46억 4049만 8223달러였다"[『中國現代史資料選輯』, 第6冊 補編(中國人民大學出版社, 1993), p.131].

73　1948년 6월 30일 레이턴 스튜어트가 국무장관에게 보낸 글『中國現代史資料選輯』, 第6冊, p.112.

74　1948년 10월 16, 26일 레이턴 스튜어트가 국무장관에게 보낸 글『中國現代史資料選輯』, 第6冊 補編, p.143, 146.

75　≪新路≫ 창간호(1948.5.15).

76　주 75)와 같다.

77　예를 들면 제1권 제3기의 '소련은 민주적인가'라는 토론에서 찬성하는 측은 영미식의 민주 제도를 판단의 기준으로 삼을 수는 없으며, 소련 공산당이 혁명의 성공이라는 목표에 도달하고자 한다면 절대로 혁명 역량의 분산을 허락해서는 안 되고 역량을 분산시키는 반혁명적 역량이 존재하도록 해서도 안 되며, 혁명을 뒤엎으려는 음모가 커지도록 두면 더더욱 안 된다는 관점이었다. 반대하는 측은 소련은 당과 민중 사이에 민주적인 관계가 성립되어 있지 않고 이성적인 방법으로 견해의 차이를 해결할 수 없으며, 소수의 의견은 언제나 다수에 의해 억압당하고 소련 정부는 유일한 고용주여서 정부에 반대하는 사람은 밥 먹을 생각을 말아야 하며, 많은 사람은 자신과 가정 경제에 대한 걱정 때문에 감히 정부에 불리한 비판을 하지 못한다는 관점이었다.

78　胡光,「自由主義運動的批判在香港」, ≪國訊≫, 第456期;『中國現代史資料選輯』, 第6冊 補編, pp.411~417. 이 글에 따르면 당시 사람들이 "중국사회경제연구회"를 "반동" 조직이라고 단정했던 주요한 근거는 "전체적으로 보면 이것의 발기인에는 대학교수가 비교적 많긴 하지만, 그 안에는 사오리쯔(邵力子)·주광첸(朱光潛)·돤시펑(段錫朋)·퉁관셴(童冠賢)·쑨웨치(孫越崎)·첸창자오(錢昌照) 등 정부와 국민당 인물이 있으며", "이것의 자금원이 '호족 아무개'와 자원 위원회의 각 공장의 지원이었으니, 이 단체가 앞으로 누구를 위하여 일할 것인가를 증명해 주고 있으며", "이 단체가 이르지도 늦지도 않게 때마침 정부가 군사적으로 불리한 시기에, 또 레이턴 스튜어트가 중국의 '자유 분자'에게 호소와 격려를 한 직후에 등장했기 때문에 그것의 역할은 아주 분명하며",

'"33개 조항의 주장'은 미명에 불과하고, 자유주의자 내지는 일반 지식분자를 '유혹'하고 '기만'하기 위함이다"(p.411). 여기에서 말한 샤오·쑨·첸 등은 모두 중국공산당과 은밀한 관계를 맺고 있었으며, "자금원"의 경우는 "사건이 발생하는 데는 그 원인이 있다지만 조사해 봐도 확실한 증거가 없었으며", 뒤의 두 가지는 일종의 분석으로서 증거로 삼기에는 불충분했다. 샤오첸의 회고에 따르면 1955년 반혁명분자 숙청운동 때 그가 몸담고 있던 중국공산당 당 조직이 그에게 내린 결론 중에 "≪새 길≫은 1948년 베이핑의 고위급 민주 인사가 창간한 잡지로, 나중에 국민당의 검열에 걸려 출판 금지를 당했다"라는 말이 있었다고 한다[『未帶地圖的旅人 — 蕭乾回憶錄』(香港 香江出版公司, 1988), p.298]. 이 결론이 비교적 실제에 부합하는 것 같다.

79 「本刊對於嚴重警告的答復」, ≪新路≫, 第2卷 第1期(1948.11.13).

80 社論「論當前軍事形勢」, ≪中央日報≫(1948.11.10);「自由主義者的悲哀」, ≪新路≫, 第2卷 第5期에서 재인용.

81 궈모뤄는 1948년 3월 15일 ≪華商報≫에 발표한 「提防政治扒手」라는 글에서 "우리는 TV宋이 260억을 내놓았고, 정학계의 선전 기관이 샤오첸을 선봉대로 파견했음을 이미 잘 알고 있다. 샤오첸이 ≪새 길(新路)≫의 편집장으로 파견된 것과 거금의 달러를 얻어 홍콩으로 와서 선전 공세를 펴는 것과는 밀접한 관계가 있다"라며 똑똑히 말했다[『迎接新中國』, 復旦學報(社會科學版) 編輯部 印, p.41]. 그러나 사실상 ≪새 길≫의 편집장은 우징차오(吳景超) 교수였고, 샤오첸은 '사회경제학회' 창립총회에서 ≪새 길≫의 '국제 정치 칼럼(國際政治專欄)'과 '문예 칼럼(文藝專欄)'의 진행 책임자로 추천되었을 뿐 그는 그 후에 그 직무를 맡지 않았고, 그저 이 잡지에 계속해서 「聯合國: 美國的犧牲品」(第1卷 第5期)과 「吳爾夫與女權主義」(第1卷 第20期) 등을 썼을 뿐이다.

82 塔塔木林(蕭乾),「二十年後之南京」·「神游西南」·「玫瑰好夢」,『紅長毛談』(上海觀察社, 1948). '꿈(夢)'은 1940년대 말에 유행했던지 장나이치(章乃器)가 「나는 소설 한 편을 쓰고 싶다: 이십 년의 꿈(我想寫一篇小說 — 二十年一夢)」을 썼고, 후위즈(胡愈之)도 '미래의 중국에 대한 꿈'을 제재로 하여 『소년 항공병(少年航空兵)』을 썼다.

83 蕭乾,「擬J·瑪薩里克遺書」, ≪觀察≫, 第4卷 第7期(1948.4.16).

84 胡光,「自由主義運動的批判在香港」,『中國現代史資料選輯』, 第6册 補編(中國人民大學出版社, 1993), p.415.

85 黃延復,「前淸華大學校長梅貽琦先生」,『梅貽琦先生紀念集』(吉林文史出版社, 1995), pp.424~428에서 재인용.

제4장

1 ≪신시가≫도 훗날 '중국신시'파 시인이 된 무단의 시를 발표한 적이 있다.

2 穆靑,「從'南來作家'到'香港作家'」,≪新文學史料≫, 1996年 第1期 참조. ≪中國詩壇≫의 정황에 관해서는 黃寧嬰,「≪中國詩壇≫雜憶」,≪新文學史料≫, 1980年 第2期 참조.

3 주구화이의 회고에 따르면 ≪흙≫은 원래 베이징사범대학의 일부 문예 청년들이 스스로 만든 작은 잡지로, 3기를 출간한 후 힘에 부쳐 결국에는 당시 베이징대학 문예사(文藝社) 책임자 중 한 사람이었던 주구화이에게 문예사 사람 몇 명을 데리고 와서 그들과 합작하자고 부탁했다고 한다. 주구화이는 원래 후펑과 친분이 있던 터라 또 그를 통해 후펑에게 지지를 구했으며, 후펑은 훗날 후펑파로 불렸던 젊은 사람들을 소개하여 여기에 글을 쓰도록 했는데 루링·지팡·화톄 등이 있다. 나이가 조금 많았던 아룽도 거기에 포함되어 있었고, 외부에서도 ≪흙≫을 칠월파의 무대로 간주했다고 한다. 朱谷悔,「往事歷歷在眼前」,『我與胡風』(寧夏人民出版社, 1993), p.642.

4 ≪호흡≫은 1946년 11월에 창간되어 후펑의 친구인 팡란이 책임편집을 했고, ≪개미문집≫은 1948년에 창간되었고 루링 등이 주관했다.

5 예를 들면 칠월파의 주요 시 이론가 아룽은 이 시기에 썼던 논문집『人和詩』(上海書報雜誌聯合發行所, 1949)에서 짱커자를 다음과 같이 몇 차례나 호되게 비판했다. 그는 "스스로 잘났다고 생각하고 있으며, 현실과 동떨어져 있을 뿐만 아니라 정신이 비정상이다"(p.49), "결코 천재가 아니고 너절한 사람에 불과하다"(p.56), "시가 무미건조할 뿐만 아니라, 사람도 망상증과 추한 몰골을 드러내고 있다. 힘이 어디 있는가? 미(美)가 어디 있는가?"(p.79), "(시는) 예술적으로 실패했고, 정치적으로도 승리하지 못했다"(p.87), "전부 다 착각에 빠진 자화자찬이다"(p.90). 아룽의 시론에서는 주광첸(p.5, 16), 정민(pp.18~22), 쭝바이화(p.70), 벤즈린(p.82), 항웨허(p.91), 두윈셰(p.100쪽)·탕스 (p.106, 115)·탕치(pp.111~114)를 이름까지 들먹여 가며 신랄하게 비판했다.

6 짱커자는「長夜深深終有明」(≪新文學史料≫, 1982年 第2期)에서 자기와 교분이 두터워 친한 친구가 된 사람으로는 차오신즈(『臧克家論』을 썼다)·라오신·리셴야오 등이 있고, 라오신은 중국공산당원이었다고 말했다. 그들은 모두 ≪시창조≫의 주요 작가였다. 또 다른 중요 작가 칭보(靑勃)도 짱커자의 영향을 많이 받았다(李鐵城,「靑勃評傳」,≪新文學史料≫, 1992年 第4期 참조).

7 탕스의 회고에 따르면, 그가 1946년 봄 상하이에 도착했을 때 짱커자의 집에서 차오신즈(항웨허)·천징룽과 알게 되었고, 나중에 또 탕치가 참가하여 ≪시창조≫의 핵심 4인이 되었다고 한다(「九葉在閃光」,≪新文學史料≫, 1989年 第4期). 위엔커자의 회고에

따르면 천징룽이 편지로 그에게 연락했으며, 북방의 몇몇 젊은 시인(무단, 정민, 두윈 세, 마평화)이 ≪시창조≫에 기고하기로 약속했다고 한다(「自傳: 七十年來的脚印」, ≪新文學史料≫, 1993年 第3期).

8 탕스가 「我的詩藝探索歷程」(≪新文學史料≫, 1994年 第2期)에서 회고하듯, 그는 1943년 봄 전시(戰時)에 저장대학 외국어과에 들어가 공부하면서 낭만주의 시 세계에 빠져들기 시작했고, 그 후 학습하는 중에 유럽과 미국의 현대 시와 시론들을 접하면서 "셸리와 키츠에서부터 릴케와 엘리엇의 세계로까지 비약하게 되었다". '중국신시'파의 다른 시인들도 이와 유사한 과정을 겪었다.

9 「編餘小記」, ≪詩創造≫, 창간호 참조.

10 戈陽, 「詩人書簡」; 犀靑 「從'南來作家'到'香港作家'」, ≪新文學史料≫, 1986年 第1期에서 재인용.

11 沈從文, 「新廢郵存底·十七」, ≪益世報≫ '文學週刊', 第33期(1947.3.22);『沈從文文集』, 第12卷(花城出版社·三聯書店香港分店, 1984), p.51.

12 위엔커자의 글은 1947년 3월 20일 ≪大公報≫ '星期文藝'에 「新詩現代化 ― 新傳統的 尋求」라는 제목으로 실렸으며, 『論新詩現代化』(三聯書店, 1988)에 수록될 때는 이 글귀가 삭제되었다.

13 「編餘小記」, ≪詩創造≫, 第5輯에서 재인용.

14 주 6)과 같다.

15 唐湜, 「九葉在閃光」, ≪新文學史料≫, 1989年 第4期.

16 「현대시선」은 미완성 원고였는데, 원이둬 선생 서거 후 『聞一多全集』에 수록되었고, 카이밍서점에서 1948년에 출간되었다.

17 탕스는 「九葉在閃光」에서 이런 분석을 한 적이 있다. "그들 네 명(무단, 정민, 두원세, 위엔커자를 지칭한다)은 서양 모더니즘의 영향을 많이 받아, 추상적인 철학적 사유와 이성적인 기지의 불꽃이 비교적 많으며, 항상 다차원적인 심리 탐색이 있었다. 그런데 우리 다섯 명(탕스, 탕치, 천징룽, 신디, 항웨허를 지칭한다)은 5·4 이래 신시의 예술 전통 속에서 성장했으며, 비교적 많은 사실주의 정신, 비교적 많은 감성적인 형상적 사유, 비교적 많은 중국의 풍격을 받아들였다. 하지만 우리도 서양 모더니즘의 예술 구상과 창작 수법 속에서 적잖은 예술적 양분을 섭취하여, 자신들의 사실주의를 더욱 깊이 있고 풍부하게 만들었다."

18 袁可嘉, 「自傳: 七十年來的脚印」, ≪新文學史料≫, 1993年 第3期.

19 주 15)와 같다.

20 唐湜, 「詩的新生代」, ≪詩創造≫, 第8輯.

21 ≪시창조≫에 시를 발표한 적이 있는 시인 류란산(劉嵐山)은 1990년대에 다음과 같이

회고했다. "≪중국신시≫에 대하여 말하자면, 그 당시 나는 불만이었고 심지어 반대했다. 그 첫 번째 이유는 현실을 직접 반영하지 않았기 때문이고, 두 번째 이유는 국내 대중과의 연계를 잃었기 때문이다. 지금 와서 보니 이것은 물론 내가 안목이 부족하고 도량이 좁았던 탓이다. 그러나 나는 이것이 역사적인 잘못이라고도 생각하지 않는다"(劉嵐山,「人生片斷」,≪新文學史料≫, 1991年 第2期).

22 분열의 과정을 이야기할 때 탕스는「九葉在閃光」에서 "우리의 시 유파 풍격과 이런 현대적 관점을 가진 평론 때문에 쩡커자 선생이 그가 앞장서서 발기한 이 시 전문지를 '철회'하고자" 했던 사건을 언급했다. 쩡커자 본인도 앞서 말한「長夜漫漫終有明」에서 "우리는 이 조그마한 시 전문지 ≪시창조≫를 창간하여", "대략 1년쯤 출간했는데, 차오신즈가 또 ≪중국신시≫를 창간하여, ≪시창조≫는 린훙 동지가 이어받아 편집했다"라며 간단하게만 말했고, 자신의 태도와 역할에 대해서는 말하지 않았다. 또, 차오신즈는 ≪시창조≫ 제10집의「편집 후기」에서 "본인이 친구와 함께 따로 ≪중국신시≫를 발간하는 관계로, ≪시창조≫의 편집 기술과 경영관리 방면은 미력이나마 최선을 다해 계속해서 돕겠다"라고 밝혔다. 그리고 팡징은 ≪중국신시≫ 편집위원 명단에 이름이 올라 있었으나 구체적인 편집 업무에는 참여하지 않았다.

23 주 15)와 같다.

24 袁可嘉,「新詩現代化」,『論新詩現代化』(三聯書店, 1988), p4, 5.

25 袁可嘉,「'人的文學'與'人民的文學'」,『論新詩現代化』, p.123.

26 주 24), p.5. '代序'「我們呼喚」,≪中國新詩≫, 창간호 참조.

27 卞之琳,「『戴望舒詩集』序」.

28 주 24), p.4, 5.

29 주 25), p.122, 118.

30 袁可嘉,「詩的新方向」,『論新詩現代化』, p.219, 220.

31 袁可嘉,「對於詩的迷信」,『論新詩現代化』, pp.57~68.

32 袁可嘉,「批評與民主」,『論新詩現代化』, p.168, 171.

33 袁可嘉,「詩與民主」,『論新詩現代化』, pp.41~42, 43, 47.

34 주 33), p.43.

35 주 24), p.7.

36 주 33) p.43.

37 주 33), p.47.

38 沈從文,「新廢郵存底·十七」·「新廢郵存底·二十六」,『沈從文文集』, 第12卷(花城出版社·三聯書店香港分店, 1984), p.51, 76. 선충원은 뒤의 편지에서 그가 접해본 젊은 사람 가운데 무단·정민·위엔커자·리잉 등을 특별히 들먹였고, 희망은 바로 이런 "활기찬

청춘의 마음과 손"에 있다고 생각했다. 그는 다른 편지에서 또 "더욱 폭넓은 태도로 시험하고 탐색할 대담하고, 세심하고, 열성적이고, 용감한 소장파들이 필요하다"라고 말했다(p.80). ≪흙≫의 청년이 선충원을 무단·정민·위엔커자의 '배후 지지 세력'으로 보았던 것도 결코 잘못 본 것이 아니었다.

39 주 31), p.60.

40 袁可嘉, 「漫談感傷」·「論現代詩中的政治感傷性」, 『論新詩現代化』, p.211, 53 참조.

41 錢理群 外, 『中國現代文學三十年』(上海文藝出版社, 1987), p.165 참조.

42 阿壟, 『人和詩』(上海書報雜誌聯合發行所, 1949), pp.7~8.

43 胡風, 「略論戰爭以來的詩」, 『胡風評論集』, 中(人民文學出版社, 1984), p.54.

44 路翎, 「關於綠原」, 『綠原研究資料』(河南大學出版社, 1991), p.165.

45 唐湜, 「詩的新生代」, 『綠原研究資料』, p.190.

46 아룽은 그 당시 「現代派」片論」도 써서 모더니즘 시론과 시 작품을 날카롭게 비판했다. 후평도 「民族形式問題」에서 "이른바 상징주의·인상파·미래파·퇴폐파·문예 지상파 등의 새로운 형식의 작품"을 "반동 문예"라고 일률적으로 배척하는 것에 찬성했다[『胡風評論集』, 中, p.236].

47 탕스는 「九葉在閃光」에서 다음과 같은 일을 언급했다. "1980년경에 내가 처음으로 뤼위엔을 집으로 찾아갔을 때, 그는 '이제 칠월파를 다시 들먹일 필요가 없다. 칠월파는 이미 역사적인 명사가 되어버렸다'라고 말했다. 그는 최근에 감옥에서 배운 훌륭한 독일어로 릴케의 시를 많이 번역했다. 마치 내가 1940년대 말 릴케의 시를 열광적으로 읽으면서 영역본을 번역하여 신문·잡지에 발표한 것처럼."

48 주 33), p.47.

49 袁可嘉, 「詩與民主」·「談戲劇主義」, 『論新詩現代化』, p.58, 37, 38.

50 주 24), pp.8~9.

51 아룽은 『사람과 시』에서 또 한 예를 제공했다. 그는 두원셰의 「맹인」을 옮겨 적었다.
"오직 나만이, 인류의 발소리를 감상할 수 있다,/ 그 끝도 없는, 시간 같은 다급함,/ 어디로 가느냐고 그들에게 묻는다, 바로 앞이라고 말한다./ 그러나 머뭇거리는 발소리 들리지 않는 곳이 없다//맹인이 된 것도 일종의 행복일지 모른다./ 허공과 암흑 속을 걸어도 무섭지 않다./ 오직 나만이, 이 공허한 세계를 가늠할 수 있다,/ 나를 유혹할 수 있는 것은 아무것도 없다// 어둠! 이 세계의 모습은 단 하나/ 뜻밖에도 '어둠' 때문에 통곡하는 사람도 있다!/ 오직 나만이, 지팡이의 지혜를 알 수 있다,/ 걸음걸음 나를 위해 낙토를 하나하나 두드린다./ 오직 나만이, 그의 은혜 속에서 영원히 살 수 있다./ 어둠은 나의 빛이요 나의 길인 것을."
"단언(斷言): 이것은 억지스러운 찬미와 감은, 병적인 요행심과 우월감, '텅 빈 진지' 그리고 병 없이 신음하는 예술품이며, '오직 나만'의 세계관과 세계에 대한 느낌이다'."

또 뤼위엔의 「벙어리」를 옮겨 적었다.

"음표가 없다./ 그러나 야성적이고/ 원시적인 울부짖음이다./ 그는 말을 하고자 한다, ……
색깔/ 그는 증오한다./ 소리/ 그는 없다./ 벙어리는 말을 할 수 없지 않은가?// 사랑하는
형제여/ 왜 난 이다지도 널 잘 아는 걸까?/ 나도 너처럼/ 모든 손해와 모욕을/ 참고 있
기 때문일까?/ 불공평한 운명에/ 숨이 막혀 버린 벙어리 형제여."

그리고 다음과 같이 비교했다.

"「맹인」에서 두윈셰는 일인칭 시점에서 말하고 있는 것 같지만, 맹인의 입장에서는 마
치 그 일이 있은 듯한 그의 그런 동정은 사실상 다른 별에서 이 세계를 보는 방관에 불과
하다. 그러나 「벙어리」에서 뤼위엔은 이런 장애인들의 '사랑하는 형제'이며, 그는 그들
을 잘 알고 동병상련할 뿐만 아니라 자기 자신도 당사자이며, 그와 그들은 다 같이 '불행
한 운명'을 갖고 있다. 뤼위엔은 언론의 자유를 위함이었고 그래서 요구가 있었고, 격정
이 있었다. 그럼 두윈셰는 어떠한가? 그는 오히려 '눈 밝은 사람' 같고, 맹인을 위로하기
위함, 즉 맹인을 우롱하기 위함이었다. 그의 요구, 그것은 도대체 무엇이었을까? ─ 모
두 다 '맹목'!"

여기서 두 가지 사고방식과 표현방식의 차이점과 거리감은 대단히 뚜렷하다.

52 唐湜, 「詩的新生代」, 『綠原硏究資料』(河南大學出版社, 1991), p.190.

53 綠原, 「生命在歌唱」, 『人之詩』(人民文學出版社, 1983), p.68.

54 穆旦, 「先導」, 『穆旦詩選』(人民文學出版社, 1986), p.90.

55 穆旦, 「裂紋」, 『穆旦詩選』, p.72.

56 穆旦, 「出發」」, 『穆旦詩選』, p.62.

57 穆旦, 「五月」」, 『穆旦詩選』, p.29.

제5장

1 蕭軍, 「'古潭裏的聲音'之四 ─ 駁≪生活報≫的胡說」(1948.9.12), ≪文化報≫, 第59期; 劉
芝明 外, 『蕭軍思想批判』(作家出版社, 1958), p.273 참조.

2 蘆焚, 「行脚人」, 『蘆焚散文選集』(江蘇人民出版社, 1981), p.63.

3 비평가 류시웨이[劉西渭(李健吾)]는 「蕭軍論」에서 샤오쥔을 "오늘의 방랑자"라고 일컬
었다[香港 ≪大公報≫(1939.3.7, 8, 9, 10, 13, 14)].

4 張毓茂, 「我所知道的蕭軍先生」, ≪新文學史料≫, 1989年 第2期.

5 杜矢甲, 「不平凡的業餘歌唱家」, 『蕭軍紀念集』(春風文藝出版社, 1990), p.41.

6 高揚, 「第五次巡廻座談會風景線」은 1941년 4월에 써서 ≪文藝月報≫에 실렸다가 나

중에 ≪新文學史料≫ 1981년 제3기에 다시 실렸다.

7　雪葦, 「記蕭軍」, ≪新文學史料≫, 1989年 第2期. 이 글은 샤오쥔이 좌익 문예계에서 한껏 이름을 날릴 수 있었던 결투도 언급했다. 그것은 1936년 말이 아니면 1937년 초의 일로, ≪文化新聞≫ 편집을 맡은 마(馬) 아무개가 샤오쥔과 샤오훙이 일본에서 돌아와 루쉰의 묘를 성묘할 때의 이야기를 보도했는데, 모욕적인 언사가 있어 샤오쥔이 결투를 요구했다. 마 아무개의 증인은 '문혁' 때 안하무인이었던 장춘차오였고, 샤오쥔의 증인은 니에간누였는데, 결국 씨름으로 결투를 대신했고, 샤오쥔의 전승으로 끝났다.

8　王德芬, 「蕭軍在延安」, ≪新文學史料≫, 1987年 第4期.

9　주 8)과 같다. 마오쩌둥은 편지에서 샤오쥔에게 다음과 같이 충고했다. "옌안에는 나쁜 현상들이 무수히 많으며, 자네가 내게 말했던 것들은 모두 주의할 만하고 모두 고쳐야 한다고 생각하네. 하지만 자네도 자신의 결점들에 대해 주의를 하라고 말하고 싶네. 문제를 절대적으로 보지 말고 인내심이 있어야 하며, 인간관계에 신경을 쓰고 일부러라도 강제적으로 자신의 약점을 성찰해야만 출로가 있고, '마음 놓고 살 수 있다'네. 그렇지 않으면 날마다 불안하고 대단히 고통스럽다네. 자네는 대단히 솔직하고 호탕한 사람이라 자네와는 말이 통하는 것 같네. 그래서 이렇게 제의하네." 이 편지는 샤오쥔에게 큰 감동을 주었다고 한다.

10　주 8)과 같다.

11　마오쩌둥은 중국공산당 제7차 전국대표대회(*1945.4.23~1945.6.11)에서 이런 말을 했다고 한다. "당은 사상을 통일해야만 전진할 수 있다. 그렇지 않으면 의견이 갈라진다. 왕스웨이가 세도를 부리고 있는데, 그러면 전진할 수 없다. 1942년 왕스웨이는 옌안에서 지휘권을 잡았고, 그는 벽보를 내어 남문 밖 각지의 사람들이 모두 와서 보게 했다. 그는 '총사령관'이었고, 우리는 패전했다. 그래서 기풍을 바로 잡아야 한다"(黃昌勇, 「生命的光華與暗影 — 王實味傳」, ≪新文學史料≫, 1994年 第1期에서 재인용).

12　샤오쥔은 이리하여 왕스웨이에 대한 비판을 저지했던 유일한, 영향력 있는 지식분자가 되었다. 샤오쥔이 없었더라면, 중국의 지식분자는 이 시기의 역사를 뒤돌아볼 때 대단히 난처할 뻔했다. 샤오쥔과 왕스웨이 사건과의 관계에 관한 것으로는 또 이런 말이 있다. 왕스웨이 문제가 발생한 후 리유란이 샤오쥔을 찾아가서 마오쩌둥에게 통사정해 달라고 그에게 부탁한 적이 있는데, 마오쩌둥은 단호하게 거절하며 "이 일은 자네가 참견할 일이 아니야"라고 말했다 한다(張毓茂, 「我所知道的蕭軍先生」).

13　張毓茂, 「我所知道的蕭軍先生」, ≪新文學史料≫, 1989年 第2期. 왕더펀(王德芬)의 「蕭軍在延安」에도 이와 비슷한 회고가 있다. 허우웨이둥(侯唯動)도 「蕭軍: 大寫的人」에서 이번 회의에서 샤오쥔과 저우양·딩링 등이 설전을 벌인 일과 샤오쥔이 최후에 떠난 것에 대해 이야기했다(『蕭軍紀念集』, p.72). 천밍은 ≪新文學史料≫ 1994년 제4기에

「一點實情」을 발표하여 우위장이 그 회의에 출석한 적이 없었으니 샤오쥔과 딩링의 싸움도 없었다고 말했다. 이 글에서는 샤오쥔이 "나의 붓으로 두 당(黨)을 살피겠다"라는 말을 하자 딩링이 반박하고 나섰고, 그 반박 중에 "공산당은 천군만마이며 뒤에는 또 온 백성이 있지만, 샤오쥔 당신은 그저 외톨이일 뿐이다"라는 등의 말을 했다고 강조했다.

14 주 8)과 같다.

15 샤오쥔의 회고에 따르면 ≪문화보≫는 둥베이국 부서기 펑전(彭眞)과 선전부장 카이펑(凱豐)의 지지 아래 만들었다고 한다. 카이펑은 샤오쥔에게 직접 금 3냥 반을 대주었다. 나중에 샤오쥔을 비판할 때 펑전과 카이펑은 모두 둥베이를 떠나고 없었다[『蕭軍近作』(四川人民出版社, 1981)].

16 같은 책, pp.143~144.

17 같은 책, p.233, 225.

18 왕더펀(王德芬)이 펴낸 「蕭軍簡歷年表」에서 샤오쥔을 비판한 것은 "둥베이국의 린뱌오(林彪)와 가오강(高崗) 등의 오해와 두려움" 때문이었으며, "둥베이국 선전부 부부장 류즈밍이 직접 나서서 쑹즈더에게 ≪생활보≫ 창간을 맡겼다"라고 했지만, 이렇게 말하는 근거는 않았다(『蕭軍紀念集』, p.783).

19 秋螢, 「故人故情悼蕭軍」, 『蕭軍紀念集』, p.175.

20 「'古潭裏的聲音'之一 ― 駁≪生活報≫的胡說」, ≪文化報≫, 第56期; 「'古潭裏的聲音'之四 ― 駁≪生活報≫的胡說」, ≪文化報≫, 第59期. 『蕭軍思想批判』, p.260, 273 참조.

21 劉芝明, 「關於蕭軍及其≪文化報≫所犯錯誤的批評」, 『蕭軍思想批判』, pp.32~33, 39.

22 같은 책, p.23.

23 같은 책, p.40.

24 같은 책, p.45.

25 같은 책, p.27.

26 「中共中央東北局關於蕭軍問題的決定」, 『蕭軍思想批判』, p.1.

27 「'古潭裏的聲音'之四」, 『蕭軍思想批判』, p.280.

28 「'古潭裏的聲音'之二」, 『蕭軍思想批判』, p.263.

29 「東北文藝協會關於蕭軍及其≪文化報≫所犯錯誤的結論」, 『蕭軍思想批判』, p.5.

30 王德芬, 「蕭軍簡歷年表」, 『蕭軍紀念集』, pp.783~784.

31 劉芝明, 「關於蕭軍及其≪文化報≫所犯錯誤的批評」, 『蕭軍思想批判』, pp.24~25, 11~12, p.13 참고. 그리고 같은 책 pp.210~212, p.219 원문 대조.

32 주 29), p.7.

33 주 26)과 같다.

34　주 30)과 같다.

35　張毓茂,「我所知道的蕭軍先生」, ≪新文學史料≫, 1989年 第2期.

36　王德芬,「蕭軍簡歷年表」; 王淑琴,「祭上一束潔白的芍藥花」,『蕭軍紀念集』, p.786, 388 참조.

37　蕭乾,「當人民的吹鼓手 ― 文學回憶錄之六」, ≪新文學史料≫, 1992年 第2期.

제6장

1　李廣田,「最完整的人格」,『最完整的人格 ― 朱自清先生哀念集』(北京出版社, 1988), p.64.

2　王書衡,「朱自清先生死了」,『最完整的人格 ― 朱自清先生哀念集』, p.12.

3　沈從文,「不毀滅的背影」, ≪新路≫, 第1卷 第16期(1948.8.28).

4　迪文(唐湜),「手‘作者附記」, ≪中國新詩≫, 第4輯.

5　沈從文,「不毀滅的背影」; 吳晗,「悼朱佩弦先生」,『最完整的人格』, p.38.

6　余冠英,「佩弦先生的性情嗜好和他的病」,『最完整的人格』, p.249.

7　葉聖陶,「佩弦的死訊」,『葉聖陶集』, 第6卷(江蘇教育出版社, 1989), p.295.

8　주 6), p.249.

9　「今天知識分子的任務」,『朱自清全集』, 第4卷(江蘇教育出版社, 1990), p.538.

10　「哪裏走」,『朱自清全集』, 第4卷, pp.230~232.

11　「論氣節」,『朱自清全集』, 第3卷(江蘇教育出版社, 1988), p.154.

12　「論喫飯」,『朱自清全集』, 第3卷, pp.155~159.

13　「論自己」,『朱自清全集』, 第3卷, p.400.

14　莎士比亞,『哈姆雷特』, 卞之琳 譯(人民文學出版社, 1985), p.43

15　주 10), p.233.

16　주쯔칭 선생의 ‘관용’의 복잡한 의미에 관해 선충원이「不毀滅的背影」에서 다음과 같이 치밀하게 분석한 적이 있다. “그에게도 소소한 단점이 있었다. 즉, 조화와 절충을 문학 방면에 운용할 때, 예를 들면 감상 비평을 할 때는 언제나 교학상의 견해를 가지고 있었고 독자적인 단정이 거의 없었으며, 고전 연구를 할 때는 늘 단도직입적인 의론이 부족하여 독창적인 견해와 새로운 성과가 없었다. 문학 창작을 할 때는 작풍도 일정한 풍격으로 굳어져 30년간 거의 변화가 없었다. 그러나 이 모든 것은 그가 30년 동안 문학 교육을 해온 것과 관계가 있는 것 같으며 …… 훌륭한 선생과 문학비평가는 근본적으로 다른 점이 있는데, 비평가는 곳곳에서 자기를 내세워도 괜찮지만 훌륭한 선생은 객관적이어야 하고, 가치상의 상대성과 다원성을 인정해야 한다.”

17 주 9), pp.538~539.

18 「動亂時代」, 『朱自淸全集』, 第3卷, pp.117~118. 주쯔칭은 이 글에서 "개조자"와 "조정자" 각자가 지닌 "위험"을 지적했는데, 전자는 "너무 서두르기" 쉽고, 후자는 "지나치게 보수적이기" 쉽다고 했다.

19 「文學的嚴肅性」, 『朱自淸全集』, 第4卷, p.479.

20 周作人, 「序」, 『自己的園地』(岳麓書社, 1987), p.6.

21 「論標語口號」, 『朱自淸全集』, 第3卷, pp.147~149.

22 「論嚴肅」, 『朱自淸全集』, 第3卷, p.139, 141.

23 「論雅俗共賞」, 『朱自淸全集』, 第3卷, pp.219~225.

24 「論朗誦詩」, 『朱自淸全集』, 第3卷, p.257.

25 「論通俗化」, 『朱自淸全集』, 第3卷, pp.144~145.

26 「文學的標準與尺度」, 『朱自淸全集』, 第3卷, pp.136~137.

27 吳曉鈴, 「佩弦先生紀念」, 『最完整的人格』, p.33.

28 馮友蘭, 「回念朱佩弦先生與聞一多先生」, 『最完整的人格』, p.247.
   *『最完整的人格』에서 펑유란(馮友蘭)의 이 애도문을 확인해 보니 제목에 오류('同念')가 있어서 「回念朱佩弦先生與聞一多先生」으로 바로잡았다.

29 「論雅俗共賞·序」, 『朱自淸全集』, 第3卷, p.218.

30 주쯔칭 선생이 "인민"·"속인"·"보통 사람"을 나란히 놓은 것은 그가 이해하고 있는 '인민 문예'가 당시 해방구와 이후에 신중국 문학의 주류가 된 '공농병 문예'와는 여전히 다름을 말해주고 있다.

31 「論朗誦詩」, 『朱自淸全集』, 第3卷, p.254, 262. 펑즈 선생은 「朱自淸先生」에서, 그가 어떤 강연에서 전쟁 전 상징파의 시 작품을 공격했는데 강연회가 끝난 뒤 주쯔칭 선생이 그에게 "자네 말이 맞네, 조금 지나친 데가 있긴 했지만"이라는 말을 했다고 언급했다(『最完整的人格』, p.26).

32 사람들은 주쯔칭 선생이 마지막으로 뤼수샹(呂叔湘)·예성타오와 같이 『高級國文讀本』을 편찬했던 일에 주의를 기울이지만, 이 일의 깊은 뜻을 잘 이해하고 있다고는 할 수 없다. 그가 聞一多·徐中玉·陳望道·馮至·盛澄華 등과 ≪國文月刊≫·≪周論≫ 등에서 벌인 '중문학과(中國文學系) 교육'에 관한 토론이 당시 사람들의 이목을 끌었으나, 오늘날에는 사람들이 등한시하고 있는데, 사실상 그 의의는 상당히 크다.

33 楊振聲, 「爲追悼朱自淸先生講到中國文學系」, 『最完整的人格』, pp.177~185.

34 「論朗誦詩」, 『朱自淸全集』, 第3卷, p.262.

35 「論不滿現狀」, 『朱自淸全集』, 第4卷, p.515.

36 주 18), pp.117~118.

37 주 1), p.72.

38 吳組緗, 「敬悼佩弦先生」, 『最完整的人格』, p.222.

39 『最完整的人格』 중 다음 글들을 각각 참조하기 바란다. 兪平伯의 「諍友(朱佩弦兄遺
    念)」(p.128), 鄭振鐸의 「≪文藝復興·中國文學研究號≫題辭」(p.35), 李廣田의 「最完
    整的人格」(p.71), 馮至의 「朱自淸先生」(p.27), 李長之의 「雜憶佩弦先生」(pp.115~
    118), 余冠英의 「佩弦先生的性情嗜好和他的病」(p.252), 川島의 「不應當死的又死了
    一個」(p.194), 聞家駟의 「一個死不得的人」(p.14). 이 밖에 沈從文의 「不毀滅的背影」
    참조.

40 馮至, 「朱自淸先生」, 『最完整的人格』, pp.26~27.

41 吳晗, 「悼朱佩弦先生」, 『最完整的人格』, p.40.

42 許杰, 「朱佩弦先生的路」, 『最完整的人格』, p.79, 84 참조. 궈사오위(郭紹虞)는 「憶佩
    弦」에서 주쯔칭 선생은 "꼭 투사의 모습으로 나타난 것은 아니지만 투사로서도 손색이
    없는 사람"이라고 말했다(p.214). 나중에 리광톈 선생도 「朱自淸先生的道路」를 썼다
    (pp.253~260).

43 楊晦, 「追悼朱自淸學長」, 『最完整的人格』, pp.207~210.

44 펑쉐펑의 글은 원래 「損失和更重要的損失」이라는 제목으로 ≪中國新詩≫ 제4집에 실
    렸고, 나중에 제목을 「悼朱自淸先生」으로 바꿔 『雪峰文集』, 第2卷(人民文學出版社,
    1983)에 수록되었으며, 인용문은 각각 pp.218~219, p.216, 217, 219 참조.

45 『邵荃麟評論選集』, 下(人民文學出版社, 1981), p.568, 572.

46 毛澤東, 「爲什麽要討論白皮書」, 『毛澤東選集』(一卷袖珍本)(人民出版社, 1967), p.1388,
    1390.

47 毛澤東, 「別了, 司徒雷登」, 『毛澤東選集』, pp.1384~1385.

제7장

1 「爲了明天·前記」, 『胡風雜文集』(三聯書店, 1987), pp.282~283, 285~286.

2 牛漢, 「重逢」, 『我與胡風』(寧夏人民出版社, 1993), p.626, 627.
   * 牛漢의 글을 확인해 본 결과, 이 세 사람 외에 柳靑(1916~1978)(대표작: 『創業史』)
   도 있었다.

3 李離, 「五十年代初期的胡風」, 『我與胡風』, p.803.

4 路翎, 「一起共患難的友人與導師 ─ 我與胡風」, 『我與胡風』, p.481.

5 「致胡風」(1941.2.27), 『胡風路翎文學書簡』(安徽文藝出版社, 1994), p.9. 이 편지에
   서 루링은 다음과 같은 문제도 언급했다. "중국의 민족 전쟁은 자산계급의 전쟁인데,

이것의 본질이 지금 변하는 중입니까, 아니면 머잖아 변하겠습니까? 이 변질 과정은 5·4 전통에 대한 탈바꿈이겠습니까? (다시 말해 민족 전쟁 범주 안에서의 변화, 이것의 변질이 앞으로 민족 전쟁의 형태를 극복할 수 있겠습니까?)"

6 주 4), p.483, 482.

7 주 4), pp.478~480.

8 루링 소설의 이질성과 도전성은 대단히 뚜렷하다. 후평과 루링의 대화와 편지 중에 다음과 같은 문제들의 언급도 있다. "문구상의 문제는 익숙한 글귀에 대한 모호한 반감, 즉 항상 그것들이 국정(國情)에 적합하지 않다고 여기는 데서 생겨났다"(『胡風路翎文學書簡』, p.68). "서술의 배제 등은 근래의 어떤 경향들, 즉 독자의 상상력을 존중해야 한다고 생각하고 작가는 말을 많이 할 필요가 없다고 생각하며, 드러나지 않은 내용을 독자 스스로 이해하게끔 작가는 관대해야 한다고 생각하는 것들 속에 뿌리를 내리고 있다. 지금 생각해 보니, 이것 역시 편파적이며, 정신적으로 심오하고 고상한 사람은 이런 문제들을 의식하지 않을 것이다"(같은 책, pp.68~69).

9 주 4), p.481.

10 耿庸, 「枝蔓叢叢的回憶」, 『我與胡風』, p.594.

11 루링은 후평에게 보내는 편지에서 자주 이렇게 자기에 관해 이야기했다. "저의 영혼은 밤에 떠돌다가 망설이곤 합니다. 이런 좋은 꿈과 나쁜 꿈을 꿉니다"(『胡風路翎文學書簡』, p.85), "제 마음의 상태는 좀 위험합니다"(같은 책, p.88), "나는 주변의 모든 것을 증오하고 조롱하며", "이 불쌍한 시대에서는 죽일 수 있어야 살 수 있어서, 저는 또 아주 모험적인 매서운 생각을 품고 있습니다"(같은 책, p.120), "저는 나쁜 일이 닥쳐오지나 않을까 늘 경계하고 있어서 항상 불안합니다"(같은 책, p.105), "저는 어린 시절을 억압과 신경질과 세상에 대해 이해할 수 없는 사랑과 증오 속에서 보냈으며, 정신없이 보냈습니다. 저는 심리적으로나 생리적으로 모두 조숙했으며, 슬픔은 그렇게 이해할 수 없을 정도로 저의 소년 시절을 억눌렀고, 저의 사랑을 억눌렀습니다"(같은 책, p.9). 그리고 후평은 자기는 "자신을 속이면서까지 남을 믿는 이상주의자"이며(같은 책, p.34), 심지어 "종교적 숨결을 지닌" "이상주의"를 좋아한다고 거듭 말했다(같은 책, p.61).

12 于威, 「殉道者的精神苦役」 (친필).

13 野艾, 「對一個熟悉的陌生人的問候 ― 向路翎致意」, ≪讀書≫, 1981年 第2期; 『路翎研究資料』(北京十月文藝出版社, 1993), pp.144~146에서 재인용.

14 루링은 여러 차례 후평에게 자신은 "다른 사람"과 다르며, 자신의 작법은 "교조주의자들이 원치 않을 것이다 ― 나는 얻어맞을 준비가 되어 있다"라고 말했다(『胡風路翎文學書簡』, p.62).

15 주 2), p.627.

16 주 4), pp.492~493.

17 綠原, 「胡風和我」, 『我與胡風』, p.518.

18 「本期小結」, ≪呼吸≫, 創刊號.

19 初犢, 「文藝騙子沈從文和他的集團」(≪泥土≫, 第3輯); 吉文, 「馬凡陀山歌」(≪泥土≫, 第4輯); 杜吉仇, 「墮落的戲, 墮落的人」(≪泥土≫, 第4輯); 阿壟, 「從'飛蝶'說到姚雪垠的歇斯底里」(≪泥土≫, 第4輯) 참조.

20 嘉木, 「評茅盾底『腐蝕』兼論其創作道路」, ≪螞蟻小集≫, 第5輯.

21 ≪흙≫ 제5집의 「편집 후기」에서는 제4집의 비판문이 발표된 후 야기되었던 여러 가지 반향을 다음과 같이 언급했다. "먼저, 마옌샹(馬彦祥)이 책임편집을 한 ≪新民報≫의 '天橋'에 5~6일간 연달아 마구 욕하는 글이 실렸는데, 편집인까지 나서서 그 두 작가의 심리는 비정상이며, 희극을 전혀 알지 못한다고 말했다. …… 뒤이어 쨩커자가 책임편집을 한 ≪시창조≫에서 '남을 중상 모략하는' 「후기」를 보았고, 얼마 지나지 않아 ≪흙≫에게 예칭(葉靑)으로 바꿔 제자(題字)하라는 천바이천의 건의가 있었으며, 또 아침 잘하기로 유명한 비평가 쉬제는 '비평의 혼란'이라며 떠들었다. 노티를 내면서 거만하게 구는 것이 몸에 밴 재자(才子)·무뢰한·현학자가 삼위일체가 된 그 무조건 반영론자는 ≪흙≫은 트로츠키주의 간행물이라는 결론까지 내렸다."

22 邵荃麟, 「論主觀問題」, 『邵荃麟評論選集』, 上(人民文學出版社, 1981), p.208.

23 郭沫若, 「一年來中國文藝運動及其趨向」, 『迎接新中國』[復旦學報(社會科學版) 編輯部 印(內部資料)], p.10.

24 「前記」, ≪螞蟻小集≫, 第1輯.

25 듣건대 경융 등의 글이 발표된 후 강렬한 반향을 불러일으켰는데, 귀모뤄가 「想起了砍櫻桃樹的故事」를 써서 충돌을 수습하려 하자, 후펑과 교류가 있는 청년 지광이 또 귀모뤄에게 편지를 써서 "그를 한바탕 몰아쳐", 귀모뤄를 대단히 불쾌하게 만들었다고 한다(耿庸, 「枝蔓叢叢的回憶」, 『我與胡風』, p.599 참조).

26 『胡風回憶錄』(人民文學出版社, 1993), p.392.

27 마오쩌둥의 다음과 같은 유명한 논단(論斷)이 있다. "'포위 토벌(圍剿)'과 역'포위 토벌'은 중국 내전의 주된 형태인데"(『中國革命戰爭的戰略問題』), 장기간 '포위 토벌' 당하는 상태에 처함으로써, 중국의 혁명가들은 '포위된' 심리 상태에 쉽게 놓이게 되었다.

28 루링의 회고에 따르면 후펑이 그의 집 앞의 평원을 가리키면서 다음과 같이 말했다고 한다. "이 문 앞의 평원이 전쟁터 같구나. 지금 민주 의식이 한 걸음 한 걸음 전진하고 있지만, 아직 큰 진형(陣形)을 갖추지는 못했다. 나는 사실주의 문학이 중국에서 역량을 발휘하여 이 투쟁에 참여하기를 항상 간절히 바라며, 국민당 문예와 각종 퇴폐적인 간행물에 대하여 이미 어느 정도 갖춰진 진형 외에, 더욱 확대되고 더욱 심도 있는 진형

을 갖추길 희망한다"(『我與胡風』, p.486).

29 재미있는 것은 ≪대중문예총간≫의 비판자들이 통일전선 확대에 불리하다는 이유로 후펑과 그의 친구들을 사방에서 공격하면서도, 그들 자신은 또 후펑 그들의 뒤를 따라 선충원·짱커자·야오쉐인 등을 계속 비판했다는 점이다.

30 胡風, 「論現實主義的路」, 『胡風評論集』, 下(人民文學出版社, 1985), p.285.

31 余林(路翎), 「論文藝創作的幾個基本問題」, ≪泥土≫, 第6輯(1948.7).

32 주 30), p.273, 283, 292.

33 懷潮, 「論藝術與政治」, ≪螞蟻小集≫, 第4輯.

34 주 33)과 같다.

35 阿壠, 「『預言』片論」, 『人·詩·現實』(三聯書店, 1986), p.277.

36 주 31)과 같다.

37 주 30), p.361.

38 주 30), p.349.

39 주 38)과 같다.

40 주 30), p.353.

41 주 35), pp.286~287.

42 주 30), p.322.

43 주 31)과 같다.

44 주 17), p.536.

45 胡風, 「論民族形式問題」, 『胡風評論集』, 中(人民文學出版社, 1984), p.254.

46 懷潮, 「略論普及與提高」, ≪螞蟻小集≫, 第3輯.

47 「內戰窒息了新文學的發展, 回顧歉收的一年間 ─ 一個文藝工作者的座談會」, 『綠原研究資料』(河南大學出版社, 1991), p.186; 潔泯, 「爲人民的方向」, 『綠原研究資料』, p.174 참조.

48 주 26), p.327.

49 樓適夷, 「記胡風」, 『我與胡風』, pp.7~8.

50 賈植芳, 「在復雜的世界裏」, ≪新文學史料≫, 1992年 第1期.

51 戴光中, 『胡風傳』(寧夏人民出版社, 1994), p.283, pp.159~160에서 재인용.

52 何其芳, 「序」, 『關於現實主義』.

53 주 22), pp.207~208.

54 주 51), pp.159~160.

55 『胡風詩全編』(浙江文藝出版社, 1992), p.95.

56 주 30), p.324.

57 주 22), p.231.

58 주 22), p.231, 229.

제8장

1 蔣祖林, 「松花江上」, ≪新文學史料≫, 1994年 第4期; 蔣祖林, 「胭脂河畔」, ≪新文學史料≫, 1993年 第4期 참조.

2 何丹仁(馮雪峰), 「關於新的小說的誕生」, 『丁玲研究資料』(天津人民出版社, 1982), p.246.

3 馮雪峰, 「『太陽照在桑乾河上』在我們文學發展上的意義」, 『丁玲研究資料』, p.340.

4 앞에서 인용한 딩링의 일기들은 ≪新文學史料≫, 1993년 제2기에 실린 「四十年前的生活片斷 — 從正定到哈爾濱」 참조. 그 후 ≪新文學史料≫ 1995년 제1기에 발표된 딩링의 아들 장쭈린의 편지를 보면, 그전에 천밍이 정리하여 발표한 딩링의 일기를 원본과 대조해 보니 정정해야 할 중요한 부분이 있었다고 했다. 본문에서 인용한 자료는 모두 정정한 것을 따랐다.

5 甘露, 「丁玲與毛主席二三事」, ≪新文學史料≫, 1986年 第4期.

6 주 4)와 같다.

7 龔明德, 「『太陽照在桑乾河上』版本變遷」, ≪新文學史料≫, 1991年 第1期.

8 「『暴風驟雨』座談會記錄摘要」, 『周立波研究資料』(湖南人民出版社, 1983), p.291.

9 胡光凡·李華盛, 「周立波在東北」, 『周立波研究資料』, p.126.

10 忻啓介, 「無産階級藝術論」, ≪流沙≫, 第4期(1928.5.1).

11 周揚, 「關於政策和藝術」, 『周揚文集』, 第1卷(人民文學出版社, 1984), pp.475~477.

12 周立波, 「關於寫作」, ≪文藝報≫, 第2卷 第7期(1950.6.25).

13 주 9), p.124.

14 周立波, 「現在想到的幾点」, 『周立波研究資料』, p.287.

15 唐小兵, 「我們怎樣想象歷史」, 『再解讀』(牛津大學出版社, 1993), p.19.

16 丁玲, 「『太陽照在桑乾河上』重印前言」(人民文學出版社, 1979), p.4.

17 주 15)와 같다.

18 周立波, 「『暴風驟雨』是怎樣寫的」, 『周立波研究資料』, pp.282~283.

19 林蘭, 「戰士與作家」, 『周立波研究資料』, p.213.

20 주 3), p.332.

21 陳涌, 「『暴風驟雨』」, 『周立波研究資料』, pp.314~316.

22 주 21), p.312.

23 주 22)와 같다.

24 주 8), pp.291~292.

25 邵荃麟·馮乃超, 「方言文學問題論爭總結」, 『邵荃麟評論選集』, 上(人民文學出版 社, 1981), p.125, 132.

26 周立波, 「『暴風驟雨』是怎樣寫的」, 『周立波硏究資料』, p.283.

27 李揚, 『抗爭宿命之路』(時代文藝出版社, 1993), p.98.

28 『暴風驟雨』(人民文學出版社, 1977), p.193.

29 馮雪峰, 「『太陽照在桑乾河上』在我國文學發展上的意義」; 竹可羽, 「論『太陽照在桑乾 河上』」; 『丁玲硏究資料』, pp.329~331, p.381, pp.389~395 참조.

30 周良沛, 『丁玲傳』(北京十月文藝出版社, 1993), p.479, 477에서 재인용.

31 丁玲, 「生活·思想與人物」, 『丁玲硏究資料』, p.157.

32 王燎熒, 「『太陽照在桑乾河上』究竟是什麼樣的作品」, 『丁玲硏究資料』, p.447.

33 주 3), p.337.

34 丁玲, 「生活·思想與人物」, 『丁玲硏究資料』, pp.160~161.

35 주 3), p.333.

36 주 32), p.440.

37 주 16), p.3.

38 陳涌, 「我的悼念」, 『周立波硏究資料』, pp.153~154.

39 周立波, 「反悔與前瞻」, 延安 ≪解放日報≫(1943.4.3), 『周立波硏究資料』, pp.65~ 66.

40 주 21), pp.317~318.

41 주 8), p.299.

42 주 8), p.294.

43 주 18), p.282.

44 唐小兵, 「暴力的辯證法」, 『再解讀』, p.125.

45 本社, 「論文藝工作」, ≪文學戰線≫, 第2卷 2期(1949.4).

46 草明 집필, 「評『一對黑溜溜的眼睛』」, ≪文學戰線≫, 第1卷 第1期(1948.7).

47 周立波, 「莊嚴的現實不容歪曲 — 評『網和地和魚』」, ≪文學戰線≫, 第1卷 第1期.

48 李雷, 「爲新民主主義思想原則而鬪爭 — 兼對延邊文工團演出之舞劇的思想分析」, ≪文藝 月報≫, 第2期(1948.12.10).

49 주 48)과 같다.

1 戴碧湘,「我們在爲解放戰爭的勝利服務」,『中國人民解放軍文藝史料選編(解放戰爭時期)』, 下(解放軍出版社, 1989), p.543.

2 漠雁, 「在那戰火紛飛的年代」,『中國人民解放軍文藝史料選編(解放戰爭時期)』, 上, pp.228~229.

3 『毛澤東選集』(一卷袖珍本)(人民出版社, 1967), p.304.

4 賀龍, 「對晉綏文化工作者的談話」,『中國人民解放軍文藝史料選編(解放戰爭時期)』, 上, p.8.

5 鍾期光,「關於華東野戰軍文工團今后的工作問題」,『中國人民解放軍文藝史料選編(解放戰爭時期)』, 上, pp.199~200.

6 陳虹,「華東野戰軍政治部文工團的基本情況和經驗」,『中國人民解放軍文藝史料選編(解放戰爭時期)』, 上, p.209.

7 荒草, 「文藝戰士與戰士文藝」,『中國人民解放軍文藝史料選編(解放戰爭時期)』, 下, pp.506~507.

8 荒草 等 編,『人民戰爭詩歌選』, 下(上海雜誌公司, 1951), p.359.

9 馬旋, 「一個文工團員的回憶」,『中國人民解放軍文藝史料選編(解放戰爭時期)』, 上, pp.293~294.

10 소장본에 근거했다.

11 蕭向榮,「部隊文藝工作應當爲兵服務」,『中國人民解放軍文藝史料選編(解放戰爭時期)』, 下, p.473.

12 주 11), p.474.

13 畢革飛,「談談快板詩創作的点滴經驗」,『畢革飛快板詩選』(作家出版社, 1964), pp.169~171 참조.

14 蕭向榮,「部隊文藝工作應當爲兵服務」,『中國人民解放軍文藝史料選編(解放戰爭時期)』, 下, pp.474~476; 畢革飛, 「談談快板詩創作的点滴經驗」,『畢革飛快板詩選』, p.163, 172 참조.

15 주 11), p.474.

16 주 13), p.171, 169.

17 毛澤東,「反對黨八股」,『毛澤東選集』, p.798.

18 周恩來,「關於文藝方面的幾個問題」,『中國人民解放軍文藝史料選編(解放戰爭時期)』, 上, p.1.

19 劉芝明,「有關新文學運動的一個問題」,『論工人文藝』(上海雜誌公司, 1949), pp.11~13.

20 毛澤東,「軍隊內部的民主運動」(1948.1.30),『毛澤東選集』, p.1171 참조.

21 「華中解放軍某部的'槍杆詩'運動」,『人民戰爭詩歌選』, 下, pp.372~373.

22 蕭汀,「部隊中的'快板專家'王崇宏」; 唐因,「戰士王啓春和他的快板」, 같은 책, pp.378~383 참조.

23 『畢革飛快板詩選』, pp.13~14.

24 趙樹理,「藝術和農村」, 荒煤 編,『農村新文藝運動的開展』(上海雜誌公司, 1949), pp.20~21.

25 같은 책, p.21.

26 蔣平,「兩年來的太原劇運工作及目前存在着的幾個問題」,『農村新文藝運動的開展』, p.31; 夏青,「1946年晉城春節文娛活動」,『農村新文藝運動的開展』, p.42.

27 주 24), p.21.

28 「介紹伍鄉東堡村解放劇團」,『農村新文藝運動的開展』, p.79, 80.

29 穆之,「群衆翻身, 自唱自樂」,『農村新文藝運動的開展』, p.5.

30 荒煤,「關於農村文藝運動」,『農村新文藝運動的開展』, p.180.

31 주 29)와 같다.

32 夏青,「翻身樂」,『農村新文藝運動的開展』, pp.108~109.

33 1948년 국민당 중앙 문화 운동 위원회의 ≪문예선봉(文藝先鋒)≫은 '시가특집(詩歌專號)'(제12권 제1기)를 펴낸 적이 있다. 그중 '공비 소탕 가요(剿匪歌謠)'라는 특집은 민가 형식에 뚜렷한 반공의식을 불어넣었는데, 이것 역시 사상의 민간 문예에 대한 이용과 개조였다. 그리고 편집인은 부연 설명에서 "가요는 인민의 마음 깊숙한 곳에서 나왔기 때문에 진정한 민의를 가장 잘 나타내며, 이것은 대중의 적극적인 창작으로, 그들의 예술적 재간은 결코 우리보다 뒤떨어지지 않는다"라며 마구 찬양했고, 또 "미사여구를 좋아하고, 번잡한 말을 좋아하고, 감상적인 것을 좋아하고, 난해한 말을 좋아하는 시인들은 그들에게 배우기 바란다!"라고 호소했다.

34 태원군구(太原軍區) 사령관 쑨딩궈(孫定國)는 민중 시가의 '낭독'을 열정적으로 제창했다. 그는 「인민의 낭독(人民的朗讀)」이라는 글에서, "수많은 인민이 신문화와 신지식을 받아들이고자 하는 왕성한 욕구가 있으나, 모두 크나큰 한계가 있다. 즉, 대다수 사람은 여전히 글을 모르기 때문에 설령 제아무리 통속적인 작품이라 하더라도 귀로 들을 뿐 눈으로 볼 수 없으며, 반드시 다른 사람이 낭독해 줘야만 신문화와 신지식이 진정으로 보급될 수 있다"라고 명확하게 지적했다(『農村新文藝運動的開展』, pp.46~47).

35 孫定國,「向群衆學習詩歌, 展開群衆詩歌運動」,『農村新文藝運動的開展』, p.50.

36 胡風,「論工人文藝(之二)」, 荒煤 編,『論工人文藝』(上海雜誌公司, 1949), p.23.

37 茅盾,「關於目前文藝寫作的幾個問題」,『論工人文藝』, p.31.

38 같은 책, p.30.

39 같은 책, p.30.

40 宋之的,「論人民劇場的工作方向」,『論工人文藝』, p.33.

41 野艾,「對一個熟悉的陌生人的問候」,『路翎研究資料』(北京十月文藝出版社, 1993), p.144. 필자가 구이저우중학(貴州中學)의 어느 노교사와 한담을 나눌 때, 그는 나에게 1948년경에 그가 구이양(貴陽)에서 학교를 다니고 있었는데, 당시의 베스트셀러도 무명씨의『塔裏的女人』과 徐訐의『風蕭蕭』같은 작품이었다고 말해주었다.

42 茅盾,「關於『蝦球傳』」,『茅盾全集』, 第24卷(人民文學出版社, 1996), p.31, 32.

43 于逢,「關於『蝦球傳』的創作道路」, ≪小說月刊≫, 第2卷 第6期.

44 陳荒煤,「向趙樹理方向邁進」,『趙樹理研究資料』(北岳文藝出版社, 1985), p.200.

45 楊獻珍,「「小二黑結婚」出版經過」,『趙樹理研究資料』, pp.88~89.

46 董大中,『趙樹理評傳』(百花文藝出版社, 1986), p.178, 179.

47 「普及工作舊話重提」,『趙樹理文集』, 第4卷(工人出版社, 1980), p.1544, 1546.

48 「回憶歷史, 回憶自己」,『趙樹理文集』, 第4卷, p.1840.

49 같은 책, p.1844.

50 「對改革農村戲劇的幾点建議」,『趙樹理文集』, 第4卷, p.1393.

51 주 48)과 같다.

52 「也算經驗」,『趙樹理文集』, 第4卷, p.1398.

53 주 52)와 같다.

54 陳荒煤,「向趙樹理方向邁進」,『趙樹理研究資料』, p.197.

55 周揚, 「『趙樹理文集』序」,『趙樹理研究資料』, p.313.

56 문화대혁명 당시 자오수리가 자신의 1940년대 작품의 주요 '잘못'에 대해 자기비판을 할 때, "광명에 대한 찬양이 주가 되어야 한다'라는 가장 중요한 면을 소홀히 했다"라고 귀결했다(「回憶歷史, 認識自己」,『趙樹理文集』, 第4卷, p.1829 참조).

57 李大章,「介紹「李有才板話」」,『趙樹理研究資料』, p.171.

58 孫犁,「談趙樹理」,『趙樹理研究資料』, p.296.

59 「關於「邪不壓正」」,『趙樹理研究資料』, p.100.

60 주 59), p.101.

61 주 59), p.100.

62 韓北生,「讀「邪不壓正」後的感想和建議」; 黨自强,「「邪不壓正」讀後感」, ≪人民日報≫ (1948.12.21).

63 주 59), p.101.

64 竹可羽,「「評「邪不壓正」和「傳家寶」」,『趙樹理研究資料』, p.215, 217.

65 일본 번역가 이토 가쓰미(伊藤克)가 1948년에 처음으로 자오수리의 「작은 조합장(小經理)」 등 여덟 편의 소설을 일어로 번역했다.

66 어떤 의미에서 자오수리의 창작은 「사불압정」이 비판을 받고 인위적으로 잊힌 후로 발전의 기세가 꺾였다고 할 수 있다(그 후 「혼인신고(登記)」 같은 좋은 작품을 쓰긴 했지만). 물론 더 심각한 원인은 당의 농촌 정책이 날이 갈수록 농민의 뜻과는 멀어지고, 정도는 다르나 시기별로 각각 농민의 이익을 침해하면서 자오수리 양면성의 내적 갈등도 갈수록 첨예해져 극도의 혼란 속으로 빠져든 데 있다. 이렇게 정신적 균형을 잃은 상태에서는 진정한 창작이 있을 수 없다.

제10장

1 『從文家書·霽清軒書簡之二』(1948.7.30)(上海遠東出版社, 1996), pp.137~138.

2 子岡,「沈從文在北平」, 上海 ≪大公報≫(1946.9.19);『長河不盡流 — 懷念沈從文先生』(湖南文藝出版社, 1989), pp.127~129.

3 林蒲,「投岩麝退香」,『長河不盡流 — 懷念沈從文先生』, pp.158~160.

4 沈從文,「沉黙」,『沈從文文集』, 第10卷(花城出版社·三聯書店香港分店, 1984), p.61.

5 沈從文,「從現實學習」,『沈從文文集』, 第10卷, p.315.

6 沈從文,「水雲」,『沈從文文集』, 第10卷, p.288, 294.

7 「續廢郵存底·十二 美與愛」,『沈從文文集』, 第11卷, pp.376~379 참조.

8 같은 책, p.379.

9 주 6), p.294.

10 賀桂梅,「折戟沉沙鐵未銷 — 讀解「看虹錄」」(친필의 과제물).

11 「燭虛」,『沈從文文集』, 第11卷, p.278.

12 「生命」,『沈從文文集』, 第11卷, p.29.

13 許傑,「現代小說過眼錄」, 賀桂梅의 글에서 재인용.

14 「新廢郵存底·二十二」,『沈從文文集』, 第12卷, p.76.

15 「新廢郵存底·十七」,『沈從文文集』, 第12卷, p.51.

16 「新廢郵存底·二十一」,『沈從文文集』, 第12卷, p.61.

17 「新廢郵存底·二十七」,『沈從文文集』, 第12卷, p.80.

18 「新廢郵存底·二十六」,『沈從文文集』, 第12卷, p.77.

19 주 2), p.129.

20 袁可嘉,「從一本遲出了二十年的小書說起」,『長河不盡流』, p.164.

21 袁可嘉,「新詩現代化」,『論新詩現代化』(三聯書店, 1988), p.7.

22 汪曾祺,「短篇小說的本質」, 天津 ≪益世報≫(1947.5.30).

23 適夷,「1948年小說創作鳥瞰」, ≪小說月刊≫, 第2卷 第2期(1949.2.1).

24 張羽,「從『圍城』看錢鍾書」, 文藝叢刊 ≪同代人≫, 第1年 第1輯, 1948년 4월 20일 출판. 같은 해 2월에 출판된 ≪表眉小記≫에 실린「香紛鋪之類」도 비슷한 비난을 했다.

25 (美)金介甫,『沈從文傳』(湖南文藝出版社, 1992), p.244, 246.

26 「收拾殘破」는 원래 ≪論語≫, 第162期(1948.10)에 실렸으며,『沈從文文集』, 第12卷에 수록될 때 이 부분의 글이 모두 삭제되었다.

27 汪曾祺,「沈從文轉業之謎」; 沈虎雛,「團聚」,『長河不盡流』, pp.141~142, p.502에서 재인용.

28 朱自淸,「那裏走」,『朱自淸文集』, 第4卷(江蘇敎育出版社, 1990), pp.230~231.

29 (美)金介甫,「粲然瞬間遲遲去, 一生沉浮長相憶」,『長河不盡流』, p.323.

30 「收拾殘破」,『沈從文文集』, 第12卷, p.303.

31 「關於北平特種手工藝展覽會的一点意見」,『沈從文文集』, 第12卷, p.308.
   *『沈從文文集』, 第12卷(花城出版社·三聯書店香港分店, 1984)을 확인해 본 결과 인용문의 출처가 p.30이 아니라 p.308이어서 정정했음을 밝힌다.

32 주 3), pp.161~162.

33 주 3), p.162.

34 趙淸閣,「騷人日記」,『北京乎』(下)(姜德明 編)(三聯書店, 1992).

35 莫如儉,「中國留美學生政治意見測驗統計」, ≪觀察≫, 第4卷 第20期(1948.7.17). 이 글은 북미 중국학생기독교협회가 실시한「中國學生意見調査」도 발표했는데, 대상은 미국에서 공부하고 있는 각 대학의 중국 유학생이었으며 그중 39.7%는 유학비를 가정에서 부담했고, 12.9%는 국비였다. 조사 결과에 따르면 "지금 미국에 있는 대학생은 장기적인 기본 경제 정책에 대하여 사회주의를 주장했으며"(90%는 "경작하지 않는 사람은 토지를 소유해서는 안 된다"라고 생각했고, 반 이상은 협동농장의 채택을 주장했으며, 59.2%는 중공업과 공익사업은 국가가 경영해야 한다고 주장했다), "시국에 대한 태도는 분명하지 않았는데, 그들은 중국이 빨리 평화로워지길 바라지만, 많은 사람은 어떻게 해야만 이 소망을 달성할 수 있을지는 장담하지 못했다. 그들 중 대다수는 국민당 정부가 개선되기를 바라지만 정부를 신임하지 않았고 공산당도 신임하지 않았으며, 사람들 대부분은 연합 정부를 만들어 국공합작을 하는 것이 중국 문제를 해결하는 최고의 방법이라 여겼다".

36 「國民黨的改造」, ≪周報≫, 第2卷 第15期(1948.10);『朱光潛全集』, 第9卷(安徽敎育出版社, 1993), p.522. 그는 또「立法院與責任內閣」이라는 글을 써서 "강력한 정부"를

건립해야 한다고 주장하기도 했다(같은 책, p.453).

37 張東蓀,「政治上的自由主義與文化上的自由主義」, ≪觀察≫, 第4卷 第1期(1948.2).

38 李孝友,「讀「關於中共何處去」兼論自由主義者的道路」, ≪觀察≫, 第3卷 第19期(1948.1).

39 馬勇,『梁漱溟評傳』(安徽人民出版社, 1992), p.358, 360, 364에서 재인용.

40 張東蓀,「知識分子與文化的自由」, ≪觀察≫, 第5卷 第11期(1948.11).

41 주 40)과 같다.

42 「今日文學的方向」, 天津 ≪大公報≫ 星期文藝, 第107期(1948.11.14). 이 좌담회에서
    는 모더니즘 문학 실험의 전망에 관해서도 토론했다. 주광첸은 지금 서양의 문학을 배
    우는 데 좀 편협한 점이 있는데, "현대 시인의 글이 난해한 것도 좋지만", "언어에 들이
    는 공력은 사람들이 알 수 있도록 하기 위함이어야 한다"라고 생각했다. 펑즈는 "지금
    우리가 상징파의 영향을 받은 것은 그리 건강하지 못한 것 같다"라고 명확하게 지적했
    다. 위엔커자, 페이밍 등은 "낭만적인 시는 속마음의 토로이고, 현대시는 간접적이고
    우회적이기 때문에, 직접적인 토로에 익숙한 사람은 현대시는 너무 어려워서 이해하기
    힘들다고 생각하기 마련이다"라고 변호했다. 위엔커자는 "지금 중국의 문화 현상에 대
    해 말하자면, 나는 이 시가 꼭 필요한 것이 아니라는 것은 인정한다. 그러나 만약 일부
    사람들이 다른 사람들보다 한발 앞서가다가 현대 문화의 압력을 먼저 절감하고 좀 표현
    하기 시작했다면, 심하게 비난해서는 안 될 것 같다. 현대화의 심각한 결점은 현대적인
    체하는 사람한테서 나타난다. 그러나 이것은 사람의 결점이지, 이 운동 자체가 반드시
    안고 있는 잘못은 아니다. 나는 중국의 문학이 앞으로 나아가지 않을 뿐이지, 발전한다
    면 간단한 것에서 복잡한 것으로 되어가는 것은 필연적인 과정이라고 믿는다"라고 말
    했다.

제11장

1 中共中央文獻硏究室 編, 『毛澤東年譜(1893~1949)』, 下(人民出版社·中央文獻出版
    社, 1993), p.419, 421, 425.

2 吳方,『仁智的山水 — 張元濟傳』(臺灣業强出版社, 1995), p.247.

3 郭齊勇,『天地間一個讀書人 — 熊十力傳』(上海文藝出版社, 1994), p.99.

4 胡明,『胡適傳論』(人民文學出版社, 1996), p.942.

5 凌宇,『沈從文傳』(北京十月文藝出版社, 1988), p.420.

6 ≪新路≫, 第2卷 第2期(1948.11.20).

7 沈虎雛,「團聚」,『長河不盡流 — 懷念沈從文先生』(湖南文藝出版社, 1989), pp.502~504.

8 같은 책, p.506.

9 필자는 그 당시 상하이유아사범(上海幼兒師範) 부속초등학교에 다니고 있었으며, 상하이시 어린이 웅변대회에 참가했다. 그때 1등을 차지했던 학생의 웅변 원고 제목이 '장야룬 침몰사건(江亞輪沈船事件)'이었던 것으로 봐서, 이 사건의 사회적 반향이 얼마나 컸었는지 충분히 알 수 있다.

10 ≪論語≫, 第155期 보도.

11 「編輯隨筆」, ≪論語≫, 第144期.

12 「編輯隨筆」, ≪論語≫, 第158期.

13 「本月要聞」, ≪論語≫, 第145期.

14 龐瑞垠, 『陳布雷之死』(百花洲文藝出版社, 1993), pp.118~137 참조.

15 方回, 「悼喬大壯先生」, ≪文學雜誌≫, 第3卷 第6期; 卓琴, 「也談悼喬大壯其人其事」, ≪廣東魯迅研究≫, 1996年 第1期 참조.

16 蕭乾, 「往事三瞥」, ≪人民日報≫(1979.5.28).

17 孔慶茂, 『錢鍾書傳』(江蘇文藝出版社, 1992), p.152.

18 陸鍵東, 『陳寅恪的最後貳拾年』(三聯書店, 1995), p.502.

19 이상의 자료의 출처는 『上海革命文化大事記』(上海翻譯出版公司, 1991), 『≪大公報≫與現代中國』(重慶出版社, 1993)이다.

20 「發刊詞」, ≪觀察≫, 第1卷 第1期.

21 「中國的政局」, ≪觀察≫, 第2卷 第2期.

22 「政府利刃, 指向≪觀察≫」, ≪觀察≫, 第4卷 第20期.

23 주 22)와 같다.

24 張東蓀, 「知識分子與文化的自由」, ≪觀察≫, 第5卷 第11期(1948.11) 참조.

25 戴晴, 「儲安平與'黨天下'」, 『梁漱溟·王實味·儲安平』(江蘇文藝出版社, 1989), pp.142~175 참조. 작가도 수색 체포의 대상이었다. 1947년 작가 뤄빈지가 체포된 데 이어 자즈팡도 1948년에 체포되었으며, 나중에 후펑이 구출해 냈다. 작가 사팅은 쓰촨 군경에게 계속 추적당하고 있었다. 소설가 청짜오즈(程造之)도 1948년에 '국민 위해죄'로 체포되었다가 몇 달 후에 석방되었다.

26 주 4), p.932.

27 주 4), pp.925~928.

28 주 4), p.930.

29 1948년 11월 25일 天津 ≪大公報≫ 보도.

30 浦江淸, 『淸華園日記·西行日記』(三聯書店, 1987), p.223.

31 梁文茜, 「懷念先父梁實秋」, ≪新文學史料≫, 1993年 第9期.

32 宋益喬, 『梁實秋傳』(北岳文藝出版社, 1994), pp.279~280.

33 1948년 12월 18일 天津 ≪大公報≫ 보도.

34 장위엔지가 1947년 2월 28일 후스에게 보낸 편지, 吳方, 『仁智的山水 — 張元濟傳』,
273쪽에서 재인용.

* 우팡(吳方)의『仁智的山水 — 張元濟傳』(上海文藝出版社, 1994)을 확인해 본 결과,
이 재인용의 출처는 p.273이 아니라 p.253이었다. 그리고 장위엔지와 후스가 주고받
은 이 내용을 재인용하는 사람들이 장위엔지가 한 말과 후스가 한 말을 잘못 구분한
경우를 여러 글에서 보았기에, 특별히 다음과 같이 그 출처를 밝힌다.『胡適書信集』,
中冊(北京大學出版社, 1996), p.1089; 『張元濟全集』, 第2卷(商務印書館, 2007),
pp.554~555.

35 陳福康,『鄭振鐸傳』(北京十月文藝出版社, 1994), pp.515~520 참조.

36 주 30), pp.226~247.

37 「赴解放區留別立群」,『郭沫若全集』(文學編), 第5卷, pp.161~162.

38 「北上紀游」,『郭沫若全集』(文學編), 第5卷, pp.151~154.

39 궈모뤄가 차오밍에게 보낸 편지(1948.12.18). 친필 원고의 복사본에 근거한다(차오밍
노인이 제공해 주었다).

결말이 아닌 결말

1   「北游日記」,『葉聖陶集』, 第22卷(江蘇教育出版社, 1994), p.7.

2   「從辛亥看建國」,『葉聖陶集』, 第6卷, pp.304~305.

3   주 2)와 같다.

4   陳福康,『鄭振鐸傳』(北京十月文藝出版社, 1994), p.531.

5   胡風,「浮南海記」,『胡風雜文集』(三聯書店, 1987), pp.223~240.

6   胡風,「人環二記·小引」,『胡風雜文集』, p.188.

7   冰菱,「危樓日記」, ≪螞蟻小集≫, 第5輯.

8   冰菱,「危樓日記」, ≪螞蟻小集≫, 第7輯.

9   丁玲,「國際民主婦聯第二次代表大會的開幕」,『丁玲文集』, 第7卷(湖南文藝出版社,
1991), p.326.

10 孫犁,「談趙樹理」,『趙樹理研究資料』(北岳文藝出版社, 1985), p.295.

11 蕭軍,「第四次回到了哈爾濱」,『蕭軍近作』(四川人民出版社, 1981), p.261.

12 浦江淸,『淸華園日記·西行日記』(三聯書店, 1987), p.248.

13 『從文家書』(上海遠東出版社, 1996), p.147.

14 沈虎雛,「團聚」,『長河不盡流』(湖南文藝出版社, 1989), p.505, 510.

15 于勁, 『上海: 1949年大崩潰』, 上(解放軍出版社, 1993), pp.37~38.

16 蔣碧微, 『我與張道藩』(江蘇文藝出版社, 1995), pp.37~38.

17 「將革命進行到底」, 『毛澤東選集』(一卷本)(人民出版社, 1967), p.1263, 1266, 1268, 1269.

어떻게 이 책을 구상하고 썼는가: 후기를 대신하여

1 錢理群, 「前言」, 『心靈的探尋』(上海文藝出版社, 1988), pp.19~20 참조.

2 錢理群·謝茂松, 「後記」, 『冰心自傳』(江蘇文藝出版社, 1995), p.317 참조.

참고문헌

1) 문집, 연표, 연보, 일기, 연구 자료, 전기, 회고록 등

孔慶茂,『錢鍾書傳』(江蘇文藝出版社, 1992).

郭齊勇,『天地間一個讀書人—熊十力傳』(上海文藝出版社, 1994).

(美)金介甫,『沈從文傳』(湖南文藝出版社, 1992).

『路翎硏究資料』(北京十月文藝出版社, 1993).

『綠原硏究資料』(河南大學出版社, 1991).

『論工人文藝』(上海雜誌公司, 1949).

『農村新文藝運動的開展』(上海雜誌公司, 1949).

凌宇,『沈從文傳』(北京十月文藝出版社, 1988).

唐小兵 編,『再解讀』(牛津大學出版社, 1993).

『≪大公報≫與現代中國』(重慶出版社, 1993).

『獨幕劇集』(北平學生戲劇團體聯合會 編, 1948).

董大中,『趙樹理年譜』(增訂本)(北岳文藝出版社, 1994).

董大中,『趙樹理評傳』(百花文藝出版社, 1986).

馬勇,『梁漱溟評傳』(安徽人民出版社, 1992).

萬樹玉,『茅盾年譜』(浙江文藝出版社, 1986).

『毛澤東選集』(一卷本)(人民出版社, 1967).

龐瑞垠,『陳布雷之死』(百花洲文藝出版社, 1993).

『北京大學學生運動史(1919~1949)』(修訂本)(北京出版社, 1988).

商金林, 『葉聖陶年譜』(江蘇教育出版社, 1986).

『上海革命文化大事記』(上海飜譯出版公司, 1991).

蕭乾, 『紅長毛談』(上海觀察社, 1948).

『蕭軍紀念集』(春風文藝出版社, 1990).

『蕭軍思想批判』(作家出版社, 1958).

『邵荃麟評論選集』, 上·下(人民文學出版社, 1981).

宋益喬, 『梁實秋傳』(北岳文藝出版社, 1994).

『沈從文文集』, 第10·11·12卷(花城出版社·三聯書店香港分店, 1984).

阿壟, 『人·詩·現實』(三聯書店, 1986).

『我與胡風』(寧夏人民出版社, 1993).

『葉聖陶集』, 第6·21·22卷(江蘇教育出版社, 1989, 1994).

『迎接新中國: 郭老在香港戰鬪時期的佚文』[復旦學報(社會科學版) 編輯部 印].

吳方, 『仁智的山水―張元濟傳』(臺灣業强出版社, 1995).

于勁, 『上海: 1949年大崩潰』, 上·下(解放軍出版社, 1993).

袁可嘉, 『論新詩現代化』(三聯書店, 1988).

陸鍵東, 『陳寅恪的最後貳拾年』(三聯書店, 1995).

『人民戰爭詩歌選』, 上·下(上海雜誌公司, 1950, 1951).

『長河流不盡―懷念沈從文先生』(湖南文藝出版社, 1989).

『丁玲研究資料』(天津人民出版社, 1982).

曹伯言·季維龍, 『胡適年譜』(安徽教育出版社, 1986).

『趙樹理文集』, 第4卷(工人出版社, 1980).

『趙樹理研究資料』(北岳文藝出版社, 1985).

『從文家書』(上海遠東出版社, 1996).

『朱光潛全集』, 第9卷(安徽教育出版社, 1993).

『周揚文集』, 第1卷(人民文學出版社, 1984).

周良沛, 『丁玲傳』(北京十月文藝出版社, 1993).

『周立波硏究資料』(湖南人民出版社, 1983).

『朱自淸全集』, 第3·4·10卷(江蘇敎育出版社, 1988, 1990, 1997).

中共中央文獻硏究室 編, 『毛澤東年譜(1893~1949)』, 下(人民出版社·中央獻出
    版社, 1993).

『中國人民解放軍文藝史料選編(解放戰爭時期)』, 上·下(解放軍出版社, 1989).

『中國現代史資料選輯』, 第6冊(中國人民大學出版社, 1989).

『中國現代史資料選輯』, 第6冊 補編(中國人民大學出版社, 1993).

陳鳴樹 主編, 『二十世紀中國文學大典(1930~1965)』(上海敎育出版社, 1994).

陳福康, 『鄭振鐸年譜』(書目文獻出版社, 1988).

陳福康, 『鄭振鐸傳』(北京十月文藝出版社, 1994).

『淸華大學史料選編』, 第4卷(淸華大學出版社, 1994).

『最完整的人格—朱自淸先生哀念集』(北京出版社, 1988).

浦江淸, 『淸華園日記·西行日記』(三聯書店, 1987).

『畢革飛快板詩選』(作家出版社, 1964).

『解放戰爭時期上海學生運動史』(上海翻譯公司, 1991).

許紀霖·陳達凱 主編, 『中國現代化史』(上海三聯書店, 1995).

胡明, 『胡適傳論』(人民文學出版社, 1996).

『胡風路翎文學書簡』(安徽文藝出版社, 1994).

『胡風雜文集』(三聯書店, 1987).

『胡風評論集』, 中·下(人民文學出版社, 1984, 1985).

『胡風回憶錄』(人民文學出版社, 1993).

『火紅的靑春—上海解放前中學學生運動史實選編』(上海外語敎育出版社,
    1994).

2) 신문, 잡지

≪觀察≫.

≪論語≫.

≪大公報≫(天津).

≪大衆文藝叢刊≫.

≪螞蟻小集≫.

≪文訊≫.

≪文藝生活≫.

≪文藝先鋒≫.

≪文藝月報≫.

≪文藝春秋≫.

≪文學雜誌≫.

≪文學戰線≫.

≪小說月刊≫.

≪詩創造≫.

≪新路≫.

≪新文學史料≫.

≪泥土≫.

≪人民日報≫.

≪人世間≫.

≪中國新詩≫.

≪中央日報≫.

≪呼吸≫.

대조표

〈광영등〉	〈光榮燈〉
〈규탄〉	〈控訴〉
〈금창전〉	〈金槍傳〉
〈러시아 문제〉	〈Russkiy Vopros(俄羅斯問題)〉
〈마음의 행로〉	〈Random Harvest(鴛夢重溫)〉
〈만가등화〉	〈萬家燈火〉
〈머지않았네〉	〈快到了〉
〈미장활보〉	〈美蔣活報〉
〈백모녀〉	〈白毛女〉
〈부처식자〉	〈夫妻識字〉
〈'사회 현달'〉	〈'社會賢達'〉
〈삼모유랑기〉	〈三毛流浪記〉
〈서상기〉	〈西廂記〉
〈승리요고〉	〈勝利腰鼓〉
〈작가의 모습들〉	〈作家種種相〉
〈장더바오의 귀대〉	〈張德寶歸隊〉
〈장생전〉	〈長生殿〉
〈채소를 짊어진 사람〉	〈背菜的人〉
〈탐관오리의 등청〉	〈狗官升堂〉
〈파죽지세〉	〈勢如破竹〉
〈해방의 기쁨〉	〈翻身樂〉
〈화창한 봄날〉	〈艷陽天〉

「가보」	「傳家寶」
「감란 시기 국가 위해 긴급 조례」	「戡亂時期危害國家緊急條例」
「갓 태어난 것과 아직 죽지 않은 것 사이」	「方生未死之間」
「과객」	「過客」
「광릉산」	「廣陵散」
「교수 속요」	「教授謠」
「구장」	「九章」
「그대는 등대」	「你是燈塔」
「금고왕통」	「今古王通」
「긴 강」	「長河」
「꽃 도둑」	「偸花者」
「끼니를 논함」	「論喫飯」
「나는 자유로운 세계로 어떻게 날아갔는가」	「我怎樣飛向了自由天地」
「'나'와 '우리'」	「'我'與'我們'」
「난징」	「南京」
「남다른 재주」	「異秉」
「낭송시를 논함」	「論朗誦詩」
「너는 나쁜 놈」	「你是個壞東西」
「넌 누구냐?」	「你是誰?」
「노동자 문예를 논함」	「論工人文藝」
「노호하라, 중국이여!」	「怒吼吧, 中國!」
「녹염」	「綠魘」
「농촌 전통극 개혁에 대한 몇 가지 건의 사항」	「對改革農村戲劇的幾点建議」
「닭과 오리의 명수」	「鷄鴨名家」
「대국민 방송 연설문」	「對全國國民廣播詞」
「대중화에 대한 이해」	「對于大衆化的理解」
「독자에게」	「致讀者」
「동지의 '사랑'과 '인내'를 논함」	「論同志之'愛'與'耐'」
「뒷모습」	「背影」
「루링을 다시 만나다」	「重逢路翎」
「루링의 단편소설을 평함」	「評路翎的短篇小說」

「루쉰 사상이 발전해 온 길」	「魯迅思想發展的道路」
「뤄다더우의 일생」	「羅大斗的一生」
「리유차이의 콰이반」	「李有才板話」
「마사리크 유서를 기초하다」	「擬J. 瑪薩里克遺書」
「마오쩌둥, 루쉰을 논하다」	「毛澤東論魯迅」
「막수유 선생이 비행기를 탄 후」	「莫須有先生坐飛機以後」
「『망서초』 서」	「『望舒草』序」
「맹인」	「盲人」
「목전의 문예운동에 대한 의견」	「對於當前文藝運動的意見」
「무단론」	「穆旦論」
「무지개」	「看虹錄」
「문예 사기꾼 선충원과 그의 집단」	「文藝騙子沈從文和他的集團」
「문예 창작과 주관」	「文藝創作與主觀」
「문예 창작의 몇 가지 기본 문제를 논함」	「論文藝創作的幾個基本問題」
「≪문화보≫의 황당한 논리를 질책함」	「斥≪文化報≫的謬論」
「물」	「水」
「물가 속요」	「物價謠」
「민족 형식 문제를 논함」	「論民族形式問題」
「반동 문예를 질책함」	「斥反動文藝」
「발간사」	「發刊詞」
「방언문학 문제 논쟁 총결산」	「方言文學問題論爭總結」
「'방언문학'을 다시 논함」	「再談'方言文學'」
「배를 끄는 인부」	「縴夫」
「백모녀」	「白毛女」
「백이송」	「伯夷頌」
「번개」	「閃電」
「벙어리」	「啞者」
「베이징 사람」	「北京人」
「베이핑 특종 수공예 전람회에 관한 약간의 의견」	「關於北平特種手工藝展覽會一点意見」
「보급과 제고를 논함」	「略論普及與提高」
「복수의 철학」	「復仇的哲學」
「북망원의 봄」에 관하여」	「關於「北望園的春天」」

「불만스러운 현재 상황을 논함」	「論不滿現狀」
「불타는 성」	「火燒的城」
「비망록」	「備忘錄」
「사불압정」	「邪不壓正」
「산 너머 저쪽은 좋은 곳이라네」	「山那邊呀好地方」
「삼가 주쯔칭 선생의 명복을 빕니다」	「敬悼朱自淸先生」
「삼민주의와 문예의 결합을 반대하는 친구에게」	「答復反對三民主義與文藝結合的一位朋友」
「상하이」	「上海」
「새해 통지문」	「新年文告」
「새해를 맞이하여」	「新年致辭」
「샤오얼헤이의 결혼」	「小二黑結婚」
「샤오쥔 문제에 관한 결정」	「關于蕭軍問題的決定」
「샤오쥔 및 그의 ≪문화보≫가 저지른 잘못에 관한 결론」	「關于蕭軍及其≪文化報≫所犯錯誤的結論」
「샤오쥔 및 그의 ≪문화보≫가 저지른 잘못에 대한 비판」	「關于蕭軍及其≪文化報≫所犯錯誤的批評」
「샤오쥔 약력 연표」	「蕭軍簡歷年表」
「샤오쥔이 ≪문화보≫에서 내뱉은 독설」	「蕭軍在≪文化報≫放出的毒草」
「샹위엔에서 온 소식」	「襄垣來信」
「서상」	「西廂」
「세기의 전환기에 중국 지식분자의 역사 성찰과 현실적 난관」	「世紀之交的大陸知識分子對歷史的反思和現實困境」
「'수송대장' 장제스」	「'運輸隊長'蔣介石」
「슬로건을 논함」	「論標語口號」
「승관도」	「升官圖」
「시간과 깃발」	「時間與旗」
「시간은 시작되었다」	「時間開始了」
「시감」	「時感」
「시와 민주」	「詩與民主」
「시의 격률」	「詩的格律」
「시의 신생대」	「詩的新生代」
「시의 투박미에 대하여」	「詩的粗獷美短論」
「신년사」	「新年獻詞」

「신시의 극화」	「新詩戲劇化」
「신시의 현대화」	「新詩現代化」
「애민대회」	「愛民大會」
「야오쉐인의 소설 몇 편을 평함」	「評姚雪垠的幾本小說」
「어디로 가야 할까」	「哪里走」
「어떻게 이 책을 구상하고 썼는가」	「我怎樣想與寫這本書」
「어릿광대의 잡담」	「丑角雜談」
「어, 미국!」	「咦, 美國!」
「엄숙한 별들」	「嚴肅的星辰們」
「역사는 되풀이될 것인가?」	「歷史要重演嗎?」
「예술과 농촌」	「藝術與農村」
「예술과 정치를 논함」	「論藝術與政治」
「옌안 문예 좌담회 석상의 연설」	「在延安文藝座談會上的講話」
「옛 도읍지의 초겨울 풍경」	「故都初冬卽景」
「5·4부터 5·4까지」	「從五四 — 五四」
「5·4' 29주년」	「五四'二十九周年」
「옥살이가 대수냐」	「坐牢算甚麼」
「와서 돌아가지 않으면 도리가 아니지」	「來而不往非理也」
「용감하게 현실을 직시하라」	「勇於面對現實」
「우리는 외친다」	「我們呼喚」
「'우리'라고 한들」	「'我們'又怎樣」
「우리의 당 기관지 개조」	「改造我們的黨報」
「운려 이야기」	「芸廬記事」
「위루일기」	「危樓日記」
「유수조」	「流水操」
「의고」	「擬古」
「의용군행진곡」	「義勇軍進行曲」
「이소」	「離騷」
「자유주의자의 신념」	「自由主義者的信念」
「작은 산채 마을」	「小寨」
「잠 못 이루며 이 글을 쓰나니」	「不寐書懷」
「재정당국 예찬」	「讚財政當局」
「전투시가의 방향」	「戰鬪詩歌的方向」

「절개를 논함」	「論氣節」
「정부의 예리한 칼날, ≪관찰≫을 겨누다」	「政府利刃, 指向≪觀察≫」
「종점, 또 하나의 기점」	「終點, 又是一個起點」
「주관 문제를 논함」	「論主觀問題」
「주광첸의 비겁함과 잔인함」	「朱光潛的怯懦與凶殘」
「주쯔칭 선생을 애도하며」	「敬悼朱自淸先生」
「죽음과 사랑」	「死和愛」
「중국공산당에게 삼가 아룁니다」	「敬告中國共産黨」
「중국의 문예는 어디로 가고 있는가」	「中國文藝往那里走」
「중대의 여자 선전대원: 생활의 이모저모」	「女宣傳隊員在連隊 ― 生活縮影一二」
「중소우호동맹조약」	「中蘇友好同盟條約」
「지금의 형세와 우리의 임무」	「目前形勢和我們的任務」
「진실한 목소리」	「眞誠的聲音」
「진지루위 통일 출판 조례」	「晋冀魯豫統一出版條例」
「짱커자의 『대지의 노래』를 평함」	「評臧克家的『泥土的歌』」
「찬미」	「讚美」
「참호 속의 문화 활동: 진시방어전 중의 실례」	「戰壕裏的文化活動 ― 錦西阻擊戰中的一個實例」
「찻집 속요」	「茶館小調」
「창안죽지시」	「長安竹枝詩」
「1948년 소설 조감」	「1948年小說鳥瞰」
「천문」	「天問」
「첩자 속요」	「狗仔小調」
「청춘무곡」	「青春舞曲」
「큰 강은 밤낮으로 흐른다」	「大江日夜流」
「탈바꿈」	「蛻變」
「투쟁의 노래를 힘차게 부르며 싱하이를 기리다」	「高唱戰歌紀念星海」
「특종 형사 법정 조직 조례」	「特種刑事法庭組織條例」
「파괴 수습」	「收拾殘破」
「평원」	「平原」
「한 해 동안의 중국 문예운동 및 그 추세」	「一年來中國文藝運動及其趨向」
「해방군 행진곡」	「解放軍進行曲」
「혁명은 끝까지」	「將革命進行到底」

「현대시선」	「現代詩選」
「홍기가요」	「紅旗歌謠」
「햇불」	「火把」
「흙」	「泥土」

신문, 잡지

≪개미문집≫	≪螞蟻小集≫
≪계급형제≫	≪階級兄弟≫
≪공연≫	≪演唱≫
≪관찰≫	≪觀察≫
≪국신≫	≪國訊≫
≪군중문예≫	≪群衆文藝≫
≪깃발≫	≪旗≫
≪논어≫	≪論語≫
≪대공보≫	≪大公報≫
≪대중문예총간≫	≪大衆文藝叢刊≫
≪독서≫	≪讀書≫
≪독서월보≫	≪讀書月報≫
≪동방문화주간≫	≪東方文化週刊≫
≪로빈 후드≫	≪羅賓漢≫
≪문예≫	≪文藝≫
≪문예부흥≫	≪文藝復興≫
≪문예생활≫	≪文藝生活≫
≪문예선봉≫	≪文藝先鋒≫
≪문예월보≫	≪文藝月報≫
≪문예의 새로운 방향≫	≪文藝的新方向≫
≪문예쟁명≫	≪文藝爭鳴≫
≪문예춘추≫	≪文藝春秋≫
≪문취≫	≪文聚≫
≪문학잡지≫	≪文學雜誌≫
≪문학전선≫	≪文學戰線≫
≪문화보≫	≪文化報≫

≪문회보≫	≪文滙報≫
≪민주보≫	≪民主報≫
≪북두≫	≪北斗≫
≪삼맹문예증간≫	≪三猛文藝增刊≫
≪삼맹총간≫	≪三猛叢刊≫
≪새 길≫	≪新路≫
≪생활보≫	≪生活報≫
≪세계 지식≫	≪世界知識≫
≪소설월간≫	≪小說月刊≫
≪수훈증간≫	≪立功增刊≫
≪시대와 글≫	≪時與文≫
≪시대일보≫	≪時代日報≫
≪시창조≫	≪詩創造≫
≪신대중보≫	≪新大衆報≫
≪신문학≫	≪新文學≫
≪신문학사료≫	≪新文學史料≫
≪신민보≫	≪新民報≫
≪신시가≫	≪新詩歌≫
≪야초문총≫	≪野草文叢≫
≪21세기≫	≪二十一世紀≫
≪익세보≫	≪益世報≫
≪인민일보≫	≪人民日報≫
≪자유총간≫	≪自由叢刊≫
≪전사문예≫	≪戰士文藝≫
≪전선문예오락≫	≪火線文娛≫
≪전진문예≫	≪前進文藝≫
≪중국시단≫	≪中國詩壇≫
≪중국신시≫	≪中國新詩≫
≪중국청년보≫	≪中國青年報≫
≪중대문예≫	≪連隊文藝≫
≪중앙일보≫	≪中央日報≫
≪징바오≫	≪晶報≫
≪천애≫	≪天涯≫

≪청명≫	≪清明≫
≪칠월≫	≪七月≫
≪평명일보≫	≪平明日報≫
≪해방일보≫	≪解放日報≫
≪호흡≫	≪呼吸≫
≪화베이문예≫	≪華北文藝≫
≪화성보≫	≪華聲報≫
≪흙≫	≪泥土≫
≪희극총간≫	≪戲劇叢刊≫
≪희망≫	≪希望≫

단행본

『가슴을 짓누르는 무덤』	『壓在心上的墳』
『가오간다』	『高干大』
『감정의 야생마』	『感情的野馬』
『고급 국문 독본』	『高級國文讀本』
『괴테 논평』	『哥德論述』
『구희신담』	『舊戲新談』
『국립 칭화대학 1948학번 연간』	『國立淸華大學1948年級年刊』
『굶주린 궈쑤어』	『飢餓的郭素娥』
『궁지에 몰린 짐승』	『困獸記』
『기』	『旗』
『꽃 피는 따스한 봄날에』	『春暖花開的時候』
『나를 아는 사람은 내가 걱정이 있다고 말한다: 10년의 관찰과 사고(1999~2008)』	『知我者謂我心憂 ― 十年觀察與思考(1999~2008)』
『나의 두 집주인』	『我的兩家房東』
『내일을 위하여』	『爲了明天』
『내 정신의 자서전』	『我的精神自傳』
『니환즈』	『倪煥之』
『담예록』	『談藝錄』
『대협철비파』	『大俠鐵琵琶』
『동방홍』	『東方紅』

『들풀』	『野草』
『루쉰과의 만남』	『與魯迅相遇』
『루쉰 작품 15강』	『魯迅作品15講』
『리자좡의 변천』	『李家莊的變遷』
『만력 15년』	『萬曆十五年』
『망각을 거부하라: '1957년학' 연구 기록』	『拒絕遺忘: '1957年學'研究筆記』
『모택동 시대와 포스트 모택동 시대 1949~2009: 다르게 쓴 역사』	『毛澤東時代和後毛澤東時代(1949~2009): 另一種歷史書寫』
『변방 마을』	『邊城』
『부식』	『腐蝕』
『부잣집 아들딸』	『財主底兒女們』
『북방문총』	『北方文叢』
『불타는 황야』	『燃燒的荒地』
『사람과 시』	『人和詩』
『사랑의 학교』	『Cuore(愛的教育)』
『사마천의 인격과 풍격』	『司馬遷之人格與風格』
『사실주의의 길을 논함』	『論現實主義的路』
『산과 물』	『山山水水』
『사오쥔기념집』	『蕭軍紀念集』
『사오쥔 사상 비판』	『蕭軍思想批判』
『선충원전』	『沈從文傳』
『소년 항공병』	『少年航空兵』
『소련 기행』	『蘇聯行』
『소련 여행기』	『蘇聯游記』
『소림광기』	『笑林廣記』
『소피아 여사의 일기』	『莎菲女士的日記』
『수많은 아픔』	『豐富的痛苦』
『수많은 아픔: 돈키호테와 햄릿의 동천』	『豐富的痛苦: 堂吉訶德與哈姆雷特的東移』
『신민주주의론』	『新民主主義論』
『심령의 탐구』	『心靈的探尋』
『아직 못다 이룬 길: 1980년대 민간 사상 연구 기록』	『未竟之路 ─ 80年代民間思想研究筆記』
『어머니』	『母親』
『엄한의 나날들』	『在嚴寒的日子里』

『역외 소장 중국 고화집』	『域外所藏中國古畫集』
『연꽃 호수』	『荷花澱』
『오월의 광산』	『五月的礦山』
『왕구이와 리샹샹』	『王貴與李香香』
『운해쟁기기』	『雲海爭奇記』
『원동력』	『原動力』
『인력』	『引力』
『인민전쟁 시가선』	『人民戰爭詩歌選』
『장 크리스토프』	『Jean Christophe(約翰克利斯多夫)』
『저우쮀런론』	『周作人論』
『저우쮀런전』	『周作人傳』
『종곡기』	『種穀記』
『중국 관료 정치 연구: 중국 관료 정치의 경제적 역사적 해석』	『中國官僚政治研究 — 中國官僚政治之經濟的歷史的解析』
『중국 역사 참고 도보』	『中國歷史參考圖譜』
『중국 지식분자의 세기 이야기: 현대 문학 연구 논집』	『中國知識分子的世紀故事 — 現代文學研究論集』
『지드 연구』	『紀德研究』
『1948: 천지현황』	『1948: 天地玄黃』
『1949~1976: 창상의 세월』	『1949~1976: 歲月滄桑』
『1977~2005: 절망 속의 지킴과 바람』	『1977~2005: 絶地守望』
『철기은병』	『鐵騎銀瓶』
『철사표』	『鐵獅鏢』
『청명 전후』	『淸明前後』
『초사』	『楚辭』
『칠색염집』	『七色魘集』
『칠협오의』	『七俠五義』
『캉유웨이와 량치차오』	『康有爲與梁啓超』
『콰이반 시선』	『快板詩選』
『크고 작은 무대 사이: 차오위 희곡 신론』	『大小舞臺之間 — 曹禺戲劇新論』
『태양이 쌍간허를 비추다』	『太陽照在桑乾河上』
『8월의 향촌』	『八月的鄕村』
『펭귄의 섬』	『Penguin Island(企鵝島)』
『포위된 성』	『圍城』

『폭풍취우』	『暴風驟雨』
『프레이터 바이올렛』	『Prater Violet(紫羅蘭姑娘)』
『하구전』	『蝦球傳』
『해방전쟁 시기의 가요』	『解放戰爭時期歌謠』
『해방전쟁 시기 상하이 학생운동사』	『解放戰爭時期上海學生運動史』
『향토 중국』	『鄕土中國』
『화몽록』	『畵夢錄』
『횃불은 꺼지지 않는다: 문혁 민간 사상 연구 기록』	『燼火不息: 文革民間思想硏究筆記』
『후베이방언 조사 보고』	『湖北方言調査報告』
『후스전론』	『胡適傳論』

인명

가오란	高蘭
가오쭈원	高祖文
간루	甘露
겅융	耿庸
게리 쿠퍼	Gary Cooper(중문명: 賈萊古栢)
고골	(Nikolai) Gogol(중문명: 果戈理)
고리키	(Maxim) Gorky(중문명: 高爾基)
광웨이란	光未然
구융	顧涌
굴원	屈原
궁쯔피	宮子丕
궈모뤄	郭沫若
니에간누	聶紺弩
니에얼	聶耳
다모	大漠
다이비샹	戴碧湘
덩샤오핑	鄧小平
도연명	陶淵明
두보	杜甫

두윈셰	杜運燮
두헝	杜衡
둥관	冬官
딩링	丁玲
딩링웨이	丁令威
딩스추	丁士秋
딩이	丁毅
딩차오	丁嶠
딩충	丁聰
라오딩	老丁
라오서	老舍
라오신	勞辛
라오위타이	饒毓泰
랴오야오샹	廖耀湘
량수밍	梁漱溟
량스추	梁實秋
량원첸	梁文茜
러우스이	樓適夷
런쥔	任鈞
레이턴 스튜어트	(John) Leighton Stuart(중문명: 司徒雷登)
루링	路翎
루쉰	魯迅
루즈웨이	陸志韋
루펀	蘆焚
뤄뤄	羅洛
뤄빈지	駱賓基
뤄쭝룽	羅宗熔
뤼더중	呂德中
뤼위엔	綠原
뤼젠	呂劍
류다오성	劉道生
류베이쓰	劉北汜
류쉐웨이	劉雪葦

류스룽	劉詩嶸
류야쯔	柳亞子
류즈밍	劉芝明
류첸	柳倩
류칭	柳靑
류커시	劉科喜
리광톈	李廣田
리링	李凌
리셴야오	黎先曜
리시셴	李希賢
리쓰광	李四光
리유란	李又然
리융	李勇
리융화이	李永淮
리잉	李瑛
리젠우	李健吾
리지	李季
리쭝런	李宗仁
리쯔쥔	李子俊
리창즈	李長之
리퉁한	李統漢
리푸춘	李富春
린	**麟**
린겅	林庚
린린	林林
린모한	林黙涵
린뱌오	林彪
린훙	林宏
릴케	(Rainer Maria) Rilke(중문명: 里爾克)
마쉬엔	馬旋
마오둔	茅盾
마오쩌둥	毛澤東
마오쯔쉐이	毛子水

마인추	馬寅初
마판퉈	馬凡陀
마펑화	馬逢華
만쯔	滿子
만취엔	滿圈
멍판화	孟繁華
메이이치	梅貽琦
메이즈	梅志
모	墨
모궁	黙弓
모안	黙庵
모옌	漠雁
무단	穆旦
무무톈	穆木天
묵적	墨翟
바런	巴人
바이린장	白林章
바이위산	白玉山
바이천	白塵
바진	巴金
볜즈린	卞之琳
보다	伯達
보샹	伯祥
블레이크	(William) Blake(중문명: 布萊克)
비거페이	畢革飛
빈란	彬然
빙링	冰菱
빙신	氷心
사어우	沙鷗
사오뤄	少若
사오쉰메이	邵洵美
사오옌샹	邵燕祥
사오취엔린	邵荃麟

사팅	沙汀
샤옌	夏衍
샤오모	小墨
샤오바오	小寶
샤오셴	曉先
샤오싼	蕭三
샤오왕	小王
샤오왕칭	蕭望卿
샤오쥔	蕭軍
샤오첸	蕭乾
샤오훙	蕭紅
샹다	向達
서우셴	守憲
선밍	沈明
선야웨이	沈亞威
선충원	沈從文
선충이	沈崇一
선푸	沈浮
선훙하이	沈洪海
성난	聖南
성청화	盛澄華
셰몐	謝冕
셰윈	謝云
셴싱하이	冼星海
셸리	(Percy Bysshe) Shelley(중문명: 雪萊)
숑스리	熊十力
수샹	叔湘
쉐디창	薛迪暢
쉐산	薛汕
쉬서우창	許壽裳
쉬쉬	徐訐
쉬엔톄우	宣鐵吾
쉬제	許杰

쉬제민	許潔泯
쉬즈모	徐志摩
쉬츠	徐遲
스민	士敏
시모노프	(Konstantin) Simonov(중문명: 西蒙諾夫)
신디	辛笛
싼관	三官
쑤위	粟裕
쑤진싼	蘇金傘
쑨다거	孫大哥
쑨리	孫犁
쑨위엔량	孫元良
쑨중산	孫中山
쑹즈더	宋之的
쓰마원썬	司馬文森
아나톨 프랑스	Anatole France(중문명: 法朗士)
아룽	阿壟
아이쓰치	艾思奇
아이칭	艾青
애송아지	初犢
야오쉐인	姚雪垠
양메이	楊妹
양위스	楊與石
양장	楊絳
양전성	楊振聲
양전슝	楊振雄
양주	楊朱
양한성	陽翰笙
양후이	楊晦
양후이슈	楊慧修
어우양신	歐陽鑫
어우양싼	歐陽山三
얼관	二官

엘리엇	(Thomas Stearns) Eliot(중문명: 艾略特)
예궁차오	葉公超
예성타오	葉聖陶
예이췬	葉以群
예젠잉	葉劍英
예즈청	葉至誠
왕궈웨이	王國維
왕더펀	王德芬
왕두루	王度盧
왕룽바오	王榮寶
왕리	王力
왕스웨이	王實味
왕스제	王世杰
왕신디	王辛笛
왕야난	王亞南
왕야핑	王亞平
왕윈성	王芸生
왕윈우	王云五
왕윈펑	汪云峰
왕쥐량	王佐良
왕즈샹	王芝湘
왕징안	王靜安
왕쩌위	王澤玉
왕쩡치	汪曾祺
우궈전	吳國楨
우보샤오	吳伯簫
우빈	吳彬
우샤오루	吳小如
우샤오링	吳曉鈴
우아스	吳阿時
우위장	吳玉章
우쩌	吳澤
우쭈광	吳祖光

우쭈샹	吳組緗
우톄바	五鐵耙
우한	吳晗
원이둬	聞一多
원자쓰	聞家駟
원차이	文采
원창	文薔
웨무	日木
웨이중러	衛仲樂
위관잉	余冠英
위리췬	于立群
위린	余林
위엔쉐이파이	袁水拍
위엔스카이	袁世凱
위엔잉	袁鷹
위엔커자	袁可嘉
위즈(후위즈)	愈之(胡愈之)
위퉁	予同
위핑보	兪平伯
윈뤄	蘊若
윈빈	雲彬
율리 간프	Yuliy (Abramovich) Ganf
이먼	亦門
이셔우드	(Christopher) Isherwood(중문명: 衣修午德)
이의산	李義山
인민즈	印敏之
인푸	殷夫
잉리드 베리만/잉그리드 버그만	Ingrid Bergman(중문명: 殷格蘭鮑曼)
잉첸리	英千里
자궈차이	賈國才
자오수리	趙樹理
자오위린	趙玉林
자오위엔런	趙元任

자오칭거	趙淸閣
자오훼이선	趙悔深
자즈팡	賈植芳
자카이지	賈開基
장다오판	張道藩
장둥쑨	張東蓀
장딩	張仃
장랑성	張閬生
장러핑	張樂平
장리쥐엔	張利娟
장싱위엔	張興元
장아이링	張愛玲
장원톈	張聞天
장위엔지	張元濟
장잉	蔣英
장자	莊子
장자오허	張兆和
장제스	蔣介石
장중보	張綱伯
장징궈	蔣經國
장쭈린	蔣祖林
장쫑샹	張宗祥
장춘쭈	蔣純祖
장춘차오	張春橋
장칭	江靑
장톈쭤	蔣天佐
저우겅성	周鯁生
저우리보	周立波
저우양	周揚
저우양안	周養庵
저우언라이	周恩來
저우얼푸	周而復
저우쭤런	周作人

저우퉁	周桐
전둬(정전둬)	振鐸(鄭振鐸)
정민	鄭敏
정이슈	鄭亦秀
정전둬	鄭振鐸
정정인	鄭證因
정톈팅	鄭天挺
제취엔	介泉
젠보짠	翦伯贊
조설근	曹雪芹
존 스타인벡	John (Ernest) Steinbeck (중국명: 約翰·史斯坦倍克)
주광첸	朱光潛
주구화이	朱谷懷
주쉐롄	朱學蓮
주싱타오	朱杏桃
주자화	朱家驊
주징칭	朱鏡清
주쯔칭	朱自清
주핑잉	朱萍影
중보(장중보)	綱伯(張綱伯)
중화(진중화)	仲華(金仲華)
줴농	覺農
즈이	知伊
즈줴	致覺
지룽	季龍
지팡	冀汸
진디	金隄
진이	靳以
진쯔광	金紫光
징푸	景芙
짱윈위엔	臧云遠
짱커자	臧克家

쭈후이	祖慧
쭝바이화	宗白華
차오관화	喬冠華
차오다쫭	喬大壯
차오무	喬木
차오밍	草明
차오신즈(항웨허)	曹辛之(杭約赫)
차오위	曹禺
차이위엔페이	蔡元培
차이제민	蔡子民
창췬	昌群
천멍자	陳夢家
천밍	陳明
천밍구이	陳明珪
천바이천	陳白塵
천보	辰伯
천부레이	陳布雷
천수퉁	陳叔通
천쉐자오	陳學昭
천쉐핑	陳雪屛
천윈	陳雲
천융	陳涌
천이	陳毅
천인커	陳寅恪
천정다	陳正達
천징룽	陳敬容
청팡우	成仿吾
첸수룽	錢樹榕
첸쉐시	錢學熙
첸쓰량	錢思亮
첸옌추	錢雁秋
첸원구이	錢文貴
첸중수	錢鍾書

찬다오	川島
추안핑	儲安平
취추바이	瞿秋白
치뤄	企羅
캉딩	康定
캉줘	康濯
커위엔	柯原
커자	克家
키츠	(John) Keats(중문명: 濟慈)
탕스	唐湜
탕원즈	唐文治
탕융퉁	湯用彤
탕치	唐祈
탕타오	唐弢
탸오푸	調孚
톄쉬	鐵鎖
톈디	田地
톈젠	田間
판쯔구이	潘子貴
판한녠	潘漢年
팡란	方然
팡징	方敬
팡청	方成
팡후이	方回
팡훙	方洪
펑나이차오	馮乃超
펑더화이	彭德懷
펑빈푸	馮賓符
펑쉐펑	馮雪峰
펑유란	馮友蘭
펑전	彭眞
펑중쭈	馮仲足
펑즈	馮至

펑쯔카이	豊子愷
페이밍	廢名
페이샤오퉁	費孝通
페이셴	佩弦
푸쓰녠	傅斯年
푸장칭	浦江淸
푸펑	蒲風
핑보(위핑보)	平伯(兪平伯)
하오톈항	郝天航
한라오류	韓老六
한유	韓愈
한퇴지	韓退之
항리우	杭力武
항웨허(차오신즈)	杭約赫(曹辛之)
허룽	賀龍
허징즈	賀敬之
허치팡	何其芳
헤이니	黑妮
화이차오	懷潮
화톄	化鐵
환주러우주	還珠樓主
황구류	黃谷柳
황닝잉	黃寧嬰
황런위	黃仁宇
황스원	黃石文
황차오	荒草
황창	黃裳
후성	胡繩
후스	胡適
후예핀	胡也頻
후차오무	胡喬木
후펑	胡風
홍자오	紅蕉

광둥	廣東
광저우	廣州
구이린	桂林
구이저우	貴州
궁샹	宮巷
난징	南京
난징로	南京路
닝보	寧波
닝하이	寧海
다롄	大連
단둥	丹東
둥단	東單
둥베이	東北
딩자차오	丁家橋
란저우	蘭州
랴오닝	遼寧
랴오둥	遼東
루즈	甪直
룽먼	龍門
뤄양	洛陽
뤼순	旅順
리중	里中
멍량구	孟良崮
바몐차오	八面槽
바오터우	包頭
바이디	白堤
벙부	蚌埠
베이다황	北大荒
베이징	北京
베이핑	北平
사탄	沙灘

사허	沙河
상하이	上海
샹시	湘西
샹양호	向陽湖
샹위엔	襄垣
선양	沈陽
셴닝	咸寧
쉬엔와이	宣外
쉬엔차오샹	懸橋巷
쉬저우	徐州
스자좡	石家庄
스청다오	石城島
시바이포	西柏坡
시산	西山
시후호	西湖
신후이	新會
쑤디	蘇堤
쑤베이	蘇北
쑤저우	蘇州
쑹좡	宋庄
쓰촨	四川
쓰핑	思平
안칭	安慶
안후이	安徽
옌안	延安
왕푸징	王府井
우리허우	五里堠
우쑹	吳淞
우쑹커우	吳淞口
우안	武安
우한	武漢
웨러우툰	岳樓屯
웨이츠촌	尉遲村

위엔바오구	元寶區
윈난	雲南
인자	銀閘
자오좡	趙庄
장시	江西
장쑤	江蘇
장자커우	張家口
정저우	鄭州
주루	九如
주허현	珠河縣
쥐취엔현	左權縣
지린	吉林
차오청	朝城
창사	長沙
창춘	長春
청두	成都
청푸	成府
충칭	重慶
칭다오	青島
칭저우	青州
칭허강	清河
카이펑	開封
카이핑	開平
쿤밍	昆明
타이완	臺灣
타이웨	太岳
타이터우완	抬頭灣
타이항산	太行山
탕구	塘沽
톈진	天津
판산	盤山
푸순	撫順
푸저우	福州

푸핑현	阜平縣
핑산	平山
핑현	平縣
하얼빈	哈爾濱
하이난	海南
하이뎬	海澱
한양먼	漢陽門
항저우	杭州
허난	河南
허난로	河南路
허베이	河北
화난	華南
화둥	華東
화베이	華北
화중	華中
황청건	皇城根
황푸로	黃浦路
황허강	黃河
후난	湖南
후베이	湖北
후베이성	湖北省

기타

건국극사	建國劇社
경극	京劇
관진	關金
관찰총서	觀察叢書
광화서점	光華書店
구엽집	九葉集
구엽파	九葉派
국가 위해죄	危害國家罪
국가총동원법	國家總動員法

국통구	國統區
궁쯔팅	工字廳
궈지극장	國際戲院
궈타이	國泰
금일파	今天派
남방극단	南方劇團
다광밍	大光明
다샤대학	大夏大學
다신회사	大新公司
다잉	大英
독서서점	讀書書店
동원감란정책	動員戡亂政策
둔황	敦煌
둥베이대결전	東北大決戰
란링	蘭芩
란자핑	蘭家坪
란톈	藍天
랴오둥군구	遼東軍區
루쉰고거	魯迅故居
루쉰예술대학	魯迅藝術學院
링인사	靈隱寺
만국공동묘지	萬國公墓
몽롱시파	朦朧詩派
문공사	文(化)供(應)社
문학부간	文學副刊
문학연구회	文學研究會
문학주간	文學週刊
밍구궁공항	明故宮機場
밍서	明社
바이러먼	百樂門
방향사	方向社
100년 중국문학총서	百年中國文學總系
베이징대학	北京大學

베이핑학극련사	北平學劇聯社
산베이공학	陝北公學
삼익서점	三益書店
상무인서관	商務印書館
상하이관찰사	上海觀察社
상하이문예출판사	上海文藝出版社
상하이법과대학	上海法學院
상하이법상대학	上海法商學院
상하이세인트존스대학	上海聖約翰大學
상하이연극전문대학	上海劇專
상하이음악전문대학	上海音專
상하이잡지사	上海雜誌公司
생활서점	生活書店
선전부	宣傳部
송가 문학	頌歌文學
수정 학생자치회 규칙	修正學生自治會規則
쉬벙전쟁	徐蚌戰爭
쉬벙회전	徐蚌回戰
시난연대	西南聯大
시난연합대학	西南聯合大學
시대문화출판사	時代文化出版社
시자이	西齋
신사군	新四軍
신안여행단	新安旅行團
신월사	新月社
신월파	新月派
신음악사	新音樂社
신정치 협상 회의	新政治協商會議
신지서점	新知書店
신화사	新華社
신화서점	新華書店
싱췬출판사	星群出版公司
싼위엔	三院

싼탄인웨	三潭印月
션린출판사	森林出版社
악왕묘	岳王墳
안후이 중학교	安徽中學
양거	秧歌
양거극	秧歌劇
언지파	言志派
얼위엔	二院
여력출판사	勵力出版社
옌다연극사	燕大燕劇社
옌징대학	燕京大學
완난사변	皖南事變
원앙호접파	鴛鴦蝴蝶派
웨빈러우	悅賓樓
위몽정부	僞蒙政府
위엔	元
융안공동묘지	永安公墓
융안회사	永安公司
이위엔	怡園
일요문예	星期文藝
자오퉁대학	交通大學
장야룬	江亞輪
저장대학	浙江大學
정기서점	正氣書店
정중서국	正中書局
정풍운동	整風運動
제3노선	第三條路線
좌련	左聯
중국공산당 화난국 홍콩 공작위원회	中共華南局香港工作委員會
중국시가회	中國詩歌會
중국인민문예총서	中國人民文藝叢書
중국인민문예총서사	中國人民文藝叢書社
중국풍요학회	中國風謠學會

중산대학	中山大學
중앙대학	中央大學
중원극사	中原劇社
지난대학	暨南大學
진링대학	金陵大學
진시방어전	錦西阻擊戰
진위엔	金圓
진위엔권	金圓券
진장	錦江
진지루위변구	晋冀魯豫邊區
진차지변구	晋察冀邊區
진청은행	金城銀行
징자이	靜齋
창청은행	長城銀行
청년회	靑年會
청림사	靑林社
청황묘	城隍廟
총대시	槍杆詩
추진묘	秋瑾墓
출판사 홈	泥土社
췬위러우	群玉樓
칠월파	七月派
칭화대학	淸華大學
카이밍	開明
카이밍서점	開明書店
쿵더학교	孔德學校
타이완대학	臺灣大學
퉁지대학	同濟大學
특종 형사 법정	特種刑事法庭
파비	法幣
파짱사	法藏寺
팔로군	八路軍
펜클럽	筆會

푸단대학	復旦大學
푸지위엔	普吉院
현대평론파	現代評論派
화극	話劇
화샤서점	華夏書店
화이하이대전	淮海大戰
화이하이전투	淮海戰役
활보극	活報劇
후이러우	灰樓
후자	胡家
홍광극장	虹光影院
홍러우	紅樓
홍샤	紅霞

옮긴이 후기

2001년 가을, 샤오훙 학회 참석차 하얼빈을 방문한 적이 있다. 평소에 한국 작가 강경애에 대해 관심이 많았기 때문에 일부러 일정보다 며칠 앞당겨 미리 룽징(龍井)을 둘러보고 룽징중학(윤동주 시인이 이 학교에 다닐 당시에는 교명이 대성중학(大成中學)이었다)에도 가보았다. 그곳에서 윤동주 시집을 구했고, 베이징에서 상하이로 돌아오는 열차의 침대칸에 누워 십여 시간을 눈물과 함께 그의 시를 읽고 또 읽으면서 밤을 꼬박 새웠다. 아마도 우리 선조들의 발길이 닿고 얼이 맺혀 있는 룽징의 땅을 밟은 직후라 감정이 더 북받쳤던 것 같다. 소설을 읽으면서 영화나 음악을 감상하면서 눈물을 흘린 적은 있지만, 책을 번역하면서 그런 뜨거운 눈물을 또 경험할 줄을 누가 알았겠는가!

이 책 번역의 시작 단계에서는 오류를 범하지 않으려고, 오직 잘 번역하려고만 애를 썼다. 마치 첫 강의 때 실수 없이 아주 멋지게 수업을 해보겠다고 밤새워 강의 준비를 하던 때처럼. 강의 진행 5분, 10분 만에 잘 준비된 강의 노트보다는 학생들과의 교감이 훨씬 중요하다는 사실을 알게 되듯이 이 책도 마찬가지였다. 번역이 무르익어 갈수록, 중국의 1948년 당시의 상황들을 알아갈수록, 번역은 차치하고 등장인물들과 사회상에 더 빠져들고 있는 내 모습을 발견하게 되었다. 어떤 때는 그들 자신이 되어 분개하기도 하고 무기력해지기도 했고, 또 어떤 때는 그들의 친구가 되어 마음속으로 그들을 위로하고 격려하며 가슴 아파했다. 글 쓰는 사람이 더 이상 글을 쓸 수 없는 시대, 학생을 가르치는 사람이 더 이상 가르칠 수 없는 상황, 이런 사람을 저런 사람으로 바꾸려는 사회, 마지막에는 생을 포기하거나 가족 간에 생이별해야 했던 그런 극한상황을 상상해 보라! 무엇을 위해, 누구를 위해 한 인간의 자유로운 생각, 자유로운 표현, 또 그 천부적인 재능을 짓밟는단 말인가! 오늘이 곧 내일의 역사가 될 텐데 오늘을 겁 없이 살아가는 사람들, 특히 지도자들! 진정한 부모라면 자식을 낳는 순간부터 아니 잉태하는 순간부터 그 아이에 대한 책임과 그를 위한 희생을 항상 염두에 두듯이, 규모가 크든 작든 한 집단의 지도자라면 그 집단의 발전과 그 소속인 개개인의 행복을 책임져야 하지 않겠는가. 물론 부모나 지도자를 떠나서 개개인의 태도와 마음가짐이 더 중요하다고 생각한다, 적어도 성인이라면. 너 나 할 것 없이 함부로 선택하고 막무가내로 결정하고 다른 사람을 탓하면서 후회로 범벅된 삶을 살고 있지는 않은지 ……. 이 책이 던져주는 '선택'이라는 두 글자는 우리가 살아 숨 쉬고 있는 동안 신중하고도 현명하게 접근해야 할 것 같다.

책 한 권의 번역이 놀랍게도 석박사 과정 6년보다도 더 나를 성장시키고 성숙하게 해주었다. 물론 번역 기간도 이 6년보다 더 길었다. 아주 긴 영화 한 편을 가까스로 다 본 느낌이다. 실제로 이 책은 영화 같았으며, 언젠가는 영화로 만들어질 수도 있겠다는 생각도 해보았다. 그런데 영화는 이미 끝났고 장내에 불은 들어왔는데도 왜 그 자리에서 일어나지 못하고 있는 걸까? 일반적으로 오랫동안 해오던 일을 끝마쳤을 때는 분명히 홀가분한 느낌이 들어야 한다. 그런데 적어도 나에게는 그런 홀가분함이 찾아와 주지 않았다. 1948년은 끝이 났고 이미 까마득한 옛날이 되어버렸지만, 중국의 1948년과 유사한 상황은 언제 어디서든 우리 주변에서 발생할 수 있기에, 1948년을 벗어났다지만 실은 벗어난 게 아니어서 더 그런 것 같다. 모국이라는 낱말도 있듯이, 우리는 나라를 종종 어머니에 비유하기도 한다. 그래서인지 이 책이 이야기하는 중국의 1948년은 우리가 일반적으로 말하는 한 나라의 역사라는 의미를 뛰어넘어 나에겐 더 인간적으로 다가왔다. 한 사람의 인생사라는 느낌을 받았고, 어느한 어머니의 일대기 중에서 꽤 색깔 있는 부분을 그분의 딸이나 아들의 입을 통해 듣고 있는 것만 같았다. 이 책을 오랜 기간 손에서 놓지 못한 탓에 마치 사람을 대하듯 정이 들어서 그럴 수도 있겠지만, 처음 읽었을 때도 그런 느낌을 받았다. 여느 역사책과는 다른 이 책 특유의 서술 방식이 크게 작용했다고 본다. 책이 일단 출판되고 나면 독자에 따라 그 해석이 달라지기 마련이며, 작가의 의도와는 다르게 받아들여지기도 하고 작가의 기대를 뛰어넘기도 한다. 옮긴이로서, 나 아닌 다른 한국 사람들은 이 책을 또 어떻게 해석하고 어떻게 받아들일지 매우 궁금하기도 하다.

끝으로 이 책 번역을 권유한 뤄강(羅崗), 번역을 허락해 주신 첸리췬(錢理群) 교수님, 베이징을 방문할 때마다 도와줬던 완쑹성(萬松生) 부부, 번역할 때 물심양면으로 힘이 되어 주었던 류커디(劉克敵) 형, 자료 수집과 어려운 해석에 큰 도움을 준 나의 절친 류링(劉凌), 컴퓨터 문제를 도와줬던 두 아들과 오랜 기간 묵묵히 지켜봐 준 남편, 그리고 이 책이 나올 수 있도록 애써주신 한울엠플러스(주) 관계자분 등 모두에게 진심으로 감사드린다.

2022년 6월
담맘 알안사리에서 이복희

지은이

첸리췬(錢理群)

첸리췬은 당대의 저명한 학자로, 1980년대 이래 중국에서 매우 영향력 있는 인문학자 중 한 사람으로 알려져 있다. 1939년생인 그는 21세 때 변방 구이저우로 배정되어 중등전문학교에서 교편을 잡았다. 문화대혁명 후 베이징대학 중문과 대학원에 입학하여 문학을 전공했고, 졸업 후 베이징대학에서 20여 년간

지은이 첸리췬(왼쪽)과 옮긴이 이복희(오른쪽)

교수로 지냈다. 교수 시절에는 그의 독자적이고 자유로운 사상과 발언으로 인해 한때 전교 공개 강연이 금지되기도 했다.

첸리췬은 루쉰, 저우쭤런을 비롯한 5·4 시기의 중국 현대문학 연구로 유명하며, 20세기 중국 지식분자의 역사와 정신에 대한 그의 세심한 고찰은 국내외에서 크게 주목받고 있다. 그는 2002년 베이징대학에서 퇴직한 후 어문 교육에 관심을 쏟는 한편 현대 민간 사상사를 연구하고 있다. 현재 중국에서 비판적인 지식분자의 상징적인 인물로 평가받고 있다.

주요 저서로 『심령의 탐구』, 『루쉰과의 만남』, 『저우쭤런전』, 『저우쭤런론』, 『수많은 아픔: 돈키호테와 햄릿의 동천』, 『크고 작은 무대 사이: 차오위 희곡 신론』, 『가슴을 짓누르는 무덤』, 『루쉰 작품 15강』, 『중국 지식분자의 세기 이야기: 현대문학 연구 논집』, 『망각을 거부하라: '1957년학' 연구 기록』, 『나를 아는 사람은 내가 걱정이 있다고 말한다: 10년의 관찰과 사고 (1999~2008)』, 『모택동 시대와 포스트 모택동 시대 1949~2009: 다르게 쓴 역사』 등이 있다.

첸리췬은 베이징대학 학생들이 뽑은 인기 교수 10인 중 한 명이며, 1980년대 이래 중국에서 매우 영향력 있고 대단히 주목받는 인문학자 중 한 사람이다.

옮긴이

이복희

1999년 화둥사범대학교(華東師範大學)에서 문학박사 학위를 받았다.

논문으로 「論蕭紅小說的悲劇意識(샤오훙 소설의 비극 의식에 대하여)」(석사학위논문), 「中國
現代女性文學硏究 ― 以丁玲, 蕭紅與張愛玲爲中心(중국현대여성문학연구: 딩링, 샤오훙, 장
아이링을 중심으로)」(박사학위논문), 「1920年代中韓農村婦女的鏡子 ― 評「祝福」和「火」(1920년대
한중 농촌의 여성상:「축복」과 「불」에 대하여)」, 「女性的苦難, 抗戰與悲劇 ― 蕭紅與玄鎭健小
說比較(여성의 고난과 항쟁 그리고 비극: 샤오훙과 현진건의 소설 비교)」, 「東方女作家蕭紅與
姜敬愛小說中的人間悲劇 ― 以『生死場』, 『人間問題』與『地下村』爲中心(동방 여성작가 샤오
훙과 강경애 소설 속의 인간 비극:『생사의 장』, 『인간문제』, 『지하촌』을 중심으로)」 외 다수
가 있다.

한울아카데미 2381

중국의 비판적 지식인 첸리췬의 역작

1948: 천지현황

지은이 **첸리췬**
옮긴이 **이복희**
펴낸이 **김종수**
펴낸곳 **한울엠플러스(주)**
편집책임 **최진희**

초판 1쇄 인쇄 2022년 6월 30일
초판 1쇄 발행 2022년 7월 15일

주소 10881 경기도 파주시 광인사길 153 한울시소빌딩 3층
전화 031-955-0655
팩스 031-955-0656
홈페이지 www.hanulmplus.kr
등록번호 제406-2015-000143호

Printed in Korea.
ISBN 978-89-460-7381-4 93910(양장)
        978-89-460-8192-5 93910(무선)